纽伦堡审判

对德国法西斯的法律清算

第二版

何勤华 朱淑丽 马贺 著

图书在版编目(CIP)数据

纽伦堡审判:对德国法西斯的法律清算/何勤华,朱淑丽,马贺著.—北京:商务印书馆,2015(2022.11重印)
ISBN 978-7-100-11371-7

Ⅰ.①纽… Ⅱ.①何…②朱…③马… Ⅲ.①纽伦堡国际军事法庭—史料 Ⅳ.①K153

中国版本图书馆 CIP 数据核字(2015)第 132502 号

权利保留,侵权必究。

纽伦堡审判
——对德国法西斯的法律清算
(第二版)

何勤华 朱淑丽 马贺 著

商 务 印 书 馆 出 版
(北京王府井大街36号 邮政编码100710)
商 务 印 书 馆 发 行
北京虎彩文化传播有限公司印刷
ISBN 978-7-100-11371-7

2015年7月第1版 开本 787×1092 1/16
2022年11月北京第2次印刷 印张 27½

定价:138.00元

纪念中国人民抗日战争暨世界反法西斯战争

胜利七十周年

第二版序

20世纪上半叶,在短短的30余年间,人类爆发了两次世界大战,给全世界的人民带来了前所未有的灾难。为了吸取历史的惨痛教训,也为了使未来不再重演这种悲剧,在第二次世界大战期间及结束之时,美、英、苏、中等深受侵略战争伤害的国家的领导人以及法律界人士,就开始认真思考和详细讨论一旦战争结束,如何惩治战争罪犯的问题。而这些思考和讨论的第一项成果,就是纽伦堡国际军事法庭的建立,以及对德国首要战犯的审判。

因此,纽伦堡审判,是人类历史上第一次大规模的、正式进行的对国际战争罪犯的审判,也是人类法律文明史,尤其是国际法发展史上的一座丰碑,对维护世界和平、发展现代国际法以及预防世界大战的再次发生,具有极为重大的意义。纽伦堡审判所创建并确立的追究个人及组织在侵略战争中的责任,破坏和平罪、危害人类罪、共谋及共同计划发动战争罪,以及对战争犯罪责任可以溯及既往等,不仅对现代国际法是极大的丰富与发展,而且严厉惩处了纳粹战犯等战争狂人,比较彻底地铲除了德国的军国主义势力,对预防和遏制战争的再次发生起到了重要作用。

这一点,反观第一次世界大战结束后在德国举行的所谓"战犯审判"和1946年至1948年在日本东京举行的远东国际军事法庭审判,可以认识得更加清楚。前者因为敷衍了事、草草收场,对德国的战争狂人没有起到威慑作用,从而在短短的十多年时间里,更大规模、更加惨烈的第二次世界大战再次被其挑起。后者即东京审判，由于没有追究共谋和共同计划发动战争罪以及犯罪组织的责任，因而参与其中的许多战犯没有受到惩处，有些战犯如岸信介等后来还当上了总理大臣，为日本军国主义的复活提供了基础。因此，在人类历史上发生的所有战争罪犯的审判中，纽伦堡审判是最为彻底，也是最富有创造性的。

纽伦堡审判除了创建并确立以上各项罪名以及审判原则之外，还在两个方面，为惩罚和威慑战争罪犯、维护世界和平做出了贡献。一是它宣告战争本身就是犯罪，当国与国之间发生了争执和纠纷时，应该通过协商和仲裁，而不是诉诸武力的方式来解决问题；二是它以自己的实践表明，审判战犯并不是战胜国报复战败国的狭隘的、原始的心理和行为，而是警示后人：国家的发展和崛起要走和平发展之路，走互助合作之路，试图通过战争这一罪恶途径来扩张领土、掠夺他国财富，必须承担相应的战争责任和代价。

2015年，是世界反法西斯战争胜利70周年，也是纽伦堡审判开庭70周年。70年来，虽然国与国之间的摩擦、地区冲突和局部战争从来没有停息过，但世界和平的事业作为发展主流，一直继续在往前推进。为了重温历史，避免惨剧再现，我们对10年前出版的《纽伦堡审判》一书进行修订后予以再版。本次修订，先由上海社会科学院的朱淑丽副教授完成初稿，然后由我对全书作进一步的修改并定稿，华东政法大学的马贺博士则主要承担了图片的收集与整理工作。与第一版相比，本次修订在篇幅上没有大的变化，只是订正了第一版中的一些错误，增补了最近10年学术界在"纽伦堡审判"研究方面的最新成果，如《伦敦宪章》，现在学术界大多称《国际军事法庭宪章》，"违反人道罪"（crimes against humanity）现在一般都译为"危害人类罪"等，我们在第二版中，都改了过来，以遵循学术界的通说。尤其是在序言和尾论中，增补了许多观点和论述。当然，尽管我们下了不少功夫，但本书仍可能存在许多错误，恳请诸位读者批评指正。

本书的出版，得到了商务印书馆的领导于殿利的全力支持，也得到了郑殿华和王兰萍等编审的热情帮助。当然，责任编辑金莹莹则为本书的编辑出版付出了极大的心血。在此，谨表示我们一片真诚的谢意。我们也要感谢中国方正出版社的陈学军老师，由于他的大气和支持、帮助，使我们顺利完成了第二版的转社出版工作。

何勤华

于上海·华东政法大学

外国法与比较法研究院

2015年2月5日

目 录

第一版序 1

题记 .... 埃德温·狄金森 7

一　序章 10

二　通向纽伦堡之路 36

三　伦敦会议和《国际军事法庭宪章》 70

四　起诉准备 96

五　审判概况 114

六　共谋罪判决的达成 160

七　判决中的一般规定和犯罪组织 188

八　对中央高官的审判 220

　　赫尔曼·戈林 220

　　鲁道夫·赫斯 227

　　马丁·博尔曼 232

　　约阿希姆·冯·里宾特洛甫 235

　　恩斯特·卡尔滕布龙纳 237

　　威廉·弗里克 240

九 对军方代表的审判 ... 246
威廉·凯特尔 ... 246
阿尔弗雷德·约德尔 ... 248
埃里希·雷德尔 ... 251
卡尔·邓尼茨 ... 256

十 对经济界头面人物的审判 ... 270
瓦尔特·冯克 ... 270
阿尔贝特·施佩尔 ... 272
弗里茨·绍克尔 ... 277
雅尔马·沙赫特 ... 279

十一 对占领区高级官员的审判 ... 292
汉斯·弗兰克 ... 292
阿图尔·赛斯-英夸特 ... 294
康斯坦丁·冯·牛赖特 ... 297
弗朗茨·冯·巴本 ... 301

十二 对纳粹思想鼓吹者的审判 ... 310
尤利乌斯·施特赖歇尔 ... 310
巴尔杜尔·冯·席拉赫 ... 314
阿尔弗雷德·罗森堡 ... 320
汉斯·弗里切 ... 323

十三 尾章 ... 330
法庭宣判与刑罚执行 ... 330
纽伦堡审判的历史意义与启示 ... 337

附 录
一 伦敦协定 ... 353

二 国际军事法庭宪章 356
三 起诉书（摘录）.. 364
　　起诉理由 364
　　确定各罪犯的个人责任；列举起诉理由
　　　之一、之二、之三和之四 366

四 关于22个被告的控诉和判决一览表 383
五 国际军事法庭苏联法官的不同意见 385
　　（一）宣告被告沙赫特无罪没有根据 385
　　（二）宣告被告冯·巴本无罪没有根据 392
　　（三）宣告被告汉斯·弗里切无罪没有根据 395
　　（四）关于被告鲁道夫·赫斯的判刑标准 398
　　（五）对于德国内阁的不正确判决 401
　　（六）对于参谋总部和国防军最高统帅部的不正确判决 403

主要参考文献 410
图片文献来源 414
主要人物列表 416
索引 420

第一版序

纽伦堡审判是在国际法极不完善的情况下进行的一次伟大尝试，旨在核实纳粹当局所犯的历史罪行，同时改革和充实国际法，试图达到控制侵略战争、确保人类的持久和平，以及保护国际人权的目的。

这次审判立足于两个基本思想：首先，个人要对自己犯下的严重国际罪行承担责任。纽伦堡审判赋予个人在国际法上的地位，这意味着作为国际法不法主体的个人应对其严重违反国际法或国内法的行为承担责任。法庭宣布："违反国际法的罪行，是由人而不是由抽象的国家实施的；只有通过惩罚实施这些罪行的个人，国际法的规定才能产生效力。"[1] 其次，只有通过一场公正的审判使被告的权利得到保障，才能惩罚实施犯罪行为的个人。担任这次审判的总检察长罗伯特·杰克逊说："我们永远不要忘记——今天我们审判这些被告的记录，就是明天历史据以审判我们的记录。递给这些被告的毒酒，（总有一天）也会沾上我们自己的嘴唇。"[2] 这两个基本思想，即个人责任和公正审判，是纽伦堡审判的核心意义。

这次审判不仅要确定纳粹首要战犯的罪行，并决定是否对其实施惩罚，它还肩负着一项神圣的使命，即：在20世纪国际形势的迫切需要与滞后的

---

[1] Philippe Kirsch, "The Principles of Nuremberg in the International Criminal Court", in: *Washington University Global Studies Law Review*（2007）, vol. 6, p. 502.

[2] Robert H. Jackson, Opening Statement Before the International Military Tribunal, http://www.roberthjackson.org/the-man/speeches-articles/speeches/speeches-by-robert-h-jackson/opening-statement-before-the-international-military-tribunal/，浏览时间：2014年12月6日。

法律现实之间构成巨大反差的情况下，改革和充实国际法，把它由一堆纯粹的愿望转变成一套行之有效的规则，用来治理国家的行为，并依据法律奠定世界新秩序的基础，确保人类和平的实现。因此，这次审判不仅仅是对纳粹首要战犯的审判，它也是审判的缔造者为法律和道义而进行的一次圣战。

作为一次具有开创性和飞跃性的历史事件，纽伦堡审判注定不会一帆风顺。当时，国际法极其薄弱，没有现成规则赖以依据，没有任何先例可以遵循。"法律没有跟上20世纪冲突的现实。机械化战争和系统的种族灭绝已经发明出任何法律系统都无法想象的暴力系统。"[1] 残酷的现实不允许人们从容思考，等待法律完善后再付诸实施，而必须立即采取行动增强国际法的权威，率先用来制止战争。但无论如何，与"以暴制暴"的惩罚手段相比，创设一套司法机构用以审判纳粹战犯，无疑具有更大的优越性和积极意义。诚如杰克逊所言："最拙劣的法律程序较之于最好的暴力手段，更能减少不公正。我们宁愿不要一个完美的国际法庭和立法机构，即便在立法不公的情况下，也不能将起诉诉诸暴力；我们不能坐等法庭完善无缺后，才来制止人们用武力解决纠纷。"[2]

在这种情况下，纽伦堡审判依据的法律基础不可避免地会与当时通行的民族主义、国家主义以及法律实证主义哲学相冲突，必然会遭遇一系列具体的法律难题。例如，指控的模糊性带来的疑难，大陆法与普通法的冲突，国家应负的刑事责任与国家主权理论的矛盾，关于"你也不例外"（*tu quo que*）的反控诉，以上级命令为由的抗辩，等等。其中最突出的问题是法律的溯及既往（*ex post facto*）问题。[3]

当时，法律实证主义是西方法律思潮中最负盛名的一个学派。这个学派

---

[1] 〔美〕克里斯多夫·多德、拉瑞·布鲁姆：《纽伦堡来信：爱与正义的亲密档案》，周楠、李静译，重庆出版社2013年版，第17页。

[2] Ann Tusa and John Tusa, *The Nuremberg Trial*, Macmillan 1983, p. 69.

[3] Kevin R. Chaney, "Pitfalls and Imperatives : Applying the Lessons of Nuremberg to the Yugoslav War Crimes Trials", in : *Dickinson Journal of International Law*（Fall, 1995）, vol. 14.

认为,只有实在法才是法律,而所谓实在法,就是国家确立的法律规范。[1]基于这个观点,被统治者认可的现行的制定法、程序和习惯才是有效的法律,而一般的或普遍的法律原则、概念和理论等应然层面上的东西,尤其是自然法思想,则毫无实际的法律效力。根据这种法律观,法律实证主义者抨击纽伦堡审判,矛头所指向的焦点是:法庭审判的依据是什么?侵略战争是否犯罪?在实施起诉书所控告的行为时,作为个体的政府领导人是否要承担刑事责任?等等。

面对被告辩护律师的嘲讽以及法学家们的批评与观望,纽伦堡审判的奠基人以及国际军事法庭尽量严格地以过去已经存在的法律根据、著名的历史惯例以及新近国际法协议为基础,避免溯及既往问题,使审判经得住时间和法律的检验。另一方面,为了进一步捍卫审判的合法性,他们求助于自然法思想中包含的普遍性原则。例如,法国检察官呼吁法庭做出正义的判决:"为殉难者讨回正义的要求必须得到满足,他们遭受的苦难不能对人类的进步毫无用处。"法国法官也劝说其同事:"如果不把道德注入国际法,我们坐在这里有什么意义?"[2]最终,他们通过对法律进行扩大性解释,通过寻求法律与道义之间的平衡,解决了审判面临的法律难题。这种做法实际上是把基本的道德原则充实到陈旧和保守的法律中去,从而创新和改造了滞后的国际法体系。

对于为何要创新国际法,杰克逊解释道:"我们正处于世界的思想、习惯和结构因遭受到一场涉及千百万人的生活的战争的冲击而发生大动荡的非常时刻……我们肩负着重大的责任,这就是用我们的信念把世界的思想引导

---

[1] 法律实证主义的特征就是注重法律的形式和结构,而不是它的道德内容和社会内容;就是考察法律制度,而不考虑其间的法律规范是否正义;就是力图尽可能彻底地把法哲学同其他学科,如心理学、社会学、伦理学等区分开来。用法学家朱利叶斯·穆尔(Julius Moor)的话说:"法律实证主义认为,法律是在社会发展的历史过程中由统治者制定的。这种观点认为,法律仅仅是统治者所命令的东西,从而基于这种条件,统治者所命令的任何东西也就是法律。"参见〔美〕E.博登海默:《法理学:法律哲学与法律方法》,邓正来译,中国政法大学出版社1999年版,第116—117页。

[2] Steven Fogelson, "The Nuremberg Legacy: an Unfulfilled Promise", in: *Southern California Law Review*(1990), vol. 63, p. 867.

到巩固和加强国际行为的法律上来,以便使那些掌握着政府大权和人民命运的人较少地动辄进行战争。"[1] 当时美国刑法学家谢尔登·格卢格也指出:"鉴于世界上出现了这样一些国家,它们奉行蓄意无视法律的政策,并且发明了'总体战',企图借此实现其奴役世界的计划。在这种情况下,现实迫使人们不得不改变那些不再适应的法律观念和法律原则。"[2]

纽伦堡审判成为国际法发展史上的一次重大转折和一块重要的里程碑。它开启了国际刑事审判的先河,塑造了一个新的国际刑事司法体系。[3] 可以说,没有这次审判奠定基础,就不会产生现在的国际刑事法院。[4] 纽伦堡法庭成立时,就有人提议建立一个永久性的世界法庭,以惩治那些干涉别国主权、威胁世界和平的罪行。审判结束后,联合国采纳了这个设想,提出建立国际刑事审判机构的提案。此后,联合国大会设立了一个国际刑事法院问题委员会,于 1951 年拟定了一份规约草案。其后几十年,国际社会一直为建立完善的国际刑事审判机构而不懈努力。2002 年 7 月,《罗马规约》正式生效,根据该规约成立了国际刑事法院,对犯有种族屠杀罪、危害人类罪、战争罪、侵略罪的个人进行起诉和审判。时隔半个世纪后,国际刑事审判终于迈出了巨大的一步,这是纽伦堡审判直接促成的一个结果。

纽伦堡审判及其确立的原则,还对现代国际法的发展产生了决定性和持续性的影响。在此之前,传统的国际法难以制止侵略战争,国家主权不受限制,国际人权和持久的人类和平无以保证。纽伦堡审判则宣告了不受限制的国家主权的终结,它在某种意义上,通过制裁侵略战争,通过对和平的特

---

[1] 〔民主德国〕P. A. 施泰尼格尔(编):《纽伦堡审判》(上卷),王昭仁等译,商务印书馆 1985 年版,第 15 页。
[2] 同上书,第 15—16 页。
[3] Philippe Kirsch, "The Principles of Nuremberg in the International Criminal Court", in : *Washington University Global Studies Law Review*(2007), vol. 6, p. 501.
[4] Hans-Peter Kaul, "The Nuremberg Legacy and the International Criminal Court – Lecture in Honor of Whitney R. Harris, Former Nuremberg Prosecutor", in : *Washington University Global Studies Law Review*(2013), vol. 12, p. 640.

殊强调,通过对国家及其领导人施加国际法上的刑事责任,通过赋予软弱的国际法以强制效力,改变了整个国际法的结构,奠定了现代国际法的思想基石。[1]自此,侵略战争的犯罪性已经确定无疑,只有"强制措施"(enforcement measures)或"集体防卫"才是未来军事行动的正当根据;关于国际人权保护的法律迅速创设,并成为战后国际法发展的核心领域。

没有法律作为保证,审判就失去了公正性;而没有道义的力量,国际法的新局面就难以开创。无论从整个的法律发展史来看,还是从这次审判产生的深远影响来看,可以说,每一次伟大的法律变革无不浸透着道德和理想的因素。经历了纳粹"恶法"统治的惨痛教训后,一度被人们抛弃的自然法思想和价值取向法理学重新在西方兴起,这一雄辩的事实向人们证明:不能把价值因素从法律中剥离出来,法律必须饱含道义的力量,必须反映人类的理想。著名国际法学家赫希·劳特派特(H. Lauterpacht)[2]在其著述中写道:"公共道德标准越高,国际法就越发达。它的发展永无止境,因为,有些永恒的道德……是推动它发展的保证。"[3]

而另一位著名的国际法学家,埃德温·狄金森(Edwin Dickinson)[4]则饱含激情地强调:"没有理想,就只有变化,而没有进步。我们虽然不能亲手触及天上引路的星辰,然而,跟随它们,却可以到达自己的目的地。"[5]

---

[1] Fred L. Morrison, "The Significance of Nuremberg for Modern International Law", in : *Military Law Review*(1995), vol. 149, p. 207.

[2] 劳特派特(1897—1960),英国著名国际法学家,1937年任剑桥大学国际法讲座教授,主持修订过《奥本海国际法》,晚年还先后担任联合国国际法委员会委员和国际法院法官。

[3] 〔英〕劳特派特(修订):《奥本海国际法》上卷"平时法"第一分册,王铁崖、陈体强译,商务印书馆1981年版,第61页。

[4] 埃德温·狄金森,美国著名国际法学家,曾任密歇根大学法学院教授,美国国际法学会会长,海牙常设仲裁院的美籍成员。

[5] Henry T. King, Jr., "The Limitations of Sovereignty from Nuremberg to Sarajevo", in : *Canada-United States Law Journal*(1994), vol. 20, p. 174.

历史教导我们，没有理想，就只有变化，而没有进步。我们虽然不能亲手触及天上引路的星辰，然而，跟随它们，就可以到达自己的目的地。

History teaches that without ideals there can be no progress, only changes. The stars that guide you may never touch with your own hands, but following them you will reach your destination.

——埃德温·狄金森（Edwin Dickinson）

纽伦堡审判的重要价值，并不在于它如何忠实地解释过去，而在于它如何认真地儆戒未来。*

——罗伯特·H. 杰克逊**

---

* 〔民主德国〕P. A. 施泰尼格尔（编）：《纽伦堡审判》（上卷），王昭仁等译，商务印书馆1985年版，第4页。
** 纽伦堡国际军事法庭美国首席检察官。

一 序章

一

纽伦堡（Nuremberg）位于德国中南部，距离柏林230英里，是地位仅次于慕尼黑的德国历史名城。第二次世界大战爆发以前，它一直都保持着中世纪的外貌。观光者，喜欢攀上纽伦堡建于11世纪的瞭望塔，沿着宁静、弯曲的佩格尼茨河河岸漫步，400年前修建的桥梁横跨在这条河上。纽伦堡最令人赏心悦目的是它的房屋建筑，它们高大耸立，红瓦屋顶和镌刻的房屋顶窗向上突起，山墙用彩绘的木质雕像封顶。

纽伦堡为德国修建了第一条铁道线，造出了世界上第一只怀表和第一支单簧管。纽伦堡是一个玩具制造中心，以精巧的袖珍产品闻名。纽伦堡还出过德国最伟大的艺术家阿尔布雷希勒·丢勒[1]，他出生的那座建筑物依然坐落在以其名字命名的广场上。查理四世皇帝[2]曾经盛誉纽伦堡是他王国的宝库。

纽伦堡也是纳粹分子的精神寄托之所。带有中世纪味道的城市符合纳粹运动的神秘特点，纳粹分子还可以仰仗当地警方的支持。到1933年，随着希特勒的上台，每年一度的纽伦堡集会成为纳粹党徒生活中重要的庆典活动。

这个城市也是颁布剥夺德国犹太人财产权、人身权，并且逐渐取缔他们公民身份的"纽伦堡法"的所在地。

---

[1] 丢勒（Albrecht Dürer，1471—1528），文艺复兴时期德国最重要的油画家、版画家、装饰设计家和理论家。
[2] 查理四世皇帝（Charles Ⅳ，Emperor,1316—1378），德意志国王和波希米亚国王，神圣罗马帝国皇帝（1355年登基），是当时欧洲最博学的君主。

一　序章　　11

图1　司法大厦外景

二战期间,纽伦堡遭受了盟军11次报复性的空炸。在最后的围攻中,又经受了炮火的狂轰以及激烈的街垒战。德军投降后,纽伦堡城的91%已被摧毁。这个昔日的王国的宝库,变成了一座没有电、公共用水、公共交通、电话、邮政、电报设施和没有政府的城市。美国人宣布它"是欧洲大陆的一座死城"。

然而,在这座城市的西边,还幸存下一座巨大的建筑——司法大厦(见图1)。这座陡峭的沥青铺顶的三层石头建筑,陈旧灰暗,弹痕满布,位于纽伦堡市镇西边大约一公里远,原本是巴伐利亚省政府的法院。1945年11月20日至1946年10月1日,举世瞩目的纽伦堡审判就在这里举行。[1]

---

[1] 此后,又进行了系列后续审判。后续审判从广义上也可以纳入纽伦堡审判的范畴。因此,有人也把这次审判称为"纽伦堡大审判",以便与后续审判相区别([美]约瑟夫·E.珀西科:《纽伦堡大审判》,刘巍等译,上海人民出版社2000年版)。后续审判全部由美国文职法官主持,审判的对象主要是为德国提供战争资源的人,如工业家、军事人员、集中营看守、医生(针对在战俘和集中营囚犯身上做医学试验)和一些不太著名的战犯。在后续的法庭审判中,超过5000人被控有罪,800余人被判处死刑,不过最终只有469名战犯被执行。

二

1946年9月30日，星期一，纽伦堡阳光和煦，晴空无云。几辆防弹小汽车由配备机关枪的吉普车开道，警笛一路长鸣地开到了司法大厦。八名审判官在两排武装卫队的护卫下离去。1000多名士兵将大厦团团围住，狙击手站在四周房顶上，密切注意周围的动静。事实上，整座城市都戒备森严，处于美国士兵的包围之下，每一条通向它的道路都设置了障碍，任何要进入的车辆和行人都要停下来接受检查。

早上7点钟，人群到达法庭的入口处，其中一些观众身穿制服，是高级军官；许多人的面孔经常出现在新闻影片和报纸照片上，很容易辨认出来。即便如此，他们也不得不停下脚步，在大厦入口处接受仔细检查。他们必须出示通行证，一旦通行证过期，就不准进入大厦。这一天，每一个进入审判庭的人还必须持有一张特殊的通行证，尽管已经进入了司法大厦，安全检查却仍然继续进行，人们不得不再次出示通行证。

到了8点钟，走廊上挤满了人。其中一个房间，聚集了一群人，大约有三十几个，他们身穿礼服，是德国律师。近9点钟，警官进来检查他们的通行证，并仔细搜查他们的身体和文件。9点半，审判庭大门打开，观众们鱼贯而入，到楼上边座入座；记者们在审判室后部的位置上就座；辩护律师和检察官径直走向位于大厅中间的位置（见图2）。

几分钟后，交谈声和喧闹声停了下来，审判庭一片安静。所有人的目光投向墙壁上打开的一块门板，片刻过后，三三两两的人在美国卫兵的监管下从中走出来，这些人的名字和面孔几年来成为公众的焦点，他们就是前纳粹帝国还活着的领导人，也是十个月前开始的这场审判中的被告。在过去十个月中，他们因纳粹政权被控在德国和整个欧洲犯下罪行而接受审判。这一天，纽伦堡国际军事法庭的法官们就要宣读关于这些被告的判决书。

图 2　审判场面

即将宣读判决书的法官们曾经组成了纽伦堡国际军事法庭（the International Military Tribunal at Nuremberg，简称 IMT）。之所以称为"国际"，是因为当时的德国作为政治实体不复存在，同盟国作为胜利者决定建立法庭审判前德国领导人，这个法庭在主权上并不属于任何一个国家，而是由美、苏、英、法四个战胜国共同组成；而所谓"军事"，是因为在当时德国政府当局荡然无存，德国的国际人格暂时停止，德国由上述四个国家实行军事管制，而行使管制权力的法律根据，则是德国军队无条件投降所赋予它们的无限制权力。这四国自从 1945 年 5 月全面占领德国后，任命了八名法官，组织了这次对德国首要领导人的审判。[1] 这是组成这个国际法庭的四个国家共同行使一种权力的结果，这种权力是这四个国家之中的每一个依照国

---

[1]　关于纽伦堡国际军事法庭的性质，施泰尼格尔认为：纽伦堡国际军事法庭并非如其名称所表明的那样，是一个具有世界刑事法庭意义的国际法庭，而是美、英、法、苏四国共同组成并由这四国任命了法官和起诉人的法庭。参见〔民主德国〕P. A. 施泰尼格尔（编）：《纽伦堡审判》（上卷），王昭仁等译，商务印书馆 1985 年版，第 46—47 页。

际法原本有权各自负责来行使的。[1]

第一次世界大战后,《凡尔赛条约》的签订并没有达到防止德国侵略的目的,反而激起它变本加厉地复仇。[2] 由于德国在第二次世界大战中的野蛮行径,以及制造了骇人听闻的暴行,四大盟国决定,这一次它们不用协商手段解决战争问题。1943年,作为盟国第一首脑的罗斯福总统,在卡萨布兰卡率先提出"无条件投降"的要求;[3] 随后,其他三大国在雅尔塔会议上再次肯定了这一点。它们认为,德国人几乎毫发无损地逃脱了一战的责任,而这一次他们必须领教发动侵略战争的深刻教训。因此,纳粹帝国战败后,它与同盟国缔结协议[4] 的请求被坚决拒绝,[5] 同时遭到了同盟国的狂轰滥炸和占领;随即,德国政府垮台,军队溃败,政府机构不复存在,并完全处于盟军的管制之下。

1945年5月8日,代表德国最高统帅部的阿尔弗雷德·约德尔(Alfred Jodl,1890—1947)签署了无条件投降书,德国主权随之移交给盟军。在德

---

[1] 〔英〕劳特派特(修订):《奥本海国际法》下卷第二分册,王铁崖、陈体强译,商务印书馆1981年版,第94页。
[2] 第一次世界大战结束后签订的《凡尔赛条约》,目的是为了惩罚和削弱德国。条约规定:德国的人口和领土均减少10%。西部的阿尔萨斯和洛林归还法国;萨尔河流域由国际联盟代管到1935年;北方有三片土地划让给比利时;石勒苏益格公民投票后,北石勒苏益格将归还丹麦;在东方,波兰复国,并向它提供直达波罗的海的"通道";宣布但泽为自由市,等等。德国海外殖民地全部被瓜分。协约国还要求德国偿付巨额的战争赔款。为了确保德国永远不对世界造成军事威胁,条约还包括许多保证和平的条款,如:德军人数不得超过10万;撤销总参谋部;拆除莱茵河以东50公里内的一切堡垒和工事,等等。《凡尔赛条约》的签订遭到德国人的猛烈抨击。许多历史学家认为,苛刻的和约以及后来对其条款的不认真执行,为20世纪30年代德国军国主义的兴起铺平了道路。
[3] 无条件投降(unconditional surrender):这一用语由美国总统罗斯福在1943年1月24日的记者招待会上首次提出,其后,1943年10月30日《莫斯科宣言》、1943年12月1日《开罗宣言》和1945年2月1日《雅尔塔宣言》等文件中又多次使用,是指战败国只能按照战胜国规定的条件而自己不得附加任何条件的投降。在无条件投降之后,交战国之间的敌对行为即告终止。
[4] 缔结和平条约(peace treaty),是结束战争最为常见和正式的一种方式,一般由交战各国在专门的和平会议或者外交会议上签订,详细规定交战国之间的与战争相关的全部未决事项。一般情况下,除非另有规定,交战国之间的战争状态于和平条约缔结之日结束,恢复和平,并产生一系列法律后果。和约的缔结还意味着对战犯起诉权利的终止。
[5] 第二次世界大战终结时,盟国之所以采取"无条件投降"来代替习惯上的停战协定以结束敌对行动,主要是因为不愿与负发动侵略战争责任的德国政府订立协定,否则就间接帮助了这个政权得以继续存在,而彻底消灭纳粹政权是盟国的目的之一。

图3 集中营的一个大墓

军无条件投降和德国政府被废除之后，6月5日，英、美、苏、法四国发表联合声明，取得了对德国的最高权力。依照该宣言，对德国的权力分属下述三个机关:(1)英、美、苏、法四国总司令，各就其占领区行使权力;(2)管制委员会，由四国总司令组成，就涉及整个德国的事项行使权力;(3)"大柏林"地区的盟国管制当局，在管制委员会的领导下进行工作，这个管制当局由四个指挥官组成，并由各指挥官轮流担任总指挥。

由于这场大战，欧洲城市变成一片废墟，无数生命毁于战争，残疾人、孤儿、无家可归者以及饥寒交迫者数以百万。盟军挺进德国后，一幕幕景象让人触目惊心：德国劳动营中关押的外国奴工不计其数；集中营设置着毒气室和焚烧炉，大批幸免于难的人挤作一团，一个个形如骷髅，身上的破衣烂衫虱蚤满布，都患有斑疹伤寒症。在集中营里，纳粹分子曾经杀害过无数这样的人。随着其政府的崩溃，处置受难者的组织也随之解体。现在，盟国的推土机挖掘着巨大的坟墓,来安置集中营里堆积成山的尸体(见图3)。历经了五年的战争,目睹了纳粹在欧洲统治的结果,大家一致认为不能对德国人宽宏大量:是他们,尤其是其领导人,发动了这场战争,制造了无数灾难和痛苦,他们难辞其咎,应该为此付出代价。

然而,纽伦堡国际军事法庭对纳粹首要战犯的审判却不仅仅要确定他们的罪行,并决定是否对其实施惩罚,它还负有使命去探索一条更好的途径,借以控制人类强烈的冲动、侵略和报复,它也是运用合理、有效的规则替代暴力的一次伟大的尝试。

三

若要了解一次审判,首先须考查以下四个方面:其一,谁主持审判;其二,审判谁;其三,指控什么罪名;其四,审判依据什么法律。即使对最简单的审判,圆满回答这些问题也颇为困难。而对于纽伦堡国际军事法庭所进行的浩大的审判活动,要想回答它的任何问题更要费尽周折。然而,如果只想清楚地概述纽伦堡审判,我们则可以从上述四个问题开始谈起,而后再沿着这个线索追根溯源,逐渐导向更加丰富广阔的方面。

纽伦堡审判没有设陪审团[1],国际军事法庭一方面主持审判,另一方面作出判决。从技术上说,法庭成员只能称作"审理委员会委员",而不是法官。然而,为方便起见,本书将使用"法官"这个术语。

纽伦堡国际军事法庭由八名法官组成:第二次世界大战欧洲战场的四个胜利国(即美、苏、英、法四国)各任命两名法官——一名法官,一名助理法官。

出任军事法庭的美国法官是弗朗西斯·比德尔(Francis Biddle),他将在审判中扮演核心角色。他是费城上层社会的名流,担任过美国战时司法

---

[1] Jury,陪审团,一般为非法律专业人员的组织,他们被召集起来,在听取证据的基础上,通过对有争议的事实问题作出裁定的方式来协助法庭审理案件。

部部长，是罗斯福新政时期政界的知名人士；助理法官约翰·帕克（John Parker），是美国联邦第四上诉法庭的巡回法官，曾被提名为联邦最高法院的助理法官，但最终以一票之差没能得到参议院的批准。与比德尔相比，帕克在纽伦堡军事法庭上只是一个配角，他没有投票权，在法庭讨论中不起主要作用。

英国法官是杰弗里·劳伦斯爵士（Sir Geoffrey Lawrence），他面色红润、神情愉快，总以最佳的精神状态处理法庭的日常事务。助理法官诺曼·伯基特（Norman Birkett），1941年被擢升为高等法院王座分庭的法官，在此之前，他是英国最著名的出庭律师，也是一名极富才华的法律起草人。

法国的助理法官，罗贝尔·法尔科（Robert Falco），是一个上诉法院的法官，也是一名经验丰富的法学家；法官亨利·多内迪尼·德瓦布尔（Donnedieu de Vabres），是法国索邦大学的法学教授、海牙国际法协会会员。初看上去，他注重理论，缺乏实践能力，他的任命似乎是古怪的学院式的选择结果。但他在法律辩论中的表现却表明，他既敏锐又强硬。

苏联法官与以上三个西方国家的法官形成鲜明的对比。助理法官A.沃尔奇科夫（A. F. Vochkov），立场强硬，毫不妥协，对西方法律体系一无所知；其同伴，法官尼基钦科（I. T. Nikitchenko）则完全相反，聪明、幽默，熟悉西方法律。尼基钦科常常抗议西方法律的处理方法，态度坚决地维护苏联的利益。不过，他判断力强，为人温和敦厚，这些品质对纽伦堡审判意义重大。

这八名法官组成了纽伦堡国际军事法庭。他们分别来自四个国家，代表各自国家的利益。其中，在政治方面，存在资本主义与社会主义之间意识形态的对立；在法律方面，苏、法两国的大陆法[1]属性与英、美两国的普

---

[1] 苏、法两国的法律都属大陆法系。大陆法系（Continental Law System），又称民法法系（Civil Law System）、罗马-日耳曼法系（Romano-Germanic Familly），是以罗马法为基础，以1804年《法国民法典》和1900年《德国民法典》为代表的一个世界性法律体系；是在西方近代化过程中，欧洲各国复兴罗马法，依照法国立法模式制定自己的成文法典，并将其推行到自己的殖民地及其他国家而逐步形成的。

通法[1]传统构成强烈的对照。这样，由于各位法官国籍、意识形态、法律知识背景等的不同，法庭内部难免产生种种分歧和矛盾。但不管怎样，这八个意志坚强的人要在一起共事十个月，在法庭内外分享友谊，最终超越每一个暂时性的冲突完成使命。这样的合作刚好发生在冷战之初，因此非常难能可贵，他们取得的成就也越发显得卓越不凡。

建立国际军事法庭的四国协定尽管对法庭的程序规则没有设置多少硬性规定，但还是要求在审判开始之前，选举出法庭的庭长。据此，经过多方面的权衡和精心安排后，英国法官杰弗里·劳伦斯爵士被推选为庭长。

劳伦斯平易近人，和蔼可亲。作为庭长，他从不咄咄逼人地操纵同伙法官和法庭审判。他的特长是调和矛盾，而不拘泥于教条和理论；他具备一种特殊的个人魅力，善于化解冲突，消除如此漫长、如此重要的审判中必然会有的消极情绪。多亏了他，尽管有种种因素引发冲突和纠纷，法庭仍得以凭其独一无二的本领，顺利地从审判的第一天运转至最后一天。

这八名法官一方面要处理审判的各种难题，另一方面，至少还要直接应对几个政府的要求。建立军事法庭的协议没有提及：法庭成员是独立于各自的国家自主行使审判权，还是要充当他们国家的代言人？按照普通法传统，英、美两国政府似乎理所当然地认为，它们的法官享有传统的司法独立权。现有资料表明，英、美法官确实不受政府路线的约束。两名美国法官都极为独立，比德尔尤其喜欢有此大好机会展示自己不听命于任何人，而且有迹象显示，美国政府也无意干预其代表的行为。英国法官的情况也大致如此。法国两名法官的讨论和投票也相当独立，他们和其他法官一样，经常否决起诉当局的观点。

在西方人眼中，苏联法官显然没有自主权，他们唯斯大林的命令是从，

---

[1] 英、美两国是普通法法系的典型代表。普通法法系（Common Law System），也称英美法系（Anglo-American Law System），是以英国的普通法、衡平法和制定法为基础，融入罗马法、教会法以及中世纪商法的若干原则而逐步形成的一个世界性的法律体系，是在英国对外贸易、军事侵略、殖民统治和强行推行英国法的过程中形成的。

激烈捍卫本国路线。不过，必须指出的是，有时美国人，特别是英国人也一样强烈地维护自己国家的利益。苏联法官，尤其是沃尔奇科夫，采取一贯的强硬立场，对所有指控的罪状投票判处所有被告有罪，并对每个可能是死罪的被告投票判以绞刑。然而，他们时常并不孤立，总有至少一个西方成员支持其强硬立场。尽管苏联代表比其西方同事可能更密切地接受本国政府的指导，他们的表现相对于其他法官却没有根本上的区别。

四

纳粹帝国元首阿道夫·希特勒（Adolf Hitler, 1889—1945）、党卫队头子海因里希·希姆莱（Heinrich Himmler, 1900—1945）、纳粹宣传部长约瑟夫·戈培尔（Josef Goebbels, 1897—1945）、帝国元首秘书马丁·博尔曼（Martin Bormann, 1900—1945），以及克虏伯康采恩（Krupp combine）的总裁是五个最显著的纳粹头目，然而他们却没有出现在法庭上。前四人掌握着第三帝国最大的权力，其中希姆莱和戈培尔已经确切无疑地死了；希特勒的死亡也没有多少疑问；博尔曼下落不明，可能失踪，当时人们推断他很可能已经死亡；[1] 至于第五个，起诉当局犯了一个愚蠢的错误，指定年迈的古斯塔夫·克虏伯（Gustav Krupp, 1870—1951）代表克虏伯集团，把他列入正式的被告名单。

盟国政府一共起诉了24名被告，包括上述的博尔曼和古斯塔夫。但由于健康原因，古斯塔夫根本不可能出庭，法庭裁定不应该对他实行缺席判决，因此，把他的讼案与其他被告的分离开来。建立国际军事法庭的盟国协议允许实行缺席审判，这个程序后来适用于博尔曼案，因为博尔曼能否出庭，甚

---

[1] 博尔曼赢得了希特勒的彻底信任，部分原因是他掌握着元首的个人财产。1941年，博尔曼被任命为纳粹党秘书长，从而获得了大权，控制了参见希特勒的渠道，帮助发动针对犹太人、斯拉夫人的灭绝措施。柏林陷落后，人们认为他死在苏联的反坦克武器下。但是直到1972年人们才发现了他的尸体。

至于他是否在世都难以确定，而又没有确凿证据证实其死亡，所以对他进行缺席审判比较恰当。

这样，在对纳粹首要战犯的审判中，被告席上没有德国重工业界的代表人物；而对博尔曼的缺席审判多少有点模拟法庭的荒唐意味。由于克虏伯案造成的缺陷，博尔曼案的有名无实，希特勒、希姆莱和戈培尔的死亡，纽伦堡审判难免给人一种强烈的感觉，即纳粹分子的罪魁祸首不在其中，大多数真正受审的被告只是些二流货色。

其余22名首要战犯中，只有赫尔曼·戈林（Hermann Goering, 1893—1946）是纳粹帝国兴盛时期的高级领导，而且直到帝国最后阶段还握有相当大的权力。希特勒曾任命戈林为普鲁士内政部长，戈林在他的任职内创立了国家秘密警察来铲除异己，这个机构的名称不久就被缩写为"盖世太保"（Gestapo）[1]。戈林建立了禁闭地囚禁政治犯，很快就被推广成"集中营"。这两件事在全世界臭名昭著，以至于戈林都担心累及自己的名声，于是心甘情愿地让盖世太保和集中营的大权落到野心勃勃的党卫队头子希姆莱手中。

在纽伦堡，戈林俨然以老大自居，[2]然而控辩双方都清楚，这在某种程度上是名不副实的。起诉当局非常希望指控纳粹的首脑人物，而戈林也很想把自己扮演成第三帝国最坚定的捍卫者和希特勒忠诚的斗士。但是，双方都心照不宣地掩盖这样一个事实，即从1941年起，戈林已经沉溺于毒品和字谜游戏，只是到了战争的最后一段日子，身为陆军元帅的他才清醒过来，手忙脚乱地企图接替帝国元首的职权，与盟军谋求和平谈判以结束战争，这却导致希特勒认定他背叛自己并篡夺权力，因此下令立即逮捕他。

鲁道夫·赫斯（Rudolf Hess, 1894—1987），在纳粹政权中的地位实际

---

1 Gestapo 为 Geheime Staatspolizei 的缩写，原意为秘密（国家）警察。
2 戈林尽管已经被逮捕，但是对其他纳粹战犯还有影响，还有人将其视为纳粹的标准，或至少可以恐吓和凌辱胆怯的下属。据《纽约客》当时的报道，戈林的同事"和自由时一样，好像在被告席上受到他的控制。他那源源不断的精力、华丽的衣服、对审判程序的兴趣以及他参与的氛围，都使其仍然保持着头号囚犯的地位"。参见〔美〕克里斯多夫·多德、拉瑞·布鲁姆：《纽伦堡来信：爱与正义的亲密档案》，周楠、李静译，重庆出版社2013年版。

上比戈林显赫。在1941年前，赫斯是德国副元首，第三号纳粹首脑，纳粹党书记，以及希特勒的密友。1941年，他行径怪异，只身驾机飞往苏格兰，去见他认识的汉密尔顿公爵，企图在德国进攻苏联之前劝说英国不要参战，以免德国腹背受敌。英国政府立即捕获了他。在英国被监禁四年后，赫斯被带回到纽伦堡受审。然而，有目共睹的是，赫斯神志错乱，看上去很像一个精神病患者。因此，他作为被告只是勉强够格，这给整个审判增添了一种不理性的气氛。

约阿希姆·冯·里宾特洛甫（Joachim von Ribbentrop，1893—1946），纳粹帝国外交部部长，在入侵捷克斯洛伐克和波兰的问题上以及德苏条约的谈判过程中发挥了关键作用。他在外交界的形象滑稽可笑：在希特勒面前卑躬屈膝，背后又狐假虎威、狂妄自大；经常模仿希特勒的口气和神态说话，似乎自己充满力量、处事果断。在法庭上，他自怜自弃，坚称他对希特勒的外交政策毫不知情。这虽然部分上是实情，不过这样的辩解和开脱没有打动法庭。

一度掌握政治权力的大多数其他被告，在德国中央领导层和纳粹党中无足轻重，他们被希特勒玩弄惯用伎俩派送到各地，担任各个占领区的行政长官（总督）、统治者或"保护长官"。他们曾经成年累月地与攀附钻营希特勒政权的其他更狡猾的玩家进行艰难的竞争，最终被挤出元首的核心集团。这些权力的败北者只能在行省建立权威、作威作福。然而，权力的代价却相当高昂，他们曾经奉行从柏林传达下来的命令，实际执行了残暴的种族政策和毁灭性的经济政策，因此成为纳粹政权的帮凶和牺牲品。下述几名被告就属这类情况：

阿尔弗雷德·罗森堡（Alfred Rosenberg，1893—1946），1941年被任命为占领区事务部长，声名狼藉，头脑糊涂，是纳粹运动的宣传家和"哲学家"。[1]多年来，他一直力求影响希特勒的政策，结果却被派到俄罗斯实行焦土政

---

[1] 罗森堡是一名狂热的反犹太主义者，曾出版著名畅销书《20世纪的神话》。1941年之前，专职负责掠夺被占领国家和地区的艺术珍品。

策，准备把它建成纳粹的殖民地。

汉斯·弗兰克（Hans Frank，1900—1946），1929年出任纳粹法律办公室领导人，1933年任巴伐利亚司法部长，自命为纳粹法律的代言人。波兰被征服后，他成为总督，在克拉科夫进行统治，大肆屠杀犹太人、知识分子和专业人士，以"克拉科夫屠夫"而著称。

康斯坦丁·冯·牛赖特（Konstantin von Neurath，1873—1956），1933年到1938年任德国外交部部长，严格上说，他不是纳粹党员，但仍然被派到捷克占领区担任保护长官，成为布拉格的刽子手。

赛斯－英夸特（Seyss-Inquart，1892—1946），曾任内政部长，在吞并奥地利的过程中发挥过重要作用，1940年成为帝国驻荷兰总督。他的统治极其残暴，曾将14万已登记的犹太人中的大多数送往集中营。

威廉·弗里克（Wilhelm Frick，1877—1946），长期担任德国内政部长，其间起草了一体化法律，藉以剥夺德国各州的权力，并关闭了不配合纳粹政策及其他专制文化影响的教会。1943年，他被派到布拉格，继牛赖特辞去代理保护长官、党卫队的赖因哈特·海德里希（Reinhard Heydrich，1904—1942）[1]被暗杀之后，担任当地的保护长官。他宣布"犹太人不受法律保护"，他管辖的疗养院、医院、精神病院把大批老、弱、病、残及精神不健全者当成"无用的饭桶"加以杀害。

巴尔杜尔·冯·席拉赫（Baldur von Schirach，1907—1974），全德青年领导人，曾把各青年组织统一到希特勒青年团内，卖力向青年灌输纳粹思想并对之进行军事训练，使青年成为党卫军补充来源。1940年，他被调离权力中心柏林，出任维也纳总督，曾将波兰18万多名犹太人送进集中营。

---

[1] 海德里希，德国纳粹政府官员。1931年专门从事纳粹党工作。希特勒上台后，他被任命为慕尼黑警察局政治部主任，兼管达豪集中营。1934年又被任命为柏林党卫队头子，此后成为希姆莱的副手。由于残酷毒辣，1941年9月被选拔为驻波希米亚和摩拉维亚的帝国摄政。他到达布拉格不过五周，就下令枪杀300名捷克人，后来他又被派往挪威、荷兰、法国的德军占领区，镇压日益高涨的抵抗运动。1942年5月27日，当他乘汽车经过布拉格—柏林公路时，受到两名捷克爱国志士的伏击，6月4日死于布拉格医院。

弗朗茨·冯·巴本（Franz von Papen，1879—1969），在希特勒上台前担任德国总理，随后于1933年担任帝国副总理，次年辞职。他不是纳粹党员，并因首先外任驻维也纳大使，后在战争期间担任驻土耳其大使，而逃脱了成为纳粹杀人帮凶的命运。

与这些政治官员共同站在纽伦堡被告席上的，还有四名陆海军将领。海军上将埃里希·雷德尔（Erich Raeder，1876—1960），德国第一任海军总司令，海军名义总监。曾参与策划和指挥一系列侵略战争，尤其是海战，对潜艇战更负有不可推卸的责任。

海军上将卡尔·邓尼茨（Karl Doenitz，1891—1980），潜水艇舰队司令，第二任海军总司令。他参与训练和发展德国潜艇队，积极策划和参与海上侵略战争。邓尼茨备受希特勒赏识，因此获得殊荣，在第三帝国即将覆灭时被希特勒指定为元首继任人。

陆军元帅威廉·凯特尔（Wilhelm Keitel，1882—1946），二战期间任德国国防军最高统帅部参谋长，陆军元帅，参与吞并奥地利的谋划，并参加制订、签署和实行多项侵略他国的军事计划。

第四个军方代表约德尔，曾为国防军最高统帅部作战局局长，陆军总参谋长、上将。他直接向希特勒汇报战事，并向三军传达其命令。曾策划并参与对奥地利、捷克斯洛伐克、挪威、希腊、南斯拉夫等国的军事行动，草拟侵苏的"巴巴罗萨"方案，签署诺曼底登陆备忘录。[1]

剩余的被告包括两个知名人物——尤利乌斯·施特赖歇尔（Julius Streicher，1885—1946）和雅尔马·沙赫特（Hjalmar Schacht，1877—1970），他们二人在纳粹时代早期就失去了权势，但是直到纳粹败亡为止，他们仍然具有潜在的影响力。

---

[1] 约德尔从1939年开始到战争结束一直担任德军总司令，只受希特勒和凯特尔控制。1945年，他代表德国签署了无条件投降条约。约德尔本人对纳粹主义有所保留，并与希特勒争吵过，但是作为一名职业军人，他执行了所有发布给他的命令。

施特赖歇尔是纳粹党元老之一，曾任纽伦堡总督，反犹刊物《前锋报》主编。他曾参加慕尼黑暴动，是公认的"天字第一号犹太迫害狂"。1923—1945 年主持反犹刊物《前锋报》，鼓吹灭绝犹太人种，诬蔑犹太人是细菌、寄生虫和瘟疫。积极支持迫害犹太人的《纽伦堡法》。在"最后解决"犹太人行动中，他操纵宣传机器，对这一暴行起了推波助澜作用。其行径卑劣无比，即使纳粹党徒也不屑与之为伍，这迫使希特勒于 1940 年将他逐出纳粹党。

另一早期的政治牺牲品沙赫特，是战前德国国家银行总裁、经济部长以及军事经济全权总办，他策划设计了金融设备以掩盖因重整军备而导致的通货膨胀（但到 1943 年为止，他仅保留部长之名而无实际的职权）。沙赫特不是纳粹党员，只是个金融界贵族。尽管如此，他的职业却与施特赖歇尔类似，因为他在希特勒的帝国内地位显著，直到 1938—1939 年后才淡出公众生活。

德意志银行总裁和经济部长一职的继任者，瓦尔特·冯克（Walter Funk，1890—1960），出身低微、资质平庸，他一定程度上控制着德国的经济直至帝国完结。凡是冯克所未掌握的经济权力大都落到了另外两个被告手中，他们是弗里茨·绍克尔（Fritz Sauckel，1894—1946）和阿尔贝特·施佩尔（Albert Speer，1905—1981）。

绍克尔是一个老纳粹党徒，1932 年后担任图林根内务部长和联邦总理等职。曾领冲锋队和党卫队将军衔。1942 年被希特勒任命为德国劳动力调配全权总代表，负责从征服区招募或强迫劳动力到德国干苦工。他制订过榨取各占领区奴隶劳工的计划，管理劳工的原则是"用最低费用达到最高限度的剥削"。

施佩尔是希特勒的建筑师和亲信，1942 年后担任托特组织负责人，德国军备、军需及军火部部长，德国国会议员。

战争期间，冯克、绍克尔、施佩尔在他们的经济活动中，动用了大规模的武力和强制力，他们所依赖的国家暴力工具就控制在恩斯特·卡尔滕布龙纳（Ernst Kaltenbrunner，1903—1946）手中。从 1942 年开始，作为希姆莱的副手，卡尔滕布龙纳曾任党卫队将军和警察部队将军。由于希姆莱和海德里希的死,以及许多其他党卫队头目的死亡或隐匿,起诉当局将卡尔滕布龙纳作为党卫队—盖世太保的代表来承担罪责。

另外两个人名也出现在起诉书上:罗伯特·莱伊(Robert Ley,1890—1945)和汉斯·弗里切(Hans Fritzsche,1900—1953)。前者是德国劳工阵线领导人,但他赶在纽伦堡审判开始之前,设法自杀了。弗里切尽管和其他被告一起在纽伦堡受审,但他仅仅是宣传部电台行动小组的负责人,在纳粹权力系统中的地位微不足道。他之所以被列入被告名单,仅仅因为戈培尔的死亡,使被告人选中缺少了纳粹宣传机构的代表,而弗里切恰巧又是苏联军队俘虏的少数几个德国官员之一。苏联政府强烈要求把他列为被告。但是弗里切却是个蹩脚的被告人选,他连二等头目都够不上。因此,他最终被判无罪,这几乎从审判一开始就在人们意料之中。

初看上去,被同盟国政府定为二战"纳粹首要战犯"的这些人,似乎是一盘散沙,缺乏共同的特征。这是因为核心人物希特勒和希姆莱不在其中。由于他们的死亡,受审的纳粹战犯看起来缺乏统领性。如果考虑到这个因素,那么实际上,上述被告仍然具有一定的统一性——他们都是第三帝国链条上的环节,控方把他们视为纳粹德国政府各机构或政策的代表,比如,戈林代表纳粹领导集团和空军,沙赫特代表工业界,里宾特洛甫代表外交部,施特赖歇尔代表纳粹种族主义,凯特尔代表总参谋部,邓尼茨代表海军,约德尔代表陆军,等等。在同盟国看来,他们都最应该承担罪责,受到惩罚。

应该强调的是,这些被告除了作为个人被起诉之外,在法庭上,他们还具有代表性和集体性。同盟国起诉当局请求军事法庭宣告六个纳粹机构为犯罪集团或组织,它们包括最为人熟悉的纳粹准军事组织——褐衫队保安勤务处(通常被称为"SD"),以及臭名昭著的黑衫队德国民族社会主义工人党党卫队(通常被称为"SS");希姆莱的警察机构也名列其中,起诉当局极力想把秘密警察(通常被称为"盖世太保")和保安勤务处作为单个组织打上犯罪烙印。同盟国也希望通过将纳粹党的"政治领袖集团"归结为犯罪组织，使指控覆及所有纳粹党从中央到地方的掌权人。同盟国还希望通过宣告从1933年起的德国内阁为犯罪集团，要纳粹政府成员承担战争责任。最后，起诉当局列举了那些在战前以及战争期间的德国军事中参与策划和执行的高级将领，将其归类为"参谋总部和国防军最高统帅部"，认为也应该将其宣告为犯罪集团。[1]

起诉当局认为，这六个组织曾是纳粹系统的权力工具，是其最重要的构成部分——冲锋队、党卫队和纳粹党的"政治领袖集团"是纳粹党的系统，而盖世太保、德国内阁、参谋总部和国防军最高统帅部则是纳粹政权的国家性组织。

控方起诉组织的意图在于：通过宣告组织的犯罪性，就可以彻底打击纳粹主义；还可以把组织成员归类为初步的罪犯，以此加快各占领区当局随后对组织成员的审判。[2]

起诉当局声称，受审的被告中就有被控的每个组织的代表人。这对于德国内阁和纳粹党的"政治领袖集团"而言，无疑是恰当的；卡尔滕布龙纳也可以代表党卫队，并与戈林（在短暂的时期内）一起代表盖世太保—保安勤务处；然而，参谋总部和最高统帅部的代表却让人困惑不解。起诉书列举了一系列职务，指称这个集团包括约德尔、凯特尔和雷德尔这些在所列职务中长期具有支配地位的"成员"，但是按照这种界定，邓尼茨直到1943年担任海军司令，才算是其中一分子。更严重的是，被告中唯有戈林曾长期在冲锋队中发挥重要作用，而自1923年起他在其中根本没有实际的职务。

如上所述，起诉书中所指控的组织机构和个人，就是纽伦堡国际军事法庭的受审者。多数被告出席了法庭，但博尔曼没出现；大多数组织在第三帝国期间是实际存在的机构，但是参谋总部和最高统帅部却出自起诉当

---

[1] 关于以上六个被控犯罪的组织的简要介绍，参见本书附录三《起诉书》（摘录）。
[2] Richard Overy, "The Nuremberg trials : international law in the making", in : Philippe Sands (ed.), *From Nuremberg to The Hague*, Cambridge University press 2003, p. 14.

局的虚拟；大多数组织的领导都由至少一个被告席上的被告来代表，但冲锋队的头目却出现了空缺。这些异常情况，再加上个人—组织（individual-organization）的审判计划本身，都预示着起诉书中的指控，以及审判的法律基础都不同寻常，而且也遗留下了一系列错综复杂的问题。

五

起诉书一共列举了四条罪状：第一条是"共同计划或共谋"（Common Plan or Conspiracy）罪[1]；第二条是破坏和平罪（Crimes Against Peace）；第三条是战争罪（War Crimes）；第四条是危害人类罪（Crimes Against Humanity）。以下不按列举的顺序，而按各自存在的法律争议的大小依次介绍。

四条罪状中，只有第三条的定义最为清晰，也最容易概括。在这条罪状下，起诉书指控了18名被告，他们因实施了诸如虐待战争俘虏、进行屠杀、非出于军事必要进行破坏等行为，而违反了战争法规或战争习惯[2]。这一条只是简单地吸收了《海牙陆战法规则》[3]和《日内瓦公约》[4]的一些条款规定，如禁

---

[1] 需要说明的是，"common plan or conspiracy"本为名词形式，在原文中不足以准确概括第一条罪状，这条罪状的完整表达应该是"为了实施违反和平罪、战争罪和危害人类罪的共同计划和共谋"，但为了便于理解，作者参照我国翻译资料的惯常用法，做如此处理。

[2] 战争法规是国际法中关于作战的规则。战争法规和惯例的全部成长是受三项原则决定的：第一，一个交战国可以正当地使用为实现战争宗旨，即制服对方，所必要的任何分量和任何种类的武力；第二是人道主义原则发生作用，人道主义原则要求，交战国不得使用非为制服对方所必需的一切种类和程度的暴力；第三是骑士原则的作用，这项原则源于西欧中世纪，它要求在进攻和防守中应具有某种程度的公平态度和适当尊重。与以前的野蛮而残酷的做法不同，各交战国逐渐采取了一种看法，认为对伤者、战俘和非作战的私人予以照顾，并不妨碍战争宗旨的实现。

[3] 1899年第一次海牙和平会议通过了制定关于陆战法规的章程的公约，后来经大多数参加会议的国家批准。1907年第二次和平会议修订了这个公约，并以第二次和平会议的第四公约来取代它。该公约是各签字国对其部队拟定训令的基础，其目的并不在于制定一个完整的陆战法典。该公约范围以外的事项仍按照习惯法规和惯例办理。该公约的大部分规定是宣示现行的习惯国际法的，基于这个理由，它只具有有限的重要性。该公约只有在两个或两个以上缔约国交战时才对缔约国有拘束力，而在非缔约国参加战争的情形下，即不再具有拘束力。

[4] 1864年通过了关于改善战地陆军伤兵境遇的日内瓦公约；1906年35个国家签订了一个新的日内瓦公约，第一次和第二次海牙和平会议将该公约的各项原则适用于海战；1929年又通过了关于病者、伤者和战俘待遇的各日内瓦公约。

止屠杀或虐待战俘或海上人员，禁止侵犯平民和平民财产等。

第三条罪状存在的问题是，谁受谁不受上述海牙和日内瓦规则的约束？还有，人们会批评说，一向是"胜者为王，败者为寇"，战败者受到惩罚，而胜利者却可以逃脱这些法则所规定的责任。然而，这些问题不在本书讨论之列，我们只须一笔带过。这条罪状基本上是指控对战争法和战争习惯的侵犯，在这条罪状指控下的18名被告，最终被认定无罪的只有赫斯和弗里切。

然而，在20世纪，"总体战争"（total war）和大规模的意识形态运动，[1]已经大大地扩展了战争的范围、形式和灾难。根据诸如日内瓦或海牙公约的明文规定，第二次世界大战的许多受害者可能无权要求给予保护。因为这些公约针对的仍是传统战争，它们根本不是为毒气室和核武器出现的时代准备的。很明显，根据第三条罪状，通过屠杀平民来恐吓敌国政府和弄垮对方民心的那些人将逍遥法外，因为这些纳粹迫害者和灭绝者并没有违反大部分的战争法和战争习惯。然而，这个结论对于1945年的受纳粹虐待的欧洲民众来说绝对难以接受。

因此，为了回应20世纪的新现实，为了弥补和改革战争法规则的不足，起诉当局新创了第四条罪状，即"危害人类罪"。这条罪状针对的是在战争爆发以前，或在战争期间，对平民实施的屠杀、灭绝、奴役、放逐或其他非人道行为，或借口政治、种族或宗教的理由而犯的，属于法庭有权受理的业已构成犯罪或与犯罪有关的迫害行为。这样，如果宗教迫害与一项第三条罪状规定的战争罪行连同进行（或者与下文即将讨论的第一条和第二条罪状所包括的行为连同进行），那么就要予以惩罚。

---

[1] 总体战争，即综合运用国家一切力量进行的战争。该理论的首创者之一是德国的K.希尔，他在1929年德国纳粹代表大会上提出"总体战"的基本原则。德国军事思想家E.鲁登道夫在《总体战》（1935）一书中，全面阐述了总体战争的理论及原则。该理论强调国家和社会生活的各个方面在平时就应服从战争准备的需要，鼓吹在思想上奴化和欺骗本国人民和军队，骗取他们对战争的支持；而在战争过程中则利用一切力量、采取一切手段进行战争。该理论成为帝国主义发动侵略战争的重要指导思想。

第四条罪状"危害人类罪"是总体战争的逻辑结果，然而它又潜藏着祸根，引发了严重的法律争议。通过使用"在战争爆发之前或在战争期间"的短语，起诉当局得以指控1939年前纳粹德国境内发生的活动，以及在1938年捷克斯洛伐克和奥地利"和平"占领区内发生的活动。它因此使起诉战前"战犯"成为可能。但"利之所在，弊亦随之"，危害人类罪的规定，一方面扩大了起诉范围，弥补了第三条罪状适用上的不足；另一方面也引起了激烈的批评。批评的焦点在于它违背现代刑法的罪刑法定原则：1933年、1939年，或者即使是1944年，还没有法典或国际协议规定禁止宗教迫害和人口灭绝的行为。如果只考虑成文法，那么，这意味着，根据第四条罪状对战前和战争期间行为的指控，是当行为实施以后，再定性其为犯罪，并对之施以处罚的，这在起诉上是追溯既往（*ex post facto*）[1]的运用。

第四条罪状隐含的用心，在于起诉国家官员以及国家政策的制定者。根据第三条罪状（战争罪），一个任性的军官会因为枪杀人质或焚烧村庄而被指控；然而，这条罪状却不能触及政府的领导层，或掌握着国家根本统治权的那些人。而实施大规模的驱逐或屠杀，只不过是下级执行了国家最高当局下达的命令。

然而，控告政策制定者和国家领导人，是个既重大又棘手的问题，它涉及国家主权问题，长期以来，外交家和国际律师们小心翼翼地绕开这个暗礁。然而，第四条罪状（还有第一条和第二条）对此不再回避，其意图很明确，就是要把上述那些人列入起诉范围之内。因此，批评者们争论道，无论对于控告对象还是指控的行为，第四条罪状实际上是事后新设的法律。

---

[1] ex post facto，〈拉〉事后的，有溯及力的，追溯既往的。下文涉及的有溯及力的法律（ex post facto law），是指在某一事实发生或某一行为完成之后制定的、能够适用于该事实或行为，并改变其法律后果或者法律关系的法律。如使某一依当时法律为无罪或属于轻罪的行为，变成有罪或属于重罪的行为，即为有溯及力的法律。"法律不溯及既往"是近现代各国法律公认的一项基本原则，即犯罪必须由犯罪当时已为法律规定的条文予以制裁，任何刑罚均无追溯既往的效力。比如，美国联邦宪法第一条即禁止国会和各州通过有溯及力的法律。

纽伦堡的控方当局对此批评予以反驳，来维护第四条罪状。他们指出，通过对政策的制定者和最高统治者的豁免来缔造国际法，是残暴的闹剧。控告一个陆军中尉枪杀几个人质，却豁免国家或政府的领导人——他们发布命令实施屠杀，制造了更大的罪行，然而，却无须为此承担责任，这显然荒谬透顶。现代战争早已不是绅士式的竞赛，而是没有规则和限制的总体性和意识形态的斗争。因此，只有对政府领导施加责任，这责任还必须由国际法的惩罚性的强制力作为后盾，才可能保证人类生活的和平。

他们还坚持认为，这一结论，不论对现代法还是对现代思想，都不是什么创新。法律，尤其是国际关系中的法律，并不仅仅出自条约和成文法，它也源于世界文明社会通用的习惯法和信念。到1945年，大量屠杀平民已经由此演变为一项国际罪行，同盟国曾经三令五申地警告轴心国的领袖，这些屠杀行为是犯罪，并将受到惩罚。国际公众的良心已经确定它为罪行，因此，这里的创新只是程序性的，第四条罪状并不是法律追溯既往的适用。

以上简要的总结足以说明第四条罪状的基本依据，没必要再多费笔墨。纽伦堡法庭自己也没有过深地钻研这条罪状的法律基础。依据这条罪状起诉了17名被告，只有赫斯和弗里切被判无罪。

起诉书列举的第二条罪状是"破坏和平罪"。这条罪状至关重要，对它的描述也引人注意：

> 截至1945年5月8日，所有被告和其他多个人一起参与了侵略战争的策划、准备、发动和进行，该战争同时也违反了国际条约、协定和保证。

第二条罪状"破坏和平罪"，和第四条罪状"危害人类罪"一样，都是国际法中的一项创新。这条罪状的用意比第四条更为明确，其矛头直接指向国家最高当局，因为只有他们才有权部署和执行战争的决定。

第二条罪状最独特之处在于，它包含两个并列的成分——"侵略战争"

和"违反国际条约、协定和保证的战争"。通过这双重限定，起诉书绕开了国际法上的一个麻烦，即国际法并没有定义何谓"侵略战争"。纽伦堡审判始终面临着如下进退两难的选择：要么试图界定侵略战争，要么把"破坏和平罪"严格限制为对协议和条约的违反。军事法庭大体上选择了后一个方案，但这又不能完全解决错综复杂的法律问题。因为，国际条约是否包含或暗指着刑事制裁，这个难题依旧存在。也就是说，这些条约中是否详细指定了刑事处罚，或宣布谁应该对侵略战争承担刑事责任？而明明白白的答案是，没有条约规定这样的预备措施。其中原因不外乎以下二者：一则，在国际法上，条约的制定既复杂又充满障碍；二则，条约的签署者已经预见到，只有他们才最有可能违反条约，因而决不可能作茧自缚规定惩罚措施。因此，自我约束、自我牺牲的新精神不能期之于签订这些条约的政治家们。

然而，纽伦堡审判的奠基人、美国审判计划的制订者和《伦敦协定》的签署者们，仍不承认第二条罪状是一项纯粹的创新。他们再次辩解道，国际法，和普通法一样，根据人们的态度和习惯的变化而发展。1939年前，文明世界的人们已经确信，发动侵略战争是一项罪行，它不仅在道德上是邪恶的，而且也是实行最严厉的惩罚的正当根据。他们坚称，虽然签署的双边协议，如1939年的《苏德互不侵犯协定》，没有明文规定违反条约的处罚条款，或者甚至没有以默示的形式暗含这些处罚的实际存在，但是，时代潮流却要求超越具体协议的规定；从19世纪末开始直至现在，为了适应公众舆论，一种正在形成中的法律运动，试图通过《海牙规则》限制战争的严酷性，通过诸如《国际联盟盟约》(1919)和《凯洛格—白里安公约》(1928)[1]等协议试

---

[1] 凯洛格—白里安公约（Kellogg-Briand Pact），又称非战公约、巴黎公约。1928年8月27日由15国在巴黎签字。主要内容是宣布战争为非法。此公约最初为美国国务卿F. B. 凯洛格与法国外长A. 白里安所议定的协定。其第一条，宣布双方放弃以战争作为解决两国之间关系的手段；第二条，双方坚持和平解决其分歧。此公约后为几乎所有国家签署，但签字国对公约作了种种限制和不同解释。此外，由于公约并不禁止自卫战争，还由于国际联盟盟约、门罗主义及战后同盟条约所规定的某些军事义务，加上对破坏公约条款的行为也无制裁措施，因此实际上等于一纸空文。

图控制战争的爆发和扩展，后两个协议都规定，放弃把战争作为国家政策的工具。另外，也达成了几项区域协议，如1928年全美洲国家签署的《哈瓦那协议》。哈瓦那协议虽然没有定义侵略，但它宣布侵略战争是"反对人类的国际罪行"。

德国曾经遵守了以下协议：1926年它加入了国际联盟，接受联盟公约的约束，并于1928年签署了《凯洛格—白里安公约》（尽管它于1933年退出了国际联盟，也从未遵守过哈瓦那协议）。起诉当局请求法庭认定如下事实：德国并不仅仅签署过、而后又违反了《国际联盟盟约》和《凯洛格—白里安公约》，而且其领导人应该受到刑事惩罚，因为他们曾经参加过正处在发展趋势中的国际协议，这些协议都隐含有侵略战争和违反条约的非法性。因此，当纳粹分子秘密地撕毁苏德协议，并于1941年对苏联发动大规模的侵略战争时，他们理应从国际协议的总体发展潮流中认识到，公共舆论和同盟国政府必然会把他们的行为定性为犯罪。

很显然，这是一个复杂的、内容广泛的论证。它请求法庭把一系列关于当代历史和社会的主张合法化。法庭发现这项指控比第三条和第四条更为棘手。后来，围绕第二条引发了漫长的争论。根据这条罪状指控了16名罪犯，最终的判决宣布其中4人无罪。

第二条罪状尽管麻烦重重，但与第一条引发的争议相比，却相对简单和直截了当。根据第一条罪状，起诉当局指控了所有22名被告，控告他们参与共同计划或共谋，以准备和实施第二、第三、第四条罪状中所列举的具体的罪行。起诉书的原文如下：

> 截至1945年5月8日，所有被告和其他多个人一起，作为领导者、组织者、发起者或同谋者，参与制定或执行共同的计划或共谋，以实施或授权实施破坏和平罪、战争罪和危害人类罪……

"共谋"（或共同计划），是英美法中一个古老而成熟的概念，[1]这项罪行的关键特征是为实施某种犯罪行为而在二人或多个人之间达成的协议或协定。个人犯罪的证据在于证明被告故意地和自愿地参与计划，以实施一项公认的罪行。同盟国提出的这项罪名旨在编织一张大网，将有可能逃脱其他指控的各种纳粹组织的成员收纳其中。[2]

在现代英美法实践中，人们日益普遍地认识到，共谋指控很容易被滥用，因为很难把握证据尺度，并且它还具有一种侵犯个人自由的危险倾向，即可被用来告发不得人心的意见和思想。这些潜在的危险，迫使英美的共谋法发展出一套异常精确的证据规则。即便如此，在共谋法已经长期确立的国家里，它仍然是个备受争议的焦点。

在国际法领域，共谋罪的指控所冒的风险更大。首先，日内瓦公约和海牙公约并没有涉及这种犯罪行为。[3]在过去50年中，"每一项与国际人道主义法或者国际刑事法有关的国际条约都有意地避免使用共谋的概念和表达方式。"[4]其次，包括欧洲大陆法系在内的许多法律体系，根本没有共谋罪的规定，也没有英美法中围绕这一罪行而设的保障条款。在法国、德国、苏联，以及其侨民参加纽伦堡审判的其他欧洲大陆国家，法律虽明令禁止某些类型的犯罪集团或组织活动，却没有明文规定，可以指控任何形式的一人以上的

---

1 共谋（conspiracy），或称密谋、同谋，指两人或多人为实施犯罪或非法行为而同谋共议，也指共谋以违法或犯罪手段实施本身并不违法的行为。在刑法上，共谋是一种单独的罪行，区别于共谋所实施的罪行。共谋可以是连续性的，共谋者可以先后参与或退出，可以全部参与或仅部分参与，不一定知悉全部活动计划，但只要明知共谋的目的同意成为实现该目的的计划中的一员，即可构成共谋罪（需要说明的是，我国翻译过来的关于纽伦堡审判的文件资料都将"conspiracy"译为"密谋"，权威性的法律辞书也如此处理，但为了便于理解，笔者选择"共谋"这个用语）。
2 Kevin R. Chaney, "Pitfalls and Imperatives: Applying the Lessons of Nuremberg to the Yugoslav War Crimes Trials", in: *Dickinson Journal of International Law*（Fall, 1995）, vol. 14, p. 72.
3 Raha Wala, "From Guantanamo to Nuremberg and Back: an Analysis of Conspiracy to Commit War Crimes under International Humanitarian Law", *Georgetown Journal of International Law*（2010）, vol. 41, p. 691.
4 George P. Fletcher, "Hamdan Confronts the Military Commissions Act of 2006", *Columbia Journal of Transnational Law*（2007）, vol. 45, p. 448.

犯罪活动的共谋行为。由于纽伦堡审判以四个盟国的共同行动为基础，而其中两国属于大陆法系，所以，共谋罪就招致了巨大的争议。麻烦还在于，至少德国被告就不熟悉共谋法律制度。

最终作为折衷，起诉书既规定了共谋，也规定了大陆法系法官比较熟悉的"共同计划"，后者在大陆法系中被用来控告共同犯罪或者团体犯罪。但是添加的这一规定不能充分解决大陆律师面临的难题，对于他们，新奇的是，在实质性的诸如虐待俘虏、肆意破坏财产，以及其他应予以指控和审判的一系列罪行之上，新增加了第二层面的犯罪，即为实施破坏和平罪、战争罪和危害人类罪而参与共同计划或共谋。

由于没有深入探究第一条罪状运用中的细微问题，例如"其他多个人"这一术语的用法，"截止1945年5月8日"这一对共谋或共同计划在日期上的模糊规定，第一条罪状引发了重重麻烦。到头来，第一条比审判的任何其他方面都更深更激烈地导致法庭意见不合，最终的判决说明了分歧的深刻程度：依第一条罪状起诉的22名被告中，只有8人被宣告有罪，并且还都是基于第二条罪状的规定，即"策划"了侵略战争，换句话说，法庭除了把进行侵略战争的共谋算作犯罪之外，并没有把其他共谋看成是特殊的罪行。[1]

显然，起诉书给法庭带来了许多法律难题，并最终迫使它做出重大妥协。审判的法理基础——《伦敦协定》，以及审判过程中发生的事件，也都让八名法官费尽思量。因此，有必要回顾一下，同盟国政府是如何把这一系列可怕的问题呈现给法庭的？下文将大致追踪第二次世界大战期间有关战犯政策的重大发展过程。

---

[1] 参见〔民主德国〕P. A. 施泰尼格尔（编）：《纽伦堡审判》（上卷），王昭仁等译，商务印书馆1985年版，第192页。

最拙劣的法律程序较之于最好的暴力措施，更能减少不公正。……我们不能坐等法庭完善无缺后，才来制止人们以武力解决纠纷。*

——罗伯特·H. 杰克逊

---

* Ann Tusa and John Tusa, *The Nuremberg Trial*, Macmillan 1983, p. 69.

二 通向纽伦堡之路

一

几个世纪以来,战争是国家解决争端以及满足其野心的通常手段。战争一旦结束,被征服者的厄运随之降临,古罗马格言说:"败者该遭殃(vae victis)。"因其命运操纵在胜利者手中,胜利者可以随心所欲地对待失败者。虽然在某种意义上有所谓"法和习惯法",以及不确定的惯例形成的最低标准,然而,却没有普遍接受的规则来限制胜者惩罚败者的权力,也没有明确规定何谓战争罪行。

17世纪,胡果·格劳秀斯(Hugo Grotius)[1]在其著作《战争与和平法》中,收集并考察了各种战争法和战争惯例,并仔细探讨用什么法则,或者应该用什么法则来调节国家间的行为。这部著作给当时的大部分国际关系提供了法律根据,也对后世造成巨大影响,以至于到了17世纪末,欧洲各国都承认自己受国际法的约束,而国际法的大部分规则就是格劳秀斯确立的规则。格劳秀斯因此被喻为"国际法之父"。

《战争与和平法》写于欧洲"三十年战争"[2]期间。当时,这场战争的残暴

---

1 格劳秀斯(1583—1645),荷兰法学家、政治家及神学家,他不仅是"国际法之父",而且也是"自然法之父"。其主要著作《战争与和平法》(1625年)是关于国际法的第一部综合性论著,它标志着近代国际法学的开端。"关于这本书,人们认为,除了《圣经》以外,从来没有另外一部书,对人类的思想和事务发生过这样巨大的影响。"参见〔英〕劳特派特(修订):《奥本海国际法》上卷"平时法"第一分册,王铁崖、陈体强译,商务印书馆1981年版,第63页。
2 "三十年战争"是指奥地利哈布斯堡王朝与德意志诸侯在争取欧洲均势的五十年(1610—1660)间1618年至1648年那一段时间的斗争。

性与毁灭性，以及它所造成的劫难和创伤，在欧洲历史上前所未有。其后，1918年与1945年，现实的残酷和痛苦，激发人们进一步思考如何控制人类野蛮残忍的暴行。

格劳秀斯只是一个学者，其学说仅仅停留在理论层面。而从19世纪后半期开始，国际舆论要求采取实际行动，对战争方法做出统一规定，并确立规则来对待那些交战任一方中的非战人员。国际红十字会成立，它照顾伤员的权利逐渐得到承认。随后，系列《日内瓦公约》得到广泛批准，如1864年公约规定了改善战地陆军伤病员境遇；1925年公约禁止使用有毒、有害气体和进行细菌战；1929年公约规定了对战俘以及战俘中伤病残者的待遇。许多国家还签署了1899年和1907年的海牙公约，这些公约制定了陆战和海战法规，规定了交战者武器的使用，界定了中立国的权利等事项。到1914年，国际社会试图确定罪行的定义、作战方法的限制以及战俘的待遇问题。然而，这些决定都只是倡导性的，而不具有充分的法律效力。国际社会对起诉问题没有取得任何共识：既没有公认的制裁措施对违反规则者施以惩罚，也没有成立国际法庭来审判被控罪行。

在实践中，人们普遍认同，发生战争罪行的国家可以传唤、审判，并根据需要惩罚被控战犯，无论他们是本国国民，还是外国人；或者，应该对国家施加压力，使其审判自己被控犯有战争罪行的国民。

然而，越来越多的人清醒地认识到，这些处理战犯的方法难以令人满意。它只适用于极少数残忍的个人和奉命实施暴行的下属，却难以触及放任或怂恿罪行的头目。另外，国家能够审判它们俘获的战犯，却毫无办法强迫其他国家审判它们自己。第一次世界大战后，现有系统的这种缺陷充分暴露了出来。在第二次世界大战期间，既往的经验教训，以及试图取代它的一些尝试，激发人们进行反省和深思，也指引着纽伦堡国际军事法庭的进程。

二

早在第一次世界大战结束后,公众已经不满足于单纯的军事胜利,针对德国人在战争中的野蛮暴行,他们不仅要求惩罚德国战争罪犯,而且要求惩罚那些被认为有罪的制订犯罪计划和发布犯罪命令的国家领导人,他们呼吁:绞死德皇,绞死司令官,绞死政治家,这些人发动了战争,他们罪有应得。

然而,在凡尔赛试图制定国际和平协议,并希望经由国际联盟达成一定程度上的国际政府的政治家们,却理性地认识到,与其容许公众实行报复,毋宁诉诸正当的法律程序和国际裁决。法、英、美、意等战胜国经过多方妥协最终达成《凡尔赛条约》,建立了世界上第一个正式的调查委员会,[1]草拟计划指控德国领导人犯了战争罪和危害人类罪。这个委员会试图再加入一条罪名,即引发战争罪。然而,对于引发战争是否为国际法上一项实际的罪行,委员们意见不一。他们拿不定是否有证据来确定德国人的独有责任,还担心彻底地调查也可能使胜利者也受到牵连。于是,他们放弃了这个念头。

委员会的重重顾虑,却没有让政治家们裹足不前,他们不愿纠缠法律的精致细密和历史性问题,只是捡起法律委员会抛弃的计划,自信地把德国战争罪行写进《凡尔赛条约》,在该条约第 227 款,他们指控德皇威廉"严重侵犯了国际道义和条约的尊严"。[2]

法律专家和政治家经过反复讨论,决定建立一个特别法庭,由来自英国、美国、法国、意大利和日本的法官组成,审判德皇。另外,《凡尔赛条约》第 228 条要求进行一系列军事审判,处置那些涉嫌违反战争法和战争习

---

[1] 参见高铭暄、王秀梅:《当代国际刑法的新发展》,载《法律科学》2006 年第 2 期。该委员会名为"战争发起者责任与刑罚委员会"(The 1919 Commission on the Responsibilities of the Authors of War and on Enforcement of Penalties)。

[2] Benjamin B. Ferencz, "International Criminal Courts: The Legacy of Nuremberg", in: *Pace International Law Review* (1998), vol. 10, p. 203.

惯的德国领导人。[1]

然而，这些计划在实践中最终破灭。首先无法强制德皇威廉出席法庭。德国发生革命后，德皇逃到荷兰。荷兰拒绝按照国际要求交出威廉，认为这是欺凌弱小之举，并且是对国家主权的侵犯。更严重的是，协约国试图在军事法庭上审判其他德国人几乎导致和平协议的破裂。1920年，德国政府提出一份900多人的名单，包括皇储、高级文职官员，尤其是军事领导人，然而却拒绝把他们交付审判。德国政府利用国内舆论，煽动民众抵制协约国的审判计划，终于迫使协约国作出妥协，劝德国政府自己成立法庭，审判列入黑名单的人。

这些审判最终于1922年末在莱比锡举行，并以彻底的失败告终：难以找到被告和证人，也无法强制他们到庭；被控的901人中，有888人被宣布无罪或被草率地驳回；剩余者被处以滑稽可笑的轻罚。后来，当在押的囚犯受到放任从监狱中逃跑时，监狱官还得到公众的祝贺。

尽管莱比锡审判夭折，但这一时期国际社会所作的努力表达了人们惩治严重危害人类和平与安全犯罪的强烈愿望。第一次世界大战至少给人们解决战争罪行问题提供了新思路。它发展了一种观念，即领导人应该为其导致罪行的政策受到惩罚。法律专家们区分了两类违法行为，清晰界定了针对军事人员的战争罪行以及针对平民的战争罪行；他们甚至考虑到了战争本身就是一项罪行。政治家们意识到，有必要进行国际合作以确定何谓罪行、何谓罪犯；有人提议成立国际法庭审判首要战犯，而不要让其遭受报复的侵害。但是这种新思维的结果却是苦涩的：1918年的法律，关于战争本身是否为犯罪的规定，极为模糊，并且存在很大争议；国际合作尽管已经开始，但收效甚微——国际社会根本不可能强迫一个国家审判自己的领导；寻找更好的办法以处理战争罪行问题，却遭遇到法律和政治的暗礁；通过《凡尔赛条约》的

---

1 《凡尔赛条约》第228条规定："德国政府承认，协约及参战国有权将被控曾违反战争法规和习惯的人交付军事法庭审判。如果这些人经证实有罪，就应依法惩处。"

惩罚条款和国际联盟的成立来制止侵略的希望最终破灭。

1918年后，虽然无法引入国际制裁来保证国际规则的强制力，但这并没有熄灭人们确立国际法则的愿望。历史上的失败，现存体制的缺乏，没有阻止前进的步伐，法律专家和政治家从来没有放弃理论和实践上的努力。1939年战争的重新爆发，更加激发和推动了他们的探索。

二战期间的每一个盟国都强烈要求惩罚战争罪犯，它们都对罪犯正式提出控告。战争期间，盟国军事当局还成立自己国家的军事法庭来审判战犯。比如，从1942年起，苏联的一个特别状态委员会着手调查俄罗斯境内的德国战犯，1943年在哈尔科夫审判和处决了三名德国军官。显然，一旦战争结束，必定会进行更多的审判，必定会处决更多的犯下战争暴行的个人。

然而，人们比一战时更坚定了这样一个认识：纳粹领导人组成了犯罪政权，暴行的实施只不过是其周密计划的犯罪政策的构成部分，而最应该为此负责并应受到最严厉惩罚的，正是纳粹领导人自己。对于一战，人们也许还不确定是谁引发了战争；但这一次，盟国确信不疑地认为是纳粹分子策划了它，而后在没有发出最后通牒[1]、无视条约和保证的情况下，进攻欧洲的每一个国家。一战时，人们尚不确定德国总参谋部和政府是否纵容了战争罪行；但在二战时，人们确信，这些罪行的整个性质只能解释为是出于明确的目的和计划，它在性质和数量上，绝非犯罪的个人和组织的野蛮行为所能比拟。另外，在德国境内，以及在被占领的欧洲地区，纳粹曾经实施过违反人道的罪行，这些罪行前所未有，也只能是纳粹主义政策所致。

二战期间，随着人们对这些罪行的深入认识，以及大众愤怒情绪的上升，盟国政府发出惩罚威胁，一方面表达对残暴行径的深恶痛绝，另一方面希望借此制止纳粹分子未来的罪行。然而，口头的宣言却迟迟没有落实到行动，几年中，盟国政府的决心犹豫不定，思想迟缓、混乱，行为变化多端。

---

1 最后通牒是一国致另一国的一种书面通知的专门术语，这种书面通知结束了关于某一争端的和谐谈判，同时最后一次并断然地具体说明了如要避免采取其他措施就必须予以满足的各种要求。

总之，从决定实施惩罚，到成立一个国际军事法庭审判战争罪犯，其间还有很长一段路要走。

三

建立国际法庭，审判纳粹首要战犯的推动力主要来自美国。马尔梅迪（Malmédy）集体屠杀的发生，以及美军挺进欧洲后亲身体验到的纳粹暴行，引起人们的强烈抗议，这些都加快了美国行动的进程。然而，它的开始和最终确定，却直接导因于围绕美国战后对德国和欧洲的政策而引发的大讨论。可以这么说，正是因为美国政府各部门间为制订计划处理即将被征服的德国，发生了激烈的冲突，才诞生了纽伦堡审判。[1]

1941年的莫斯科战役，以及1942年的斯大林格勒战役和阿拉曼战役，是第二次世界大战欧洲战场的转折点。然而，美国政府的战时气氛直到1944年夏季才发生转变。彼时，同盟国已经完全控制了德国上空，并重创德军在大西洋的U-潜艇舰队。同时，苏联军队从东面的反击势如破竹，而盟军兵力也巩固了诺曼底登陆，开始向莱茵河推进。德军回天乏术，战败已成定局。在华盛顿，人们已经预见到纳粹政权的迅速崩溃。

当时，美国陆军部部长亨利·史汀生（Henry Stimson）却担心乐观情绪可能严重影响战用品生产以及军力供应。不过，他同时感觉到要做好准备，以应对德国政府的垮台。此前，由于军部没有充分准备到1943年墨索里尼的突然崩溃，所以给政治官员们带来很多麻烦。有此前车之鉴，史汀生在公开警告过分的乐观主义的同时，也决定在德国失败问题上防止重犯类似的计划错误。

1944年中期，代表德国占领区的流亡政府敦促同盟国制订切实的计划，

---

[1] Ann Tusa and John Tusa, *The Nuremberg Trial*, Macmillan 1983, p. 50.

处理战后的德国问题。随着纳粹的节节败退，这些政府不仅想知道盟国政府打算如何对待被解放的欧洲，它们也希望盟军当局严重警告德国人，严禁他们垂死挣扎，继续进行屠杀和破坏。它们认为，当务之急是要制定一项明确的战争罪行政策，来威胁德国作恶者，如果他们胆敢实施更多的暴行，将承担严厉的后果。

犹太人代表团，到此时已经掌握着纳粹实施种族灭绝的详细信息，他们呼吁同盟国采取一切可能的措施，从轰炸奥斯威辛集中营到宣告战犯政策，试图解救仍然在纳粹魔掌中的不幸的受害者。

为了回应这些流亡政府的呼声，以及犹太人代表团对威慑性的战犯政策的要求，几大盟国政府早在1944年以前，就公开表达过他们的意见。几乎从战争一开始，几项预示性的宣言，如1942年的圣詹姆斯宣言，1943年的莫斯科三大盟国外交部部长宣言，虽然模糊，却已经宣布了盟国即将实行惩罚。另外，1943年秋至1944年1月，在美国和英国的推动下，成立了联合国战争犯罪委员会（the United Nations War Crimes Commission）[1]，开始收集战争罪行的信息，编制要指控的战犯名单。委员会由17个国家的代表组成，其中没有苏联人。因为斯大林要求委员会分派名额给苏联的每一个共和国，在此前提下他才同意加入，他的要求遭到拒绝。由于存在种种障碍，这个委员会难以开展有成效的工作，对未来的审判并没有起到多少作用。[2] 例如，它仅仅收集证据以及涉嫌的罪犯名单，却没有做出任何努力去界定罪行，思考首要战犯与次要战犯之间的区别，规定对这些战犯采取何种形式的司法程序，等等。

苏联尽管没有加入联合国战争犯罪委员会，但是当其军队不断推进时，它发布了一个更加明确的单方预告，警告纳粹罪犯即将到来的下场。1943年

---

[1] 虽然该委员会的名称中有"联合国"的字样，但它与1945年在美国旧金山成立的国际组织——"联合国"并无关系。

[2] M. Cherif Bassiouni, "From Versailles to Rwanda in Seventy-Five Years：The Need to Establish a Permanent International Criminal Court", in：*Harvard Human Rights Journal*（1997）, vol. 10, pp. 21-22.

底，在引人瞩目的哈尔科夫对德国军官和苏联卖国者的审判中，苏联人就论证到这些威胁并不完全、彻底，他们还要采取进一步的行动。

英国和美国政府却不愿发布明确的宣告，它们反对在战争结束之前采取任何行动。其中一部分原因在于美、英两国都没有经历过纳粹占领的恐怖现实，它们还在一定程度上怀疑有关战争罪行报道的真实性。美国和英国的军事领导，最为强烈地反对战争罪行政策，他们担心太多的公开威胁，会激起德军报复同盟国战俘。这忧虑如此之深，以至于1943年当兵临城下的盟军开始进行西西里战争罪行审判时，美、英政府立即干涉，并下令停止。到1944年为止，美军拒绝在战俘营里把有嫌疑的德国战犯隔离起来，英国政府也遵循了这一做法。

根据美国陆军部的立场，以及国务院一贯对外来干预所持的冷静态度来看，在1944年夏季后期，盟国中的小国政府和犹太人代表团所施加的要求采取战犯政策的强大压力，并不容易打动美国政府。

然而，1944年8月下旬，一个非常强硬的人物打破坚冰，明确提出了战争罪行问题，他就是小亨利·摩根索（Henry Morgenthau, Jr.）。

四

摩根索，犹太人，罗斯福总统的密友，时任美国财政部部长。1943年到1944年间，纳粹大规模屠杀欧洲犹太人的详细报道开始在华盛顿传开，摩根索为此心烦意乱，他不仅震惊于纳粹的暴行，而且为美国政府所采取的拖沓态度感到气愤。国务院迟迟不愿采取措施援助受害者，这激起他的义愤，使他决心开展个人运动，强迫华盛顿官员开始行动。摩根索因其政治地位，以及他与罗斯福之间长期而密切的私人交情，而具有很强的影响力。

摩根索非常清楚德国人应该受到什么样的惩罚。他对大屠杀的愤怒，强化了他对战后德国计划的见解。他认为，在不到四分之一世纪的时间里，德国两次发动世界大战，它所实施的暴行已经自行取消了任何仁慈待遇的资格。他坚持认为，只有实行最严厉的战后控制，才能确保世界和平。

怀着这样的想法，1944年8月，摩根索奔赴欧洲，名义上是去考察金融状况。当他出访英国时，委派到美国军队里去的一个财政部代表呈给摩根索一份文件副本，内容是美国军方对待未来的德国占领区的指令。这些指令，是史汀生要求制订的预防计划中的一部分，主要涉及在征服和占领德国后，如何管理占领区。计划的重点是重建德国。而在摩根索看来，以这种方式对待德国人的经济和社会，意味着德国只是一个被盟军解放的国家，而非一个失败的交战国，这是个骇人听闻的信号，是美国军方对德国人的"娇纵"。

一回到华盛顿，摩根索发起一场激烈的运动，旨在以一个更强硬的占领计划取代军方的指令。他和财政部官员一起，开始攻击陆军部和国务院，谴责和抱怨它们的对德战后计划。摩根索把军方的指令和计划手册作为把柄，径直去找罗斯福，挑战陆军部的对德政策。同时，为了正式表达批评意见，他留下了一份备忘录，其中引用了手册中的段落，以便说明军方打算轻易放过德国人。在德国问题上，罗斯福总统坚定不移地倾向于摩根索，因为他也一向主张对德国采取"强硬立场"。于是，看完摩根索的报告后，他深受触动，气愤而匆忙地寄给史汀生一份便函，声明军部的对德计划"糟糕透顶"，要求重新制定一个更严厉的战后德国政策。

罗斯福对摩根索的支持，陷陆军部和国务院于尴尬境地。这两个部门的部长，史汀生和科德尔·赫尔（Cordell Hull），不得不寻找机会与摩根索达成协议，他们邀请摩根索加入正在筹建中的对德占领政策的总统咨询委员会。这个委员会刚一成立，摩根索就发动进攻。财政部拟订了所谓"摩根索计划"，这个计划的主要目标是限制德国发动战争的潜在能力。摩根索建议拆除德国所有的工业设施，把德国变成一个农业社会。摩根索及其支持者们根本没有耐心考虑通过法律程序解决战犯问题，他要求把德国战俘作为强制性劳力使用，重建遭受蹂躏的欧洲；他建议将低级的纳粹党成员流放到遥远的地方,并向正在不断推进的盟军提供一份首要纳粹分子的名单,建议对这些纳粹党和国家的高级官员,一旦擒获就地枪决。摩根索计划甚至提到了如何对待纳粹精英的外围组织——党卫队成员的 6 岁以下的子女。总之,这个计划的实质是实行"以牙还牙,以眼还眼"的报复。

对财政部的整个计划,冷静、谨慎的陆军部部长史汀生从一开始就坚决反对。史汀生是一个 70 多岁的老人,在民主党的新政内阁中是一名不屈不挠、正直的共和党人,也是一个令人敬畏的对手。他长期而卓越的从政生涯,使他即令在新政时期也享有不同凡响的政治声望。他曾任塔夫脱[1]政府的陆军部长,胡佛[2]政府的国务卿。罗斯福也曾认识到,在战争期间,惟有史汀生的威望才能最有力地领导军队,同时保护陆军部不受国内政治的诽谤。

从 1941 年担任部长起,史汀生竭力捍卫陆军部的权力,的确不负所望地达成了罗斯福总统的心愿。同时,史汀生的政治经验极为丰富、广泛,这使他的思想和活动都远远超出陆军部的范围。他长期关注国际合作,尤其注意增强和提高国际事务的合法性根据。比如,1931 年,时任国务卿的他,严厉指责日本人侵略中国东北;正是在所谓"史汀生原则"的推动下,美国正式出台官方政策,拒绝承认日本人建立的"满洲国"。

陆军部对摩根索计划的反对,没有停留于对它过分简单化的经济思想的批评。摩根索计划建立在专横的政治权力的基础上,它直接侵犯了史汀生的权限范围。史汀生指出该计划的明显缺陷,反复劝说罗斯福和摩根索放弃这个冒险性方案。他认为,对德国实行非工业化,必然伤害到欧洲经济,使几百万德国人身受饥饿的威胁。史汀生解释说,"经济抑制"的手段是危险的,因为这些方法"不能阻止战争,反而更能滋生战争"。史汀生也强烈反对就地处决纳粹头目,提议使用一定形式的审判程序,因为,如同他告诉罗斯福的那样:"以庄严的态度对这些人施以惩罚,才与文明的进步协调一致,也

---

1 威廉·霍华德·塔夫脱(William Howard Taft,1857—1930),美国第 27 任总统。
2 赫伯特·克拉克·胡佛(Herbert Clark Hoover,1874—1964),美国第 31 任总统。

才能对后世产生更大的影响。……我坚信，我们至少应该参与组建一个国际法庭，来审判主要的纳粹官员。"[1] 史汀生一方面坚定不移地反对摩根索大部分的经济和政治计划，另一方面竭力使总统相信他并不赞同"宽厚的处理方式"。他解释道，陆军部与财政部两个方案的唯一不同之处纯粹是手段问题，因为其目的都在于力图防备德国故态重萌，再次企图统治世界。[2]

五

史汀生支持审判程序的坚定立场，使陆军部必须拿出一套方案，它将给管制德国提供新的前景，而非经济抑制、流放和立即处决（summary execution）。最初的军方对德指令已经包含了这套方案的雏形。除了其他预备措施，指令还要求扣押和监禁高级纳粹头目，以及其他所有可能对安全构成威胁的人。

罗斯福指示史汀生管制德国的计划不能太仁慈之后，史汀生打算采取更为严厉的措施，包括："迅速惩罚"纳粹高级头目；起诉程序用于主管人员系列；开始拘留全体盖世太保成员。史汀生也想鼓励德国人检举他们自己的恶棍，尤其是他提到的"冲锋队"组织。这些设想尽管还相当模糊，但他已经明确考虑到了审判和惩罚组织的一些形式。到 1944 年 9 月 5 日，他的思考更为清晰。在给罗斯福和摩根索的信中，他把他的观点表达为以下简洁的摘要：

> 只有通过对所有纳粹头目，以及对诸如盖世太保这样的纳粹集团恐怖统治的工具，进行彻底地逮捕、调查和审判，并尽可能处以及时、迅速和严厉的惩罚，我们才能从根本上显示世界对纳粹系统的憎恨，并使

---

[1] Bradley F. Smith, *Reaching Judgment at Nuremberg*, Basic, Inc., Publishers New York 1977, p.24.
[2] Ibid., p.25.

德国人清楚地认识到，我们要永远根除纳粹体制及其余孽的决心。[1]

这是与摩根索作斗争的有力武器，然而，兼有审判和集体惩罚（collective penalty，collective punishment）的想法，仍然缺乏清楚的形式和确切的程序。史汀生的方法还存在着令人不快的麻烦，那就是，如果要有效地清洗德国，消灭纳粹主义，美国有可能要卷入一系列没完没了的审判中。

对于罗斯福和他的大多数高级官员们来说，摩根索计划更具有诱惑力，其最吸引人之处在于：这是一个快刀斩乱麻的政策。美国政府希望建立正义的世界秩序，但是这必须迅速地实现。因此，陆军部的方案要想在竞争中取胜，就必须同时在优越性和快捷性上作出保证。

由此，设计一项方案，以迅速而简单的审判活动来一劳永逸地控制德国，并回应摩根索计划，成为陆军部的一项迫在眉睫的重要任务。这项任务最初基于以下两点需要：第一，其主要目的并非制止纳粹暴行，而是制订出一项计划，把行动推迟到战争结束以后，这样，就可以避免引起德国对美国战俘进行报复；第二，形成一个清晰和相对简单的方案，使陆军部能够有效地阻挠摩根索计划。这项任务实际交给了陆军部下属的以默里·伯奈斯（Murray C. Bernays）上校（见图4）为首的，名为"特别计划处"的办公室。

图4　默里·伯奈斯

1　Ann Tusa and John Tusa, *The Nuremberg Trial*, Macmillan 1983, p. 52.

伯奈斯通过研究了解到，早在美国参战之前，就已经有了将纳粹的暴行定为战争罪的想法。当罗斯福总统获悉德国人在1940年击败法国后，立即大规模地处死人质时，怒不可遏。1942年，全世界都知道为了报复刺杀盖世太保副首脑海德里希，德国人屠杀了捷克利迪泽村1331名村民。到了1942年，第三帝国开始执行有计划地灭绝犹太人的政策，更是证据确凿。

伯奈斯认识到，为使大规模屠杀者、掠夺者和侵略者受到惩罚而设立司法机构，将是一项不朽的使命。他尤其认识到其中应该提防两个陷阱，一是不能逐个单独处理殴打犯人致死或将犯人送进毒气室的数十万党卫队成员；二是不能让双手没有直接沾满鲜血的高级纳粹领导人逃脱法律的惩罚。[1]——这个想法后来构成了美国审判计划的两个重点，前者催生了犯罪组织控诉，后者催生了共谋控诉。

1944年9月15日，伯奈斯草拟了一份六页的文件，名为"审判欧洲战犯"，其构思如下：纳粹政权是一个犯罪集团，一个巨大的阴谋。纳粹的全部行动是一种蓄意的、协同一致的尝试，旨在全力武装以寻求战争，强行掠夺别国领土，攫取他国财富，奴役和剥削他们的人民，灭绝欧洲的犹太人。既然纳粹的全部行动都是罪恶的阴谋，那么，那些制造这些行动的人，根据事实本身，就是罪犯。

伯奈斯总结道，控告纳粹分子进行了一个旨在发动侵略战争的总共谋，可以达到"一箭双雕"的效果：第一，它能够涵盖纳粹政权自1933年1月30日上台以来的所有活动，包括对德国人民的蓄意迫害，重整军备计划，对宗教和少数种族的迫害，以及1939年发动侵略战争后实施的无数罪行；第二，它可以解决一个重大的法律难题，凭此，被告不能把服从上级命令当作抗辩理由，作为国家最高统治者的希特勒（他当时还活着，并被列为预期的头号战犯）也不能享有豁免权。[2] 这个构思的要点是擒贼先擒王，捉拿阴谋

---

[1] 〔美〕约瑟夫·E. 珀西科：《纽伦堡大审判》，刘巍等译，上海人民出版社2000年版，第17页。
[2] Richard Overy, "The Nuremberg trials : international law in the making", in : Philippe Sands (ed.), *From Nuremberg to The Hague*, Cambridge University press 2003, p. 16.

策划者，尽管他们自己没有虐待战俘，双手上也没沾满种族屠杀的鲜血。

伯奈斯的第二个想法是将纳粹机构的组织，诸如纳粹党、党卫队、盖世太保宣布为有罪。这种方法可以抓住身份较低的战犯。比如，如果能够证实党卫队是一个犯罪组织，那么就不必去进行几乎是不可能的工作，去逐个证实每一个成员是罪犯，只需要证明这个人属于党卫队，就可处以恰如其分地惩罚。

在文件中，伯奈斯大胆地建议这样一个审判计划，它不仅能够解决所有存在的问题，而且能够使德国领导人为他们下属的行为负责，并向德国人民阐明种族主义和极权主义的危险。伯奈斯的计划认为，应该在国际法庭上，起诉纳粹党和德国政府组织，例如盖世太保、冲锋队和党卫队等，犯了谋杀、恐怖主义等侵犯国际法的共谋罪行。在这样的国际法庭上，只审判个人被告，而每一个被告须代表被指控的犯罪组织。当一个代表的被告被法庭宣判有罪和判刑时，那么，其所属组织的每一个成员也是同谋犯，就可以遭受同盟国政府的逮捕、简易判决和惩罚。因为国际法庭上的起诉可以推定认为，共谋的日期始于纳粹政权的最初阶段，所以，适用于战争罪行的所有惯常的时间限制都不存在，共谋指控也得以囊括战前罪行。全部战争罪行问题，因而被缩减为以下几个简单的因素：迅速的审判程序能够满足起诉大多数各种犯罪组织的需要，也提供给盟军管制当局一个灵活的手段，来清除德国发动战争的潜在性。

这是一个富有想象力，企图扯开一张大网，把所有猎物一网打尽的计划。这个简短的文件，是塑造后来的纽伦堡审判的最重要的和独一无二的思想来源；也是现代国际法历史上最值得注意的文件之一。但一开始，这项计划并未引起足够的重视。因为，陆军部并不真正关切实际审判的行动计划，它所需要的只是一项战后审判提议，目的是安慰备受折磨的纳粹受害者的代言人，同时阻止摩根索的努力。

1944年10月中旬，伯奈斯计划通过逐级上报的途径到了陆军部办公室。而9月和10月初发生的事件，使伯奈斯计划的到来恰逢其时。

六

1944年9月初,摩根索计划表面上得到了罗斯福的赞同。当时,罗斯福邀请摩根索一起赴加拿大魁北克,参加与丘吉尔的会谈。摩根索把他的计划文件随身带到了魁北克会议上。

丘吉尔深刻认识到,战后英国将要面临严重的财政困境,急需美国给与经济援助。因此,在会谈中,他自然十分关注身为财政部长的摩根索的经济意见。摩根索出乎意外地取得了丘吉尔的随行人员西蒙(Simon)大法官的支持,西蒙也随身带来了他的方案,他也主张不经审判地处死纳粹高级领导人。魁北克会议后期,罗斯福和丘吉尔都草率地在"农业化"德国经济的"摩根索计划",和立即处决纳粹领导人的"西蒙—摩根索联合计划"的文件上签了字。

罗斯福和摩根索在魁北克采取的行动,没有取得美国内阁成员的同意和批准;同样,在战争罪行问题上,丘吉尔和西蒙也独立于其政府而行动,他们的计划也未得到内阁的同意。

早在1942年6月,英国外交大臣安东尼·艾登(Anthony Eden)准备了一份内阁文件,提议对纳粹高级头目不经过司法审判,进行政治解决。然而,内阁并未对此达成行动计划。此后,1942年11月,英国驻莫斯科大使向苏联外交部部长莫洛托夫(Molotov,1890—1986)试探苏联政府对立即处决的态度,莫洛托夫的回答虽然非常谨慎,但还是强调有必要使用"恰当的正式手续",因为斯大林担心,除非通过审判,否则,他、罗斯福和丘吉尔都将被指责为,他们杀死希特勒及其同伙是出于个人强烈的复仇心。

一直到1943年11月,英国内阁才把立即处决问题提上正式议程。然而,由于意见严重分歧,内阁没有作出任何决定。1944年2月,内阁再次尝试,这次它缓和了丘吉尔立即处决纳粹头目的计划,而代之以严格监禁这些"世界歹徒"的一项提议。丘吉尔把这个内阁建议带到了开罗会议上。

当时，罗斯福虽对这个建议表示感兴趣，而在事实上，美国却不想把它落到实处；在英国那一方，首相和外交大臣仍然倾向于立即处决的方法。1944年春季早期，内阁责成外交部负责准备关于主要战争罪犯问题的文件纲要，并要求拟订一份50到100人之间，一经逮捕可以立即处死的纳粹头目名单。丘吉尔认为，公布这份名单，可以有效地分化纳粹领导人与德国民众。然而，一切计划都难以付诸实际行动。因为长期以来，英国内阁和美国政府一样，都投鼠忌器，担心任何国家政策的宣布，都将招致纳粹势力对英国战俘的报复。最终，在1944年10月的内阁会议上，首相要求在战犯问题上不采取任何行动，等到美国和苏联的立场明确后，才确定自己的行动方向。

另一方面，当摩根索参加完魁北克会议返回华盛顿时，国内的政治形势急转直下，迫使摩根索计划最终搁浅。

摩根索插手美国高层外交政策，严重激怒了国务卿赫尔和陆军部部长史汀生，两个部长联合起来反对财政部部长。关于战后对德计划的新一轮内阁冲突看起来在所难免了。然而，就在剑拔弩张之时，摩根索强大的政治势力迅速削弱，这逼迫他不得不退出竞争。

原来，媒体泄露了摩根索计划的消息以及魁北克达成的协议，一场公开抗议的风暴席卷了美国政府，也几乎吞没了摩根索。而纳粹宣传部长约瑟夫·戈培尔，抓住这些报道，利用宣传画描绘摩根索计划要给战败的德国施加的悲惨命运，来煽动民众的抵抗。戈培尔叫嚣，与其战败，不如抵抗至死。

这一切加重了摩根索的艰难处境。1944年秋，当盟军的推进开始慢下来时，很多美国媒体将其归结为德国迫于摩根索计划的威胁而顽强抵抗。不管情况是否属实，也不管这对摩根索是否公平，新闻界利用军事受阻这一事实发起一场强大的抗议运动。在此形势下，已经精疲力竭且重病缠身的罗斯福再也无力支持摩根索，并且迫于强大的压力，他不得不用尽手段，竭力摆脱自己与摩根索计划的干系。因此，这项计划就此彻底退出了美国的政治舞台。

摩根索的力量消除后，陆军部的战争罪犯方案的拦路虎也随之清除掉了。当摩根索的影响力降至最低点时，伯奈斯上校的"审判欧洲战犯"计划得到了陆军部部长史汀生的有力支持，正式提上日程。1944年11月，陆军部连续召开了很多会议，并邀请海军部、国务院和司法部的代表参加会议。军法署署长办公室、国务院法律处和司法部的专家也着手探究伯奈斯计划的法律基础。

这些商议很快因为另一个战争罪行问题而变得更加复杂。几个小盟国提出一项建议，敦促盟国政府宣布：发动战争本身是犯罪，纳粹领导人应该为此受到惩罚。英国外交部断然拒绝了这个建议，认为在国际法上没有法律根据，美国国务院的许多高级官员也持同一看法。但是，史汀生却希望认真考虑这项建议。1931年，对于日本征服中国东北，他不予承认；现在，他要把握这个机会，为全面控制侵略而确立一项法律原则。因此，史汀生既支持"侵略是一种犯罪"的观点，也支持伯奈斯的战争罪犯计划——纳粹主义犯了共谋罪，这两种设想肯定要结合起来。

七

1944年12月下旬，美、英、苏三大盟国的雅尔塔会议临近。如果要在雅尔塔会议召开期间提出战争罪行问题，那么有些政策应该事先取得一致意见。关于战争罪行的讨论很快上升到美国政府最高层，陆军部把侵略战争作为控告纳粹领导人的一项罪行加进伯奈斯计划，随后把计划的修改稿送给了国务院和司法部。

这项综合提议的支持者们相信，它已经不只是摩根索计划的替代品，而是提供了一套传统的审判程序，来处理纳粹头目。如同后来的历史所证明的那样，这个传统的审判程序的意义远远超出了原来的设想——它将是为了控制未来的侵略者，而朝向发展国际法的路途上迈出的一大步。史汀生的好友,陆军部官员威廉·钱勒(William Chanler)上校的态度,很典型地代表了陆军部的观点。他说:"通过把决斗规定为一项普通罪行,并去掉环绕在荣誉和骑士精神周围的光环,决斗终于被制止。今天,让我们共同努力,对被当作国家政策工具的战争,来做同样的工作。"[1]

陆军部急切希望通过审判的手段控制战争,因此,理所当然地应由司法部负责研究伯奈斯审判计划的内在缺陷。司法部副部长赫伯特·韦克斯勒(Herbert Wechsler)在12月29日的一份备忘录中,针对伯奈斯的计划提出以下几点意见:首先,对纳粹分子的战前行为和迫害德国国民的行为,以及发动侵略战争的行为进行指控,将构成溯及既往的起诉——在行为已经发生之后才将其定义为罪行,是事后制定的,因而是不具权威的法律。因此,他强烈要求把这部分内容从计划中拿掉。

其次,共谋是英美法系中的一个独有的概念,然而不容忽视的是,审判战争罪行的国际法庭将由主要盟国美国、英国、苏联和法国共同组成。英、美两国的法律承认共谋罪,但是这个概念却不存在于法国、德国或者苏联的法律中。他建议用范围更具体的"共同计划"来替代"共谋"。

最后,陆军部的计划还存在着一个重大瑕疵,那就是对纳粹组织的起诉:能否宣告所有的组织——其中一些组织的成员数以几十万,甚至上百万——是犯罪组织?他认为,这种一刀切的方法充满了潜在的不公正性。作为法律专家的韦克斯勒,还敏锐地预见到,计划要求组建的国际法庭即将面临着大量棘手的问题。

韦克斯勒的上司,司法部部长,弗朗西斯·比德尔同意其副手的大部分观点。他也认为,不应该起诉战争爆发前实施的行为;并认为,针对侵略战争的共谋的指控存在严重的疑问。他也关切犯罪组织的起诉,并建议应该设立众多的法庭用以逐个控告下级罪犯,借以取代整体上的犯罪组织起诉。

---

[1] Bradley F. Smith, *Reaching Judgment at Nuremberg*, Basic, Inc., Publishers New York 1977, p. 33.

韦克斯勒后来在纽伦堡审判中担任美国法官的首席法律顾问，因此，他的保留意见格外重要。当然，意义更为重大的是，对修改后的伯奈斯计划心存怀疑的司法部部长比德尔，即将担任纽伦堡法庭的美国法官。显然，韦克斯勒和比德尔对共谋和对集团犯罪控诉所持的怀疑态度，必将深刻影响未来的纽伦堡审判。

1945年1月5日，比德尔在一份备忘录中批评了陆军部的计划，然而，到了1月21日，他却转而赞成这个计划。在此期间，他的意见之所以发生这样迅速地改变，其中原因在于以下两点：第一，司法部想尽力拿出陆军部计划的修改意见，但由于时间紧张，必须立即形成一套新体系来指导出席雅尔塔会议的罗斯福总统，在此情况下，比德尔承受着巨大压力，仓促间无能为力。第二，在摩根索计划已经名声扫地的情况下，陆军部早已提出了唯一一套较为成熟的方案。因此，在往来反复的美国战时政策的制定问题上，陆军部已经掌握了主动权。到1945年1月，即使罗斯福本人在公开发言时，也使用陆军部的战争罪行术语。比如，在给国务院的便函中，罗斯福提到，对于主要战争罪犯应该进行审判，他写道："控诉应该包括对发动侵略的控告，和公然违反《凯洛格—白里安公约》的控告。这些和其他控诉也可以合并为一项共谋的控告。"[1] 可见，自从魁北克会议以来，罗斯福已经大大修正了自己原来的意见。

据此，作为新政内阁中一名成熟老练的政治家，比德尔认识到，领头反对总统所采纳的路线，尤其是在战时，根本是自讨苦吃，也将一无所获。因此，比德尔和韦克斯勒压制了自己的不同观点，他们的反对意见因而没有得到重视。但是，无论韦克斯勒还是比德尔都还没料到，他俩将在未来的审判中扮演重要角色，伯奈斯计划中的重大瑕疵，将会一直缠绕他们直到审判结束。

---

1 Bradley F. Smith, *Reaching Judgment at Nuremberg*, Basic, Inc., Publishers New York 1977, p. 34.

现在，史汀生和国务院联合站在同一战线上，再加上罗斯福的支持，陆军部的计划更为巩固，其他人在实质上已经没有提出反对的机会。

1945年1月间，纳粹分子对美军犯下了最为惨烈的暴行——党卫队的一支分遣队在比利时马尔梅迪屠杀了70名美军战俘。按照纳粹一贯的作为来看，这只不过是一次相当普通的暴行，此前也有类似暴行落到其他国家身上，然而它却是美国人遭受的头一次，因此它强烈刺激了美国政府。

党卫队的战斗分遣队实施了这次暴行，从表面上看，它只不过是奉上级命令而行动。在这次事件之前，美国很多高级官员，甚至包括史汀生自己，都不同意犯罪组织的起诉计划把所有军事性的党卫队也包括进去。然而，马尔梅迪事件将这些顾虑一扫而光。自此以后，陆军部要起诉整个党卫队系统，还进一步提出，德国国防军最高统帅部要为使用这些部队，以及这些部队所采用的手段承担责任。

在马尔梅迪流血事件造成的恐怖和愤怒的氛围中，1945年1月22日，司法部、国务院和陆军部的三位部长——弗朗西斯·比德尔、科德尔·赫尔和亨利·史汀生一起在陆军部计划的修改摘要上签字，并题名为"呈交总统的备忘录：审判和惩罚纳粹战争罪犯"。三位部长在备忘录中联名倡议：纳粹分子的领导人和组织犯下了残暴的罪行，他们联合参与制订并实施了"大规模的犯罪计划"，为此，应该成立一个盟国法庭来审判他们；要审理的罪行包括：战争爆发以前的犯罪行为；迫害德国国民的罪行；尤其是，"发动非法的侵略战争"的罪行。[1]

三位内阁成员最终取得一致意见，战争罪行审判问题看起来在美国已经得到解决。1945年1月末，曾将摩根索及其方案带到魁北克会议上的罗斯福，将截然相反的三部联合提交的备忘录带到雅尔塔。在那里，他将利用会见丘吉尔和斯大林的机会，共同商讨这份文件。史汀生、赫尔和比德尔决定性地

---

[1] Ann Tusa and John Tusa, *The Nuremberg Trial*, Macmillan 1983, p. 61.

赢得了在华盛顿的胜利，现在他们却不得不静心等待，看罗斯福总统能否成功地说服盟国的欧洲首脑，最终赢得这场运动。

八

在雅尔塔会议上，迫于其他争议的压力，三强盟国无暇顾及战争罪行问题，根本没时间进行详细讨论。因此，当罗斯福于2月返回华盛顿时，关于首要战犯的计划仍然未成定局，没有最终形成为美国的官方政策。罗斯福虽然表示赞同陆军部方案，但他没有正式批准三位部长的备忘录，甚至也没有草签它。

雅尔塔会议结束几周后，影响欧洲和亚洲战争的许多至关重要的问题都要求落实到行动。罗斯福总统的第四项工作重点的首要问题，涉及和平的重建和战后的调整，在这个领域内有各种复杂的新困难亟待处理。当这些问题日益积累时，罗斯福积劳成疾，精力急剧衰退。3月，他做了最后的努力，派遣他的代言人和密友塞缪尔·罗森曼（Sam Rosenman）到英国，试图与英国政府一起设计出一套统一方案，最终解决战争罪行问题。罗森曼是伯奈斯的老友，他强烈支持陆军部计划，但无论是他还是任何其他人，都没能使罗斯福签字批准陆军部计划。

从1944年10月，到1945年3月罗森曼抵达伦敦，英国关于主要战犯问题要遵循何种路线的立场仍然没有发生变化。10月中旬，丘吉尔曾经出访到莫斯科。在访问期间，他了解了斯大林关于战争罪犯的意见。斯大林认为，审判纳粹首要战犯绝对必要，他强烈反对立即处决。由于斯大林的想法与自己的相去太远，丘吉尔更不急于要求达成一个盟国的、甚至是内阁的决议。英国的大法官和总检察长，都依旧反对审判，他们连同所有英国的高级官员一起，愿意采取观望策略。自从魁北克会议以后，负责这方面工作的官员没有一个了解到美国政府的确切消息，而与美国国务院专家的非正式会谈致使英国外交部误信,美国政府仍然反对进行审判。直到1945年1月,英国才开始从模糊的迹象中看出,在华盛顿,一项重要的处理战犯的政策已经胜出,审判的支持者看起来占据了上风。

因此,当罗森曼带着赫尔、比德尔和史汀生三位部长为总统准备的审判计划抵达伦敦时,他发现英国对所有这些情况毫无心理准备。经过一阵搪塞和混乱后,英国安排罗森曼会见几位高级官员。罗森曼与西蒙进行过磋商,并与首相进行过会谈。罗森曼与丘吉尔的会谈没有取得多少实质性的进展,但是,西蒙动不动就搬出曾经在魁北克会议上用过的立即处决的老方案,试图与罗森曼竞争。罗森曼冷淡地拒绝了他的方案,并回答说,史汀生也极力反对。在会谈中,罗森曼没有提及罗斯福的态度,也没有提到魁北克会议以后他的立场发生了改变。

尽管如此,西蒙还是清楚地认识到,美国内阁和斯大林都反对立即处决,他心爱的计划注定要破灭了。在原计划的基础上,他设计出一套双方妥协的方案——英国接受美国的计划,起诉犯罪组织,把它作为对付中级罪犯的手段,这些人曾在任何一个组织里都起着举足轻重的作用。而对于首要罪犯,西蒙建议盟国展示他们罪行的详细记录,进行他所谓"文件提审":在此,只给予这些首要罪犯简短的时间来反驳对他们的指控,如果他们不能有效地辩驳,就要受到盟国政府政治决议的处置。西蒙表示,这意味着死刑,也不排除长期监禁的可能性。

当罗森曼及其顾问考虑上述建议时,西蒙赶往内阁争取对他所作所为的正式批准。然而,他不仅没有获得内阁的支持,反而遭到了联合一致的反对。内阁认为,他设法把司法和政治两种解决途径的最坏的一面混合到了一起。内阁的"总体观点"是,对纳粹领导人的完全的审判是"不值得考虑的",并命令西蒙通知罗森曼,英国政府拒绝文件控告提议,并指示西蒙和外交部准备发消息给美国政府,解释英国为何反对审判。

与此同时,罗森曼在没有全部了解英国政府内部意见分歧的情况下,正为西蒙的文件提审建议烦恼不已。无奈中，他拍电报给陆军部，请求政府指导他应该采取何种方法。来自华盛顿的答复是，陆军部、国务院和司法部的意见调整尚需时间。而此时，罗森曼率领的代表团却已经得到通知，英国政府否定了西蒙计划。更令形势复杂化的是，罗斯福总统刚刚去世。伦敦商谈无果而终，罗森曼匆忙回国参加葬礼。计划仍然未得到总统的正式批准，看起来还麻烦重重。

九

　　出人意料的是，事态发生了新的转机。继任总统杜鲁门行事迅速、果断，他虽然不具有罗斯福总统的伟岸气度，而令人钦佩的是，他以不露声色的信心接下了巨人未能完成的使命。他态度坚决地反对政治解决纳粹首脑，只愿意在审判程序上稍作让步。这是通往纽伦堡之路的关键转折点。

　　杜鲁门接受了三位部长1月份的关于战犯的备忘录，将它确立为美国政府的政策，并且他不准备对此规定有大的改动。在战争罪行的程序或审判的使用问题上，美国政府内部已不存在纷争，杜鲁门下决心要把事情确定下来。

　　1945年春，欧洲战场的反法西斯战争即将胜利，美国在战场上占据着军事和经济上的领导地位。美国政府从而在所有重大的事务上，坚定了行动的决心和信心。

　　5月上旬，罗森曼肩负着说服英、苏、法三国接受美国战争罪行审判计划的使命，参加在旧金山召开的联合国大会。美国政府坚定不移的决心加强了这项任务的艰巨性。而在此前的4月29日，联邦最高法院法官罗伯特·H.杰克逊（Robert H. Jackson，1892—1954）同意领导欧洲战争罪行起诉的全部工作；5月2日，杜鲁门总统签署第9547号行政令，正式任命他为美国代表和起诉轴心国战犯的首席检察官。这不同凡响的头衔，以及被任命人的卓越身份，都无疑表明美国不愿再有任何拖延。而在幕后，美国参谋人员的准备也同样果断。几周来，一个以伯奈斯上校为首的美国联络小组，已经将美国的审判计划制订成一个行政协定[1]草案，准备提交给旧金山会议上的其他盟国代表。

英国政府又一次错过了因罗斯福去世而带来的大好时机。尽管伦敦政府在4月中旬已经知道史汀生一直坚持进行审判，而且英国驻美大使也提醒到，美国要求对战犯问题立即采取行动的呼声越来越强，但它仍然决定谨慎行事。甚至当杜鲁门总统决定实行审判的消息传到伦敦时，西蒙大法官最初的反应还是想劝说美国改变立场，采用立即处决的方案。这些事项都使英国政府的处境极为被动。

5月2日，率领英国代表团参加旧金山联合国大会的外交大臣安东尼·艾登拍紧急电报，就第二天要召开的关于战争罪行问题的三大国外长会议向内阁请示。英国政府讨论了该问题，并同意，如果美国和苏联明确赞同审判，英国就不继续坚持反对立场。随着希特勒和墨索里尼的死亡，一些内阁成员断定：美国关于共谋和犯罪组织的审判计划可能会提供一套程序，保证快速而有效地解决问题。因此，内阁原则上接受该意见，同时希望在英国政府达成一致意见之前，让美国承担责任，"拿出一套切实可行的措施"。英国政府官员也都深信，美国人已经设计好了一套完美的审判方案。[2]

5月3日，在一次特别会议上，罗森曼把行政协定草案出示给苏、英两国的外长莫洛托夫和艾登。艾登坦率表示，如果苏联也支持审判，那么英国准备放弃其反对意见。因为苏联一向主张审判，并且在旧金山再次重申这个决心，美国就把艾登的发言视为英国对审判问题的正式而公开的答复。

因此，在美国人看来，原则性问题已经解决，其余要争取其他盟国同意的问题就只涉及方案的具体内容，即犯罪组织起诉是美国审判方案的核心，

---

1 行政协定（executive agreement），指美国总统无须参议院同意而与外国所订的协定。
2 Bradley F. Smith, *Reaching Judgment at Nuremberg*, Basic, Inc., Publishers New York 1977, p. 39.

控告的罪行主要是"共谋",同时也把侵略战争和其他罪行纳入起诉范围。

外长们不想亲自过问具体问题,他们同意由来自三大国的专家与一名法国代表一道,立即讨论美国的行政协定草案。5月,四强盟国的法律专家召开了第一阶段的探讨会议。罗森曼试图迅速达成决议。然而,不出所料的是,许多问题提了出来,引起计划反复进行修改和重新起草。由于种种问题涉及各国的根本利益,导致专家们行动拖沓,外长们谨小慎微,因而不能代表政府赞成最终的修改计划。美国想在旧金山会议上达成最后协议的愿望破灭了。

战争罪行问题的中心又一次移到了华盛顿,开始由杰克逊专人负责该项任务。自此,杰克逊的名字与纽伦堡审判紧密地连在一起。可以说,没有以杰克逊领导的美国起诉团的推动作用,审判国际战争罪行的法庭就无法组织起来。[1]

十

图5 美国首席检察官罗伯特·H.杰克逊

罗伯特·H.杰克逊(见图5),宾夕法尼亚州人,早年自学成才成为律师,踏入政界之前在纽约州从事律师工作,1938年任美国司法部副部长,1940年任司法部部长,1941年担任联邦最高法院助理大法官。罗斯福对他评价甚高,人们也公认他是一名了不起的法学家。

---

[1] Richard Overy, "The Nuremberg trials: international law in the making", in: Philippe Sands (ed.), *From Nuremberg to The Hague*, Cambridge University press 2003, p. 7.

相对其不凡的履历和经验来说，杰克逊的个性和他的法律观，对审判进程更具重要意义。他后来的英国搭档，戴维德·马克斯韦尔-法伊夫（David Maxwell-Fyfe）爵士这样评价："用最恰切的词来描述，他是法律浪漫主义者。因为他，律师业抛弃了阴暗的强行推销和玩弄手段的一套做法，自然的正义、理性和人权等优良传统盛行一时。"[1] 他崇尚法治，并投入极大的热情和精力，积极支持审判纳粹首要战犯的设想，以及最近提出来的审判方案。多年来，他一直怀有一个热烈的信念，认为亟须改革国际法，把它由一堆纯粹的愿望转变成一套行之有效的规则，用来治理国家的行为。他深信，只有国际法才能确保人类和平的实现。

杰克逊丝毫不怀疑侵略战争是犯罪行为，并应该成立法庭审判发动战争的人。早在1941年，他在一篇论文中直率地写道："仅仅因为我们不设立法庭来审判被告，从法律和正义角度对待所有战争才没有变成现实。"他坚决主张，诸如《国际联盟盟约》和《凯洛格—白里安公约》这样伟大的国际协定，不应该变成一纸空文，必须通过国际制裁赋予其生命。"如果不对违法者施以惩罚，如果禁止其他国家援助受害者，那么这样的国际法体系必然是画地为牢，根本不能维护人类渴望的持久和平。"[2] 一年后，他再次强烈呼吁采取国际行动增强国际法的权威，首先用来制止战争。他明白一套机构亟待创设，他也很了解法律专家们都不愿大胆尝试。杰克逊的内心很坚定："最拙劣的法律程序较之于最好的暴力手段，更能减少不公正。我们宁愿不要一个完美的国际法庭和立法机构，即便在立法不公的情况下，也不能将起诉诉诸暴力；我们不能坐等法庭完善无缺后，才来制止人们用武力解决纠纷。"[3]

这些话并不意味着杰克逊轻易满足于次好的选择，他只是不希望有任何因素阻碍公开审判的进行。他一再强调，真正的审判必须以明确的正义的传

1　Ann Tusa and John Tusa, *The Nuremberg Trial*, Macmillan 1983, p. 68.
2　Ibid., pp. 68-69.
3　Ibid., p. 69.

统为基础，必须遵循为崇尚法律的人们所普遍接受的原则和方法。1945年4月13日，怀着罗斯福总统未竟的遗愿，杰克逊在美国国际法年会上发表纪念性演说，他倡导对首要纳粹战犯进行审判，并纯粹以证据为基础证实他们有罪或无辜；他反对立即处决的方法，主张严格依据普通法传统，这种传统要求无罪推定，直至以无可争议的证据证明罪行的确立。他说："如果在未证实有罪的情况下，你不愿意释放一个人，那么基本原则要求你一定不要动用司法程序来审判此人；如果你无论如何都要处死一个人，审判将毫无用处；然而，世界不会对仅仅为了判罪而组织的法庭产生任何敬意。"[1]

杰克逊这一系列言论的发表正合时宜，在白宫看来，他无疑是担负眼前重任的最合适的人选。因此，杜鲁门总统邀请他全权负责战争罪行的起诉工作。杰克逊经过通盘考虑后欣然受命，他充分认识到这项任务的重要意义——他将在历史的一个重要关头，肩负使命充实国际法，并依据法律奠定世界新秩序的基础。他要为道义和法律进行一次圣战！

杰克逊在任命正式下达后，立即全力以赴地投入工作。5月8日德国投降后的几天内，他一方面轻易地击退了财政部企图推翻审判计划的最后一次尝试，另一方面，说服军方推迟对次要战犯的处理，使其与自己的行动协调一致。

杰克逊迅速组成了起诉的高层领导，主要包括：罗伯特·斯托里（Robert G. Storey）、西德尼·奥德曼（Sidney Alderman），美国头号情报机构——战略情报局[2]的创立者和首任局长威廉·多诺万（William Donovan）将军，以及从陆军部调来的伯奈斯上校。这些人可以从任何部门挑选专家帮助准备起诉案，但他们不对任何部门负责，他们只听命于杰克逊，而杰克逊根据特殊任命，独立开展工作，只在总体上对总统负责。这个工作组开始筹

---

1 Henry T. King, "The Legacy of Nuremberg", in : *Case Western Reserve Journal of International Law*（2002），vol. 34，p. 335.
2 美国中央情报局（CIA）的前身。

划美国起诉团的构成，并着手收集犯罪证据。战略情报局与国务院达成了材料收集的联络协议。另外，多诺万答应在大量情报局的辅助队伍中挑选起诉人员。

在如此广泛和强有力的支持下，杰克逊开始主动出击，希望最终解决难题。他认定问题的根源在于同盟国外交政策的迟钝和无能，而要使问题得到有效的解决，必须施加更大的压力。在杰克逊的推动下，国务院命令驻伦敦、巴黎和莫斯科的美国大使，分别敦促盟国政府接受美国的计划，并任命与杰克逊对应的首席检察官。美国还派出一连串的特使，其中包括杰克逊自己，出访到伦敦催促英国政府采取行动。

十一

对美国施加的压力，以及对杰克逊任命的公开，英国有些不满。但同时又清醒地认识到，如果不接受美国的提议，英国要选择的任何其他方案都注定前途艰难。尽管如此，外交部还是热切希望限制美国人的大部分设想，限定被告的数目，简化程序，并且如有可能，它想在伦敦而不是华盛顿举行盟国间的谈判。

当时，英国尽管早已形成这样的基本决定，但由于正处于战争末期的政府转换期，内阁成员对作出决策采取谨慎态度，因此对政策的转变举棋不定。不过，5月18日，内阁的一个特别委员会，建议原则上接受美国的方案，英国官员也利用每一个恰当机会，向美国人确保其政府已经放弃了立即处决政策，并准备尽快在行动上与美国合作。

这样，当杰克逊于5月28日到达伦敦时，他发现英国的和解气氛令人满意。5月29日，英国任命新上任的总检察长马克斯韦尔-法伊夫为谈判代表，率领英国谈判团，并兼任首席检察官，领导名为"英国战争罪行执行委员会"（BWCE）的起诉团。这与杰克逊担任的职务相对照。

5月30日，英国内阁正式批准了美国的行政草案。马克斯韦尔-法伊夫在对杰克逊的一次谈话中，揭示了英国政策发生转变的原因。他总结说，英国政府打算在德国保持武装军队以控制该国，这需要公共舆论的支持，审判则具有显而易见的优势，它无疑比立即处决更能赢得民心；因此，英国和美国一样，强烈渴望掌握无可争议的证据，通过审判来证明纳粹帝国的暴行。杰克逊表示，自己对英国的合作态度极为满意。会谈中，他倾向于对犯罪组织的起诉限定为党卫队和盖世太保，并赞同其副手多诺万将军的观点，认为一些"意志薄弱和品格低下"的纳粹领导人有可能提供不利于其同伙的证据，这可以促使审判顺利进行，并迅速结束。

这样，在一次非常乐观的外交照会上，杰克逊和英国代表之间的第一次会谈圆满结束。杰克逊刚一离开伦敦，英国就正式宣布它原则上接受美国的提议，并邀请其他盟国于6月25日会晤伦敦，缔结最终协议。不多久，法国和苏联也宣布它们愿意参加伦敦谈判。

不过，在三国政府各自首席检察官的任命上，却出现了很大的混乱。在伦敦谈判期间，由于保守党在战后首次大选中失去政权，马克斯韦尔-法伊夫因此丢掉了公职。新工党政府任命哈特利·肖克罗斯（Hartley Shawcross）爵士为英国总检察长，他也就顺理成章地取代前者，担任英国战争罪行执行委员会的首席检察官；然而，因为新政府提出了很多改革方案，肖克罗斯必须参与其中而难以脱身，他请马克斯韦尔-法伊夫做他的副手承担实际的日常工作，他只名义上领导英国起诉团。

法国起初挑选多内迪尼·德瓦布尔教授（后来是纽伦堡国际军事法庭的法国法官），但很快改变主意，派遣罗贝尔·法尔科到伦敦参加谈判（他后来是法国助理法官）。苏联选派尼基钦科将军作为伦敦谈判的负责人，他后来也是纽伦堡法庭的一名法官。

因此，这些在制定审判要依据的法律中发挥着重要作用的人，或者将要出现在纽伦堡法官席上，或与纽伦堡法庭密切关联。除了刚刚提到的三名法官，还应该记得美国司法部副部长赫伯特·韦克斯勒和司法部部长、后来的美国法官弗朗西斯·比德尔，都帮助制订了起初的美国计划。

这样，在6月中旬，尽管还存在着种种具体的不足，但就审判的大致轮廓而言，美国终于克服了重重困难，达到了它的目标：其他三强盟国一致同意举行审判，并且接受美国在旧金山会议上提交的协议草案，作为伦敦会谈的基础。

但是，用这种方法来达成协议，对即将参加伦敦谈判的盟国代表来说，意味着更多的问题，而不是可以立即接受的现成答案。驻巴黎的美国大使在伦敦会议开幕前一周，报告说：

> 法国已经任命了代表，准备与杰克逊法官和英国、苏联代表会晤，但对其代表的确切职责仍然存在认识上的混乱。因此，有必要在伦敦会议上向他们解释清楚。[1]

苏联似乎也对美国的提议感到困惑，关于战犯问题，他们有自己的见解。比如，1945年5月28日，斯大林会见杜鲁门的密使汉瑞·霍普金斯（Harry Hopkins）时，就提到如何处理德国总参谋部参谋。斯大林指出，他所说的"参谋"一词，不仅指受过正规军事参谋训练的人，而且也指所有从事一般参谋工作的德国军官，这大约有25000人。斯大林接着建议，应该将这些人全部监禁起来，"可以监禁10年或者20年"。对此，霍普金斯并未提出反对，只评论道，美国希望把德国总参谋部作为犯罪组织来审判。斯大林则略带嘲讽地回应道，"如果具有法律上的可能性，这就是个很好的主意。"[2] 斯大林对法律合理性的质疑，对美国的战争罪行审判方案提出了清醒的警告。

---

1 Bradley F. Smith, *Reaching Judgment at Nuremberg*, Basic, Inc., Publishers New York 1977, p. 43.
2 Ibid.

又如，6月14日，美国国务卿斯特蒂纽斯（Stettinius）和苏联驻华盛顿公使诺维科夫（Nikolai V. Novikov）之间的一次会谈更进一步表明，美国的审判计划前途坎坷。诺维科夫还不知道苏联政府已经同意参加伦敦谈判，这时距离会议召开还剩下不到两周时间，这说明美国的行动显然太超前，步伐走得太快。在茫然无措中，诺维科夫根据苏联政府的吩咐，提出对美国计划的两项意见：

首先，他明确地问道，盟国如何起诉党卫队和盖世太保？在雅尔塔会议上，三大国曾经严厉谴责这两个组织，并命令它们立即解散——对苏联人来说，谴责是终局性的，任何后来的行为都毫无意义，也是出尔反尔之举。

其次，美国人所谓独立起诉人的"检察长（chiefs of counsel）"，在俄语中的意思是"调查委员会"。这该如何处理？

但是，斯特蒂纽斯急于推进事态的进程，把这些都当成"细节问题"，以消除诺维科夫的疑问，这益发增添了整个局势的混乱。他告诉诺维科夫，旧金山会谈后一个月，美国政府修改了最初的方案，一份更新更精细的修改本已经准备妥当，这将成为未来国际法上的一份重要文件。

事实上，杰克逊的班子和国务院在旧金山会议之后，虽然已经对原来的草案做了大量的修订和改写，但是直到5月中旬他们才完成工作。美国政府花了将近一个月时间开会讨论最终的文本，与此同时，它却迫切要求盟国政府原则上同意其最初的提议。显然，只是在与诺维科夫的会谈中，斯特蒂纽斯才满腹狐疑地说，美国能否让其同盟国看到当前的提议，来加速事情的进程。诺维科夫巧妙而不动声色地回答说，这一步骤是有益的。他得到斯特蒂纽斯的保证，提议的修改本会送给法国、英国和苏联的大使。然而，美国通知其盟国修改文本的事却发生了延误，以至于在美国谈判团抵达伦敦两周后，新提议的文本才送到谈判代表手中。

诺维科夫—斯特蒂纽斯会谈两天后，美国陆军部得到了新消息，苏联对战争罪行的态度非常复杂。苏联外交部部长莫洛托夫透露，苏联准备接受美国在旧金山会议上的提议（他当然还不知道美国后来的修改本），只需少许的改动。莫洛托夫还要求盟国讨论"保罗斯和苏联人手中的其他德国将军的情形"，并要求考虑这些人曾经给苏联提供的帮助。

保罗斯（Paulus）曾是德军陆军元帅，在1943年的斯大林格勒战役中向苏联投降。他被俘虏后，随同其他德军高级军官一起，同意与苏联当局合作，并多次通过广播讲话敦促正在抵抗的德国士兵投降，推翻希特勒政权。由于苏联从合作的德国战俘中和一个流亡的德国共产主义者中心，吸收成员组建"自由德国委员会"，长期以来，西方强国对苏联的意图大为紧张不安。所以，任何提及保罗斯和"合作的德国军官"的话，都会引起美国政府的高度警惕。由此可见，战争罪行并非一个单纯的问题，相反，它很容易与东西方之间一触即发的其他敏感问题相互交织、相互作用。

但是，这些危险征兆都被忽视过去了。在美国施加的强大压力下，英国被迫做出政策的急剧逆转；法国在茫然和混乱中错误百出；而从斯大林对"合法性"的看法，到莫洛托夫对保罗斯的评论，无疑表明，战争罪行起诉本身，与任何一个大国选择进行此事一样，都注定要遭遇重重困难。然而，掌握主动权的美国人并没有望而却步，他们决定继续全速前进。

如果你无论如何都要处死一个人，审判将毫无用处；然而，世界不会对仅仅为了判罪而组织的法庭产生任何敬意。*

——罗伯特·H. 杰克逊

---

* Henry T. King, "The Legacy of Nuremberg", in : *Case Western Reserve Journal of International Law*（2002）, vol. 34, p. 336.

三 伦敦会议和《国际军事法庭宪章》

一

1945年6月20日，队员庞大、配备精良的美国代表团抵达伦敦，此行的目的是为了迅速促成谈判协议的签订，并准备审判所需的文件材料。尽管前期的外交工作出现了严重的失误，美国谈判团仍然拥有足可凭持的坚实资本。欧洲刚刚经历过战争劫难，百废待兴，而美国人的热情、资金和装备，给人强烈的信心，似乎他们能够妥善处理从炸毁的铁路到战争罪行的每一个问题。

六年的战争和十二年的纳粹主义，使整个欧洲惨遭破坏，并使民心深陷于恐怖之中。纳粹德国发动了战争早已是妇孺皆知的事实，在这场战争中，共有5500万人丧生；纳粹的野蛮占领所留下的悲惨记忆，依旧牢牢盘踞在欧洲各国人民的心头。每天的报纸连篇累牍地揭露诸如奥斯威辛和特雷布林卡这样的纳粹集中营和死亡工厂所犯下的兽行，纳粹德国的罪恶权力和残忍无情昭然于世。这时，各盟国的民族自尊亟待安抚，血债深仇要求偿还和报复，而大量基础性工作也需要铺排，以防止此类权力的复发。

美国人虽然没有亲身体会纳粹统治的痛苦，并且已经消除了大部分的战争恐惧，但其政府及赴伦敦的代表团的情绪，与欧洲人密切地联结在一起。他们热切希望迅速行动，并要求进行必要的创新。杜鲁门总统主张使用强硬的、也是史无前例的措施，来惩罚战争罪犯。他声称：由于他们的野蛮罪行，"我们负有严峻的责任，给德国民众以沉痛的教训。在他们得以返回爱好和平的文明国家的大家庭之前，必须改变路线。"[1] 在今天听来，这种自以为是的腔调颇为刺耳，但在1945年，它确切表达了时代的心声，也没有引起公众对美国的愤恨。相反，倒是其他盟国政府对法律技术性细节的瞻前顾后和过分纠缠的态度，激起了舆论的不满。

美国人面临的困境不在于创新本身，而在于他们长期以来形成的一种根深蒂固的倾向，即易于把自己的观念强加在外人头上，认为某种创新对每个人都有好处，也理应被别人立即接受。此前，在大多数情况下，出于孤立主义者[2]的立场和美国国务院专家们的努力，这种倾向的表达多少受到了抑制。但是，第二次世界大战期间，美国政府抛弃了孤立主义，在对外政策上开始采取国际主义，因此，随着美国的参战和国际政治地位的迅速上升，这种抑制力大大减弱了。

杰克逊的班子都是谈判生手，他们喜欢直截了当地表达这种民族特性；而且，由于缺乏外交经验，他们益发无所顾虑地向前猛冲。另外，杰克逊直接受杜鲁门总统的任命，并只对他负责，因而不受国务院的节制。他有权自由行动，并决定手中的哪些信息应该送给国务院。还有，杰克逊班子的成员大多是年轻的预备军官，沉醉于随美国在欧洲的胜利而高涨起来的强烈信心中，他们把这次使命当作其军事冒险生涯的大好机会，因此踌躇满志，迫切想大有作为，根本不愿放慢行动，环绕他们四周的没落的欧洲文明既不能使之产生敬畏之心，冗长乏味的谈判前景更难对其产生吸引力。

由于以上种种因素，美国代表团怀着强烈的信念，乐观地相信协议能够

---

1 Bradley F. Smith, *Reaching Judgment at Nuremberg*, Basic, Inc., Publishers New York 1977, p. 47.
2 孤立主义（isolationism），是美国统治集团的一种对外政策思潮、原则。主要是指不干涉、不卷入欧洲的联盟和战争。孤立主义者并不是要割断美国与世界其他地方的交往，也不反对美国的对外贸易和对外扩张；他们并非和平主义者，而是热衷于维护军事实力以保卫美国在西半球的利益和安全的人。自美国建国之初，到第二次世界大战中期，孤立主义一直在美国政府中占据上风。长期受制于孤立主义国会的罗斯福总统认为孤立主义是一个错误，表示要"竭尽全力与之斗争"。1941年12月8日美国对日宣战，正式参加第二次世界大战，从此，孤立主义失去了它在美国思想界的优势地位。

顺利而迅速地签订。6月初，杰克逊预期一周之内能够达成协议。6月25日，即谈判开始的前一天，杰克逊与法国首席代表进行简要会谈后，立即向白宫报告："很有希望就草案达成协议。如果合适，能否授权我签订协议……这对尽早结束谈判很重要。"[1] 几天后，他得到期望的授权，但到那时，谈判正全面展开，他开始失望地意识到，迅速解决问题的希望微乎其微。

二

对杰克逊希望的破灭，英国人所负的责任最小，他们在美国要迅速达成协议的路上并没有造成多少实质性的障碍。他们不满美国人的专横跋扈，也忧虑如何设计审判程序来调和苏联和西方的法律制度，还对美国的审判计划深感困惑。其困惑主要表现在以下几点：

首先，对于美国是筹划一场审判，或是三四场审判，存在认识上的分歧。因为，杰克逊的副手多诺万将军，告诉英国代表，他预想同一法庭在同一次对纳粹被告的起诉中，需要进行一系列审判，这引起英国人在这一点上的混乱认识。马克斯韦尔-法伊夫认为，把戈林列为纳粹首脑，对他的判罪，可以使整个纳粹政权名声扫地，也就达到了消除纳粹主义的审判目的；因此，他相信，其他一切事项也都从属于对戈林死罪的宣判。

其次，英国人也不明白，美国打算如何起诉共谋罪和犯罪组织？审判的主要焦点是战争罪，还是侵略战争罪？

经过长时间的争论，他们决定让美国人把一个纳粹"共谋统治欧洲"的计划作为控诉的核心，认为这是最好的方法，凭此可以限制被告的人数以及所需证据的数量。英国外交部收集到了有关纳粹头目的生平资料，这些资料比美国人随后要使用到的更新更准确，从中，英国人做了庞大的筛选工作，

---

[1] Bradley F. Smith, *Reaching Judgment at Nuremberg*, Basic, Inc., Publishers New York 1977, p. 48.

结果列出了一张简洁的包括十个被告人的名单。用这张名单，英国人希望说服美国人，以一个"共谋统治欧洲"的计划为基础来组织一场审判，既富有效率又切实可行。

当杰克逊一行到达伦敦，并急于敲定英国对其修订后的行政协议的支持时，马克斯韦尔-法伊夫与其助手已经完成了自己大部分的准备工作。因而，在法国和苏联代表团到来之前，英、美双方立即展开了广泛的会谈。美国代表团对英国的合作精神明显感到高兴，这使英国人很快获得了主动权，提出他们预期的被告人名单。杰克逊关注的重点在于，要使同盟国就基本的审判体系达成协议，因此无暇顾及被告人的挑选工作。在此问题上，美国人无能为力，只同意名单上的被告不应该太多，但同时也为随后能够增加被告人留下了余地。

杰克逊对苏联的看法和意见非常复杂，但在与英国的整个会谈期间，他的总体倾向基本上是合作的。他表示，他不希望审判在德国境内的苏联占领区进行，他强调，如果苏联代表团不能及时赶到，他提议"公开发表宣言延期召开四方会议"，这样就可以毫不含糊地责备苏联人。然而，有时他又评论说，不能认为只有英、美两国才是世界正义的捍卫者而疏远法国和苏联。会谈中，英、美代表相互欣赏对方的通情达理，而期待协议能够迅速达成，他们决定提早行动，建立一个专门委员会开始起草起诉书，并着手筹划实际的审判机构。

6月24日罗伯特·法尔科率领的法国谈判团、25日尼基钦科率领的苏联谈判团，相继抵达伦敦。伴随着他们的到来，杰克逊的忧虑也随之而生。

苏、法代表明显感到，英、美代表赶在其到来之前已经联起手来对抗他们。由于来自弱小国家，法国代表的自尊心因此备受刺激；苏联代表却满怀强国的自信，同时充满着苏联一向对西方意图的不信任态度。这些欧洲大陆代表面临的处境与英、美代表截然不同，他们需要时间仔细了解形势。因此，当他们发现其英、美同仁不仅对一些基本问题达成了共识，并且已经动手组织实际的审判时，软弱的法国政府虽无力提出强烈抗议，而强悍的苏联人却表示坚决反对，认为这是一种侮慢。英、美代表激进的行为适得其反，恰好引起苏联人的警惕，遂使他们坚信，最好的对策是放慢行动的速度。

在这种情况下，杰克逊不能指望这两个代表团平心静气地坐下来，顺利接受美国人的方案。他们也各有主张，并和美国人的一样强烈。还让杰克逊烦恼不安的是，苏、法谈判团代表了以罗马法为基础的大陆法律传统。英、美代表能够以共同的普通法为前提讨论问题，他们分享相似的程序和原则；然而苏、法两国代表的心理状态则与之不同，他们不以普通法为先决条件，而且还对普通法的一些原则怀有潜在的批判和敌意。杰克逊一针见血地指出："显而易见的是，我们最大的问题从一开始就是如何调和这两套差别极大的法律程序……"[1] 实际上，在即将召开的伦敦会议上，经过没完没了的争论后，他们往往发现罗马法和普通法之间的差异并没有想象中的那么大。[2]

三

1945年6月26日，伦敦会议召开。一共举行了14次会议，以及大量的非正式会谈。会议的召开是秘密的和非正式的，似乎没有议事日程，纵然安排了也没人郑重对待，代表们时常打断和脱离主题。会议内容充满重复，目

---

[1] Brian R. Gallini, "Nuremberg Lives On: How Justice Jackson's International Experience Continues to Shape Domestic Criminal Procedure", in: *Loyola University Chicago Law Journal* (2014), vol. 46, p. 44.
[2] 英美法系与大陆法系之间存在着明显的差异，主要表现为：(1)主要法律渊源不同。英美法系的主要法律渊源是判例法，大陆法系则是制定法。(2)继承罗马法的程度不同。英美法系并未走全面复兴罗马法的道路，大陆法系则全面继承了罗马法。(3)法律体系和法官作用不同。英美法系的法律体系十分庞杂，缺乏系统分类，法官在法律的发展中处于中心地位，有"法官造法"之说；大陆法系的法律体系完整，概念术语比较明晰，立法和司法分工明确，制定法具有很强的权威，法官作用有限。(4)司法组织与对程序法的重视不同。英美法系一般行政诉讼和普通诉讼不分，程序先于权利，实行对抗制诉讼，当事人色彩浓厚；大陆法系一般采用普通法院与行政法院分离的双轨制，注重实体法，一般采用纠问制程序。尽管有以上种种差异，但二者之间仍有许多共同之处，比如，它们的法律本质相同，传统要素接近，法律的指导思想相同，等等。因此，有学者认为，正是这些方面的共同点，使两大法系在20世纪以后开始日渐靠拢。参见何勤华（主编）：《外国法制史》，法律出版社2003年版，第8—9页。

标经常相互冲突。在主要的会议上,代表们提交意见草案,并围绕这些意见以及他们提出的原则进行讨论。随着会议召开的深入,谈判代表成立了一个起草委员会,根据已达成共识的意见拟订最终方案。

各国代表团围绕证据、交叉盘问的作用、被告人证词、辩护律师的职责、起诉书的作用以及提供证据的方法等问题,展开激烈争议。[1] 所以,会议占用很大一块时间讨论审判程序。所有代表都一致认为,军事法庭比民事法庭更能让他们自由地从各自国家体系中汲取最好的成分。由于从事的是一项前所未有的新事业,所以他们无须被以前确立的程序捆住手脚。例如,他们可以不设陪审团,可以不遵循正常适用于审判中的证据规则,他们可以准许法庭不受证据范围的约束,并认可任何它认为具有证明价值的证据。所有代表也都同意,他们应该为此创造一套新的法庭程序,既高效又能保证公平。而麻烦在于,对于如何落实到行动难以达成共识,所有代表都坚信自己国家的审判方式是最佳的选择。围绕起诉书性质而反复发生的争论,最清楚地说明了这一点。

在英美审判中,控方的起诉书非常简略,只扼要地陈述被指控的人以及被指控的罪名。控方将它提交给法庭,以便法庭用来确定审判时间。审判开始,控方才充分展示指控理由。法庭听取后,对照辩方陈述进行权衡,而后作出判决。

而在大陆法中,公诉人并不准备诉讼案的初期工作,在法国由预审法官负责,在苏联则由调查委员会负责。他们准备的起诉书不仅要陈述对被告的控告,而且要详细陈述指控依据的法律和证据。起诉案进入审判阶段,公诉人才予以接管。尽管法官后来为了澄清事实,可以要求更多的证据或证人,并准许控方和辩方提出更多的证据申请,但是起诉书应该展示大量的指控证据,以便辩方从接到起诉书时起就了解情况。

---

[1] Brian R. Gallini, "Nuremberg Lives On : How Justice Jackson's International Experience Continues to Shape Domestic Criminal Procedure", in : *Loyola University Chicago Law Journal* (2014), vol. 46, pp. 43-44.

就起诉书的形式而论，苏、法代表认为，他们的制度是最好的：其一，它更有效率。诉案在法庭开始接管之前，其公正性就得到了彻底的检验。其二，它更快捷。只有生效的证据和证人才提供给法庭。其三，它无疑对被告更公正。如果指控的证据不足，被告将免遭审讯；如果被告要出庭受审，那么他们将有充足的时间针对控方的指控理由准备答辩。而英、美的审判体系则让苏、法代表深受震撼：在审判之前，控方掌握的证据竟然完全对被告保密。法尔科在震惊和深受刺激之下抱怨说，如果起诉书不充分展示控诉理由，被告在审判中就要面对"一只打开了灾难突袭的潘多拉魔盒"。[1]

马克斯韦尔-法伊夫再三向欧陆代表保证说，他与简略的起诉书打交道已有 20 年，还从未在实践中发现该制度有什么不公正，对于始料不及的证据，法庭可以时常给被告准备答辩的时间。不过，他愿意作出妥协，借鉴大陆程序，提出一个稍为详尽的起诉书，同时融合英美程序，扩大在法庭上出示新证据的范围。然而，杰克逊拒绝让步，他认为大陆体系阻止了新证据和证人的提出；如果起诉书展示了所有的证据，那么就没给审判留下任何余地；而且如果证据不在法庭上提出，美国公众就不会承认它是"一次真正的审判"。[2] 杰克逊从不接受他不熟悉的大陆体系，对其优点始终置若罔闻。

关于法官扮演的角色也是一个争论要点。苏、法代表希望采用他们熟悉的制度，在这里，法官经常而直接地干预审判进程，审问被告和证人。英、美人则习惯于由控辩双方主导的对抗制诉讼程序[3]和交叉盘问[4]。苏、法代表

---

[1] Ann Tusa and John Tusa, *The Nuremberg Trial*, Macmillan 1983, p. 77.
[2] Ibid.
[3] Adversary system, 对抗制，抗辩制，辩论式的诉讼制度，指英美法上的诉讼制度。在这种诉讼程序中，强调双方当事人的对抗性，当事人有很大的主动权，且基本不受阻碍，通过双方当事人及其律师询问和交叉询问证人，相互争辩，来推进诉讼进程，揭示案件真相。法官作为中立的裁判者，听取双方的陈述和辩论，而不是积极介入。它与大陆法系的法官主导型的纠问制诉讼程序相对立。
[4] Cross-examination, 交叉盘问，是指由非提供该证人的一方当事人向该证人提出的诘问或盘问，通常在提供该证人的一方当事人首先向其提问后进行。盘问的目的在于使证人改变、限定、修正或撤回其提出的证据，使其证据失信，并从其处获得有利于盘问一方当事人的证据。

辩解道，大陆诉讼程序将被国际法庭上一半的法官所接受，而且毫无疑问的是，它也更适合德国被告的需要。然而结果证明，要把代表们各自主张的法律程序的要素结合起来非常困难。

在所有程序问题上，苏、法代表都愿意作出妥协；杰克逊不太情愿让步，他坦率地承认他很顽固，因为这些程序问题"如此根深蒂固地植入美国人的思想中，以至于很难接受其他选项"。[1] 但这并不意味着杰克逊心胸狭窄，一味坚持"美国方式"。他有充足的理由步步为营，提防大陆代表的态度。譬如，在伦敦大会的第二次会议上，尼基钦科出其不意地抛出一个重磅炸弹，他突然宣布："我们正在这里谈论的首要战犯，政府首脑们早已在《莫斯科宣言》和《雅尔塔宣言》中判定他们有罪，并宣告过他们的定罪。"法庭的任务"只是对已实施的罪行判处刑罚"。[2] 由此，杰克逊推断，尼基钦科并不想要真正的审判，而仅仅需要对政治裁决加以正式地确认——无须仔细审查证据，被告的权利只不过是即时处决的障碍。

基于这样的假定，杰克逊坚决维护他的信念："如果我们要进行审判，那就必须是一个真正的审判。"美国人绝对不会为了认可政治判罪的裁决，而参与成立一个法庭；法官们必须"调查证据，并作出独立的判决"。他同意尼基钦科的意见，即在这个诉案中判决只有一个——纳粹首脑毫无疑问地犯有罪行；然而，他坚持，"其有罪的根据是证据，而非国家领导人的宣言。"[3]

杰克逊原以为，苏联人出席伦敦会议，表示他们愿意接受其审判计划的基本原则；现在，他的希望却因尼基钦科的言论而破灭了。在杰克逊看来，尼基钦科的话还意味着对一般正义标准的粗暴践踏。他因此对苏联人产生了深刻的猜疑，认为他们缺乏真正的法治观念。尽管尼基钦科后来还发表过类似言论，但杰克逊以此概括苏联人的整体态度却未免失之于武断。

1　Ann Tusa and John Tusa, *The Nuremberg Trial*, Macmillan 1983, pp. 77–78.
2　Ibid., p. 78.
3　Ibid.

在其他场合，尼基钦科与其副手特莱宁（Trainin）对法律的公正性也坚持己见，毫不让步。他们比任何人都更强硬地要求被告有权及早并充分地了解控方的证据；他们也渴望法官拥有适用法律的最大限度的自主权，并公正而高效地操作审判，等等。因此，尼基钦科的上述言论并不具有完全的代表性，他无非欠缺应有的谨慎，也无非说出了其他代表都深信不疑的事实：宣言表达的内容每个人都清楚——纳粹首脑是罪犯；这是一件一目了然的案件，控告的根据无可争议，法庭无须多费时间即可对被告作出有罪判决。

不管出于什么原因，尼基钦科的发言给伦敦谈判造成很大的负面影响。杰克逊由此经常从最坏的角度解释苏联代表的提议。例如，当他们提议在审判期间更换法官时，杰克逊认为其用意在于避免"令人不满的判决"，尽管苏联代表已经说明，其中原因在于担心法官生病或因其他事情而被召回。据英国观察者评价，苏联代表"通情达理"，"热切希望进行公正的审判，愿意采纳所有程序中的最好特色"；美国人却坚持不调和态度，过分夸大了他们与苏联人之间的观念的差异。[1]

四

当美国起诉纳粹组织的方案提交会议讨论时，美、苏代表法律思想上的相互猜疑和差异进一步扩大了他们之间的裂痕。

尼基钦科率先询问道，为什么要把组织纳入起诉方案？杰克逊原本希望这是不证自明的事。从伯奈斯计划制订的那一天起，美国审判方案的要点就是通过审判纳粹首脑而涉及整个纳粹系统，而控诉主要组织的犯罪性则是审判方案的基本构成部分。美国人认为，这些纳粹机构曾是共谋者实施其罪恶计划的工具；通过法律宣告可以确认其犯罪性，并加速随后的对组织成员的

---

[1] Ann Tusa and John Tusa, *The Nuremberg Trial*, Macmillan 1983, p. 79.

审判程序，因为一旦某个组织被宣告为犯罪，其成员就不能对既成事实提出抗辩。

尼基钦科立即提出如下反对意见：这样的犯罪宣告纯属多余。莫斯科和雅尔塔宣言已经声明过，纳粹党及其组织和机构应该彻底清除，它们也确实不复存在了。占领当局解散了所有的组织，其成员将由刑事程序和消灭纳粹化法庭来处理。

英国谈判团中的一名代表立即指出，政治家的宣言只表示其行动目标，而不是法律宣告。苏、法代表总体上同意杰克逊的主张，即纳粹组织是犯罪集团。不过，他们非常怀疑法庭对其犯罪性进行宣告的合法依据。他们担心这将导致集体惩罚、牵连犯罪。杰克逊表示他已经设想了安全措施，比如需要证明成员资格出于自愿，知晓犯罪目的，等等。即令如此，尼基钦科仍表怀疑："为了普及全部成员而审判组织，这有失公平，且缺乏可行性。"[1]

苏、法代表并非因为自己国家的法律体系中缺乏犯罪集团的概念，而反对美国的组织起诉计划。两国法律都有规定，犯罪团伙的成员要为自己及其同伙的集体行为承担责任，但要通过审判个人来确定罪行，尔后，从个人犯罪的证据中确立团伙的犯罪性；但是，却不能审判组织。如同尼基钦科所言："非自然存在的人，苏联法不予审判。"[2] 杰克逊辩解说，美国法把公司视为法律上的人。特莱宁回答说，苏联民法也如此，但刑法不允许，遑论国际法！

所有代表都同意主要纳粹组织是犯罪的。在讨论过程中，他们逐渐赞同将组织问题提交法庭解决。尼基钦科最终承认，在伦敦会议之前，苏联政府反对审判组织，而今他们改变主意支持美国人的观点。他们不赞同的只是证明组织犯罪性的方法。在这个问题上，他立即得到法国代表的附议，最终也获得了英国代表的支持。

---

1 Ann Tusa and John Tusa, *The Nuremberg Trial*, Macmillan 1983, p. 80.
2 Ibid.

围绕美国方案中对纳粹首要战犯发动侵略战争的指控，各国代表也展开了激烈争论。杰克逊把这项指控看作整个起诉案的基石，正是从这个罪行中阐发出了其他罪行。法国人认为，这项指控合乎道义和政治的需要，而麻烦在于其合法性问题。他们认为这项罪名是溯及既往的——美国人在事后创造了一种有追溯效力的法律。

古罗马人说过：没有法律就谈不上犯罪与惩罚。很显然，纳粹分子进行了赤裸裸的侵略，犯下了罄竹难书的暴行。但是，他们犯了哪些法呢？可以援引哪部法律，哪部法典的哪一章、哪一条来起诉他们呢？这一点引发了激烈的争论。美国的行政协议草案使用直截了当的言辞，声称发动侵略战争是不折不扣的违反国际法的犯罪；草案中运用了一段话来界定国际法，认为它是条约、国家间的法律，以及根据"公共良心之要求"发展而来的价值之总和。苏联代表很容易接受美国人界定的这个概念，可是，对于更讲求精确和严谨的英、法两国代表来说，它的模糊性让人难以容忍。

相对于共谋指控的提议所引发的激烈冲突，溯及既往问题以及关于犯罪组织的争论，就是"小巫见大巫"了。一讨论到共谋，四强盟国立马分成截然相对的两派——大陆法国家的苏、法对抗普通法的英、美两国。对共谋的概念，苏、法两国代表一脸茫然，他们很难把握这个概念的所有含义，而好不容易理解了以后，又丝毫掩饰不住内心的震惊。

法国人认为，"共谋"完全是一个野蛮落伍的法律现象，和现代法毫不相称。苏联人则不留情面地对此表示惊叹和进行嘲讽，他们抨击共谋的关键点在于，对法国人、他们自己以及德国人而言，共谋的概念既模糊不清又令人感到陌生，它将导致审判陷入无休无止的混乱状态。在这一点上，苏联代表的意见无疑是正确的。

但是，美国人由于行动太超前，没有留下与其他国家代表进行商量的余地，因而很难撤销原定计划。所以，针对苏联和法国代表提出来的每一项反对意见，他们只能在原来草案的基础上，尽力做出修改和妥协，把概念转换为更令人熟悉、更易被人接受的用语。即令如此，苏、法代表还是认为，应该抛弃整个共谋的基本原则。

关于审判地的选择也引发了激烈的争论。英国推荐位于巴伐利亚的城市慕尼黑，那是纳粹运动的发源地。但它已被轰炸机夷为平地，无法举行大型审判。美国军方曾向杰克逊推荐纽伦堡，杰克逊经过考察后向大会报告说，位于纽伦堡的司法大厦设施完善，为数众多的法庭足供未来审判所需，与大厦相连的监狱设备齐全（可同时容纳1200个囚犯）；大厦内还有足够的办公室，其附近则可提供士兵的食宿。

除去这些便利条件外，纽伦堡还有其他吸引人之处——它具有象征意义。它是纳粹分子举行大型庆典之地，也是臭名昭著的"反犹太人法"的制定地。还有，它是美国人的占领区，而在1945年，具有充足的经济实力，能承办如此大型审判的国家，非美国莫属。英、法代表都赞同这一选择，尼基钦科则强烈主张审判应该在柏林举行：柏林是德国的中心，并由四国联合管制，因而适合做国际法庭的审判地。关于这个直截了当的问题也迟迟没能达成共识。

五

面对所有这些问题和批评，杰克逊处境艰难，难以从容应对。美国代表最好的办法是保证进行起诉并不费力，而且局面已经在其掌控之下，以此说服其他盟国赞同他们的计划。

然而，这不过是美国代表的缓兵之计，只有他们自己心里清楚，至少截至目前，这还是自欺欺人的大话。事实上，杰克逊班子的起诉准备工作开展得并不顺利，没有取得多大成效。谈判中麻烦不断，后勤的证据收集同样困难重重。

美国已经在华盛顿、伦敦和巴黎，建立起了证据收集中心，精细的资料翻译系统也逐渐完善起来。另外，美国调查人员组成了一支名副其实的大军，配备着打字机、油印机等先进技术设备，贯穿从英国到欧洲大陆的广大领域，声势浩大地为起诉准备不断奔忙。这强大的阵势强有力地帮助美国代表说服其盟国同仁，只需他们简单地同意美国的计划，所有麻烦都可迎刃而解。其实，档案收集系统存在着严重缺陷，迄今搜集来的档案材料只是一些零星的、粗略的暴行记录，很难形成针对任何一项指控所需的有血有肉的证据。

6月30日，杰克逊给陆军部写信说，从欧洲大陆收集来的证据，不能支持重大的讼案，难以证实纳粹计划和共谋的存在。杰克逊推断美国和其他盟国政府的档案室可能掌握着这些至关重要的证据，他心存侥幸地想从这个途径得到关键的文件。然而，截至1945年6月下旬，杰克逊的推断完全落空了。受邀请担任谈判顾问的伯奈斯上校，负责伦敦的档案收集工作。7月初，他神情沮丧，几近于绝望，战略情报局获得的资料大都没有用处，对战俘的审问也毫无所得。在给其陆军部的一个朋友的信中，他写道，"我们一再以光荣而勇敢的言论在会议上赢得胜利，可是实际掌握的证据却写不满寥寥可数的几页纸。"[1]

只是到了8月，捕获的档案资料才如潮水般源源不断地涌来，随之，美国代表团的信心有了坚强的后盾。不过，即使在那时，实际的情况也远远匹配不上美国代表公开做出的令人欣喜的保证。

在证据还几乎一无所有的情况下，杰克逊需要具备钢铁般的意志，来冷静处理其他代表团对计划提出巨大变动的要求。在谈判过程中，从表面上看，他是一个相当干练、冷静的政治家。但实际上，他对局势的观察以及对协议的期望却剧烈地摇摆不定。

谈判刚开始时，他非常乐观，第一天讨论之后，他就向罗森曼通报，"各方代表在实质上达成了基本的共识。"三天后，他发电报给他华盛顿的班

---

[1] Bradley F. Smith, *Reaching Judgment at Nuremberg*, Basic, Inc., Publishers New York 1977, p. 53.

子成员，说苏联代表反对关于犯罪组织的规定。7月4日，他给陆军部的消息中谈论到签订协议的可能性，他认为，"确保协议能够签订还为时过早，但也绝不是毫无希望。"[1] 到了7月12日，他仍然保持乐观态度，并向白宫报告说，他坚信美国终将在谈判中获得成功。然而，六天后，即在谈判进行的第三周，他表示，苏联人的情形令人灰心，他正准备一个候补提议，作为谈判破裂前的最后手段。然而，紧接着的第二天，他又通知华盛顿的班子成员，"现在看来有可能达成国际审判的协议，它将具体表现我们计划的基本内容。"同样，在7月19日，他满怀希望地认为，关于主要战犯的协议很快就要签署了。然而，就在次日，他绝望地说，对苏联人几乎要下最后通牒了。

如果充分考虑到杰克逊面临着的强大压力，以及从上述信息中反映出来的谈判的起伏跌宕，可以清楚地看到他难以控制伦敦会议的局面。其他代表的陌生态度和考虑问题的方法，都出乎他的意料。苏联人和法国人动辄反反复复地回到争论问题上，这几乎让他发狂。在谈判开始之前，他已经对苏联人怀有很深的成见；而与苏联人打过交道的美国军官，又进一步强化了他的这种态度。他们无数次向他抱怨说，他们如何忍受苏联人的蓄意阻挠。迄今为止，他听到的每一件事都让他确信，苏联代表将成为麻烦。7月的第三周，杰克逊已经深信苏联人既危险又难以对付，他对四国合作建立国际法庭进行联合审判失去了信心，开始考虑中断谈判，并设想自行起诉美国关押下的战犯。

应该说，杰克逊这样激烈的反应的确事出有因。苏联代表在伦敦的行为时常令人困惑不解，尼基钦科又是个强硬的谈判家，他与美国代表之间在关键的问题上，存在很大的分歧。杰克逊真切期待的是，被告应当在享受一切正当权利的前提下受到公正的审判，而不是只为了判刑而组织法庭。而他认为，苏联代表并不关注这个问题。

---

[1] Bradley F. Smith, *Reaching Judgment at Nuremberg*, Basic, Inc., Publishers New York 1977, p. 53.

杰克逊清楚地认识到，一个基本的战争罪行问题，即交换战犯问题，将引起东西方的意见分歧，而且在这一点上，他比大多数美国政府官员都发现得更早也更富洞察力。7月6日，他建议应该做出准备，以回应苏联提出的交换战犯的要求，因为这些要求大多是"纯粹政治性的"，几乎没有可能通过公正的审判加以解决。关于这个问题，杰克逊的强硬路线是正确的；但在另一些问题上，他却走了极端，过于急不可耐地将苏联代表的意见置之不理。

客观而论，苏联代表的反对立场也并非出于故意刁难。他们对美国计划的看法相当正确，认为其战争罪行提议既复杂难解又矛盾重重。他们的每一项批评或建议都不无根据。更重要的是，和杰克逊率领的代表团不同，其他三国的代表团都不能在谈判中自由行动，它们各自都直接受其外交部的领导，每个重要的建议或修改意见，都不得不通过错综复杂的公事程序获得政府批准。英国代表团尚且如此，相比之下，可以想象法国和苏联两国代表更要遭遇何等麻烦。

然而，对他们的苦衷和处境，杰克逊根本没耐心加以体谅，他既没有心情延误谈判，也并不打算作出起码的妥协。7月中旬，美国代表已经无法重起炉灶，来抛弃他们的基本计划，大多数杰克逊班子的成员，尤其是起诉国际战犯的最初计划的起草者伯奈斯上校，把任何实质性的改动都看作是对计划和美国人信念的背叛。他们既不想作出让步，对一系列具体指控取得一致意见，也不放弃他们对共谋和犯罪组织的最初构思，而是避其锋芒，从别处入手寻求问题的解决办法。

六

美国代表团所采取的第一个手法，是突然要求大幅增加被告人数，这引起英国代表的惊恐，他们预计这是一个有300到400人的庞大的审判。私下里，美国人以极端偏激的抵触情绪回敬他们的批评者。到 7 月中旬，他们又起草了一个新的协议草案，这个草案只不过是新瓶装旧酒，其内容并没有发生实质性的变化，仍然包含了最初计划的主要指控（战争罪，侵略，共谋等），仍然坚持对犯罪组织的起诉，另外规定每个盟国自行起诉和审判它们关押的战犯，而不是四强盟国联合组成法庭进行审判。

这个方案与最初的计划相比，更没有获得成功的可能性：它包含着的很多棘手的法律特征，曾经烦恼过法国和苏联代表，而在其他方面也没有作出让步。然而，杰克逊已经对其大陆盟国代表失去信心，不再对联合起诉抱有任何希望。

他的第一想法是，与英、法代表协商一个秘密协议，而后给苏联代表下最后通牒，他们或者接受，或者被逐出盟国队伍。杰克逊经过重新考虑后，把这个疯狂的念头暂时搁置起来，他询问美国国务院，即将在波茨坦召开的三大国会议能否做出决议。在这一阶段，杰克逊试图作出最后努力，与苏联代表达成一致意见，如果失败就采取候补计划，凭此，美国将起诉自己监押下的战犯。对杰克逊面临的难题和打算，国务院强调，总统已经将此任务单独委派给他，国务院不便插手。

最终，战争审判问题没有赶在波茨坦会议召开前，在伦敦谈判桌上解决，它还是在波茨坦的三大国会议上提出来了，并通过三大国的商议，国际审判计划获得支持，并最后决定下来。

利用波茨坦会议，推动伦敦谈判的首先是英国政府。英国代表越来越关注杰克逊的反苏态度，并责备杰克逊，认为是他而不是尼基钦科，造成了伦敦谈判的僵局；他们还得知杰克逊有毁坏伦敦会谈的打算，并想单独撤出谈判，因此急切想利用波茨坦会议的机会，来阻止美国代表的鲁莽倾向。

伦敦会议期间，英国大选所引起的混乱局面牵制了英国谈判团，艾德礼出任英国首相，组成了工党内阁，这一变动正发生在伦敦会议中间，因此削弱了英国对会议的影响力，但这并没有防止艾德礼通过英国战争罪行谈判代表，达到其追求的主要目标。艾德礼从杜鲁门那里得到保证，美国保持采取四国联合审判不变。这迫使杰克逊打消危险念头，对谈判保持更大耐心。英国早就认为，缔结协议的主要障碍是杰克逊的胁迫态度，及其对苏联代表的猜疑。杜鲁门的保证将驯服杰克逊，促使伦敦谈判的事态向前发展。

最终推动谈判的是美国新任国务卿詹姆斯·伯恩斯（James Byrnes），他想帮助杰克逊，因此在波茨坦会议上提起这个话题。斯大林也热切关注战争罪行，也更关注战犯问题。他敦促英、美两个大国发表一个公开宣言，来确定即将受审的纳粹头目。英、美表示不愿通过确定特定被告的名字，来干预伦敦谈判。伯恩斯试图提醒苏联代表，希望他们在伦敦谈判上更合作一些。波茨坦会议期间，他尖锐地告诉斯大林，"我们期盼您能够教导您的代表尽力达成协议。"斯大林不动声色地回答道："那另当别论"，并继续要求三大国决定被告名单。最后，他终于接受一个折衷的提议，即盟国到9月15日公开首要纳粹被告的名单。由此，同盟国的团结保住了，伦敦的谈判者必须在最后期限（即9月15日）前提出即将审判的被告名单。[1]

而在伦敦，杰克逊正考虑用更极端的手段试图激起谈判的破裂，以避免"与俄国人在审判合作中遇到讨厌的麻烦"。然而，苏联代表却出人意料地表示同意签署协议。对事情发生的这个不可思议的转机，杰克逊喜出望外：苏联人"吞下我们计划的'钓钩、钓线和钓锤'"。[2] 这种友好态度其实与杰克逊打算最后摊牌的威胁无关，事实上，苏联代表完全不知道美国谈判团内部发生的这些混乱；波茨坦会谈和最后期限的确定，才是问题的根本所在，它促使伦敦会议上的苏联代表必须迅速签订协议。从中可以看出，苏联代表之所以行动缓慢，一方面是因为美国计划的混淆不清与复杂难解，另一方面是因为没有得

---

[1] Bradley F. Smith, *Reaching Judgment at Nuremberg*, Basic, Inc., Publishers New York 1977, p. 57.

[2] Brian R. Gallini, "Nuremberg Lives On : How Justice Jackson's International Experience Continues to Shape Domestic Criminal Procedure", in : *Loyola University Chicago Law Journal*（2014），vol. 46, p. 47.

到苏联政府清楚明白的指示，这些因素都使尼基钦科不得不极为审慎小心。

无论如何，对已经作好准备给苏联代表下最后通牒的杰克逊团队来说，尼基钦科突然积极主动地表示合作近乎一个奇迹。8月2日，在会谈的最后十五分钟，尼基钦科和蔼地宣布，苏联接受美国修订的协定草案——控告纳粹实施了"共同计划和共谋"，他也同意审判将在纽伦堡举行，并总结说，苏联非常乐意在三天内签署最终协议。至此，杰克逊辛辛苦苦拼搏六周时间要赢得的结果，就在这一刻钟里意外而仓促地落入他的怀抱。

伦敦谈判随之结束。

七

为了签署关于建立国际军事法庭审判罪犯的协定，四国代表已经准备就绪。但是，如何命名这个新文件呢？决定一个术语非常棘手。把它叫做一个法、一个成文法、一个法典，那就会从一开始给它打上一种标记，让人认为它是事后制定的有溯及力的法律。

特莱宁认为，条约是国际法的渊源，这种形式将赋予他们的协定以强制力，因此主张采取国际条约的形式；杰克逊指出，任何条约都须经美国参议院的批准，而这必然会引起新的争论，导致协议签订的延期。因此，代表们决定采用一个中性词，叫"宪章"（Charter），全称为"国际军事法庭宪章"。

8月8日，出于适当的庄重仪式的需要，四国代表签署了两份简短的文件。其一是《伦敦协定》，其二就是《国际军事法庭宪章》（也称为《伦敦宪章》）。前者是同盟国之间的协议，为建立国际军事法庭奠定基础；后者是前者的重要组成部分，也是审判将要依据的法律基础，为"军事法庭的组成、权限和运行"提供根据。[1] 它们根据苏联代表的建议，分为两个单独的文件。

---

1 Brian R. Gallini, "Nuremberg Lives On: How Justice Jackson's International Experience Continues to Shape Domestic Criminal Procedure", in: *Loyola University Chicago Law Journal*（2014），vol. 46, p. 47.

《伦敦协定》宣称，成立国际军事法庭的目的是"对战犯进行审判，其所犯罪行不存在特定的地域性，不论其作为个人或作为组织或作为成员的身份，或两者兼而有之而被起诉者，均具有同等性质"。[1]

《国际军事法庭宪章》保留了美国人最初计划的基本要点，但它同时也做了很多补充和折中。它综合采纳了普通法和大陆法程序，比如，被告有辩护的权利，有权获得以本民族语言书写的起诉书，并以本民族语言接受审理。作为两大法系的折中，被告将于审判前得到详细书写的起诉书，以及所有与之有关的文件副本。被告有权出庭作证和经宣誓作证，并接受交叉盘问——这些是英美法程序中的权利。被告还有权在不经宣誓和控方反驳的条件下，作最后陈述——这些则是大陆法程序中的权利。兼采两大法系程序的结果是，被告的权利大大超过了其中任一法系单独所赋予的权利。

宪章包括七个部分，详细阐述了法庭的组成、管辖权、权力和程序。第一部分"国际军事法庭的设立"涉及一些法庭要遵循的程序，其最重要的内容是第四条，它规定法庭的所有决定都由多数票做出，在票数相等的情况下，庭长的投票起决定性作用，但是至关重要的定罪和判刑问题，则必须具有至少三名法官的多数票。这一条也许在无意之中，为法庭提供了一个巧妙的解决方案，即当起诉方不能以强有力的确凿罪证来控告一个特定的被告时，就需要法庭进行全面的交涉和安排，来获得三票的多数，首先做出裁定，而后如果判定有罪，再进行宣判。

宪章最核心的部分是接下来的一节，"权限和一般准则"。而其中的第六条则是整个宪章的灵魂。第六条用三小段文字列举了法庭要审理的罪行。其中的内容烙上了法、苏两国代表的建议所留下的印记，也因此，最为美国代表看重的大量对共谋和犯罪组织的起诉被迫退到次要位置。

---

[1] Gabrielle Kirk McDonald & Olivia Swaak-Goldman（ed.），*Substantive and Procedural Aspects of International Criminal Law：the Experience of International and National Courts*（volume Ⅱ，Part 1，Documents and Cases），Kluwer Law International 2000，p. 59.

第六条第一段明确规定，法庭有权审理和惩处所有战犯，"不论其为个人或为某一组织或集团的成员"，但是共谋并没有被列为一项单独的罪行。相反，第六条仅仅规定了三项可起诉的罪行，即"破坏和平罪"、"战争罪"和"危害人类罪"。第一款的罪名由苏联代表创设，"危害人类罪"的术语则出自英国法律专家的建议。美国人的共谋概念体现在第一条罪行"破坏和平罪"下，"策划、准备、发动或进行侵略战争……或为实现上述行为而参与共同计划或共谋"这句解释中，有一部分内容涉及对它的规定。类似的"共同计划或共谋"条款，却没有包含在第二款和第三款罪行（战争罪和危害人类罪）里。宪章第六条的最后一节，是在最终妥协的混乱中加上的一句话：

  凡参与拟订或执行旨在犯有上述罪行之一的共同计划或共谋的领导者、组织者、发起者和同谋者，他们对为执行此类计划而犯罪的任何个人的一切行为均负有责任。

乍看上去，这句话似乎是为了详细描述第四项可起诉的罪行，即共谋。但是，进行更深入的考察后，这一观点却很难成立。因为，宪章第六条列举的罪行都有确定的序数，如第六条第一款是"破坏和平罪"，第二款是"战争罪"，第三款是"危害人类罪"。但是，第六条的最后一个句子所暗指的"共同计划或共谋"却没有序数，这说明宪章并不打算把它作为一条独立的罪行的法律基础。

另外，"参与共同计划或共谋"专门包含在破坏和平罪的定义中，而没有出现在战争罪和危害人类罪的描述中。由此可以看出，其中隐含的结论是，第六条有序数的三项罪行在操作上应该有所不同，第六条最后一节的"共同计划或共谋"意图起到的作用与以上三项罪行并不相等。

最后，仔细阅读这个文句可以发现，其着重点在于：共谋者要对为执行此类计划而犯罪的任何个人的一切行为均负有刑事责任。共谋者除了对自己的行为负责之外，还对其他人的相关行为负责，这是英美法上指控共谋的一种暗含因素。但是第六条的这种表达方式表明，其最后一句的主要用意，是强调：重大纳粹战犯要对其计划和准备所造成的全部恐怖和暴行负个人责任。

这些需要考虑的事项本应该郑重对待，但是起诉书的起草者最终却将其弃之一旁，他们不仅希望对涉及破坏和平罪的共谋提起控诉，而且希望对涉及战争罪和危害人类罪的共谋提起控诉，都能够获得法庭的准许。然而，当法庭开始斟酌起诉书中的这些控告时，它唯一能够求助的法律根据就是文句凌乱的宪章的第六条。这样，问题从终点又回到起点，致命的缺陷始终绕不过去。法庭依据第六条的指导，却发现对涉及战争罪和危害人类罪的共谋提起控告根本没有根据。伦敦谈判达成的妥协，就这样严重削弱了美国的计划，致使它的以大范围的共谋指控为基础的起诉方案大打折扣。

八

第六条对"战争罪"的定义，主要列举了传统的战争罪行，如屠杀、恣意破坏城镇、掠夺公私财产等，其中包含的争议并不多。

然而，对"危害人类罪"这一新罪行的描述，则既复杂又混乱。在列举了一系列诸如"奴役"、"灭绝"等行为之后，第六条第三款继续叙述道，"属于法庭有权受理的业已构成犯罪或与犯罪有关的迫害行为，不管该行为是否触犯进行此类活动的所在国的法律"，这些规定中的行为也是危害人类罪。在这一节的行文中，出现了严重的标点问题。[1]

---

[1] 依照原来的措辞，宪章的规定赋予法庭对危害人类罪的管辖权，而不管这种罪行与破坏和平罪或战争罪的关系如何。由于后来在1945年10月6日签订的议定书的结果，英、法文约本中第六条第三款内"在战争期间"等字后面的分号改成了逗号，使它和俄文约本一致。其结果，虽然并无显然迫切的理由，纽伦堡国际军事法庭却认为，它只对第六条第三款所列举的在战争开始以后发生的各种行为有管辖权。参见〔英〕劳特派特（修订）：《奥本海国际法》下卷第二分册，王铁崖、陈体强译，商务印书馆1981年版，第93—94页。

但是，这个定义的最关键之处，是在时间上对危害人类罪进行严格的限定。因为英、美两国法官极不情愿将德国政府战前的国内活动定为违反国际法的罪行，所以就把危害人类罪与其他被指控的属于法庭管辖权范围内的违法行为连接起来，而这些违法行为，也就是战争爆发后发生的行为，或者是为发动侵略战争而共同策划或共谋后发生的行为。因此，除非法庭认为一项共谋实际存在，否则，发生在1939年9月1日战争爆发以前的德国政府所为的一切迫害、折磨或无论什么行为，都不构成危害人类罪。只有裁定战争爆发前一项共谋实际存在，才能以此为基础，判定纳粹德国确实在奥地利、捷克斯洛伐克以及本国境内犯了危害人类罪。

有关犯罪组织的规定引发了更多的困难。宪章第九条的用语尤其容易引起曲解：

> 在对任何集团或组织的个别成员进行审判时，法庭可以（在被告被判处与各该集团或组织的任何行为有联系的情况下）宣告被告所属的集团和组织为犯罪组织。

从中可以推测，这意味着起诉书将控告一系列组织有罪。如果法庭宣告一个个别的被告有罪，它也可以指定任何被列的这个被告所属的组织为"犯罪者"。举例说，如果海军元帅雷德尔策划了侵略战争，并因为他是德国国防军最高统帅部的成员，那么法庭可以指定最高统帅部是一个"犯罪组织"。但是，宪章没有解释被告与特定组织应有如何密切的联系，也没有详细说明有关行为是否以其公务身份实施。很明显，起诉犯罪组织所固有的严重麻烦和危险，尤其是要将被告与犯罪组织连接起来的企图，宪章第九条都没有提供解决的方法。这些问题大都在伦敦会议中出现过，然而基本上都被模糊不清的语言遮蔽过去了。因而，如同共谋问题一样，这些难题都统统留给了法庭。

宪章也在起诉的任务和法庭要遵从的程序方面做出了一些妥协。分别来自四强盟国的四名总检察官组成一个"委员会",它从事例如决定首要战犯的名单等宪章列举的事项,但是每一个起诉国在实际的讼案中又基本是独立的,而且每个个别的检察官又得到本国政府很多的自由行动的授权,因此相互协调必然非常艰难。最终,法庭不得不担负起重任,将几个总检察官的彼此独立的起诉工作整合在一起。

幸运的是,宪章赋予法庭很大的权力范围,它可以审问被告,简化规则的使用,并筛选证据以做出相关裁定。为了确保诉讼程序迅速简短地进行,宪章对法庭规定了很少几点限制。主要有:

首先,宪章对法庭权力特别强调的重点是:限制无关的证据,以预防被告提出"政治性"演说,或控告盟国也犯下了战争罪行;

其次,宪章规定,被告遵照其政府或上级官员的命令行事的事实不能作为免刑的理由,法庭只有权考虑该行动是否具有充分根据,并只能将其作为减刑因素;

最后,法庭关于犯罪组织的权力也受到了限制,它能够判决一个组织是否犯罪,但除了法庭上的22名被告以外,它无权决定单个的组织成员的命运。处理大量组织成员的任务留给了盟国占领当局。法庭最重要的任务是对各个被告做出裁决和宣判,对组织做出裁决,并解释其判决理由。

美国人原想构思一场讼案,其中交织着犯罪指控,并被组织得如此严密,以至于法庭只能全盘接受起诉人的陈述,坐等辩护结束,而后以美国计划里的简单的方针为基础做出判决。但是,作为各种妥协和修改结果的《国际军事法庭宪章》,完全改变了他们的最初方案。不管起诉书如何写,不管起诉如何阐述其理由,法庭仍然必须做出重要的法律判决。法庭判决的根据只能是宪章,而宪章的晦涩难懂,尤其关于共谋和犯罪组织的规定模糊不清,致使纽伦堡军事法庭不得不和一个真正的法庭一样,进行审议、解释,并做出判决。

另一方面，我们也必须考虑到，这场谈判是一项艰巨而庞大的事业，谈判的参加者没有现成规则赖以依据，没有任何先例可以遵循。例如，没有一个人预见到美国计划会引起如此混乱的局面。然而，这四个大国真诚地相信，预防暴行和创设一架平稳运行的机器同样重要。英国从一开始就试图修改其盟国的雄心勃勃的计划；苏联和法国一直想要限制控告共谋和犯罪组织可能存在的危险；美国人则下定决心要消除任何类似苏联的清洗式审判那样的行为。这些警惕的态度，结合无数的问题和紧急的时间要求，都决定谈判结果不会井然有序，并且潜藏着隐患。[1]

1　Bradley F. Smith, *Reaching Judgment at Nuremberg*, Basic, Inc., Publishers New York 1977, p. 72.

如果不对违法者施以惩罚，如果禁止其他国家援助受害者，那么，这样的国际法体系必然是画地为牢，根本不能维护人类渴望的持久和平。*

——罗伯特·H. 杰克逊

---

*   Ann Tusa and John Tusa, *The Nuremberg Trial*, Macmillan 1983, p. 69.

四　起诉准备

一

摆在法庭面前的难题并不单单是由宪章引起的。为了进行审判，必须有起诉书，如果起诉书的形式清晰且富有说服力，就能够在一定程度上尽量减小问题的难度。

起诉书首先须列出要指控的各个被告和组织，还须扼要陈述起诉的事实根据，用以表明提请审判的理由。英、美两国谈判代表所组成的特别委员会早在6月就着手起草起诉书，但是即令如此，直到宪章谈判结束之后两个月，四强盟国才达成了关于起诉书的协议。和宪章的谈判一样，在此也出现了一系列出乎意料的障碍，并因而导致了长时间的延误以及激烈的冲突。

6月，就在伦敦谈判开始之前，英、美起诉委员会试图赶快拿出被告名单。英国一向希望被告名单尽量简短，能保证审判迅速结束。6月21日，英国代表草率地提交了预期的被告名单，被列入的被告总共十名，他们是戈林、赫斯、里宾特洛甫、莱伊、凯特尔、卡尔滕布龙纳、施特赖歇尔、罗森堡、弗兰克和弗里克。

其中，赫斯能否接受审判引起人们的疑问。他在1941年5月驾机飞往苏格兰之前，处于精神病医生的精心照料之下；在英国监禁期间，曾两度试图自杀，似乎还患了严重的臆想症和健忘症，并日复一日地抱怨狱卒想毒死他。这些都令人怀疑他精神是否健全。然而，斯大林在波茨坦会议上强烈要求审判赫斯。苏联人深信，赫斯曾经企图买通英国人不要参战，这样德国就可以肆无忌惮地进攻苏联。英国政府为了洗清嫌疑，表明自己没有与赫斯串通，只好把他列为预期的被告人选。

英国人也想把银行家沙赫特，以及工业家克虏伯列入被告名单。他们认为，博尔曼也是极具吸引力的人选。杰克逊反对这个想法，理由是尚未发现博尔曼的下落；马克斯韦尔-法伊夫却认为，很多传言说他尚在人世，公众也期望他受到审判。

这份名单经过了精心的筹划，它把纳粹系统的每一个领域中的主要代表都包括了进去。后来，名单上的这十个人都被起诉，其中8人被判处死刑，只有赫斯逃脱一死，被判终身监禁，而莱伊则在审判开始前自杀身亡。

可是，因为英国代表提交名单的方式如此轻率随便，以至于并未引起美国代表的足够重视，美国人只当它是茶余饭后聊天一样轻松得来的一个结果。在此情况下，美国代表匆忙决定着手准备自己的被告名单。

美国拟订被告人选的出发点是：起自1933年的整个纳粹系统都要接受审判，被告名单中要列入它的每一个政策机构的代表，以及其涉嫌的犯罪组织。据此，美国代表要拟订的被告名单肯定更为复杂，更为广泛。

6月22日，伯奈斯及其助手拟订了美国的被告名单。引人注目的是，他们首先列上了五个他们最想宣告为犯罪的德国纳粹组织：纳粹党的"领袖集团"，德国内阁，总参谋部和国防军最高统帅部，党卫队，以及盖世太保。而在实际的审判中，起诉委员会指控了六个组织，增添的第六个即冲锋队或"褐衫队"。

拟定犯罪组织之后，伯奈斯开始决定哪个纳粹头目最能代表他提出来的五个组织，以此来挑选个人被告。他最初的名单列进46人，后来减为16人，其中包括希特勒，因为其死讯尚未确定。这16个人，除了希特勒和莱伊，后来都出现在纽伦堡法庭的被告席上。但相对于最终确定的被告名单，它遗漏了弗里切和雷德尔，因为这二人是苏联的俘虏，拟订名单时美国还不知道他们已经被俘；绍克尔、约德尔和博尔曼也不在其中，因为涉及其在帝国后期所起的重要作用的文件资料尚未来得及核对。还因为拿不准如何处理纳粹帝国的初期阶段，席拉赫、牛赖特和巴本似乎也被忽略了。

这张名单也存在一些不协调之处，比如，沙赫特、巴本和牛赖特都早在纳粹帝国初期就从显要位置上退居下来，然而沙赫特被列入名单，后二人却不在其中。美国的这份被告名单最突出的特点是，其中没有任何一个工业界的领头人物，只有冯克、施佩尔和沙赫特被视作纳粹经济系统的代表。

如同任何一份名单都会遭遇到的情形那样，伯奈斯列出的被告名单难让每个人都满意。英国人惊讶地指出名单上遗漏了席拉赫，他们还对海军司令邓尼茨名列其中提出疑问，英国海军部坚信德国海军的作战无可指摘。[1]——也许是"物伤其类"，英国海军部根本不希望审判海军将领。后来的证据也表明，对德国海军的指控也非常无力。但是，美国人认为，缺了邓尼茨，就无法构成全面的起诉案——因为此人发动了潜艇战，领导了德国海军，并被希特勒指定为帝国的继承人。而颇具讽刺意味的是，在最终的法庭审议中，正是英国法官要求判决邓尼茨有罪，而美国法官的其中之一却主张宣判邓尼茨无罪。

在影响谁被列为被告的诸种因素中，拟订被告名单的方法是最为重要的。英、美代表在制作起诉书之前，甚至在通过谈判拟定宪章来确立审判赖以依据的法律基础之前，就开始挑选被告人；这些人之所以被列为被告人选，从根本上说，并非出于他们的个人行为、残酷或者恶名，而是因为他们符合美国起诉犯罪组织的需要。人们时常把纽伦堡法庭上的组织起诉看作似乎是事后的想法，然而实际上，它却是美国审判计划的核心。个人被告只不过是表演者，通过他们，主要剧情才得以上演。[2]

---

1 Ann Tusa and John Tusa, *The Nuremberg Trial*, Macmillan 1983, p. 93.
2 Bradley F. Smith, *Reaching Judgment at Nuremberg*, Basic, Inc., Publishers New York 1977, p. 64.

8月23日，四国代表会晤伦敦。所有各方都同意大可断定希特勒已经死亡，不予考虑他的名字。法国和苏联赞同美国最初在6月份拟订的被告名单，还坚决要求另外加进9个人名，具体是：克虏伯、雷德尔、席拉赫、绍克尔、约德尔、博尔曼、巴本、牛赖特和弗里切。英国人热切希望被告名单越短越好，但最后英、美代表还是接受了多加进来的9个人。就这样，经过讨价还价，相互妥协，安抚民族自尊和血海深仇之后，美、苏、英、法四国最终确定了一份包括24名主要战犯的终局性的被告名单。

然而，还没有等到审判开始，由法、苏代表团增加被告而带来的混乱，后来引起了一系列出人意料的难题。其中最大的问题来自克虏伯的人选。

各方都同意被告席上应该有德国实业家阶层的代表。由于德国实业家确信希特勒会制服共产主义者，因此支持他掌握德国政权。可以说，没有德国实业家和商人的共同参与，就没有第三帝国。当战争开始时，他们衷心希望加强德国的战争机器，正是克虏伯集团明目张胆地建立起巨炮组装线。然而，克虏伯家族[1]处于美国占领区，美国军队却没能细心地辨认不同的克虏伯家族成员。美国人在迷乱和混淆中拿出最后的被告名册时，把克虏伯公司的经营总监阿尔弗雷德·克虏伯（Alfried Krupp，1907—1967）拿下，换上他年老体衰、精神不健全的父亲古斯塔夫。所以，列入主要战犯名单中的德国实业家代表是古斯塔夫·克虏伯。当时，起诉代表们还未曾料到这一隐患要给他们带来很大麻烦。

1945年8月29日，个人被告的名单正式公布，包括戈林、赫斯、里宾

---

[1] 克虏伯家族，是世界最大的军火制造商世家。1870年、1914年、1939年德国三次对外发动侵略战争时，这一家族经营的克虏伯公司曾提供大量坦克、战舰、火炮、弹药、潜艇等各类武器。被列为纳粹首要战犯的古斯塔夫·克虏伯，积极参加了德国重整军备的活动，并在经济上支持纳粹党1933年的"恐怖选举"，扶植希特勒上台，他自己也成了狂热的纳粹分子。其子阿尔弗雷德自1931年起即为党卫队队员，二战中，他肆意掠夺各被征服国家人民的财产，对拒绝交出财产者处以死刑，还强使关押在集中营中的人员进行无偿的高强度劳动，并任意残杀战俘。继国际军事法庭的审判后，美国占领当局在纽伦堡单独组织的军事法庭审判了阿尔弗雷德·克虏伯，并判处他12年徒刑。

特洛甫、莱伊、凯特尔、卡尔滕布龙纳、罗森堡、弗兰克、弗里克、施特赖歇尔、冯克、沙赫特、克虏伯、邓尼茨、雷德尔、席拉赫、绍克尔、约德尔、博尔曼、巴本、赛斯-英夸特、施佩尔、牛赖特和弗里切。

这些被告即将在纽伦堡法庭上接受审判。

二

8月29日只公布了个人被告的名单，组织不在其中。不过从一开始，各方代表都同意至少要控告以下三个组织：其一，盖世太保，即国家秘密警察；其二，党卫队及其警察、情报机构和军事部队；其三，冲锋队，即纳粹党的私人军队，在纳粹党上台之前曾被用来制造混乱、对政治上的反对派采取暴力行动，其后被用来对纳粹党员进行体质和意识形态训练。

毋庸置疑的是，盖世太保和党卫队实施了最骇人听闻的暴行。控方想当然地推断，冲锋队也起过类似的作用。直到很晚，当他们审查相关证据时，才逐渐意识到冲锋队是一个无关紧要的组织。这个组织由于过于庞大，非自愿加入的成员太多，系统的组织行动难以开展，所以很难把它视为具有凝聚力的专门组织。最关键的是，自1934年"罗姆事件"[1]发生后，冲锋队的重要性已经大打折扣了。当时，检察官们尚未认识到这一点，因此冲锋队是他们确信要起诉的一个组织。

经过大致讨论，起诉代表们决定起诉的第四个组织是德国内阁，其中原因在他们看来是不言自喻的。既然要审判整个纳粹系统，而政府本身又是其最核心的机构，那么起诉它自然合乎逻辑。这个机构很好界定，人数又少，曾任内阁成员的只有48人。检察官们没有仔细考察如下问题：这些人是否全

---

[1] 1934年6月30日和7月1日及2日，纳粹对冲锋队领导人进行了一次清洗。清洗的借口是存在一个反希特勒的阴谋，在这次清洗的过程中，冲锋队参谋长罗姆和许多其他冲锋队领导人被杀害。这次清洗的结果，使冲锋队的影响和势力大为削弱。1934年以后，它在政治上的重要性大为下降，已经沦落到无足轻重的纳粹附庸部队的地位。

都了解要作出的犯罪决定？他们是否全都接受了得到批准的犯罪行为？"内阁"这个术语误导了他们；他们认为它意味着"德国政府"，而不是纳粹德国的运转方式。专家们明确地告诉他们：希特勒制定政策时从来不征求内阁的意见，事后只简单地命令有关部门执行政策。当检察官们发现，德国内阁在1937年以后从未召开过任何会议，他们才知道真实情形与其想象真是大相径庭。事实上，德国政府早已退化成为一种拜占庭式的朝廷，除希特勒本人掌握的权力外，其余的实权不是操纵在内阁部长们手中，而是操纵在一小撮技术专家、官僚和纳粹党内的"实权派"诸如施佩尔、博尔曼等一干人手里。[1] 但在那时，检察官们忽视了专家意见，还是决定起诉它。他们辩解说，个人被告中有17人曾是内阁成员，这个不争的事实足以证明内阁是个犯罪组织。

当起诉当局打算起诉参谋总部时，他们人为的设想再次与专家意见发生冲突。美国人首先形成了这样的先入之见：高层纳粹军事领导和希特勒一起召开秘密会议，他们围坐在地图桌四周，共谋发动欧洲战争，指挥进攻，下达命令，这些行为导致了大规模的战争罪行。尽管德国参谋总部早在1918年就被撤销了，但他们认为，海陆空三军统帅及其参谋长，再加作战司令官实际上还是同一回事，并不因名称的改变而有所不同。希特勒于1938年成立了德国国防军最高统帅部（简称为OKW），而其中一定还有个精英组织替代老参谋总部发挥作用，因此大可把这个组织命名为"参谋总部和国防军最高统帅部"。这个集团在纳粹当权的整个阶段最多包括130人，其中几个是纽伦堡法庭上的被告，其余的也即将为其战争罪行而受审。美国检察官坚称，这个集团集中了军国主义最恶劣的方面，其成员策划了战争，并残酷无情地参与作战，它是欧洲和平的威胁，它和任何其他组织一样犯了侵略战争罪。

美国人对参谋总部的构想没有完全说服法国和苏联检察官，不过他们愿意接受任何方案，只要它能创造机会给德国军官定罪。英国人则大为怀疑，

---

1 〔英〕阿诺德·托因比、维罗尼卡·M.托因比编：《希特勒的欧洲》，孙基亚译，上海译文出版社1980年版，第6页。

他们担心这个方案能否在法庭上站得住脚。他们认真听取了专家们的咨询意见，了解到：希特勒不允许形成一个内聚性的组织来制定和指导军事政策；即令在国民政府的情况下，他也独自设计军事战略，而后将其命令下达给相关分部。正因为有此严重的疑虑，英国起诉团到了最后一刻才向美国人让步，勉强接受其主张，同意控告参谋总部和最高统帅部。

美国起诉团本来也打算起诉莱伊的劳工阵线，但这个想法没有坚持多久。这个组织太过庞大，很难确切界定，很多成员是非自愿加入的，而且显然没有犯罪。

杰克逊一度也想放弃控告纳粹党的领袖集团的设想。该组织是纳粹领导层发布命令、进行宣传和检查人们政治思想的工具，组织成员众多，即使把其中的低级官员排除掉，人数至少还有 60 万。而且，也很难证明谁曾是该组织的决策者。另外，在它所从事的各种活动中，有很多是非犯罪性质的。因此，难以针对它成立一件有效的起诉案。但是，控方最终还是决定控告该组织，只不过把请求犯罪宣告的范围限制为其高级领导层。

三

被告名单正式公布后，为进行伦敦协定和宪章谈判而组建的各国代表团已经完成使命，开始解散。按照原来的任命，杰克逊继续领导美国的起诉工作。马克斯韦尔-法伊夫依旧代表肖克罗斯爵士领导英国的起诉工作。

尼基钦科和法尔科分别被各自的政府召回。一段时间过后，苏联政府任命罗曼·鲁登科（Roman Rudenko）中将为首席检察官。他是乌克兰检察长，后来成为苏联总检察长。法国任命的首席检察官是弗朗索瓦·德芒东（Francois de Menthon），曾任法国政府驻阿尔及利亚行省的司法部长。尼基钦科和法尔科并没有最终消失，他们后来在纽伦堡法庭上再度露面——前者是苏联法官，后者是法国助理法官。这些任命涉及适当性问题——这些人曾经磋商过宪章条款，曾经参与制定了审判规则，而后，他们能否转而来适用这些法律？同理，杰克逊和马克斯韦尔-法伊夫曾经亲手缔造了宪章，他们能否领导起诉工作？另外，作为美国司法部长的比德尔，曾经参与制订了美国的审判计划，此后他担任美国法官是否合适？

后来，人们提出了这些问题，法律界也有人对这些任命提出了批评。但在当时，很少有人考虑这些情形。例如，比德尔不仅没有丝毫的顾虑，反而认为他从前参与过此事，并认真考察过有关法律问题，这些经验有助于增强他出任纽伦堡法庭法官的竞争优势。在美国，参议员可以被擢升为联邦最高法院的法官，在其新的司法位置上处理以前其作为立法者处理的问题，这些现象早已司空见惯。只有涉及私人利益，或利益发生冲突时，才有必要虑及回避问题，而这种情况显然不会出现在纽伦堡审判中。

重新组建的各国起诉团聚会伦敦，起草起诉书，详细陈述对被告的指控，并准备提交法庭的起诉案。从各处收集来的档案资料已经堆积如山，需要仔细审查。这些资料包括很多后来在法庭上使用的重要证据，霍斯巴赫记录（the Hossbach notes）即是其中最具代表性的一份文件。

霍斯巴赫记录是一份会议记录。1937年11月5日，希特勒在柏林总理府召开了这次会议，出席者除了希特勒之外，还有被告戈林、牛赖特和雷德尔，他们三人分别以空军总司令、外交部部长和海军总司令的身份参加会议；此外还有国防部长布罗姆贝格将军和陆军总司令弗里奇将军，以及希特勒的私人副官霍斯巴赫中校。霍斯巴赫对会议作了详细记录，该记录被称为"霍斯巴赫记录"，这次会议因之被称为"霍斯巴赫会议"。

在这次会议上，希特勒宣布了他的外交政策，提出了征服捷克斯洛伐克、奥地利和波兰的设想，并谈到英、法、苏三国对其计划的影响。根据霍斯巴赫的记录，希特勒告诉他的下属，他准备披露其"最终意愿和遗嘱"。他说，德国的八千五百万人民代表了欧洲最纯洁的民族实体，国家目前的领土与其总人口是不相符的，这样的一个状况"为要求更多的生存空间提供了依据",由此,德国的未来只能依赖于解决对生存空间的需求,时间最晚不会迟于1943—1945年。简言之,由于德国的邻国不愿将其国土交出来,又由于德国的扩张是有充分理由的,因此,除了通过侵略获得,没有别的出路。这番话出自希特勒之口,变成了霍斯巴赫的记录。

霍斯巴赫记录虽然没有准确预告欧洲将要发生的事情,但它充分展示了希特勒的侵略意图,也证明了他的下属早就清楚了解这一点。这份文件对起诉案至关重要,控方以此证明纳粹首脑谋划了侵略战争。

早在6月份,美国建立了三个证据收集中心:华盛顿和巴黎的,由斯托里上校负责;伦敦的,由伯奈斯上校负责。这三个中心夜以继日地处理如潮水般涌来的档案资料。随着文件证据的日益充实,伯奈斯拿出了一份五页的备忘录,概括了用以支持控告成立的四个证据种类,分别是:"纳粹主计划"(侵略战争的共谋);"预备措施"(侵略的准备);"占领邻国的德语区"以及"军事征服"(1939年至1945年间的侵略行为和战争罪行)。[1]这四大主题及许多副标题,成为美国人制作纽伦堡讼案的结构。一旦文件收集系统顺利地展开工作,美国人益发增强了对起诉案的信心。杰克逊踌躇满志地向美国政府报告:收集到的证据已经超过预期,据此,可以证实纳粹首脑的犯罪活动以及应负的责任。

围绕着是否把文件证据作为起诉案的重点,美国起诉团内发生了一场争论。斯托里上校坚持全部讼案以文件证据为依据。他认为,有些文件纯粹是技术性的,尽管在正常的刑事审判中难以打动审判团,但它们是不折不扣的"事实"——它们或者是被告思想和命令的记录,或者是被告亲手所写。控方想要指控的一切都在这里,其中有被告自己说过的话,有他们自己的签名。很多人希望审判建立一份记录,无可置疑地展示第三帝国的历史,这些都在德国人的文件中。对此持相反意见者则担心,单纯的书证势必导致起诉案单

---

[1] Bradley F. Smith, *Reaching Judgment at Nuremberg*, Basic, Inc., Publishers New York 1977, p. 65.

调乏味，因此需要提供证人进行紧张刺激的交叉盘问，以增加法庭上的戏剧效果和吸引力。

以书证为主的意见占了上风。杰克逊也认为，以德国文件为依据进行起诉案毫无问题，这个方案也更见实效，并将缩短审判时间。因此，美国的起诉案基本上以书证为基础，其他三国事实上也如此。后来，杰克逊稍作让步，为了增添审判的刺激性，在法庭上引进了少许证人。

四

随着证据不断汇聚伦敦，四个起诉团开始讨论如何准备起诉案，这直接关系到证据的分配问题。

早在 8 月 13 日，苏联人推荐的一项方案为整个局面打开了一条出路。他们建议道，与其四个盟国一起围绕整个讼案争论不休，不如把它一分为四：苏联负责发生在东欧的战争罪和危害人类罪，法国负责发生在西欧的此类罪行；英国负责准备对破坏和平罪的诉讼，美国则负责共谋和犯罪组织问题。

这个建议被其他三国代表接受，并达成一致的协议。在讨论中他们特意强调，这个划分仅仅适用于审判准备。实际上，四支起诉队伍以极大的热情利用这个方案，它不仅被用来界定证据准备的责任，而且也绘制了纽伦堡审判的蓝图。法庭审理期间发生的很多混乱，以及最终由军事法庭发挥的决定性作用，都可以从 8 月 13 日的这份协议中找到根源。

在 8 月 14 日的一份备忘录中，杰克逊向他的班子汇报协议说，其他大国同意美国准备一个讼案，包括犯罪组织和"共同计划或共谋"以实施破坏和平罪和"任何其他罪行"。这里的"任何其他罪行"，也就是指战争罪和危害人类罪。美国起诉团认为这是盟国对其实行大型审判建议的承认，以及对英国提出的限制性诉讼方案的否决。它进而想当然地认为，下一步需要起草起诉书，不仅控告为实施破坏和平罪的共谋，而且也指控为实施战争罪和危害人类罪的共谋。刚刚签订的《国际军事法庭宪章》，没有清楚地核定后两条罪行的共谋，因此以此方式提起的诉案将会遭到被告方的严厉反对。然而，美国起诉团热情高涨，其人员配备充足而精良，拥有的文件资料庞大而丰富，它必将利用每一个可以想到的独立存在的罪名作为一项共谋存在的根据，借此把共谋和犯罪组织讼案推向极致。

显然，杰克逊把共谋案当成打开全部控告的智能钥匙，试图把它延伸到所有领域，变成每一项控告的重要组成部分。因此，后来美国起诉团的案情陈述不可避免地把共谋覆盖到其他三国负责证明的实体罪行的绝大部分领域。法庭不得不将整个故事重复听上两遍，《国际军事法庭宪章》对审判迅速进行的要求注定化为泡影。

8月13日协议的所有暗含的结论是：审判是大型的，起诉书中包含着多样的共谋指控，法庭面对的起诉陈述都一再重复着同样的证据材料。然而，正是这三个不利的因素联合强化了法庭的重要性，使它肩负责任独立解决因此发生的法律和程序问题。

当检察官们准备他们的起诉案，并分析证据时，他们的律师一方面权衡控诉的力量和弱点，另一方面也开始预测被告将要采取的路线。

杰克逊一向担心德国人会指责盟军具有侵略意图，以此辩解他们的行动只不过是自我防卫。早在宪章制定之前，四国谈判代表讨论了"你也不例外"[1]（*tu quo que*）的问题——交战双方都犯有暴行，此外，他们将侵略战争作为罪行起诉，然而，盟国政府也实施过类似行为。比如，即将出现在审判席上的苏联人，他们的国家在1940年入侵了芬兰，并根据1939年与纳粹签订的条约，攫取了波兰的大块领土；又如，英国政府也侵犯过中立国的权利，这也构成了侵略的嫌疑或事实。

尽管审判有可能被看作不是基于正义而是胜利者的报复，宪章的起草者还是决定，"你也不例外"不能作为抗辩理由。它暗含这样的逻辑：既然一

---

[1] 意指盟军曾和被告一样，实施了类似的行为。

些刽子手可以逍遥法外，那么所有的刽子手也应该同样逍遥法外。这是对公正的嘲弄。全世界怎么能对几千万的死难者视而不见呢？矢口否认复仇因素在审判中的存在是虚伪的。扒手和贪污者之所以成为被告，是因为他落网了；而站在被告席上的之所以是德国人，就因为德国战败了。所以，宪章的制定者直截了当地声明，他们的定罪只适用于德国人，接受审判的也只是德国人，不允许考虑盟军的行为，不承认"你也不例外"的辩词。[1]

即使如此，检察官们还是担忧，在法官下令禁止之前，不知有多少"家丑"将被抖露出来，他们尤其担心纳粹被告会攻击苏联的外交政策。8月份，当检察官们为使用1939年的《苏德协定》及其秘密议定书而展开讨论时，他们充分认识到了问题的严重性。协定本身无甚麻烦，真正令人烦恼的在于其秘密议定书。前者是苏德两国之间的互不侵犯协议，这无非是德国政府随随便便签署的、以便在时机成熟时再撕毁的又一个条约。后者却另当别论——苏德秘密达成协议，共同瓜分波兰；另外，德国同意波罗的海诸国由苏联控制。显然，如果公开秘密议定书，作为起诉国之一的苏联将会受到严重伤害。

由此，涉及证据供应问题时，英国外交部中的胆小怕事者提议干脆不使用《苏德协定》；其他人则认为纸终究包不住火，掩盖真相的企图往往会造成适得其反的结果。一个官员指出："受审的德国人为了混淆自己的罪行，一定会尽量抖出苏联人的丑闻。德国人无论如何都会引用这份文件。所以，试图隐瞒重要的证据信息根本于事无补。我们只能希望法庭会最终向德国人证实，对战争负有责任的唯有他们。"[2] 另一官员补充说："我们不想让起诉机构中的苏联代表感到难堪，羞辱盟友也绝非我们的意图；可是，我们的确想审查战犯，我们不应该神经质地隐瞒反驳他们的富有价值的证据。"[3]

---

1 《国际军事法庭宪章》对这方面的限制，具体表现在第18条的规定中："法庭有责任：（1）严格把审判限于起诉书提出的起诉理由的迅速审理方面；（2）采取严格措施以避免任何足以造成不必要拖延的行为，并驳回任何无关紧要的问题和申明……"
2 Ann Tusa and John Tusa, *The Nuremberg Trial*, Macmillan 1983, p. 104.
3 Ibid.

这种态度基本上获得了大家的支持。令人为难的证据照常供应给检察官们，由他们来决定是否使用。辩方能否获准使用这些证据则完全是另一码事。后来在纽伦堡，《苏德协定》成为答辩申请和控方反击论证中的一个持续不断的主题。

检察官们相互催促，要求把各自国家的"家丑"列成清单，并预先对被告可能发动的进攻做好应答准备；同时要求把各国困窘之事告诉同事，以备大家心中有数。

五

8月中旬，几个起诉团在准备各自提交给法庭的起诉案方面取得了不少成绩。尽管如此，起诉书的准备却进展缓慢。各国代表联合成立了一个专门委员会，从8月底开始着手起草起诉书。该委员会又分为四个小组，分别在各国首席检察官的领导下准备各自负责的起诉部分，叙述每一条罪状及其依据的证据，以及每个被告所涉及的指控。

在此期间，杰克逊为给审判做物质上的准备，不得不把办公地点搬到纽伦堡，留下部分代表和其他三方一起讨论起诉书问题，而他则经常通过电话和通信指导起诉准备工作。

到了9月17日至18日，留守在伦敦的检察官们就第一点、第二点起诉理由（也就是共谋和破坏和平罪）的起诉书草本，达成了大致上的共识。9月20日，特尔福德·泰勒（Telford Taylor）[1]代表美国，安德烈·格罗（André Gros）代表法国，对英国草拟的起诉书提出一些修改建议。法国的建议无足轻重，只是些无关紧要的小变动；美国提出的修改也只涉及起诉书草案的排列形式而非实质内容。因此，9月20日，在伦敦的四国代表认为，马上就要

---

[1] 美国将军，负责德国国防军最高统帅部案的起诉，后来在美国单独举行的后继审判中任首席检察官。

缔结最后协议了。

但是，当文本送到纽伦堡时，纽伦堡的美国代表团成员提出许多反对意见，专门负责档案资料的罗伯特·斯托里，向杰克逊建议，整个起诉书都需要考虑。杰克逊认为无须急迫，因此不慌不忙地亲自动手重新起草文件。

9月23日，英国得知重拟起诉书的消息，马克斯韦尔-法伊夫难以忍受美国起诉团反复无常的变化，对美国人在这一行为上的专横跋扈深感厌恶，他索性把这个问题全部撂给美国人，并且告诉他们，只有当美国确定不移地提出其最终意见时，英国才予以考虑。美国起草小组再一次设计出一份关于第一点起诉理由的新起诉书草案，这一次将英国和杰克逊的两个文本融合在一起。9月26日，杰克逊批准了这个草案，随后，极度愤怒的英国起诉团同意派遣一个二人代表团到纽伦堡重新审议第一和第二点起诉理由。

平静良好的修养终于克服了意气用事，赴纽伦堡的英国代表团接受了美国人绝大部分的更改，而后返回伦敦缔结其余的起诉书协议。在此极其不利的时机上，法国偏偏选择这个当口建议应该重新起草整个起诉书。但是，马克斯韦尔-法伊夫和美国代表西德尼·奥德曼已经极度厌烦，都没有理会这个荒谬的意见，并全力以赴于10月1日就整个起诉书达成了又一个"原则上"的协议。

但是荒谬的局面仍然没有因此结束。10月2日，杰克逊从纽伦堡打来电话，要求把曾经去掉的德国总参谋部重新列入被指控的组织机构的名单中。早先反对过这个主意的英国人，激烈抗议作出变动。其间，备受折磨的奥德曼不得不提出一个方案，将高层德国参谋和指挥官定义为"总参谋部和最高统帅部"，并设法获得法国和苏联对这一方案的支持。通过三对一的多数票，把它列入被控的组织名单。一直到10月9日，英国内阁还不愿意批准这一添加，但是起诉书中的组织机构仍然扩大为六个（冲锋队，党卫队，盖世太保—保安勤务处，德国内阁，纳粹党"领袖集团"，以及总参谋部和国防军最高统帅部）。

然而，一波未平，一波又起。10月3日，纽伦堡又打来电话，这一次，杰克逊令人惊异地要求在早已确定的被告人名单中多加两三个实业家。这时，杰克逊尚未觉察到古斯塔夫·克虏伯这个名字的隐患。他只是感觉，应该有更多的德国实业家阶层的代表人物受到审判。第二天，尽职尽责的奥德曼试图再次获得支持，希望能够按照杰克逊的想法来修正被告名单，同时也加进一干自己选中的纳粹分子。但是其他起诉团的忍耐早已到了极限，他们联合起来，迅速而坚决地以三对一的票数挫败了美国人的要求。这次投票对整个异乎寻常的会议进程来说，是一个最后的恰到好处的高潮，它表现了苏联对世界上最强大的资本主义势力的一次拒绝，美国增添被告的建议被彻底否决了。

起诉书论战终于真正地画上了句号，10月6日，这份文件经四名总检察官签字后具有了法律上的效力。

六

起诉当局在审判中运用的起诉书和被告名单充满缺陷。一些个人和一些组织被列入被告名单时，缺少慎重的思考或者准备。就在签署起诉书前，起诉团代表才开始对一些被告进行重新的考虑。由于苏联把弗里切加入被告名单时已经太晚，所以没有准备他的罪证。至于牛赖特，早在10月4日，一个美国检察官在审核证据之后，提议撤销对他的指控。但是没有采取行动来处理牛赖特案，或者填补其他缺点。

这些问题发生的首要原因在于，在制作起诉书和准备起诉理由的过程中，缺乏核心的指导。谈判接连不断地进行，委员会组建起来，总检察官定期安排会面，然而，由于美国人提防与其盟国产生过分密切的联系，因此会见收效甚微。除了起诉书外，检察官们还有其他迫在眉睫的事情需要处理，譬如审判材料的准备，纽伦堡的物资配置，等等。这些因素都限制着起诉工作的统一进行。由于缺少重要而坚定的领导阶层，起诉书谈判道路上的迂回曲折也就在所难免了。在此关键时期，尽管杰克逊为这种困难局面身负主要责任，但没有一个代表团能够起到坚强稳健的领导作用。

起诉书签署12天后，其文本交给了新闻界，这时最引人注目的疏忽大意也随之暴露了。在起诉书中，苏联控告纳粹在斯摩棱斯克附近的卡提恩（Katyn）森林杀害了925名波兰军官；苏联检察官突然要求把原来的这段话改为，纳粹杀害了"11000名波兰军人"。苏联竭力要把卡提恩大屠杀归罪于纳粹，然而这随时可能遭到反击，因为随后的审判中出现的很多证据表明，恰恰是苏联人而非德国人制造了这场集体屠杀。为保护苏联人不受令人为难的证据的伤害，其他起诉团都极为焦虑，他们竭力避免给辩方抓住把柄，制造"你也不例外"的口实。然而，苏联人却自暴家丑，不仅坚持把卡提恩事件写进起诉书，而且还通过扩大十倍多的数字令事态更加恶化。

不过，总体而言，挑剔起诉书和宪章的缺点，进而苛责其埋下的祸根必定会在审判过程中产生更糟糕的恶果，都不是客观公平的态度。在此，我们别无他意，只是根据事后结果来追溯历史前因，试图更为明确地揭示纽伦堡审判的内在症结。

通过前述一切努力，四个同盟国团结在一起，而激发其行为动机的，无疑是对报复的渴望，是对纳粹和德国人所作所为的仇恨，同样也是惩罚罪行的坚定决心。基于此，当时就有人对其事业的危险性作出现实评价。譬如，早在6月30日，英国外交部的顾问，约翰·特劳特贝克（John M. Troutbeck），就共谋控诉中的内在危险提出警告。他认为，一旦开启祸端，"共谋"会成为未来国际关系中的一个通用语，各国将使用它为其各种各样的政策提供正当根据，它很容易成为其侵犯个人权利和进行政治迫害的工具。

该部的历史顾问，伍德沃德（E. L. Woodward），就控告纳粹分子策划侵略战争问题，从历史角度提出他的怀疑。他认为，根本不存在秘密计划，"1937年，其他大国已经清清楚楚地知道，德国的军事准备已达到让它变得更强大的规模……仅就这些大国愿意放纵德国人违反信义,并愿意与德国政府缔结协议而论,指控德国进行'策划'或'共谋'并不符合事实,对历史学家来说这也不切实际。"他指出,"想从外交文件中证实'意图'极其困难",最好放弃对外交政策的指控,而重点强调纳粹的战争罪行和暴行。[1]

结果,同盟国政府没有考虑上述这些意见,但是它们也没有轻率地采取行动,激发其行动的也不单单是愤懑和仇恨。伴随着公众的极大愤慨所施加的压力,还有高尚的道德责任感——这些大国要在这个历史关头,抓住机会,通过控告国际法上的罪行来确保全世界的和平。

---

1 Bradley F. Smith, *Reaching Judgment at Nuremberg*, Basic, Inc., Publishers New York 1977, p. 72.

法庭……总想尽其所能地追求逻辑性，也许应该这样。但我一向认为，这是司法制度可期而不可求的卓越品质，法官没必要求全责备，我们的起诉也不必如此苛求。*

——罗伯特·H. 杰克逊

---

* Bradley F. Smith, *Reaching Judgment at Nuremberg*, Basic, Inc., Publishers New York 1977, p. 97.

五 审判概况

一

签署完起诉书后，起诉当局的首要任务是推动审判纳粹首要战犯的进程。现在，权力移交到了军事法庭的委员——各国法官的手中。

根据《国际军事法庭宪章》的规定，美、苏、英、法四个盟国分别任命了各自的法官和助理法官（见图6）。前文大致介绍过法庭的八名委员，这里仅补充说明两点与审判有关的信息。

其一涉及美国法官比德尔与美国首席检察官杰克逊的关系。1940年，当杰克逊由司法部副部长升为司法部部长时，比德尔继任了杰克逊原来的位置。不久，当杰克逊调任联邦最高法院助理大法官时，他又接任了司法部部长之职。1945年，杜鲁门新任总统后，解除了比德尔的职务，作为补偿，他利用这次机会给比德尔一个在国际法庭上的荣耀职位。比德尔的大多数职务都步杰克逊的后尘，现在他在审判中的地位举足轻重，终于能与杰克逊抗衡了。在后来的审判中，美国法官和首席检察官之间的对抗引人注目，这与两人的强硬个性和职业背景不无关系。

其二涉及英国法官的任命。英国政府在任命法官时颇费周折。肖克罗斯向首相竭力主张说，法官应该"具有尊崇的法律地位和经验"。英国外交部强调，他们的法官必须在地位和资格上和其美国同仁相称，应该为审判的国际重要性，以及它即将对国际法产生的重大影响，而选派他们的第一流人物。英国大法官起先要求诺曼·伯基特出任英国法官。但是外交部却坚持由

图 6　纽伦堡法庭的八名法官（从左至右依次为：伯基特、劳伦斯、沃尔奇科夫、尼基钦科、帕克、比德尔、法尔科、德瓦布尔）

更尊贵的上议院执掌司法的议员担任这个职务，伯基特只能降格为候补法官。伯基特出于爱国心勉强接受了这一任命，但在日记中他愤怒地写道："我不想记下落到我头上的极度痛苦的秘密：仅仅由于外交部荒唐的谄上欺下，本来已经是正式委员，却被要求成为候补者了。"[1]

经过反复酝酿和考虑后，劳伦斯爵士被任命为英国法官。劳伦斯从1932年起担任高等法院王座法庭的法官；1944年成为上诉法院院长，但他的这个职务差不多是继承来的，因为他的父亲曾是英格兰最高法院院长。劳伦斯的独特品质并不在于他是否拥有伟大的法律思想，而在于他能够充分表达与其角色相称的崇高准则。尽管伯基特看不上劳伦斯的法律才能，他却将要在纽伦堡担任非同寻常的职务，并成为法庭的象征，伯基特则是他的陪衬。

二

杜鲁门总统的任命刚一下达，以杰克逊为首的美国检察官就催促两位法官立即动身奔赴德国。但是，由于当时英国还迟迟没有确定法官的人选，比

---

[1]〔美〕约瑟夫·E. 珀西科:《纽伦堡大审判》，刘巍等译，上海人民出版社2000年版，第79页。

德尔和帕克认为没必要过于匆忙。他们一行人，包括哥伦比亚大学法学院的韦克斯勒教授（美国前司法部副部长）和芝加哥大学的昆西·怀特（Quincy Wright）教授为首的法律助手，选择了舒舒服服的旅行方式。10月2日，这一行人从纽约港乘坐"伊丽莎白皇后号"，做了战争以来的首批横跨大西洋的民间航行。

轮船航行在大西洋上，比德尔和他的工作人员慎重地衡量了摆在审判面前的主要的法律问题，经过反复讨论后，他们简要总结了讨论提出的最重要的思想，形成了一份长达八页的备忘录，这样，一旦纽伦堡军事法庭组成后，它可以及时给美国法官提供帮助。

这份备忘录反映出来的最突出的结论，是法庭将要面对的一些法律问题，其中重中之重者，是我们已经熟悉的三项：其一，侵略战争的犯罪性；其二，犯罪组织问题；其三，是否承认上级命令为辩护理由。备忘录无法回避这些问题。

针对犯罪组织，备忘录指出，即使审判以最好的证据为基础，但它使用的集体惩罚也是成问题的，更不用说它基于这样一个前提，即个人负有国际法上的刑事责任。虽然备忘录没有直接考虑共谋问题，但它还是明确指出，只有在组织的成员出于自愿和具有犯罪意图，并且其行为贯穿组织的整个体系和活动的情况下，认定该组织为犯罪才具有法律和道德的说服力。

如果被告提出的辩护理由是，他们只不过是在执行上级命令，那该怎么办？希特勒手下的德国人依据"领袖原则"（Führerprinzip）[1]行事，在"领袖原则"的概念里，领袖有绝对的权威。元首怎么命令，他的下属就怎么执行。这些下属的命令，更下级的人也必须执行，一级一级由上而下，形成金字塔式的权力结构。如果允许被告用"上级命令"的理由辩护，那么，他们

---

[1] 在德国民族社会主义工人党（简称为纳粹党）内，处理事务完全依照"领袖原则"，根据这一原则，每个领袖都有权，在不受任何约束的情况下，完全按照自己的判断，进行统治、管理和发布命令，而唯独要无条件地服从上级的各项命令。

就只能给希特勒定罪,而希特勒已经死了。好在这个矛盾已经解决了,法官们无须多费心:《国际军事法庭宪章》第八条明文规定,这种理由不能成立,而只能被作为减刑的因素。否则,所有的起诉案都要崩溃。

对"侵略战争"的犯罪指控是否追溯既往,是备忘录中的一个难点。如同《国际军事法庭宪章》的起草者所经受的煎熬那样,比德尔和他的助手们也苦思冥想这个法官们将要面对的最令人烦恼的问题。《国际军事法庭宪章》所规定的程序和预期的惩罚,是在被指控的罪行实施之后制定出来的,这一点无法否认。

最终,怀特断然说,尽管程序和惩罚可能是追溯既往的,但是,他们即将适用的法律却确定不移地早在1939年以前就存在。比德尔对这个看法表示满意:"我们的裁断至少必须植根于过去,即令它的成果注定在未来才能显现出来。"[1] 至于所涉及的程序,以及法庭的权力,他简单地宣称,法官无权对宪章的权威性提出任何质疑,他必须无条件地接受它,否则就得在就任新职之前辞职,而他,并不想失去人生最宝贵的机会。[2] 在他看来,解决这个问题的唯一办法是:法庭未来的审判要牢牢地依据宪章,因而,不能审查这份文件的合法性基础。[3]

这样,早在抵达欧洲之前,美国法官已经勇敢地面对纽伦堡审判的一些主要的法律障碍了。他们知道整个情况存在严重的缺陷,宪章本身也存在重大的法律难题,比德尔提供的答案虽不完善,却是个切实可行的方法:遵守宪章,并在需要的情况下缓和其适用,凭此,既可以避免诉诸一般的国际法,同时还可以努力缩小宪章自身的负面效果。

比德尔提出的这项原则,可能是纽伦堡法庭委员作出的最重要的决定。没有资料显示,法国和苏联法官如何看待这种情形。至于英国法官,他们从

---

[1] Ann Tusa and John Tusa, *The Nuremberg Trial*, Macmillan 1983, p. 116.
[2] 〔美〕约瑟夫·E. 珀西科:《纽伦堡大审判》,刘巍等译,上海人民出版社2000年版,第80页。
[3] Bradley F. Smith, *Reaching Judgment at Nuremberg*, Basic, Inc., Publishers New York 1977, p. 75.

一开始就更关切如何消除美、苏之间的冲突，而不是规划适宜于审判的法律方法。然而，在审判过程中，其他国家的法官逐渐和比德尔一样，得出相同的结论，或者至少采纳了他的原则。最终的观点和判决差不多精确地描画了宪章，尤其当宪章的规定证明是可追溯的时候，它几乎不涉及一般的国际法领域。

这并不意味着美国人和其他法官，不心存一丝偏见，或者能够冷静地超然于公众要求纳粹头目为其恶行付出代价的强大压力。这八名法官丝毫不怀疑被告都罪有应得，应该受到严厉的惩罚。然而看似矛盾的是，这种态度却不是一个决定性因素。如同比德尔和帕克早就认识到的那样，作为法庭委员的核心问题，是在国际法不稳固的基础上支持宪章，努力达成一个舆论能够接受的判决。他们希望在此艰难形势下，能够保证法律的威望和司法程序的完好无损。一言以蔽之，不是法官对被告的偏见，而是他们对法律程序和复杂局面的态度，是支配审判的决定性因素。

因此，控方或者辩方，在纽伦堡即将进行的审判中，如果能够准确地估量法庭面临的处境，就有希望取得成功。他们在法庭上的陈述，如果能够紧紧地扣住宪章，在如何理解宪章不令人满意的特征上，尤其是关于犯罪组织的特征，提供给法庭能够接受的解释，将有机会取得良好成效。可以肯定的是，尽管辩方没有大获全胜的希望，但绕开宪章而直接诉诸国际法的辩护，无论多么精彩，将完全不起作用。法庭了解法律问题，也不需要对它们进行详尽描述，既然撤销诉讼根本不可思议，释放被告更不可想象，这些都不是可选择的办法，那么它想要的只能是解决难题的答案。

无论如何，到了1945年10月，谈判阶段和起诉方全面支配的局面已经结束，法庭的需要和观点由此开始占据主导地位。

三

由于苏联代表在伦敦会议上的坚决主张，宪章规定，法官和总检察官们的第一次会议安排在苏联占领区内的柏林。在这里，他们将正式接受起诉书，宣布审判开始的日期。行动中心最终转移到了德国境内，而柏林则是法官们开始在行动中起决定作用的起点站。

10月13日，四国法官在柏林会面。他们要解决的第一个问题是选出法庭的庭长。国际案件的标准做法是庭长轮流担任，但其明显的短处是缺乏连续性，因而英、美两国决定在这次审判中选举出固定的庭长。

法国人在战时的作用太小，不能担任法庭庭长；苏联审判纳粹战犯的目的受到怀疑，英、美也都不愿苏联人坐上庭长位置。英国外交部热切希望劳伦斯当上庭长。比德尔虽然跃跃欲试，但由于美国人已经支配了纽伦堡审判：他们已经在其占领区内选择了审判地点，并且提供了大多数的被告，而且很显然，杰克逊将在起诉中起领导作用。他们必须给法庭带来更多的国际色彩。因此，在杰克逊的劝说下，比德尔不得不同意作出让步，答应推举劳伦斯为庭长。英、美又设法取得法国法官的支持，最后劳伦斯当选为国际军事法庭庭长。

接下来，法官们在关切法庭程序和仪式的同时，需要确定候补法官的地位。这个问题是帕克提出来的。在第一次会议上，帕克敏感地注意到：四名正式法官的椅子是高背的，像王座一样，候补法官的椅子则是普通的扶手椅。平时温文尔雅的他满腹牢骚地认为"小椅子"是个侮辱；另外，椅子的不同进一步表明候补法官身份不明，他显然并不甘于屈居附属地位。在他的热情推动下，法官们明确了候补者的富有价值的任务，他们将全面而充分地在审判中发挥作用：在法庭上参与提问；在法官会议上投票；在做出裁决和判决前，应充分征询他们的意见。由此，他们从替补角色被擢升为演员表上的正式角色，他们在纽伦堡法庭上的椅子也换成和法官们的一样。

在应付基本难题之前，只剩下一个令人稍感愉快的问题需要解决。那就是法官们应该穿什么服装？衣着话题也曾经不止一次地在检察官会议上提到。因为法庭是军事性的，同时也是国际性的，每个人是否应该被授予适当的军衔和相配的制服？

早在 8 月份，尼基钦科一向很坚定地确信，苏联军方能够提供大量优秀的法官和律师；法国人不能肯定他们的军队是否有出色的法律人才，也怀疑立即授予民用人员以高级军衔的适当性。9 月，检察官们决定保持民用性，法官们可以选择穿各自的民族礼服。然而，10 月 10 日，尼基钦科建议法官应该穿套装，而其他法官想穿法袍。多内迪尼·德瓦布尔认为法袍能"显示我们的才智和尊严"，他无论如何都要穿法袍。尼基钦科抗议道，法袍让他联想起中世纪。最终，法官们决定按照自己的意愿选择服装，以及头上的假发。两个苏联法官在纽伦堡法庭上都穿制服，其他人则是法袍。

四

现在，法庭可以处理审判本身的问题了。

法官们从各自的占领区得到了德国律师的名单，假如被告没有自己的律师，他们可以从中挑选辩护律师。到了 10 月 15 日，一共报上了 64 个律师的名字，然而没有任何他们个人的背景资料。他们有可能是纳粹分子，很多人还可能是被指控的组织机构的成员。但是，《国际军事法庭宪章》开宗明义，允许被告选择他们的辩护律师。法庭决定不干涉被告选择律师的权利，对律师的人选不给予任何推荐或禁止。

征求过检察官的意见后，法庭决定起诉书上依旧保留博尔曼的名字。博尔曼有可能还活着，如果找不到他，宪章允许缺席审判。与此同时，通过各种途径发布消息告知他，如果他到庭，他有听诉的权利。

1945 年 10 月 18 日上午，法庭举行第一次正式会议，这是一个简短、威严的典礼。法庭成员宣誓他们"光荣、公平、正直地"行使其权力和职责；而后，每个起诉团的代表作了简洁的发言，并提交一份以自己国家的语言书写的起诉书；法庭也宣布了被告人的权利。起诉书的发表被严厉禁止，直到

图 7　严密监视下的监狱

图 8　囚室

当天晚上，以格林威治下午 8 点钟为准，在四大国首都同时公开。最后，法庭宣布审判开始的日期是 11 月 20 日。

对于法庭，审判开始前的大量准备工作中，最迫在眉睫的问题涉及监押中的被告（见图 7、图 8）。反反复复的医学检查依旧无法确定赫斯的失忆症的程度，他能否接受审判仍是一个疑问。施特赖歇尔的精神是否正常也令人怀疑。法庭命令来自法国、苏联、美国的医生对施特赖歇尔进行诊察，以确定：他是否适合出庭并提出他的答辩？如果他神志不健全，那么严重到什么程度，他能否理解起诉书中对他的指控？来自三国的医生于 11 月 19 日报告说，施特赖歇尔喋喋不休地吹嘘过去 25 年中他如何研究犹太人问题，听过这些长篇大论的吹嘘后，他们认定他患有神经强迫症，但其神志在法律上是健全的。

令法官们最头痛的被告是军火大王古斯塔夫·克虏伯。尽管受到指控，克虏伯还是住在家中，他身患动脉硬化、早期衰老症、偏瘫、絮叨和说话语句不完整的毛病。问题的关键是，许多医生已经证实，将克虏伯作为德国实业家阶层所犯罪行的代表是行不通的，因为他年老体衰，随时有性命之虞，根本无法出庭受审。

这没有难倒杰克逊，他想到了一个变通方法。古斯塔夫·克虏伯的儿子——阿尔弗雷德·克虏伯，在整个战争期间，一直是克虏伯集团的总监。

他设法取得法国和苏联检察官的支持,这三国起诉团请求法庭,或者对古斯塔夫·克虏伯进行缺席审判,或者如果不能起诉古斯塔夫,就把他的儿子阿尔弗雷德列入被告名单。

英国检察官极力反对增加被告,他们担心此时变动起诉书将推迟审判开始的日期,因为在审判正式开始之前,法庭必须给一个新被告至少三周时间准备答辩状。英国一贯的立场是,迅速审判是压倒一切的问题。英国首席检察官肖克罗斯公开表示:"这是法庭,而不是一场足球赛,你不能因为一名运动员生病,就简单地派一名替补队员上场。"[1]

对这样的要求,法庭也深感惊恐。这不是增加一个名字的问题,实际上是替换的问题。而替换的做法对任何法庭来说,都是不可接受的。

11月14日,法庭就这个问题在纽伦堡举行首次正式的听证会。克虏伯家族的律师陈述了古斯塔夫的身体状况,竭力抗议对他进行缺席审判,认为缺席审判违背了宪章对被告的规定,也违背了所有文明国家公认的程序。他尤其争辩到,由于父亲不能出席法庭就审判儿子的做法不公平。杰克逊予以反驳说,德国实业家阶层制造了战争罪行,必须受到审判。

听证会后,法庭成员做出决定,否决控方将阿尔弗雷德追加为被告的请求。法官们也拒绝对古斯塔夫实行缺席审判。法庭曾经接受了对博尔曼案件实行这种程序的要求,在其意见中这样说:"由于自然力,而不是逃跑或藐视法庭而导致审判成为不可能,在这种情况下,对被告缺席的案件进行审判不符合正义。"[2] 但是,起诉书上保留了古斯塔夫的名字,预防他在审判期间恢复健康。

五

确定下来的开庭日期是11月20日,星期四。然而,直到最后时刻都不

---

[1] Ann Tusa and John Tusa, *The Nuremberg Trial*, Macmillan 1983, p. 139.
[2] Ibid., p. 140.

敢肯定能否及时开庭。所有的起诉团都曾疯狂地投入工作，准备各自的起诉案，但迄今为止谁都没有安排妥当。英国的首席检察官肖克罗斯，因为忙于工党政府的新立法计划而分身乏术，直到11月14日才匆忙赶到纽伦堡。他的开庭演说是由别人代为起草的，因此他不得不把这份粗糙的草稿转化为与此特殊时刻相称的开幕式演讲。美国起诉团根据国际惯例，为法庭总结他们的案件和展示证据，一直忙乱地预备和复制审判大纲。但是，英、美人都决心克服困难，坚持如期开庭。

法国和苏联检察官却希望延期。11月19日，他们联合向法庭申请推迟审判的开始日期。苏联检察官请求推迟12天，他们公开声明的理由是，苏联的首席检察官鲁登科将军在柏林病倒了，他患上了疟疾——用英国外交部一位官员的话说，这是"外交性疟疾"。真实情况是，苏联的起诉案还没有准备好，主要问题是文件的翻译和复制。法国人也是因为准备工作尚未完备。英、美检察官备感烦恼，他们劝诱说，如果法、苏向法庭提出延期的正式申请，他们将遭遇其他各方的压力。肖克罗斯极力反对延期。英国驻莫斯科的大使敦促苏联政府坚持原定日期，并提醒说，在波茨坦会议上是斯大林自己要求尽早开始审判。他还指出，苏联检察官有足够的回旋余地，因为，至少在审判开始三周后，法庭才需要他们的材料。

对法、苏起诉团施加的决定性压力来自法庭——没有一个法官愿意推迟。英、美两国的法官威胁道，如果需要延期，那么法、苏检察官必须在全世界面前承担延迟对纳粹战犯进行审判的全部责任。在这种情形下，法、苏检察官不得不放弃请求。

这两国检察官希望的只不过是推迟审判，此时的被告却试图抓住最后一根稻草彻底制止审判。11月19日，辩护律师联合向法庭提出申请，声称尽管国际社会强烈渴望禁止战争，但是还没有任何有效的国际法来实现这一目标。他们断言，法庭的审判是追溯既往的，宪章的大部分内容违反了"罪刑法定"或"法无明文规定者不罚"这一法律原则，而这是国际公认的刑法裁判的一项基本原则。

他们还批评到，只准许一方创设法庭及其法律和程序规则，并委派法官和检察官，背离了他们定义的一般公认的法学原则。辩护律师要求法庭仔细审查涉嫌的犯罪行为，同时要求以公认的国际法权威著作的观点作为审判的法律基础。

法庭拒绝了辩方的申请，指出宪章的第三条排除了任何针对法庭权力提出的挑战，但允诺在日后的审判中对相关的法律问题予以考虑。对被告而言，这在一定程度上取得了胜利——宪章中的追溯既往问题，以及关于罪刑法定的争议，法庭没有弃之不理，检察官们将不得不向法官们证明其讼案的法律有效性。

六

1945年11月20日上午，国际军事法庭按照既定安排正式开庭。10点整，庭长劳伦斯敲响小木槌，用明确而有力的声音开场："现在即将开始的这次审判，是法律史上独一无二的。"[1] 他接着宣布，审判的第一项内容是宣读起诉书。

在法庭上，杰克逊以一篇感人至深的开庭演说开始了他的起诉案。他说："我们要谴责和惩罚的罪行是如此计划周密、如此恶劣、如此具有毁灭性，我们的文明对此不能放任不管。如果任由这些罪行在今后重复发生，人类文明将无法生存。因胜利鼓舞和被伤害刺痛的四大国，停住复仇之手，自愿把俘获的敌人交给神圣的法庭审判。这是人类理性行使权力的最好证明，向人类文明致以的最高赞礼。"[2]

杰克逊的演说集中强调一般要点，而不是被告人的具体罪行。共谋和六个被控的组织机构，尤其是纳粹党的"领袖集团"，是他的起诉案的重点。

1　Ann Tusa and John Tusa, *The Nuremberg Trial*, Macmillan 1983, p.146.
2　Robert E. Conot, *Justice at Nuremberg*, Harper & Row, Publishers, 1983, p.105.

他呼吁法庭惩罚发动纳粹战争的领导机构及其头目，给予其严厉打击以维护人类和平。杰克逊进一步表明，审判的意义甚至远远超越于此，其最大价值在于如何认真地儆戒未来。他明确宣布，如果法律能够用于正当的目的，那么，这样的法律虽然在本法庭上首先适用于德国侵略者，它也将适用于其他任何国家的侵略，并对侵略加以惩处，包括对现在坐在本法庭审判席上的人在内，无一例外。杰克逊总结道，法庭的责任就是满足文明社会的要求，运用"国际法的法律效力、规则、禁律，特别是它的处罚，来捍卫和平。这样，世界上所有心怀善良愿望的人们，才能在法律的保护下，自由幸福地生活"。[1]

为了强调创造先例，以法律控制侵略的必要性，杰克逊不仅求助于战后人们的衷心渴望，也提供给法庭一个高尚的追求目标，希望法官们以此为正当理由而忽略起诉案中的不规则性。杰克逊指出，法庭，尤其是纽伦堡法庭，要明确好战分子应该受到严厉的惩罚，为确立持久的世界和平发挥重要作用。人类将不再顺从地把未来的侵略战争视为极度激化的政治行动，而是把它视作犯罪，这将是文明史上的最大的飞跃。

不过，杰克逊的断言，即同样的法律适用于一切人，在某种程度上是虚伪的。因为无论是控方还是法庭，都不允许被告引证盟军的暴行，作为自己的辩护理由。这个限制是法庭已经采纳的一般法律适用的一个要点。

尽管法官们只需从事这唯一的审判，也只需顾虑眼前的这些德国被告，但他们确实因为诉讼程序类似于剥夺权利法案[2]中的诉讼而备受困扰，也就是说，它似乎是为了使起诉特定个人成为可能而制定的一部法律。杰克逊的

1　Bradley F. Smith, *Reaching Judgment at Nuremberg*, Basic, Inc., Publishers New York 1977, p. 81.
2　Bill of attainder,（英美法中的）剥夺权利法案。Attainder，在英国法上，指因叛国罪或者重罪而被判处死刑或宣布不受法律保护时所导致的对其公民权利和政治权利的剥夺。剥夺权利最重要的后果是没收财产和中断血统（中断血统，指禁止罪犯享有继承、保留、传授财产、称号等的法律权利）。19世纪后，除因叛国罪而没收财产外，其他形式的剥夺权利一概废除。剥夺公民法案，是指宣布一人有罪的法令，通常为叛国罪，未经审判而给予死刑及剥夺公民权利的判决。这种法令被美国国会所禁止。

演讲表明：盟国政府认为《国际军事法庭宪章》的原则是普遍适用的，这个断言令人非常怀疑，但它公开宣称，法庭审判的依据不是一项剥夺权利的法案。无论怎样，决定盟国政府随后如何实现杰克逊的保证，不是法庭的职责，它只关注当前的诉讼程序绝对不能沦为仇恨的装饰品。

继杰克逊的精彩演讲之后，一小队美国检察官手拿成捆的缴获的文件，排队登上检察官讲坛，陈述纳粹共谋的详细情况。接二连三的事实和指控如电闪雷鸣一般落到法庭、被告及辩护律师的头上。这些控告是人们已经预见到的：纳粹分子经过精心策划控制了德国政权，进而侵略其余的欧洲国家，而后通过有计划的残暴行为，攫取欧洲大陆的财产。

如果说人们很容易就能预见控方的控诉，那么截获的档案资料的范围和重要的详情却耸人听闻，因而引起法庭的轰动。6月份还深处于沮丧中的美国情报收集系统，从8月到11月的工作取得了巨大成效。尽管到11月7日为止，美国的资料整理工作只完成了全部的百分之四十，但其结果却明显地引起被告和法庭的强烈震撼，其中包括无数来自帝国政府最高层的档案资料，例如，希特勒在1937年对帝国最高级官员所作的关于摧毁捷克斯洛伐克与吞并奥地利的预备措施的真相解释，1941年制订的掠夺苏联的"巴巴罗萨计划"，等等。美国检察官掌握的档案材料似乎无穷无尽，而且每一份相关的文件所包含的事实都比前一项更加残酷、更加耸人听闻。

杰克逊的理想主义风格的开场白，以及随后纷至沓来的档案材料，给法庭留下了鲜明的印象，即使后来的控诉也掩盖不住它的光彩，辩方的任何辩护也抵挡不住美国检察官所发动的第一次猛攻。德国辩护律师处在极端尴尬的境地上，只能象征性地做一些徒劳无益的抵抗。

七

盟国政府虽然没有尽力提供给被告杰出的辩护律师，但召集来的一批律师确实受人尊重，并被广泛认同。每一个被告都可以从中选出一名律师，或者请求法庭同意选用自己的律师。

这些律师和所有战后的德国人一样，遭受着战败的打击，感染着充塞在周围的毁灭气氛和悲伤情绪，他们中的大部分人也认为被告是其民族与国家的祸根，他们也时常和法庭、公众一样，对揭露出来的暴行真相感到震惊和愤怒。除此之外，严峻的实质上的不利条件，使他们得不到帮助，缺乏财力和权力机构的支持（控方却拥有这些条件），无法从战争废墟中收集可用的证据。此外，法庭给与准备辩护的时间很短，他们只得面对新奇的指控，并且至少在审判开始之前，还只能推测控方掌握的证据范围。

法庭上运用的规则和程序是英美法和大陆法的混合物，这也给辩护带来额外的难题。当然，程序的某些成分对控方来说也同样陌生，但是他们是规则的制定者，因而有充裕的时间来思考和适应这些新方法。在习惯做法上，大陆法国家比英美法国家更强调文件证据的效力胜于证人的证词，但是在纽伦堡法庭上，正是掌握在美国控方手中的非常丰富的档案资料使辩方备受苦恼。而在审判期间，当控方重点展示口头证词时，辩方再一次陷入被动境地，因为大陆法国家的律师根本不了解英美抗辩制的交叉盘问程序。

从总体上看，对英、美人如同家常便饭一样的对抗制审判，对大陆律师而言却异乎寻常地难解。控方和辩方无所限制地相互决斗，法庭像职业拳击比赛中的裁判一样，费力地将辩论双方的律师分开，仅仅加以简单的指导，这绝对不是大陆律师头脑中的获得最终判决的方法。他们习惯纠问式的审判制度，这种审判制度更多地以辩方、控方和法庭相互之间的理解为基础。其中，法官的作用举足轻重，律师的作用有限。法官从证人、被告、警察和受害者身上取证，进行筛选和权衡，然后做出判决，律师只需帮助被告准备一份辩护书。

在纽伦堡法庭上，辩方和控方是你死我活的格斗者，德国律师却始终无法改变他们原来在审判制度中扮演的角色，依旧把自己当作被告的辅助者。

一些检察官和很多在纽伦堡执勤的盟国士兵,不仅仇视被告,而且也对全体德国人充满敌意。此时正处于对德管制的全盛时期,胜利者与战败者之间毫无友善可言,无论在私人关系上,还是在设施提供上,辩护律师都时时感到,如果德国人还算是公民的话,他们自己充其量只是其中的二等公民。也许就是这些因素,最终激发他们更加同情和密切地联结他们的委托人,更加勤奋地从事辩护工作。但是,在审判刚开始的日子里,他们显然受到了敌对气氛的威吓。

八

杰克逊和其小组最初的成功,并没有如其所望的那样,把辩方打得一败涂地。就整件事的性质而言,控方还做不到这一点。美国检察官迫不及待地想充分利用他们的档案资料,并试图让法庭接受大量的英译本材料为法律证据,却没有提供德语、法语和俄语副本。辩方抗议说,证据完全处在控方支配之下,控方在法庭上展示材料之前,他们无法对之进行评价和辩驳。

继德国人的抱怨之后,法国和苏联的法官也同样埋怨,他们和被告一样感觉一无所知。实际上,美国检察官过于自行其是,即使英国检察官也没得到他们的文件副本。美国检察官向法庭保证说,在他们做法庭陈述之前,将竭尽所能地提供给法庭和被告多种语言的文件副本,但他们又声称,翻译上的障碍难以克服。法庭态度坚决地强调,控方必须以多种语言提交证据,同时也提供了一个天才而灵活的解决翻译问题的办法。它指导说,每一项控诉材料只有在公开的法庭上宣读,才能被法庭接受为法律证据。宣读出来的文件通过 IBM 同步翻译系统,根据需要可转化成英语、德语、法语和俄语等四种语言形式。

法庭通过这个决定,不仅解决了一个技术难题,也严厉打击了美国检察官的进攻计划。他们很想最大限度地利用档案资源,希望以这些丰富的材料淹没被告和法庭，以此证明纳粹分子的共谋罪行是无可争辩的。然而，一旦要求控方必须宣读文件的每一段话，并被记录下来，能够利用上的资料总量就严重地受到限制。大量珍藏的档案资料被迫弃之不用，而且由于遵照法庭的要求，控方长篇大论的阅读令人厌倦，也往往造成虎头蛇尾的效果。

从总体上说，控方始终没有从这个挫折中恢复过来。尽管随后也有一些强劲的表现，但是明显地带有即席发挥的特点，再也比不上美国检察官首先取得的富有魄力和活力的成果。档案资料的使用被大大消减以后，控方之间缺乏协调的弊端暴露无遗，起诉过程中发生的不计其数的错误也让法庭备感苦恼。

在审判的第一个月，起诉人的陈述顺序混乱不堪，即令最清醒的观察者也摸不清头脑。例如，英国首席检察官肖克罗斯爵士，由于他在伦敦的重要任务，不得不在美国检察官做法庭陈述的中间插进他的开庭演说。然后，当英国检察团集中陈述第二条罪状（破坏和平罪）时，美国起诉代表继其之后，又另外加进了一天时间，给自己关于第一条罪状（共谋）的案子提供法律证据。随即，美国代表重新又花了另外一周时间提供涉及第三、第四条罪状（战争罪和危害人类罪）的共谋的法律证据。在整个审判过程中，这类交互跳跃式的事实陈述一再发生，因为所有四个起诉团的利益都需要予以满足，而且陈述中发生的错误又需要更正过来。随着审判的进行，美国人相当霸道地侵入了其他起诉团负责的每一个领域。因此，同样的论点一再重复，同样的文件一再宣读并被法庭记录在案。一些特定方面，比如为进攻苏联而做的经济准备，被重复了三遍，而几乎每一个发生在纳粹时期的意义重大的事件都至少被重复两遍。

由于对大陆法的无知，美国和英国的检察官在某种程度上受到了一些牵制。由于不了解德国历史和德国制度，所有国家的检察官的起诉效果都大打折扣。这些检察官，大多甚至根本不能阅读或理解德文，因此难免在法庭上出现古怪事件和出乎意外的滑稽场面。检察官们一再混淆纳粹党的机构与德国政府的机构，他们也经常对一些德文文件中涉及的德语术语和职务感到手足无措。

有一件事相当有代表性：美国的副总检察官，西德尼·奥德曼，有一次郑重其事地告诉法庭说，"我们很幸运地得到了约德尔将军用德语书写的日记，但遗憾的是我无法阅读。"[1] 这类事情差不多被传为笑谈。还有一些则弄得法庭啼笑皆非。比如，在一个非常严肃的场合，一个精神紧张的年轻的美国检察官这样开始他的法庭陈述："自从向我可爱的小爱妻求婚以来，我的膝盖还从没有颤抖得这么厉害。"听了这番话，一向严于律己的伯基特在日记中写道，"这真是不可思议！"比德尔则禁不住喃喃自语道："耶稣啊！"

因为检察官们频频出错，一个辩护律师冷淡地评论说，"如果他们愿意补偿过失的话，就该宣布盖世太保无罪。"[2] 然而，若对检察官公平起见，应该指出，军事法庭的部分成员也存在一些严重的无知。例如，在一次开庭中，劳伦斯爵士问一个检察官，他所说的"帝国大元帅"指的是谁？由于帝国大元帅戈林是被起诉的纳粹战犯的头号人物，这个幼稚问题自然令人瞠目结舌。但法官的无知似乎可以谅解，因为法庭所处的地位是学习，而控方则被认为是教导。

控方的法庭陈述，从 1945 年 11 月 21 日一直持续到 1946 年 3 月中旬。拙劣无序的组织和重复日益积累，终于发展到让法庭恼火的地步。排在起诉顺序最后的法国和苏联的检察官，手中没有掌握多少文件资料，还面临着极大的程序体制方面的难题。因此，他们在法庭上陷入麻烦早就在人们预料之中。

1946 年 1 月中旬以来，法国检察官的慢慢吞吞激怒了法庭的大部分成员，他们似乎根本不了解手中的档案材料，因而搞得法庭成员心烦意乱。一向很

---

[1] Bradley F. Smith, *Reaching Judgment at Nuremberg*, Basic, Inc., Publishers New York 1977, p. 85.
[2] Ibid., p. 86.

有耐心的伯基特，几乎到了忍耐的极限，他抱怨说，听了美国检察官包罗万象、详尽琐碎的法庭陈述之后，他又遭受着法国人带给他的折磨——"被迫在痛苦的沉默中呆坐着，与此同时，听着令人气恼、枯燥无味、缺乏激情、平淡而阴沉的声音倾吐着没完没了几乎失去所有意义的字句。"[1]

九

造成这种局面的主要责任不在法国和苏联检察官身上，美国人发动第一次书面证据的攻势后，书证带给人的震撼价值已经消失殆尽。在其他任何审判中具有独特价值的文件材料，由于在纽伦堡法庭上一再重复，并不具有重要意义。

到审判的第三个月，法庭实际上不再理会无穷无尽的大堆经济统计数据和其他财政记录。例如，1月30日，一个倒霉的法国检察官出示给劳伦斯一份文件，而这份文件几天前已经在法庭上展示过，庭长劳伦斯丝毫不想考虑正在议论中的信息，只谈论说控方已经提交了这么多的材料，"如果所有这些档案资料都堆放到法官席上，你就看不见我们了。"[2] 即使如此，伯基特和比德尔仍然抱怨说，由于随和、松散的作风，劳伦斯不能严格控制法庭陈述，给法庭带来了很多麻烦。他们希望他更有力地坚持己见，但是劳伦斯只愿意在万不得已的情况下才偶尔出言干预，敦促审判迅速进行，并避免出现一些重复。后来，当辩方开始做陈述时，法庭为这种松懈态度付出了更大的代价。

造成冗长和厌倦的基本原因在于美国人的陈述方法。杰克逊坚信文件证据比证人的证词更有说服力，他打压了自己班子里的反对意见，并进一步把这个主意推销给其他三国的首席检察官。对于习惯英美法庭的人来说，这个

---

[1] Bradley F. Smith, *Reaching Judgment at Nuremberg*, Basic, Inc., Publishers New York 1977, p. 86.
[2] Ibid., p. 87.

形式非同寻常，但杰克逊争辩说，为了充分利用这些丰富的文件宝库，来建立一个无可辩驳的历史记录，这个方法是必不可少的。英国人热情地支持这个想法，他们希望借此防止泄露自己的文件资源，比如英国海军部的档案，他们还希望用这个方法加快审判的步伐。法、苏两国检察官也感觉美国人的建议很合心意，这样他们可以很便利地利用美国收集来的档案资料，同时他们也更熟悉文件证据。审判开始的前夜，杰克逊的立场稍微有些动摇，他决定使用一些证人"来考验被告"，并"给讼案添加一点戏剧效果"。但是，到了这时，因为担心延长审判时间，还担心让被告有机可乘，英国人甚至比美国人更激烈地反对使用证人。然而，无论杰克逊和英国人的劝说多么打动人心，书面证据的方法本身却表明了，它塑造出来的审判效果有多糟糕！

新闻媒体率先表现出对审判的厌倦情绪，报道者的数目迅速减少，审判所占的报纸版面也大幅缩减。再三出现的重复现象也迅速消减了审判参与者的热情。首席检察官中，肖克罗斯爵士实际上不在纽伦堡，其他检察官只有当自己本国的起诉团作法庭陈述时才定期到庭。最后，杰克逊一度几周时间没有在法庭上露面。被告经常在审判过程中打瞌睡，甚至连法庭成员也不能幸免。有一次，紧挨着法官席的一个法国法官助手的打鼾声大得影响到审判的正常进行，法庭不得不召开非公开的会议来处理这个小丑闻。

十

最初几周时间过去后，只有活生生的证人才能打破沉闷，给法庭带来生机和活力。即使控方运用证人的方法并不娴熟，偶尔出现的证人也给人耳目一新的感觉，显然引起法庭观众和法官的莫大兴趣。

从总体上看，控方的讼案缺乏人格化的色彩，与此形成对照的是，被告因为别无选择，只好依靠证人。辩护律师没有什么可以利用的文件，只能代表委托人的利益争取最好结局。荒谬的是，虽然被告们的人性令人极其怀疑，但是，被告律师使用证词的方法却成功地赋予辩护人性化的特征。无数迹象表明，法官们谈论过活生生的被告，在商议过程中仔细地研究过他们，评论过他们的表现、言谈、个性的有利和不利方面。总而言之，法官们把被告作为人来评价，而很少有人性化的言辞提到控方的陈述。

除了没能有效地使用证人外，美国人的书证方案还导致了另一个失误：在盖世太保和党卫队集中营里的受害者，身心备受摧残，但是纽伦堡法庭却没有听到他们对纳粹的血泪控诉。偶尔有几声痛苦的哭喊，令观众和法庭成员毛骨悚然，但是，控方却极少使用证明大暴行的证人，即使有这类证人出现，控方也极少提出相关问题，引导证人把他们所受的痛苦和折磨展示给法庭。

对美国人来说，侵略战争的策划是其主要议题，因而他们只关注与阴谋计划的存在相关，或有可能涉及战争计划的战争罪行。遗憾的是，美国起诉团没有认识到，尽管在1944年人们还有几分理由对纳粹暴行持怀疑态度，但是，在1945年和1946年，迫害和灭绝人类的纳粹计划早已是不争的事实，也是人们首要关注的问题。因此，美国人津津乐道的关于1937年的纳粹侵略计划和1933年的反德国贸易联盟的共谋的抽象争论，人们并不关心；公众义愤和战后欧洲报仇雪恨的焦点是纳粹对盟国平民的屠杀，对战俘的残酷虐待，尤其是严密组织的种族灭绝计划。然而，在美国人所做的控告陈述中，在英国人的破坏和平罪的起诉案中，纳粹暴行所占的分量微乎其微。

轮到苏联人和法国人上场时，审判模式已经确定下来了，他们强调的重点是经济问题，也几乎没有提及纳粹暴行。每当一个屠杀者或受害者出现时，法庭上的气氛迅速为之改变。例如，党卫队俄罗斯灭绝组的一个领导人，被美国人带到法庭的证人席上，他对大屠杀的事实描述令法庭胆颤心寒，但是起诉代表中没有任何一方从中吸取这必需的经验教训，控方仍然很少指证纳粹的暴行问题。控方对纳粹暴行忽视到如此地步，以至于在后来的审判中，辩护方做出了令人难以置信的决定，让奥斯威辛灭绝营的指挥官、杀人恶魔鲁道夫·霍斯（Rudolf Hoess）出面支持其论点，即大屠杀是秘密实行的，它不是纳粹总计划的组成部分。辩方之所以敢如此彻底地错误判断公共舆论，并深信霍斯对大规模虐待和杀害所做的冷酷无情的叙述是辩方可以利用的武器，这表明美国起诉代表的讼案集中于共谋，并以之支配整个审判到了何种地步！[1]

尽管起诉以共谋为中心，然而无论是在诉讼过程中，还是在法庭审议中，法官们的感情并没有受其约束。影视材料所展示的纳粹集中营的暴行，证人凌乱无序的证词所揭示的纳粹分子的惨无人道，无比强烈地影响着法官们的情绪。最终的判决也证明了这一点：法庭强调的重点是战争罪和危害人类罪。以这两条罪名指控的被告共18人，只有2人被判无罪，其余16个罪犯中2人被判有期徒刑，2人终生监禁，12人被判绞刑。

由于起诉缺乏总体上的指导，所以控方没能及时作出调整，改变方法以适应法庭的态度和倾向。这是个老问题。美国人最初起着领头羊的作用，但是这种地位也只体现在其支配审判的计划得到各国承认，其他检察官在其他方面都还各行其是。而当审判拖沓艰难地进行时，他们的领导地位愈发松懈。杰克逊的情绪忽高忽低，经常对审判失去兴趣。对法国检察官，他只维持最低限度的礼貌；对苏联人，则丝毫不掩饰他的怀疑和厌恶之情。因此，检察官们很难统一权衡法官的态度，并相应地改变他们的对策。

在暴行问题上如此，在宪章和起诉书遗留下来的法律难题上也遭遇到同样的尴尬。例如，控方展示了一系列证据，包括希特勒参谋机构的会议记录，德国重整军备的统计数据等，然而却无法确定所指控的德国谋划侵略战争的日期。法庭只好从中选择一个年份，而后确定哪些被告是计划的利害关系人。同样，对于总共谋，控方尤其难以确定谁参与了总共谋，共谋开始于何时，从始至终共谋的犯罪客体有否发生变化？大部分证据表明，控方试图

---

[1] Bradley F. Smith, *Reaching Judgment at Nuremberg*, Basic, Inc., Publishers New York 1977, p. 87.

证明共谋开始于1920年代早期，但是他们并没有选定共谋开始的准确日期，以及是谁参与了特定时期的共谋。

十一

控方在这些问题上的含糊不清，不仅增加了法庭的负担，也使辩护问题更加复杂化。

随着控方陈述的结束一天天临近，某些指控的模糊性，尤其是指控六个犯罪组织的不明确性，让辩方日益紧张不安。辩方要求明确犯罪组织的成员资格，以及被控组织在哪个阶段犯有罪行。一些法官也老早就怀疑犯罪组织问题。可是，在此期间，控方却无所作为，没有从根本上改变这种状况。12月早期，军事法庭成立了一个包括帕克和伯基特在内的附属委员会，专门研究这个问题。12月12日，法庭与控方举行了一次听证会。在会上，杰克逊固执地坚持他的观点，即组织犯罪的构成，并不要求每个成员都知悉犯罪情况，一旦其中一些成员实施了犯罪行为，就足以让组织的所有成员为之承担责任。

法庭不满意杰克逊的回答，在一次秘密的内庭会议上，它授意伯基特起草一封信给控方，列出困扰法庭的问题。此后，在另一次秘密会议上，法官们开始讨论这份信件草稿，并通过三对一的投票，作出以下决定：他们无权对被控有罪的组织的单个成员确定判决，他们对审判这些个人的各占领区当局的法庭不具管辖权。多数法官在采取这种立场时，不仅仔细考虑了《国际军事法庭宪章》的相关条款，而且也试图尽可能地限定宪章法律的和管辖权的责任。

法国法官德瓦布尔非常忧虑组织起诉中潜在的不公正性，因此不同意纽伦堡法庭针对眼前的讼案限制其权限，并且投票反对将个人判决和占领区法庭的行为置于军事法庭管辖范围之外。

这个过程是秘密的，但是法庭于1946年1月14日公开宣读了给控方的信件，其中包含了法庭认为理应提请每个人警惕的严重不确定的问题。法庭声称，决不干涉控方操作其起诉案，但同时指出，根据宪章第九条的规定，被宣布为犯罪组织的任何成员均有权向法庭提出申请，听取有关该组织的犯罪性质的问题，因而需要为此设立程序。在该程序确立之前，法庭想知道控方对相关问题的意见。它明确询问检察官：首先，他们打算使用什么标准来判断组织及其成员的犯罪性？成员身份肯定是自愿的吗？成员需要了解被法庭宣告为犯罪组织的犯罪意图吗？其次，法庭希望控方确定每个组织的被控罪行发生的确切时间，并决定是否把一些隶属组织排除在外。最后，它要求控方提供有关每个组织犯罪性质的事实摘要，并解释这种犯罪性是如何与单个被告的行为联结在一起的。[1]

杰克逊立即负责准备控方的应答，然而棘手的麻烦也随之而来。各方建议，包括来自美国和英国检察官的，甚至来自美国占领当局的，都源源不断地向他涌来。遗憾的是，这些建议无论在方法上，还是在为满足法庭而作出多少妥协上，都存在激烈的分歧。杰克逊很明白法官们所提问题的严重性，但各方施加的沉重压力要求他不要作任何让步，并要求法庭发布一个一揽子声明，放弃对犯罪性质设置条件和限制。比如，英国主张对法庭的问题虚与委蛇，消极应付；而美国陆军部副部长霍华德·派特森（Howard Peterson），则态度坚决地主张不对法庭妥协。

美国起诉团负责的犯罪组织案遭遇的难题让派特森备感苦恼，因为这直接关系到占领区对在押的德国俘虏的处理。早在1946年2月初，他要求起诉代表请求法庭不仅发布一个关于所有组织的犯罪性的一揽子声明，而且请求根据官级预先判决每个犯罪组织成员。他的想法大致如下：法庭可以给每个官级处以特定的刑罚，比如，对所有高级的党卫队头目处以20年的有期徒刑，中级官员10年有期徒刑，以此类推。这个程序能够减轻派特森的忧虑，

---

[1] Bradley F. Smith, *Reaching Judgment at Nuremberg*, Basic, Inc., Publishers New York 1977, p. 91.

因为他担心占领区没有足够的人力组织名副其实的审判；假如纽伦堡军事法庭能够预先决定犯罪组织成员的罪行和刑罚，那么随后的步骤只需确定成员的身份和级别，占领区所需做的工作就只是行政性的了。

鉴于杰克逊预备给法庭的发言未考虑自己的建议，派特森不断写信给他，先是强烈抗议对法庭作任何让步，后来不得已放弃确定判决的意见，但仍然担忧军事法庭把审判犯罪组织成员的问题留给占领区当局。派特森认为，占领区的审判不应该证明犯罪事实问题，只有"身份错误"、受胁迫加入或保持成员身份的辩护才予以接受，即使如此，基于害怕"政治和经济报复"的胁迫不能作为合法的辩护理由。[1] 派特森担忧这一切时，丝毫没有考虑到纽伦堡法庭的审判情势，也没有顾虑到组织及其成员的犯罪性，他所关心的只是：美军关押着成千上万的俘虏，而占领区当局却没有相称的人力财力对他们进行现实的审判。军队问题是行政性的，派特森希望纽伦堡法庭提供给他行政解决的法律根据。

2月26日，杰克逊回信给派特森，尽其所能地安抚对方，强调说尽管他同情军队的困境，但各种迹象表明，法庭不可能宣布所有组织的犯罪性；他引证各种理由解释为什么要作出让步，而后说他确信英国和美国的法官将全力以赴查明组织的犯罪性，但不想发布一个全面的宣言，因为这可能在欧洲引起大范围的恐慌。

杰克逊的回答虽然令人扫兴，但派特森的担忧也实属多余。几乎同时，德国管制委员会的美国成员卢修斯·克雷（Lucius Clay）将军传来消息，难题有了解决办法。克雷高兴地告诉派特森，以纽伦堡法庭确定的判决为依据起诉犯罪组织成员，可能招致很多麻烦，而他们可以完全抛开法庭的判决，只需另起炉灶，通过一部已被提上议程的《消除纳粹主义法》（Denazification law），规定上述组织有罪，以此来处理被首席检察官指定为独立刑事审判的首

---

1 Bradley F. Smith, *Reaching Judgment at Nuremberg*, Basic, Inc., Publishers New York 1977, pp. 92–93.

要战犯之外的组织成员。换句话说，如果纽伦堡法庭不提供法律给军方，军方如果愿意，大可制定自己的法律，通过行政手段仍然能够处置犯罪组织成员。

3月5日，如同克雷所言，新的《消除纳粹主义法》被正式批准，根据这项法令，美国占领区当局可以抛开纽伦堡法庭对被控组织的判决，自主处理大量有关组织成员的讼案，也无须再烦扰法庭和杰克逊了。

然而，一波刚平，另一波又起，杰克逊预料到的难题还远远没有到头。

2月20日，苏联总检察官鲁登科发出正式通告说，在组织问题上，苏联反对作任何让步。苏联人，曾经在伦敦会议上激烈抗拒起诉纳粹组织的计划，而在纽伦堡却成为其主要支持者。鲁登科告诉杰克逊，苏联认为纽伦堡法庭无权指导盟军占领区法庭对纳粹组织成员的审判，如果军事法庭要对组织的隶属机构作出区分，那么这就是对占领区法庭至高权力的一种干涉，这也因此是对苏联国家主权的严重限制。另外，鲁登科宣称，军事法庭已经听取了足够的证据，因而甚至不必再接受犯罪组织的辩方证词。苏联认为，不能从纽伦堡法庭的犯罪宣告中豁免一个组织成员，不能对纽伦堡法庭提出的疑问作出一寸让步。

针对这种情形，杰克逊坚定而有效地予以处理。他告诉鲁登科和其他检察官，让步是必须作出的，这一点法庭已经明明白白地警告过了，如果他们消极抵抗，那么整个组织起诉案将完全失败；如果在公开的法庭上，其他检察官依然坚持异议，或者坚守原来的立场不放，那敢情好，但是美国准备妥协。作出让步本来极为困难，当所退让者正是自己原来一手缔造者，这样的让步又难上加难。然而，作为控方领头人的杰克逊，终于以伟大的魄力完成了这个任务。

十二

1946年2月28日，经过两周时间的精心准备，杰克逊在法庭上发表了正式演说。他宣称，控方坚决维护起诉犯罪组织的原计划，因为被指控的六个组织曾是纳粹系统的权力工具，必须对它们予以痛击，只有这样才能彻底根除德国境内的邪恶势力，才能压制最危险的纳粹主义，为占领区扫清道路。然而，杰克逊绝口不提自己的疑虑，只信誓旦旦地向法庭保证说，占领区当局不可能大规模地起诉或迫害组织成员。

谈到法庭提出的疑问，杰克逊表示接受控方负举证义务的"一般法律原则"，据此，他提出确定组织犯罪性的五项标准：第一，这样的组织必须是一个可识别的有着总目标的团体；第二，其成员首先一定是自愿的；第三，根据《国际军事法庭宪章》的条款，组织目的具有犯罪性；第四，成员应大体上了解该团体的犯罪目的；第五，该组织的一些成员正被当前的法庭审判，而对其犯罪的宣判以组织被判有罪为基础。[1]

杰克逊主动减轻了法庭的工作，放弃了控方起初提出的一些过分要求，现在需要证实成员身份的自愿性，也必须证明成员对组织的目标和意图有大致的了解。但是，他的演讲始终没有充分阐明被告个人与组织控告之间的联系，也没有确定被控组织确切的犯罪期间。起诉书指出，纳粹党的冲锋队、党卫队和"政治领袖集团"的法律责任始于该党的成立，而盖世太保、德国内阁和参谋总部这些国家性组织的可诉行为则起自1933年。但杰克逊作出让步，同意法庭有权因其宣告的需要，适当缩短起诉书提出的期间。他的用意很明白，如果法庭仍然对组织起诉怀有疑虑，那么两害相权取其轻：与其开脱下属组织的责任，或者撤销这些指控，不如严格限定期间而宣告所有被告组织有罪。

杰克逊接着宣布，控方愿意将一小部分纳粹隶属组织排除在起诉之外，具体是：最低层的纳粹党领导的职员（镇、街区和街道组织），冲锋队的各种义务性的后备队员和守卫队，以及盖世太保的文书和勤杂雇员。

---

[1] Bradley F. Smith, *Reaching Judgment at Nuremberg*, Basic, Inc., Publishers New York 1977, p. 95.

这些排除没有统一的理性标准。控方解释道，组织的违法性源于其所执行的违法功能，以及其成员之间具有的犯罪性质的同志情谊，所以，由于冲锋队的后备队员不是正式成员，而盖世太保的勤杂工不起犯罪作用，不是该组织的组成部分，故而将他们排除在外合乎道理。不过，控方却认为，党卫队中的勤杂工负有刑事责任，因为他们并不单纯是受雇者，也是该团体联盟兄弟情谊的一部分。而将纳粹党低级官员的职员排除在外的决定令人困惑，因为这些人不仅仅是职员，他们更类似于低层的党卫队成员，而不同于盖世太保的勤杂工。

杰克逊代表控方宣称，这些排除是终局性的，并认为不需对被告组织进行更确切的界定。由此可见，控方为何把一些隶属组织排除在指控之外，而保留另一些，其中并没有清晰的标准。不过，这只是杰克逊演讲中的小缺陷，总体而言，他已成功地回答了法庭提出的大部分的问题，为犯罪组织诉讼案奠定了坚实的基础。

法庭成员对杰克逊的发言表示满意，他们明显感到原来的重担解除了。比德尔虽然同样振奋，但不无清醒地提示道，一些问题仍未解决，而首当其冲的是：是否应该把更多的隶属组织成员排除在审理之外？

在随后的开庭中，其他检察官和一群辩护律师补充并评论了杰克逊的发言。控方的补充发言没有增加新内容；辩护律师们却重磅出击，提出了一连串敏感的诘难——集体归罪存在严重的危险性；把有些组织（例如冲锋队）与个人被告联结起来极为勉强；申请做答辩陈述的组织成员成千上万，处理起来具有无数实践上的困难。

当3月1日的开庭到了最后阶段，杰克逊回到法庭反驳辩方的论点，并回答法庭的提问。针对总犯罪宣告会使组织成员蒙受耻辱的抗辩理由，杰克逊辛辣地回应道，相对于这些人的寡廉鲜耻而言，什么样的耻辱都不过分。

针对法国法官德瓦布尔的质问，杰克逊坚守自己的立场。德瓦布尔担心随后的占领区法庭有可能滥施刑罚，认为纽伦堡法庭应该努力予以限制。杰克逊断然拒绝了这个提议，他赞同苏联检察官的观点，认为根据《国际军事法庭宪章》的规定，纽伦堡法庭只有权做犯罪宣告，却无权涉及其他。德瓦布尔指出，宪章第十一条涉及了"国际军事法庭"对组织成员判处的刑罚，但是杰克逊仍然反对纽伦堡法庭限制占领区法庭将来的行动，他以自己最具魅力的率直个性承认，虽然他是宪章的缔造者，这个条款的措辞却让他大伤脑筋，他也不明白它要表达什么意思，然而无论如何，这一条绝对不支持德瓦布尔的总限制性权力的主张。[1]

同样，当比德尔指出，由于德国管制委员会制定了第十号法令，该法令与纽伦堡法庭关于组织的判决密切关联，它以犯罪组织的成员身份为依据，规定了最高刑为死刑的系列刑罚，[2] 所以，法庭对组织犯罪性质的宣告潜藏着严重的危险性，它将直接影响随后的四个占领区各自开展的一系列审判。[3] 对比德尔施加的重压，杰克逊回答道，第十号法令不是他制定的，他完全无须为此负责。

1　Bradley F. Smith, *Reaching Judgment at Nuremberg*, Basic, Inc., Publishers New York 1977, p. 97.
2　德国管制委员会第十号法令第二条规定：
　　"第一款　有下列行为之一者，均为犯罪：……
　　（4）凡参加经国际军事法庭宣告为犯罪的犯罪集团或组织的成员。"
　　"第三款　任何经判定有上述罪行之一者，可于定罪后判以法庭认为公正的刑罚。此类惩处可为下列的一种或数种：
　　（1）死刑。
　　（2）终生监禁或有期限的监禁，兼服苦役或不兼服苦役。
　　（3）罚金，或代以兼服苦役或不兼服苦役的监禁。
　　（4）没收财产。
　　（5）退赔以不正当手段取得的财产。
　　（6）剥夺部分公民权或全部公民权。
　　……"
参见 Gabrielle Kirk McDonald & Olivia Swaak-Goldman (ed.), *Substantive and Procedural Aspects of International Criminal Law: the Experience of International and National Courts* (volume II, Part 1, Documents and Cases), Kluwer Law International 2000, p. 70.
3　1945年12月20日，根据德国无条件投降所获得的最高权力，德国管制委员会通过了第十号法令，把它统一适用于盟军的四个占领区。根据该法令，盟军占领当局可以在各自的占领区内起诉德国国民。M. Cherif Bassiouni, "From Versailles to Rwanda in Seventy-Five Years: The Need to Establish a Permanent International Criminal Court", in: *Harvard Human Rights Journal* (1997), vol. 10, pp. 29-30.

至于比德尔问道，为何只把盖世太保的文书和勤杂人员排除在起诉之外，而不是把所有组织的低级职员都排除掉，杰克逊更为直率地回答说："法庭的困难之一是，它总想尽其所能地追求逻辑性，也许应该这样。但我一向认为，这是司法制度可期而不可求的卓越品质，法官没必要求全责备，我们的起诉也不必如此苛求。"[1] 他继续争论道，法庭的大部分担心都是杞人忧天，美国人万里迢迢来到这里，绝对不是为了来起诉文书、勤杂人员和速记员；即使他们了解一些犯罪内情，但他们没有进行影响世界和平的犯罪，因而不属犯罪阶层。

杰克逊的回答尽管精彩，但是法庭的疑问依旧存在，那就是，既然如此，为何不排除所有的低级雇员？最终，杰克逊凭借其温厚的坦白，成功地通过了法庭的质问，并只对被告作了最小限度的让步。

接下来上场的是英国副总检察官马克斯韦尔-法伊夫，他起初也和杰克逊一样进展顺利。当法庭提议必须证明成员了解其所属组织的犯罪目的时，马克斯韦尔-法伊夫回答说：毫无疑问，参与者们都本能地形成了一种习惯，像鸵鸟一样把脑袋埋进沙子，竭力避免了解那些令人不快的东西，但是这种行为根本不能成为抗辩理由，法庭应该只考虑一个问题，即"在此情势下，一个人是否该合理地知情这些犯罪行为"？[2]

这个回答简洁而坚定有力，恰如其分地解决了法庭感情的和法律的需要。然而，当问题转向具体的组织，马克斯韦尔-法伊夫的理智却消失得无影无踪。比德尔问道：假如一个人于1921年加入了冲锋队，下一年却退出了该组织（即二战爆发前17年），你是否认为他犯了共谋发动侵略战争罪和战争罪？马克斯韦尔-法伊夫不假思索地回答说"是"。比德尔进一步问道，这样的回答是否也适用于经过1934年6月30日"血洗"（the Blood Purge）后

---

1 Bradley F. Smith, *Reaching Judgment at Nuremberg*, Basic, Inc., Publishers New York 1977, p. 97.
2 Ibid., p. 98.

加入的冲锋队队员？马克斯韦尔-法伊夫再次作了肯定回答；他认为，这样的队员仍然有罪，因为冲锋队作为一个"符号"依旧存在。其后，苏联首席检察官鲁登科，也面临着同样的有关冲锋队的质问，他也基本上做了和马克斯韦尔-法伊夫一样古怪的回答。

3月2日，轮到辩护律师接受法庭的调查审问。德国内阁的代理律师埃贡·库巴斯乔克（Egon Kubuschok）博士辩论道，德国内阁规模很小，控方指控它为犯罪组织没有正当根据。这一点很明显地说动了法庭，后来的判决书引其为主要理由之一，没有宣告德国内阁为犯罪组织。

其他辩护律师着重强调，对所有组织至关重要的判断标准应该是，成员是否了解其领导人的犯罪意图，又补充说，这些情形不可能去证实，因为元首及其助手将他们的计划都隐藏了起来。在后来进行的辩护陈述中，几乎每一个被告都坚称他以前对希特勒的犯罪计划毫不知情。这样的答辩听起来既荒诞不经，又令人愤怒。然而，因为控方和法庭在"知情组织的犯罪目的"这一问题上存在极重要的争议，难怪辩方竭力把它当作关键的法宝，为个人被告进行辩护。

3月2日，经过两天半的演说和质问后，关于犯罪组织的公开预审终于落下帷幕。杰克逊的雄辩没有消除法庭所有的疑问，辩方也竭力提出了一些有力的辩论。然而，需要强调的是，这次预审的驱动力不是来自辩方，而是法庭自己。这是唯一一次围绕审判过程中要出现的法律问题而进行的公开讨论，它展示了困扰法庭成员的众多难题。尽管控方和辩方都有力地回答了法庭明确提出的问题，但是双方却都没有做出任何更一般性的结论。法庭面临宪章中的法律困境时需要得到帮助，但是，控辩双方显然都没有领会到，如果法庭在犯罪组织问题上麻烦重重，那么对于其他法律问题，如共谋、谋划侵略战争等，它也会有同样的忧虑。

从犯罪组织的预审中可以吸取的教训是，控辩双方应该站在各自的立场上，给法庭提供有利于自己的解决这些争议的办法。然而，相反的是，控方利用接下来的一天只提供给法庭更多补充性的细节，而后在3月5日结束了其起诉案的陈述。

3月2日到3月13日之间，在由起诉过渡到辩护的过程中，法庭就犯罪组织问题接连进行了一系列没完没了的秘密讨论。苏联法官全然接受控方的意见，然而法国人却深深忧虑道义问题，英国人似乎举棋难定。比德尔主张，由于时间关系他们应该忽略一般问题，并只决定他们将如何审理有关组织诉案的证人。美国人的意见最终占了上风。于是在3月13日，法庭宣布成立一个特别委员会，由两名法庭的法律助手负责，听取组织成员的证词；在庭审的最后阶段，辩方也将有机会在证人席上提出证人代表，并作关于组织的总陈述。凭此，迫在眉睫的难题暂时解决了，但是在审判的最后关头，一场围绕法律争议的决战又发生了。

十三

1946年3月8日，率先为德国陆军元帅赫尔曼·戈林而作的辩护陈述，标志着辩方进行答辩的开始。

奥托·斯戴默尔博士（Dr. Otto Stahmer）担任戈林的辩护律师，他的风度举止好像一张晴雨表，充分反映了辩方在几个月来的审判过程中经历的变化——他们基本上摆脱了震惊和沮丧的情绪。而今，斯戴默尔整装待发，预示着辩方即将进行一场殊死的搏斗。

由于此前在纳粹法庭上12年的经验，再加上纽伦堡法庭的独特性，很多律师仍然对审判程序迷惑不解，因此，他们的行为显得呆板和笨拙。尽管辩护律师如同律师一向所习惯的那样，抱怨某些裁决，但已经大体上消除了对法庭的怀疑，他们认为法庭的审判基本上是公正和理性的。答辩开始前，纽伦堡法庭谴责占领区当局放纵媒体攻击辩护律师，这有力地鼓舞了他们的士气。另外，法庭还称赞了辩护律师在极端考验意志的情况下继续提供服务

图 9　部分辩护律师

的勇气,并通知驻德国的盟军军事司令部,辩护律师已经处于法庭的保护之下,法庭绝不允许对他们再施加任何压力和进行舆论攻击。[1]

真正引起辩方严重不满的是法庭的一项裁决,它要求辩方必须事前提交预期的证人名单和证明材料的目录,给法庭审查以获得批准。这个程序的授权来自《国际军事法庭宪章》第二十条,目的是预防辩方在审判中进行纳粹宣传。[2] 这个规定对控方也有帮助,由于它支配着大部分的档案材料和预期的辩方证人,因而希望法庭慎重甄别辩方的请求,排除掉那些可能需要长时间调查又徒劳无功的事项。法庭听取了控方的意见,设立了证据申请和甄别程序。这样,控方首先在心理上占据着优势,辩方则处于明显的弱势地位,成为法庭和控方谦卑的恳求者(见图9)。

---

[1] Bradley F. Smith, *Reaching Judgment at Nuremberg*, Basic, Inc., Publishers New York 1977, p. 100.
[2] 宪章第二十条规定:"法庭可以在证据提出之前要求报告证明材料的性质,以便判断该材料的重要性。"

摆在这群人数相对弱小的辩护律师面前的，还有难以克服的实际的困难，比如，他们在德国境内的行动处处受到限制。因此，法庭针对其证人和材料的辩护请求而进行的仔细审查，更是雪上加霜，越发令他们心神不安。然而，法庭不得不顾及控方耿耿于怀的担忧，作出这项对辩方不利的裁决，预防他们有可能采取分裂策略，攻击控方，并达到拖延和败坏审判的目的。

早在审判开始很久以前，检察官们就反复讨论如何对付这种威胁，他们还焦急地提醒法庭严密注意这种可能性。辩方提出证人和材料的每一项申请，都必须经过审查程序，以彻底根除其中有促进纳粹主义动机的可能性。控方对纳粹宣传反应激烈，以至于采用过激手段加以阻止。例如，早在1945年12月，戈林对报纸发表一次访谈，苏联检察官马上说服其同事接受他的意见，即来自这类事件的宣传危险不可低估，每一个检察官都应该与法庭成员私底下讨论这个问题，以杜绝此类事件再次发生。

控方在这方面固然用心良苦，但它更担忧有些文件资料有可能严重损害到起诉案。他们担心，如果把某些文件资料当作证据展示，会引起辩方的"反控诉"（counter charges）。为了避免引起麻烦，英国和美国的起诉代表，早在审判开始前就达成协议，不使用美国国务院和英国外交部的某些档案，不允许使用英国海军部的档案，因为展示这些文件"可能招致令人为难的结果"。[1] 这类性质的文件中，有些涉及苏、德关系，有些触到连累西方大国的敏感问题，比如，在德国进攻挪威之前，英国准备登陆这个国家。而且，起诉代表们心中一清二楚，盟国的很多外交文件都不支持起诉书中包含的对纳粹侵略的简单控诉。由此可见，决定起诉只以德国档案文件为依据的动机，主要是不想让辩方接触到损害盟军的文件。

在审判过程中，法庭接受了控方的请求，不承认"你也不例外"的辩词，并一概避免对盟国政策和欧洲外交状况进行一般性辩论。法庭也不愿意

---

[1] Bradley F. Smith, *Reaching Judgment at Nuremberg*, Basic, Inc., Publishers New York 1977, p.101.

辩方提出关于外交的一般背景资料，它担心一旦开了这个口子，纠缠起来必然没完没了，打开的这扇门就难以关上了。尚未解决的法律难题已经让法庭不胜烦恼，它根本不想裁夺两次世界大战中欧洲的总体历史。因此，每当辩方提出对诸如《凡尔赛条约》这些事项予以考虑时，[1] 法庭立即打断这些话题。一些辩护律师根本没有领会法庭的意图，因而一再狂热地试图提出这些问题，声称为了对德国，也为了对被告公平起见，在解决共谋指控之前，应该仔细考虑二战的全部欧洲背景。实际上，法庭力图尽可能地远离全部共谋问题，在其不公开的审议中，大多数法官对控方所有的非具体性的指控都采取了谨慎的态度。

辩护律师当然缺乏有效的手段把握法庭的这种倾向。在他们看来，纳粹主义和二战爆发的根源就在于美、英、法等国家曾经在凡尔赛种下的恶果，这是他们强有力的辩护理由，他们不会轻易放弃。但无论如何，他们无从捕捉到信息，借以揭示法官们的内在态度。法庭尽量准许辩方使用其以任何方式选出的证人，然而辩护律师通常只是从长期的历史记录的角度引导证人和证据，以证明被告的良好品质。

辩方的陈述像聊天一样自由散漫，庭长劳伦斯则宽宏大量地听之任之，这激起一些法庭成员的强烈反对，如同他们曾经反对他容忍松垮拖沓的控方陈述。苏联法官正式抗议枝节问题，伯基特则痛苦不堪地抱怨："当想到连篇累牍的文件和成千上万的言辞全然无用，生命就这样空虚地流逝，我真痛惜这骇人听闻的浪掷光阴……现在我沮丧到了极点，只能在虚弱的绝望中感到心烦意乱。"[2] 比德尔认为辩方的陈述简直是"胡言乱语"，他想联合苏联法官一起抵制，但是劳伦斯和德瓦布尔坚决反对这个提议。双方以二对二的投票

---

1 第一次世界大战后，协约国在强权政治观念的支配下，"以怨报怨"地处理战败的德国。普遍认为，正是《凡尔赛条约》强加给德国的苛刻条件，才直接导致了纳粹主义的崛起。参见〔德〕埃里希·卡勒尔：《德意志人》，黄正柏等译，商务印书馆1999年版，第305页。
2 Bradley F. Smith, *Reaching Judgment at Nuremberg*, Basic, Inc., Publishers New York 1977, p. 103.

形成平局，比德尔不得不放弃自己的意见。到了5月底，他无可奈何地说，他和其他法庭成员一样，厌烦到了极点。

辩护陈述的最后几天，即便劳伦斯本人也熬不住了，在一次极折磨人的充满重复的答辩陈述中间，他弯下身子，压低声音问比德尔是否记得一首不登大雅之堂的音乐厅歌曲——《少女的心绪无法阻挡》？[1] 这些事例充分显示了劳伦斯性情温厚，这有助于促进法庭的团结统一，然而却误导了辩护律师，使他们误以为形势一帆风顺，辩护陈述成效良好。实际上，由于辩护陈述中离题和重复太多，辩方丧失了其打动和引导法庭的最好机会。

假若尼基钦科的反对意见获得法庭支持，辩方就没有丝毫机会做不切题的陈述。在审查被告证人期间，苏联法官一再投票否决其他法官准备接受的证人。在答辩陈述的前夕，尼基钦科得知被告将和原告在同一证人席上作证，感到非常愤慨。他激烈反对法庭准许纳粹被告宣誓作证，尤其反对他们坐控方证人曾经用过的证人席。这种态度激怒了美国助理法官帕克，他以辞职相威胁，在此情形下，比德尔态度坚定地站在他的立场上，借以平息他的愤怒，尔后，他们二人联合支持被告陈述的权利，并以多数票胜过尼基钦科。

劳伦斯以其特有的调和姿态出来打圆场，为了使苏联法官不因离被告太近而感到大受冒犯，他提出把证人席干脆挪到离法官远而靠近被告席的位置，而在此之前，证人席一直设在法官席和被告席的正中间。这样，被告既得以提出证据，尼基钦科也得以维护其主张，即在控辩双方之间作出清晰可见的区别。所有这些都在被告作证之前经过斗争确定了下来。

在答辩陈述期间，尼基钦科表示严重不满的则仅是劳伦斯的极度宽容和忍耐。然而，即便如此，由于处境不利，他的反对并不那么坚强有力。因为在控方陈述的最后阶段，一些苏联检察官的行动艰难笨拙，其他法庭成员也很想干预。例如，有一次，当比德尔提议打断一位苏联检察官的陈述时，尼

---

[1] Bradley F. Smith, *Reaching Judgment at Nuremberg*, Basic, Inc., Publishers New York 1977, p. 103.

基钦科竭力主张予以容忍，否则局面将更加混乱。对于控辩双方的相似情况，法庭当然只能相同对待。所以，有此前车之鉴，当尼基钦科试图制止单调乏味的辩方陈述遭到失败时，他不再尝试，只好和其同事一样陷入厌倦之中。

十四

辩护律师没有察觉到法官们的真实态度，不过，他们意识到可以提出一些议题，既能让苏联人感到难堪，同时也能削弱对被告的指控。他们集中火力发动进攻，首当其冲的是针对控方的一项指控：纳粹分子曾在卡提恩森林杀害了大批波兰军官。

前文提到过，苏联检察官在起诉书中特别列上了这项指控，而后又公然要求将遇害者的数目整整扩大10倍。后来才有十分可靠的证据显示，实施这次大屠杀的是苏联人自己。[1] 然而，即使在那时，法官们已经敏锐地感觉到，苏联的指控和案情存在一些明显令人烦扰的特征。于是，尼基钦科不遗余力地呼吁其同事拿出最大的友善，制订方案，限制关于卡提恩事件的法庭陈述。其他法庭成员最终予以配合，答应保全苏联人的颜面。法官们认定：他们的责任不是将卡提恩大屠杀归咎于德、苏两国中的哪一个，而是确定对德国战犯的某项指控是否得到证实。所以，他们以苏联人对德国人的指控证据不足为由，从而把卡提恩大屠杀一案束之高阁。但是卡提恩事件确实引起

---

[1] 在波兰军事失败后的某个不确定的时间里，大约有11000名波兰军人，包括8300名军官，突然失踪。1943年2月，一个德国通讯团在斯摩棱斯克附近的卡提恩森林里，无意中发现这批人中的4800人的荒坟野冢。在纽伦堡审判中，控辩双方关于此事的争论焦点是，究竟是苏、德中的哪一方杀害了这些人？问题的关键则在于这些波兰人遇害的日期。苏联检察官声称，死亡时间发生在1941年秋天，即在苏联遭受侵略之后，德国人占领卡提恩森林之时。辩方则指出，这些波兰人死得更早一些，即在1940年苏联仍然控制着这一领土之时。辩方提出的最有说服力的证据是，1940年4月苏联控制这片森林之后，这些波兰人再也没有寄出任何信件，他们由此得出的结论是，苏联人自己制造了卡提恩大屠杀。参见〔美〕约瑟夫·E.珀西科：《纽伦堡大审判》，刘巍等译，上海人民出版社2000年版，第363页。

盟国之间关系紧张，并导致苏联和西方法官间的隔阂更加明显。

卡提恩事件表明，纳粹分子可能不是唯一的暴行制造者，除此之外，它只引起了个别枝节问题。但是，辩方发动的第二次攻击造成的杀伤力却更为重大。纳粹侵略波兰前夕，苏联和德国签署了互不侵犯条约。斯大林在1939年与希特勒的密切合作，造成了很大的迷惑性，帮助纳粹德国掩盖了它的侵略意图。这显然削弱了起诉当局的论点，即认为纳粹侵略计划如此确定和明显，以至于最低等级的被告都不能辩称自己不知情。[1] 更严重的是，除了一般协定，苏德协议还包括秘密条款，其中，协议双方冷酷地同意瓜分波兰，并确定各自在广大的中东欧地区的势力范围。

很明显，如果控方的指控确切，即在1939年入侵波兰的计划中存在共同策划或共谋，那么，斯大林就是共谋的参与者之一。辩护律师抓住每一个可能的机会，使人理解这一点，他们最想得到的则是这样一个时机：希望法庭准许他们把苏德协议的秘密条款作为证据。但他们面临的首要困难是，没有一个被告保存有秘密条款的副本，而缺乏实实在在的文本就不能达到轰动的效果。

在此关键时刻，辩方获得了苦苦寻觅的资料，资料来源于本该最不可能提供帮助的人，该人是握有秘密条款机要副本的起诉当局的一个成员。审判开始前，英国和美国的检察官都掌握着这份文件的副本，早在1945年10月和11月，他们焦虑地讨论过如何消除可能由此引起的麻烦。至今还不清楚实际传送文件者的个人身份，然而，可以推断的是，文件出自美国起诉团。很早以前，美国检察官中间的反苏情绪就如洪水泛滥；上至杰克逊，下至每一个美国检察官，都接连不断地抱怨和鄙薄苏联人。杰克逊手中握有这份文件，但他不可能直接下达命令，给辩方传送文件。但无论如何，是杰克逊制造的反苏气氛促使这件事成为可能，也因此，难以彻查实际把秘密协议送给

---

[1] Bradley F. Smith, *Reaching Judgment at Nuremberg*, Basic, Inc., Publishers New York 1977, p. 105.

辩方者的身份，也无法予以惩罚。[1]

如何处理摆在面前的这份文件，是法庭在审判中遇到的最困难的证据问题。苏联法官强硬地反对接纳每一项证据上的辩护提议，也试图阻挠所有相关的证人陈述；西方法官却陷于两难境地：既想尊重传统的证据规则，又不想引发和苏联法官之间的严重危机。最终，法庭机智地找到了一个巧妙的解决办法，它提出：如果辩护律师能够解释这份文件的来源，借以证明其真实性，那么法庭将接受其为法律上的证据。

这个决定如同晴天霹雳，辩方顷刻间意识到，他们玩的文件游戏结束了！因为，起诉当局中没有一个人敢于证实这份文件，并承认它如何落到了辩方手中。只有通过互不侵犯条约的谈判参加者的证词，辩方才能设法把秘密条款作为审判记录中的证据。但是，这种人为而间接的途径，将大大削弱这个信息的力量。

从表面上看，西方法官也许会怨恨苏联人让他们经受了如此严酷的一场考验，但他们也可能猜到，美国起诉团在这件事上扮演了不光彩的角色。然而，如果辩方希望借这个问题推翻该起诉案，或者导致法官间产生不可补救的裂痕，他们就要彻底失望了。它只不过进一步证明了控方的共谋诉案存在着严重缺陷，一些法官也早已有了心理准备，放弃在表面价值上考虑该起诉案。

所以，不管辩方针对共谋案的又一次打击有多么沉重，也不管它给东西方的关系带来怎样的紧张和压力，都没有对法庭产生破坏作用。盘结在美国起诉当局心头的强烈的反苏情绪，从来没有出现在全体法庭成员中。法官们纵然在卡提恩事件和苏德协定上存在分歧，他们在其他问题上还保持团结统一，而且那些分歧也没有显示出地理上或意识形态上的对立。法庭始终着眼于实际问题，时时避免受任何新问题的侵扰。自始至终，西方法官与苏联法官保持着亲切友好的私人关系，他们热诚地称呼尼基钦科为"尼克"。因此，

---

1 Bradley F. Smith, *Reaching Judgment at Nuremberg*, Basic, Inc., Publishers New York 1977, p. 105.

无论卡提恩事件，还是其他任何问题，看起来都没有真正威胁到法庭成员们融洽相处的关系，以及彼此合作的决心。

法庭的合作精神，不仅缓解了辩方最有力的攻击，而且也在无意中误导了人们，使他们错误地判断了法官对个人被告及其律师的态度。最严重的误解涉及劳伦斯对奥托·克朗兹布黑勒（Otto Kranzbuehler）的态度。克朗兹布黑勒是一名德国海军律师，邓尼茨选择他为自己辩护。劳伦斯很体恤克朗兹布黑勒，以至于其他辩护律师都戏称他是劳伦斯的"宠儿"。克朗兹布黑勒试图援用美国海军元帅尼米兹[1]下令进攻日本商船的事例，为德国潜艇攻击商船的同类行为辩解。当他申请给予准许时，法庭同意了他的请求。其他律师由此简单地推论说，劳伦斯同情克朗兹布黑勒。其实，劳伦斯个人想否决其请求，他也始终坚定不移地认定邓尼茨因潜艇战争而有罪。克朗兹布黑勒的请求之所以越过了苏联和英国的反对而得到批准，完全是因为比德尔坚持认为应该答应其请求，这是他的个人权利。

一般而言，与所谓劳伦斯对克朗兹布黑勒的同情一样，法官对其他辩护律师的情感看起来也没有对审判和判决产生什么影响。例如，最激起伯基特怒火的，是分别代理巴本和施佩尔的两个辩护律师，他发现前者的陈述空洞乏味，于是有一次毫不客气地指出，那简直是对他的折磨。尔后，伯基特私下严厉地批评了施佩尔的律师，说他以恬不知耻和刚愎自用的狂热维护着同样可耻的恶劣传统。然而，在最终的宣判中，施佩尔被判处20年监禁，这是纽伦堡刑罚中较为温和的，巴本则被判无罪。而最让比德尔恼怒的，则是分别为雷德尔和冲锋队辩护的首席律师，他认为其中一个厚颜无耻，另一个则愚不可及。不过，这些看法并没有影响最后的判决，因为，雷德尔免遭绞刑，冲锋队也没被宣告为犯罪组织。

唯一因个人错误而可能影响到最终判决的诉案，涉及为党卫队辩护的助

---

[1] 切斯特·尼米兹（Chester Nimitz，1885—1966），第二次世界大战期间美国太平洋海军元帅，阻止了日军的扩张并最终以大规模使用航空母舰的战术摧毁了日本海军。

理律师。比德尔不止一次地公开表示他讨厌该律师，对他的辩护工作评价甚低，认为"糟糕透顶"。另外，法庭还发现该律师品行不端。纽伦堡法庭曾经严厉禁止向被告索要财物，但这个律师利用党卫队成员害怕该组织被宣告为犯罪的心理，乘机要他们捐献财产。法庭将其明知故犯行为移交给纽伦堡当地律师协会征求意见，律师协会否决了这个律师后，法庭立即解雇了他。

当然，党卫队后来被宣告为犯罪组织是基于其行为与名声，而不能归咎于其辩护律师的行径。然而，党卫队的某些分组织被判定有罪则不能说与其辩护律师毫无关系。党卫队的一些分支机构，比如军事性党卫队，由大量征募来的成员组成，本有可能不被定罪。无论如何，这些分组织的权益没有清晰地表现给法庭。即使代理党卫队的利益而作的辩护，其效果也被那个令人怀疑的律师葬送殆尽，因为大部分法庭陈述是他做的。

不过，应该强调的是，只能说在这个案件中，法官对辩护律师的态度，与最终关于该案的混乱判决发生了巧合。从总体上看，如果考虑到绝大多数被告臭名昭著的品行，以及一些辩护律师的弱点，那么，法官们的表现还是相当公正的。

十五

相对而言，辩方因其成员的错误而受到的伤害，要低于控方因杰克逊的过失而遭受的挫败。辩护律师和苏联、法国检察官一样，面对陌生的交叉盘问程序时，茫然不知所措。人们由此推测，英、美起诉当局可以尽享这个程序的便利。在审判初期，杰克逊劝告苏、法检察官不要进行重要的交叉盘问，因为他们很可能把局面搞得一团糟。然而，事实上，大陆国家的检察官和辩护律师在交叉盘问中遇到的任何问题，与杰克逊的灾难性失败相比，反倒退居其次了。

杰克逊先对戈林、继对沙赫特的盘问都一败涂地。杰克逊长于辞令，但并不擅长法庭盘问的游戏规则，他先在司法部的官僚机构中供职多年，又在联邦最高法院干了四年，脱离格斗场的时间太久了。他起初漠视了戈林的坚韧辛辣，到后来又严重低估了沙赫特。戈林和沙赫特都懂英语，杰克逊对德语却一窍不通。两个被告能够迅速领会杰克逊发问的本质所在，当他们装作等待翻译的时候，赢得了充足的时间打腹稿，全心准备问题的回答。这样一来，杰克逊难以自如地利用法庭盘问的经典战术：他不能用一连串迅速、尖锐的诘问来"挤压"证人；被告巧妙地避其锋芒，躲开了诘问精心设置的陷阱，并以冗长的回答故意混淆每个问题。

对戈林进行盘问的第一天到了最后，法庭已经感受到杰克逊的心境狂躁不安。伯基特认为法庭对这种意想不到的失败负有一定责任，他想命令戈林直截了当地回答问题。劳伦斯起初也想支持伯基特的意见，但比德尔不赞成法庭"保护"杰克逊，于是劳伦斯倒向了比德尔一边，法庭没有采取行动。

帕克和比德尔都憎恨杰克逊，反对发布命令对控方援手相助。从审判一开始，美国法官，也许还有其他法官，对杰克逊反复无常的行为以及专横霸道的态度大光其火。此时看到杰克逊遭遇困难，法庭作出决定放任不管，他们不免带有幸灾乐祸的快意。

无论如何，经历了艰难的开端之后，杰克逊完成了对戈林的第二节的盘问。然而，此事产生的效果还影响着以后的审判。杰克逊试图制服戈林的行动失败，法庭又迟迟不愿抑制戈林，导致审判失去了控制。由于法庭对杰克逊—戈林的对抗采取放任主义，随后的被告陈述都散漫冗长。

整个盘问过程让杰克逊深感耻辱，他脆弱的自制力终于崩溃了。与戈林对决三周后，杰克逊安排了一次与帕克和比德尔的私人会谈，他情绪激动，毫无保留地倾倒他对法庭及其成员的不满和愤怒。他指责劳伦斯总是否决美国检察官，批评比德尔挫伤控方的士气，最后威胁着要辞职。比德尔和帕克尽其所能地安抚杰克逊，并试图打消他的疑虑。然而，这些都没有消除杰克逊对比德尔的深刻憎恨。

法庭盘问的艰难和失败，沉重打击了杰克逊的神智，但他还是一直坚持到5月，当时是他对德国前经济部长和国家银行总裁沙赫特进行盘问。这次盘问以无声的形式再现了与戈林对决的艰险一幕，沙赫特以其无与伦比的技巧性知识，让杰克逊和法庭难以应付。这次盘问也以失败告终，完全徒劳无功。至此，杰克逊早些时候主导法庭和审判的痕迹已被消除殆尽。

即使控方遭遇了如此严重的失败，辩方也没能有效地利用他们在讲坛上的五个月时间。他们所做的大部分证词不仅啰嗦重复，而且与案件主题毫无关联。辩方从来没能针对敏感问题集中火力进行攻击，部分原因在于他们比控方更缺乏团结一致。

22名被告彼此背景不同，职位和阶层的差异把他们区分开来——有些被告相互仇恨，比如沙赫特和戈林；而资深贵族不屑于屈尊理会平民；军人看不起文职官员；其余的被告则认为卡尔滕布龙纳和施特赖歇尔粗俗不堪，耻于与之为伍。由于这些人被控方选为被告，是为了代表形形色色的组织以及纳粹整个体系的各个方面，因此，他们早期的政治活动和面对的指控存在很大的差异。例如，当卡尔滕布龙纳在纳粹帝国最后时期权势显赫时，牛赖特已经退休了，施佩尔则开始有计划地违反希特勒的命令。在纽伦堡，戈林自命为帝国的忠诚捍卫者，而在战争后期被关押在集中营中的沙赫特却公然抨击纳粹政权。

在这种情况下，进行富有成效的联合辩护毫无可能，即使对最基本的指控，比如发动侵略战争的阴谋计划，被告之间也达不成共识来确定辩护的方法。虽然所有被告都被指控参与了第一条罪状所列举的总共谋活动，但是其中6人，包括博尔曼、弗兰克、施特赖歇尔、卡尔滕布龙纳等在内的最臭名昭著的被告，却没有被控参与第二条罪状所涉及的侵略战争的策划。即使被控参与侵略战争策划的16个被告也仍然难以形成统一意见。如果辩方强调，侵略战争发生在军事进攻波兰之前的指控不成立，那么在1939年之前已经失去重要职位的被告,如沙赫特和巴本,虽然可能置身事外,但是1939年的军事领导,如雷德尔、约德尔和凯特尔,就要承受指控的大部分责任。同样,如果辩方试图辩解说,随后的军事行动,比如入侵苏联,不是单独的侵略行为,而仅仅是最初的军事进攻的结果,那么如罗森堡这样深深卷入后期行动中的被告就有可能逃脱罪责,但是更大的负担将落在那些最初决定进攻波兰的领导人身上。[1]

面对总共谋指控,每个被告本能地辩解说,他对此毫不知情,并竭尽全力地摆脱自己与帝国最恐怖活动的干系。如果被告为了表明自己反对灭绝犹太人,或者其他同类被告干过此类事情,就应该承认对大屠杀知情,这样他就很容易被当成为了实施危害人类罪而参与犯罪共谋的从犯或主犯,受到法律追究。

总之,由于控方过分强调共同策划和纳粹的整体性,这迫使辩方片面夸大纳粹体系内部的多样性和异质性。于是,两幅十足的纳粹主义漫画展现在人们面前:控方描绘的那幅图画是巨大而统一的共谋,它通过大规模的侵略战争和暴行来贯彻实施;与之形成鲜明对照的,是22个被告[2]组成的拼贴画,每个被告都辩称自己不知情,对此也没有责任。[3]

十六

辩护律师试图阻止讼案彻底裂成碎片,因为,如果每个被告都通过谴责他人而自救,那么总体上的自相残杀会将他们全部摧毁。另外,他们也不得不面对犯罪组织的控告,这对诸如冲锋队、党卫队这些组织的成千上万的个

---

[1] Bradley F. Smith, *Reaching Judgment at Nuremberg*, Basic, Inc., Publishers New York 1977, p. 111.
[2] 博尔曼虽然缺席,但法庭为其指定了代理律师。
[3] Bradley F. Smith, *Reaching Judgment at Nuremberg*, Basic, Inc., Publishers New York 1977, p. 111.

人成员来说，是一个不确定的命运。辩方合理地估量了眼前的形势，在这方面取得了它最成功的进展，决定结成支持组织的统一阵线。

辩方提出了一些明确而具体的理由，对个别组织确实起到了帮助作用，并影响到法庭判决。例如德国内阁成员人数很少，没必要宣告为犯罪组织；还有，参谋总部和最高统帅部并非一个具有共同特征的组织。然而，只有代理冲锋队的辩护律师才抓住了意义重大的法律要点，直逼起诉案的要害所在。其所提出的抗辩理由坚固有力：希特勒于1934年6月30日对冲锋队领导人进行清洗，此后冲锋队的势力和影响大为削弱，因此，在重大的战争策划期间，它已经失去了政治上的重要性。冲锋队在性质和意义上发生的变化，毫无疑问地使它免于被法庭宣告为犯罪组织。相似地，也可以这样为党卫队进行辩护，尽管辩论难度相对更大，即党卫队在战争期间也发生了剧烈变化，而且它的许多军事性组织基本上由被征入伍的士兵组成。可是，辩方却没能有效地提出这些值得关注的论点，其中原因除了代理该组织的助理律师行为不端之外，辩方还受制于相关资料的缺乏。

由于一些个人被告不惜一切代价竭力保全自己，代表组织的律师实际上难以进行有效的辩护工作。只有戈林和几个将军、元帅作出了一些努力，试图庇护自己的下属。但没有一个被告愿意为被控组织的行为承担总体责任，无论是德国内阁、冲锋队、党卫队、盖世太保的行为，还是纳粹党的政治领袖集团的行为。卡尔滕布龙纳和党卫队讼案，最典型地描绘出辩护律师遇到的这种情形。

卡尔滕布龙纳担任希姆莱的副手有两年时间，他被训练成一名律师，并从事最骇人听闻的警察工作长达10年。因此，没有丝毫的合理根据让他抱有被判无罪的希望。然而，他仍然在证人席上一天天地耗着时间，坚称他对所有犯罪事实毫不知情，竭力推卸自己应该承担的责任。当审判结束，他被判处绞刑时，一个辩护律师上前问他：为何不承担党卫队实施暴行的责任，帮助法庭认定事实，并保护党卫队内的无辜之人？卡尔滕布龙纳的回答充分体现了纳粹体系的极端个人主义和玩世不恭，他讥笑着说："审判就是一场游戏，玩游戏的人都想赢。"[1]对于这样的当事人，律师们根本不可能以道德标准和责任感为基础进行辩护工作。

只有辩护律师认为，法庭的证人席应该用来保护小人物，并维护德国的声誉。即使遭受了挫折，他们还是相信，保护德国免受集体归罪的污辱是其义不容辞的职责；为了担负起这项使命，他们投入了惊人的时间和精力。在此情况下，这些坚持不懈的努力让人理解，甚至值得人们赞美，然而却对眼前的讼案帮助不大。虽然法国法官竭力主张宣告德国人集体犯罪，法庭却从未认真考虑过这样做。不过，控方的普遍指控，辩方进行适当的统一辩护的不可能性，以及展示在法庭上的令人震惊的证据，都让辩护律师过分忧虑。因此，在如此沉重的压力面前，他们只好竭力回避丑恶现实，不得不拿出德国美好的历史记录作为辩护理由。然而，这些辩护严重偏离了原来的主题，法官根本不知道辩方的用意到底是什么。

毫无疑问，辩护律师提到的歌德也好，被告们反复断言的清白无辜也罢，对解决手头的法律问题都毫无帮助。此前，控方未能澄清讼案中存在的大多数基本难题；此时，辩方的陈述同样无能为力。他们都没有帮助法庭有效地找到解决难题的答案。老问题仍然悬而未决：如何对待犯罪组织？全局性的共谋是否存在？侵略战争的策划由什么组成？在辩方陈述的中途，法庭成员们嫌恶而疲倦地认识到，没有丝毫解决难题的迹象，辩方也提供不了有帮助的见解，他们必须亲自承担这项任务。

法庭公开的开庭拖拖沓沓地进行着，但在幕后，从6月中旬到9月，法庭成员几乎接连不断地召开秘密会议。法官们反复思考和讨论审判的重要问题，并最终解决了它们。

---

[1] Bradley F. Smith, *Reaching Judgment at Nuremberg*, Basic, Inc., Publishers New York 1977, p. 112.

我们的裁决至少必须植根于过去,即令其成果注定在未来才能显现。*

——费朗西斯·比德尔

"共谋"是这样一种东西,你谈论得越多,感觉越糊涂。**

——詹姆斯·罗

---

* Ann Tusa and John Tusa, *The Nuremberg Trial*, Macmillan 1983, p. 116.
** Bradley F. Smith, *Reaching Judgment at Nuremberg*, Basic, Inc., Publishers New York 1977, p. 114.

六 共谋罪判决的达成

一

主持纽伦堡审判的八名法官都缺乏长期的审判经验，也都没有杰出的个人威望。他们中间没有霍姆斯[1]和科克[2]这样的伟大法官，而且，英、美两国的一些高级法官都曾拒绝任职于纽伦堡国际军事法庭。颇有讽刺意味的是，唯一的最高法院法官杰克逊，在纽伦堡的身份却是检察官，其职位决定他不可能给法庭提供建议和良策。法庭成员中除了比德尔曾在政府内阁任职外，也大都没有处理国际事务的经验。审判期间，伯基特在一封通信中感慨其同事才具平庸、阅历狭窄；他认为，法庭成员们不仅要熟知法律，而且还要通晓历史知识，尤其要懂德国历史，这门关于人与世界事务的学问不可或缺。[3]

在纽伦堡法庭成员中，没有一人拥有渊博的历史知识。不过，所有的法官却都怀有相当程度的政治和个人的成见，这种成见不仅及于受审被告，而且及于整个德国民族。例如，劳伦斯爵士在审判结束时坦率地承认，在他看

---

[1] 奥利弗·温德尔·霍姆斯（Oliver Wendell Holmes, 1841—1935），美国实用主义法学创始人。1882年担任哈佛大学法学院教授，1899年任马萨诸塞州最高法院首席大法官，1902年任美国联邦最高法院法官，著有《普通法》，其传世法律格言——"法律的生命不是逻辑，而是经验"，即该书开篇之言。

[2] 爱德华·科克（S. Edward Coke, 1551—1634），英国著名大法官。1578年担任律师，后担任市法院的法官、法务长官、王室法院首席法官。他曾力主排斥国王对司法权的干预，确立了对后世宪法发展有巨大意义的"法的统治"原则，强调国王必须服从神和法律，而国会则必须服从普通法。

[3] Bradley F. Smith, *Reaching Judgment at Nuremberg*, Basic, Inc., Publishers New York 1977, p. 114.

来，审判的目标之一就是"要让德国人和全世界人民认识到，全部战争活动让德国民族蒙受臭名昭著的耻辱有多么沉重"。比德尔也直言不讳地表达了同样的感情，他评论希姆莱要求党卫队实施的一桩暴行"极富德国人的民族性"。他承认，"我们既是陪审团，又是法庭，""相互冲突的偏见和政策的趋向会不可避免地影响我们的判断。"[1]

反过来，也有很多理由为他们说公道话。法庭上的审讯冗长乏味，经常性的内庭讨论也同样让人厌烦。由于这样的审判史无前例，缺乏现成的程序可以依循，法庭还时常需要考虑和裁决一些日常琐事，而这些事务在英、美国内法院通常由文书人员处理。另外，审查辩方提出的证据和证人尤其耗时耗力，这使法官的劳动量远远超出正常水平。

从审判开始（1945年11月20日）截止到证据审查与控方陈述结束（1946年8月31日），法庭共举行了403次公审。控方当局所指定的33名证人口头提出了对各被告个人的证言；辩方除被告中19人的供词外，有61名证人提出证言。辩方另外还有143名证人以书面形式提出证言。

法庭指派被委任的法官听取了有关各组织的证据。各被委任的法官听取了辩方101名证人的证言，并收到了其他证人提交的1809份宣誓证书。此外还收到了6份综述其他许多宣誓证书内容的报告。

法庭收到了对各政治领袖提出的、有155000人签名的38000份宣誓证书，对党卫队提出的136213份宣誓证书，对冲锋队提出的10000份宣誓证书，对党卫队保安勤务处提出的7000份宣誓证书，对参谋总部和武装部队最高统帅部提出的3000份宣誓证书，对秘密警察提出的2000份宣誓证书。

在法庭上，法官们听取了22名证人为各个组织提出的证言。为控诉各个被告和组织而提交的证明文件达数千件。所有在法庭上的发言都用速记方式

---

[1] Bradley F. Smith, *Reaching Judgment at Nuremberg*, Basic, Inc., Publishers New York 1977, pp. 114-115.

做成完整的记录；此外，整个审讯都录了音。[1]

辛苦艰难的工作逐渐消除了法官们对纳粹德国历史，以及对战争期间国际关系的无知。审判起初，由于缺乏历史知识，法官们不断出错，他们的观点也失之于简单。例如，在早期的判决书草稿中，比德尔在阿道夫·艾希曼（Adolf Eichmann）[2]名字的旁边写道："此人是谁？"不管怎样，在审判过程中，法官们连对证人和文件申请这样的日常事务也恪尽职守，这有助于他们了解纳粹德国的人物和事件背景。到审判末期，由于大量阅读了有关纳粹系统在1939年至1945年运转情况的第一手资料，法官们对相关知识的了解，已经超过了大多数无此机会的研究纳粹德国的专家。

二

多数法庭成员是法学家，并且态度诚实，当他们对历史事实感到迷茫的同时，也忧虑讼案法律方面的问题。早在1945年12月，劳伦斯和比德尔十分尖锐地就犯罪组织向美国检察官斯托里上校提出大量问题。与此同时，比德尔的首席法律顾问韦克斯勒，对全部犯罪组织起诉案产生了很多怀疑，由此向比德尔提交了一份报告书。

1946年1月，德瓦布尔在一次内庭讨论中建议，为那些有可能被带到占领区法庭受审的组织成员制定系列保护性规章，以避免造成大规模的迫害。这个提议被三对一的投票否决，但是，在2月和3月的关于犯罪组织的公开

---

1 以上统计数据来自〔民主德国〕P. A. 施泰尼格尔（编）：《纽伦堡审判》（上卷），王昭仁等译，商务印书馆1985年版，第130—131页。
2 阿道夫·艾希曼，德国战犯，执行纳粹大屠杀的重要人物之一。他于1932年参加纳粹党，同年加入党卫队。纳粹吞并奥地利之后，他受命前去维也纳消灭犹太人。一年后，又以同样的使命被派往布拉格。1942年希姆莱成立德国中央保安局，把艾希曼调到犹太处任职。1942年纳粹确定以大规模灭绝作为"最后解决"犹太人问题的方法，并指定艾希曼负责执行这一任务。艾希曼在战后被美军俘房，但于1946年从战俘营逃走。他在中东躲避数年，1958年化名逃至阿根廷定居。1960年他被以色列情报机关逮捕，并被秘密送往耶路撒冷。1961年4月11日至12月15日，在全世界的关注下，以色列对他进行审判，最后判处绞刑。

庭议之后，法庭对该案这个方面的疑问日益增强，并于5月开始考虑把包括党卫队的分支机构在内的某些下属组织排除在犯罪宣告之外。同时，劳伦斯不仅指出，国防军最高统帅部的辩护律师彻底推翻了该案的大部分起诉理由，而且还在一次秘密会议上问道，能否全部放弃犯罪组织讼案？

除此之外，在证据审查结束很早以前，比德尔还为共谋案煞费苦心。1月，他在记事本上强调指出，德国吞并奥地利没被作为一次侵略战争指控，从而整个奥地利问题将附着于共谋控诉。一个月后，他向英国代理总检察官马克斯韦尔-法伊夫提出一些简要但费力的问题，意在使控方清楚界定共谋控诉的构成要件是什么，也意在确切查明共谋者计划开始的时间。马克斯韦尔-法伊夫认真地回答了比德尔的问题，然而，他的答复无助于澄清事实，难以消除法庭的疑虑。

到审判的最后四个月，法官们熟悉了案件事实和法律争议，他们有能力频繁干预对证人的盘问。法庭不仅更多地显示权威打断离题问题，法官个人，特别是比德尔，还主导了大部分的直接盘问。譬如，当被告绍克尔站在证人席上时，比德尔对他进行盘问，盘问时间之长不亚于控方的交叉盘问，而效果之显著则远远超乎其上。这些事例不仅表明，到1946年春天，控方失去对诉案的控制到了何等程度，而且说明法庭对审判满怀自信，它应对案件的知识和能力已经游刃有余了。六个月前，比德尔还不了解绍克尔，以至于无法应付最起码的预审，然而到了6月，他能够提出一连串紧扣主题的问题，招招命中绍克尔答辩的要害。

对于比德尔迅速增长的知识，以及审判的有效性，美国法官的工作班子功不可没。昆西·怀特、韦克斯勒、詹姆斯·罗（James Rowe）、艾德里安·费舍尔（Adrian Fisher）、罗伯特·斯图尔特（Robert Stewart），是比德尔和帕克召集来的法律顾问和助手。怀特和韦克斯勒法律造诣深厚；除斯图尔特之外，其他四人还都富有广泛的政治经验。这五个法律助手都与两位美国法官有着亲密的私人交情或职业联系，举例说，比德尔担任美国司法部部长时，韦克斯勒和罗就是他的副手。这些法律助手在审判中所起的作用不可小视。后来，虽然怀特和韦克斯勒都提前回国了，比德尔仍然依赖远在美国的他们，在重大的问题上通过信件征求他们的意见，至少判决书的一块内容就是韦克斯勒撰写的。[1]

其他三国的法官助手在规模和质量上都比不上美国的，所起的作用也有限，在此无须多述。有必要一提的是英国助理法官伯基特在法庭讨论判决阶段所扮演的重要角色。

庭长劳伦斯喜欢法庭审判而厌恶法律文书工作，与其形成对照的是，助理法官伯基特吃苦耐劳，精于法律起草和判决书的撰写。由于美、英、法三国法官都极其谨慎地提防苏联法官代表法庭发言，所以，他们不采用由四名法官轮流负责发表法庭观点的方法。这样，作为庭长的劳伦斯，必然担负起预备法庭书面意见的职责。而在实践中，这就意味着法官们要进行商讨，做出决议，并要求劳伦斯爵士预备文件表达法庭的意见，而文件的起草工作实际上是由伯基特承担的。

审判自始至终，伯基特竭力摆出一副姿态，表明他非常愿意充当起草人的角色。作为法庭的秘密传声筒，他似乎从中获得了乐趣。然而，他满意的外表掩饰着内心的痛苦——他起初被大法官提名为英国法官，但因为外交部坚持由上议院执掌司法的议员劳伦斯担任这个职务，伯基特才被降格为候补者，替那个他认为不值得敬佩的人起草文件。他似乎通过自愿承担大量的司法工作，来强化自己所受的不公正待遇，这在一定程度上损害了他的心理健康，然而，法庭从中却受益良多。因为，他撰写所有的法庭意见，就可以在起草中尽量缩小争议；而且，随着审判的不断推进，他还逐渐增强了一种非常宝贵的能力，即综合案件的主要问题的能力，这对法庭达成最终判决至关重要。

1　Bradley F. Smith, *Reaching Judgment at Nuremberg*, Basic, Inc., Publishers New York 1977, p. 118.

1946年4月，法庭成员认识到，他们要自己解决案件的主要法律难题。劳伦斯庭长询问他的同事，着手准备判决书的时机是否成熟，他试探性地提议这项任务应该在四个代表中间进行分割。然而，美国法律顾问韦克斯勒提交给比德尔一份咨询报告，强调实际起草判决书的职责应由庭长承担。韦克斯勒的观点获得认同，劳伦斯担负草拟判决书的任务，而正如法庭每个人都明白的那样，这将由伯基特准备。

这项任务困难而艰巨，好在几项有利因素综合减轻了伯基特身上的重担：首先，到此为止，伯基特已经积累了五个月的制作法庭意见书的经验；其次，为了手头的工作，他可以任意使用详尽的法庭记录抄本；最后，每个法官在开庭过程中所作的个人证据摘要都任由他调用。

英、美的法官助手从审判一开始就着手制作证据摘要，以备最后的判决所需。他们不辞劳苦，利用审判期间的大块时间准备这些摘要，并把各自的材料整理成备忘录供伯基特参考。其中一些备忘录没有对原材料进行任何整合和梳理；有的则把文件进行加工整理，比如，费舍尔在自己的备忘录中，把证据摘要归纳为以下几个主题："截至1933年中期的共谋状况"、"为侵略战争而作的经济策划和动员"、"破坏和平罪"、"对奥地利和其他国家的侵略活动"、"对犹太人的迫害"、"奴役劳动"、"集中营"和"一般战争罪行"等。6月间，另外两个美国法律顾问，詹姆斯·罗以及斯图尔特，和费舍尔一起就一般政策、特定组织和个人被告问题准备了更多的备忘录。这些备忘录显然影响了伯基特的草稿，其中一些论点，甚至有些语句和段落都被直接采用。

从4月末到6月下旬，伯基特一直忙于草拟判决书。在此期间，他拿出一份草稿给劳伦斯、比德尔和帕克，征求他们的意见和批评。根据他们的反馈意见，伯基特另外作了修改，最终形成了8页的大纲和64页的草稿。6月27日，法庭召开秘密会议开始讨论这份草稿。

应该强调的是，直到那时，还没有迹象显示，法官们会对判决的内容和形式发生根本的争执。对审判末尾的程序，法官享有几乎不受限制的行动自由。《国际军事法庭宪章》仅仅规定，他们应该"宣告判决"、"宣布刑罚"，同时提供判决所依据的理由。[1] 因此，各法官的意见必然会在这个阶段集中而充分地体现出来；围绕判决而产生的分歧和冲突，也肯定会比以前任何时候都严重。

审判期间发生的激烈争执，以及围绕特定法律争议而日益增加的忧虑，使法庭决定在审判结束很早之前就着手起草判决书。它希望借此尽早化解法庭内部的争议，就重大的法律问题达成妥协，最终形成一致意见。尽管如此，但似乎没有一个法庭成员预想到一场关于判决书的严肃斗争即将发生。这可能是法庭处理整个审判的最大悖论：一方面，对于重大的法律难题，控辩双方都没能提供解决办法，法官们不得不自己承担责任，提前准备判决意见；但另一方面，他们心里很清楚，在辩护陈述结束之前草拟判决书，无疑是很大的冒险。

因此，6月份，当伯基特把判决书草稿分发给其他法官时，他告诫其同事务必对此事绝对保密，如果不慎散布出去，那么在审判的这个阶段就考虑判决书肯定会遭受误解。即使在7月中旬，当比德尔为了一个特殊的法律问题写信咨询已经回国的韦克斯勒时，他还重点谈到了法庭提前预备判决书的大机密，并叮嘱韦克斯勒绝对不能走漏消息。[2]

事实证明，提前预备判决书确有必要，否则，一些根本问题就不会清晰地浮出水面。人们都有这样的生活经验：头脑中构思的东西是一回事，真正落实到现实中的往往是另一回事。在准备判决书的过程中，法官们似乎认为，相关问题还没严重到足以授权进行这些冒险。伯基特开始起草之前，他们也没有尽力对待主要的争论点，例如，侵略战争、犯罪组织和共谋等。法

---

1 参见《国际军事法庭宪章》第24条、第26条。
2 Bradley F. Smith, *Reaching Judgment at Nuremberg*, Basic, Inc., Publishers New York 1977, p. 120.

庭成员似乎知道问题依旧存在，也应该做出决断，但仍然希望一旦基本的证据写在纸上，答案自然会完全呈现出来，而后就可以作出妥协，避免在法庭里发生严重的冲突和深刻的分歧。[1]

三

6月27日，当伯基特的判决书草案正式提交讨论时，达成平稳、温和的一致意见的希望突然消失了。按要求，每个法官依次发表对伯基特的工作成果的意见，尼基钦科、劳伦斯、比德尔与惯常做法一样，既有称赞，也有批评，并提出实际建议；然而，德瓦布尔不仅对草案提出一些详细的批评，而且还激烈地争论道，法庭应该抛弃全部的共谋或共同策划控告。

在德瓦布尔发言之前，最让法庭意见不合的话题是犯罪组织和侵略战争的一般问题。但是，德瓦布尔将注意焦点引向共谋问题，比德尔也立即对他所持的立场表示赞同。其他法庭成员虽然想继续讨论伯基特草稿的详细情况，但已经来不及扭转乾坤。于是，在接下来的两个半月，共谋变成法官们商讨的中心议题，它不仅决定判决书的形式，而且也决定着许多被告的判决和处罚。

在6月27日和8月14日举行的两次内庭会议上，德瓦布尔发表了他反对共谋的论点，为支持他的口头发言，他提交了两份备忘录。他的反对理由可以总结为以下两大点：

第一，控方的共谋控诉存在严重的缺陷。具体表现为：

首先，大陆法和国际法中都没有涉及共谋的规定；在眼前的案件中，控方指控纳粹领导人进行了一个总的共谋，它长达25年之久（1920—1945年），覆盖了半个欧洲大陆的历史。显然，这项指控不仅缺乏一般法律和国

---

[1] Bradley F. Smith, *Reaching Judgment at Nuremberg*, Basic, Inc., Publishers New York 1977, p. 121.

际法的依据，而且在时间和范围上也超出了英美法的实践。

其次，控方的指控含糊不清，它没有确立任何一项共谋或共同计划的必要前提，即没能证明一伙人在特定的时间和地点，在确定的犯罪目标，以及为实现目标而打算使用的犯罪手段上达成共识。相反，控方只是收集了纳粹主义的各种表现，例如 1920 年纳粹党宣布的 25 点纲领中所包括的声明，以及《我的奋斗》中所包含的政治主张，并以此为依据，声称存在一个确定的犯罪计划的核心。这样的证据欠缺法律上的说服力。

再次，密谋实际上并不存在。控方声称，任何加入纳粹党的人，足以因此认定他蓄意参与了共谋。然而，控方的这个论点难以成立，因为并不存在确定的纳粹计划。纳粹夺取德国政权以及随后对欧洲的扩张，并非受一个明确的总体计划的指导，而是一连串即兴活动的结果。

最后，密谋指控是溯及既往的。纳粹分子计划攫取德国政权，以及准备破坏诸如《凡尔赛条约》这样的协定，不应该视作是犯罪。因为当他们实施这类行为时，共谋还不是违反国际法的罪行。因此，任何以浮夸的共谋为基础的指控，都是追溯既往的刑罚，都是对正义的公然冒犯。[1]

第二，《国际军事法庭宪章》不支持控方的共谋控诉。除了第一点反对理由外，德瓦布尔认为，控方也没能正确解释共谋指控的法律根据。《国际军事法庭宪章》曾列举了三条可起诉的罪行，即战争罪、危害人类罪和破坏和平罪。破坏和平罪部分由以下内容构成："参与共同计划或共谋"以策划、准备、发动或进行"侵略战争或违反国际条约、协定或保证的战争"。第六条最末一段令人费解地规定：凡参与"共同计划或共谋"以实施任何罪行的人，"对为执行此类计划而犯罪的任何个人的一切行为均负有责任"。然而，如前所述，当控方草拟起诉书时，它并没有以宪章明文规定的三条罪行为基础，而是列举了四条罪状，即破坏和平罪（第二条罪状）、战争罪（第三条

---

[1] Bradley F. Smith, *Reaching Judgment at Nuremberg*, Basic, Inc., Publishers New York 1977, p. 122.

罪状)、危害人类罪(第四条罪状)以及额外增添的一条,即第一条罪状,控告每个被告为实施其他三项罪行而参与一项共同的计划或共谋。这样,控方照搬了宪章第六条的最后一段,以它为根据,指控为实施战争罪、危害人类罪和破坏和平罪而参与共谋的行为。但在德瓦布尔看来,对宪章的这种解释毫无正当根据。他坚称,第六条的最后一段针对的是共犯,并非为一项特定的共谋的总罪行而设,因而,指控存在一项总共谋缺乏法定基础,法庭应该结束这项指控。

在展示自己的论点时,德瓦布尔预先对一些法律问题和可能提出的反对意见作了准备。由于他坚持在被控行为发生的时候,共谋不是一项国际罪行;那么,以此类推,在起诉书引述的事件发生的时候,危害人类罪和破坏和平罪事实上是否为罪行也就成了问题。如果因为缺乏国际法的依据,要抛弃共谋指控,那么按照这样的逻辑,对破坏和平罪和危害人类罪的指控也要统统抛弃。为了解决这个内在的矛盾,德瓦布尔采纳了美国检察官的意见,断定国际法基本上不是成文法,而是根据公共倾向的先例和变化逐渐发展起来的。由此,纳粹分子在实施侵略性进攻和暴行时,这些行为是犯罪,被告也清楚地知道这一点。但是,当时却没有人说,共谋或战争策划是一项国际罪行;因此,被告不可能知道他们在这方面的行为是犯罪。[1]

到现在为止,一切听起来都还有道理。但是,德瓦布尔无法回避这样一个事实,即宪章和起诉书都明确宣称,为实施破坏和平罪而"参与共同计划或共谋"是一项国际罪行。德瓦布尔试图绕过这个事实,他避而不谈宪章可能出了法律错误,宁愿强调一些实际的原因,来说明为什么法庭不应该判决被告为了实施破坏和平罪而参与共谋是犯罪行为。他解释的原因有这么几点:

其一,这样的判决没有必要。因为发动侵略战争的独立罪行能被轻易地

---

[1] Bradley F. Smith, *Reaching Judgment at Nuremberg*, Basic, Inc., Publishers New York 1977, p. 123.

证实；既然被告策划、准备、发动和进行了战争，那么最好按照"罪行吸收共谋"的原理来处理，不要考虑他们阴谋策划了什么事，而是根据他们的所作所为宣告其罪行。

其二，控方的证据难以证实相关被告进行侵略战争的共谋的存在。比如，希特勒宣布他决定撕毁《凡尔赛条约》，但没有明确解释他通过怎样的手段，具体地实现他的意图，因此，不能把这作为判定其他人参与一项犯罪计划的根据；只有证明他们了解希特勒的具体的意图，譬如使用诸如侵略性攻击这样的非法手段，才能判决他们作为同谋者犯了罪。德瓦布尔认为，即令在1930年代后期的会议上，希特勒告诉其高级助手，他打算用武力向东面扩张，这样的事实也不能证明共谋性计划的存在。

其三，共谋的构成还要求参与者之间具有某些平等倾向，但是在元首独裁的纳粹德国并不存在这种情况。在1930年代后期的会议上，只能听见"一个声音"，那就是希特勒的。那些倾听这个声音，并且着手执行其命令的人，当他们贯彻执行了命令，就变成犯罪的帮凶；但是，由于他们地位卑贱，态度驯服而顺从，因此不能把他们视作共同计划或共谋的参与者。

8月14日，德瓦布尔在一篇长篇报告中，概括说明了他的立场，他恳求其同事以独立存在的罪名进行判决，并且如有必要，也可以处罚共犯和帮凶，但是结束共谋罪的控告，避免产生诉讼程序中的溯及既往问题，避免因此引起世界法律界的激烈批评。

四

1946年，备受战争摧残的法国仍然国势衰弱，欧洲笼罩在渴望复仇的氛围中，此时，德瓦布尔自愿提出这番言论，需要相当大的道义上的勇气。审判结束后，德瓦布尔发表了他小心修改过的关于共谋案的报告。当时，极力反对纽伦堡审判的人，尤其是其中的德国人，在某种程度上把他宣传为道义和法律的英雄。然而，这些人不得不断章取义地利用德瓦布尔的论证，因为它很容易产生与其初衷相违背的结果。

这些批评者还批驳控方共谋案的证据问题，其中的一个主要观点是：1930年代晚期，在希特勒与其军事将领以及政治助手召开的会议上所做的摘要和记录，没有准确地反映他的下属们表达的意见，以及对他的计划的批评。虽然直至今天，人们仍在热烈争论这些反对理由有多大价值，但有一点是可以确定的：假设在纽伦堡法庭上使用的任何会议摘要，都包括了希特勒的党羽们的评论和批评情况，德瓦布尔反对总共谋控告的最有力的一个论据就要被完全推翻。因为证据中显示出来的任何意见交换，都意味着在希特勒和诸如邓尼茨、施佩尔这些人之间存在相对的平等，这样一来，德瓦布尔的反对理由就能被轻易扫除，就可以按照宪章的界定，判定侵略战争的共谋参与者有罪。[1]

许多德国人，包括某些辩护律师在内，认为共谋指控是在含蓄谴责全体德国人"集体犯罪"。正因为德瓦布尔削弱了共谋指控的基础，所以在某种程度上，他被视作德国荣誉的救星。

然而，如果考察德瓦布尔对那些身负纳粹主义罪责者的评价，就可以清楚地看到，他和后来赞扬他的许多德国人所持的观点实际上大不相同。恰恰相反的是，他绝对不想免除德国人的罪责。在庭议中，他再三向其同事强调，"希特勒政权的罪行"的重要动因深深植根于整个德国民族，针对此，他提出了一个纳粹主义的三级责任和归罪制度：他排列的最高一级是全体德国人，罪行最大；其次是希特勒，他认为只犯有中等罪行；最后是22名被告，他们处于最低层次，身上的罪责也最小。

这个古怪的结构既反映了德瓦布尔的反德偏见，又说明他担心全体德国

---

[1] Bradley F. Smith, *Reaching Judgment at Nuremberg*, Basic, Inc., Publishers New York 1977, pp. 124-125.

人有可能利用共谋问题炮制第二个"背后一箭"说[1]——如果纽伦堡法庭把纳粹主义的罪责推到站在法庭上的这一干人头上，判定他们犯有参与共谋罪，那么，广大的德国人就可以宣称，一切罪恶都根源于这个秘密的纳粹党人的共谋，因此，他们对1933年以来发生的事不负责任。德瓦布尔认为：第一次世界大战后，希特勒和全体大众把德国的失败归咎于一个犹太人—马克思主义者的共谋；第二次世界大战后，再放任德国民族把战争和失败都怪罪于一个纳粹分子的共谋，而不沉痛反省整个民族的深刻教训，将是危险之举。

于是，德瓦布尔认为，如果盟国判决22名被告犯有具体的罪行，并处以恰当的刑罚，这相对于共谋指控，将是更明智的做法。在完成判决的前提下，通过宣告罪行和责任真正归属于全体德国人，可以为未来的和平奠定基础。所以，尽管德瓦布尔在审判之后被誉为温和主义者，他的本意绝非要对德国人心慈手软，他的法庭同事也从未指责他有此意图。所以，在法庭内部发生的争论，不是基于亲德或反德的情感，而纯粹关乎总共谋指控应否废弃的问题。

五

在6月27日首次讨论共谋罪的会议上，只有比德尔赞同德瓦布尔的立场。对于放弃共谋指控的观点，比德尔试图赢得美国法律助手们的支持，然而没有收到预期的效果。其他法庭成员都坚定不移地主张应该保留共谋控诉。尼基钦科和劳伦斯支持共谋，四个候补法官以及所有留在纽伦堡的美国法律助手也都如此。赞成保留共谋的法官接连在三次秘密的协商会议上阐述

---

[1] "背后一箭"说（Dolchstoslegende），系第一次世界大战后出现的一种谬论，认为德国战败是由于"后方的背叛"，即德国国内爆发的革命所致。1918年11月，当德国不得不承认它被打败的时候，军国主义者不愿意接受德国的投降思想，也不想从中吸取教训。于是，他们开始散布一种说法，说什么军队不是在战场上被打败的，而是被国内叛乱者出卖的。这种"背后一箭"说从此就诞生了。参见〔法〕雅克·德拉律：《盖世太保史》，黄林发、萧弘译，上海译文出版社1984年版，"前言"第5页。

了他们的观点，另外，又制作出很多备忘录，以至于德瓦布尔抱怨道，在如此规模和强度的备忘录的袭击下，他简直难以招架。[1]

支持者强调的理由是：纳粹首脑们实际上从事了扩张主义战争的策划和准备。虽然他们承认，关于何时开始策划难以达成共识，但是，尼基钦科和劳伦斯，还有候补法官们，都坚信一点，侵略战争的策划确曾发生过。他们虽然不太确定这些战争策划是否违法，却都同意，纳粹分子曾经进行的战争策划属于《国际军事法庭宪章》第六条列举的破坏和平罪的惩罚性规定。伯基特、帕克和法尔科不愿意进一步深究：在纳粹分子涉嫌于1920年代和1930年代讨论和策划其战争的时候，侵略战争的共谋或策划是否事实上是一项国际法罪行。另一方面，劳伦斯公开主张，法庭必须遵从宪章规定。他声称，纵然宪章将导致不公正和溯及既往的判决，也必须无条件地遵守其条款。比德尔认为，劳伦斯的立场暴露出"英国人最坏的一面"。[2] 不过，在尼基钦科的态度面前，他们二人又都震惊得哑口无言。

冗长的原则性讨论显然激怒了这位苏联法官，他不胜厌烦地强调说，在他看来，法官们做事应该讲求实际，而不该婆婆妈妈地开讨论会。尼基钦科说，把共谋作为违反国际法的一项罪行是个创新，他不否认这将导致溯及既往的判罪，但是，他质问道，为什么西方法官对这个问题如此敏感？他冷静地指出，法庭的许多举动都是创新，例如，某些罪行的界定，禁止被告以上级命令作为抗辩理由等，然而似乎没有人特别关心这些问题。尼基钦科认为，法官们的确在创新，他们应该坦率地承认自己正在确立一项新的国际法原则。

对长期熏染于西方法律传统，并严格奉行"法律至上"原则的西方法官来说，尼基钦科的这番言论简直惊世骇俗，并充满潜在的危险。他们赶紧避

1　Bradley F. Smith, *Reaching Judgment at Nuremberg*, Basic, Inc., Publishers New York 1977, p. 126.
2　Ibid.

开这番敏感的言论，把争论转回到原来的法律问题上。劳伦斯坚决抵制德瓦布尔的观点，认为他的观点存在两个缺陷：

其一，德瓦布尔主张，共谋的存在与希特勒全能的独裁统治这一事实相互排斥。但在劳伦斯看来，元首只是侵略计划的发起者，如果没有他的党羽参与，侵略计划就不会发展完善，这场战争也就不可能爆发。其二，他的另一个观点，即认为一个共谋的确立要求策划者之间具备一定程度的平等，也是有缺陷的。因为平等不可能测量，这也不是一项确定的衡量共谋的法律尺度。

法国候补法官法尔科赞同劳伦斯的论点，并补充说，《国际军事法庭宪章》明文禁止被告借助上级命令作为免刑理由，所以，在共谋案中不应该过分强调元首命令。尼基钦科丝毫看不出独裁统治与战争的共同策划之间有任何矛盾之处。帕克从完全不同的视角出发，也感觉这二者是完全相容的，他认为侵略战争几乎总是由独裁者及其党羽制造的，因而意欲惩罚侵略战争的共谋指控是必需的，它是打击这种邪恶势力的有效手段，不应该遭到损害。

支持共谋指控的法官一再强调，如果按照德瓦布尔的意见行事，必将产生不可收拾的后果。假如没有共谋罪，就失去了给德国宣传部官员汉斯·弗里切定罪的根据；同理，唯有共谋罪才能将德国前经济部长和银行总裁沙赫特绳之以法，对巴本也同样如此。苏联候补法官沃尔奇科夫，从更广阔的视角指出，纳粹分子十恶不赦的罪行，例如种族灭绝，散布得如此之广泛，情况又如此之复杂，除非适用一些像共谋这样的综合概念，否则将难以对付所有罪犯。尼基钦科进一步阐发沃尔奇科夫的论点，认为犯罪关系和罪名之间的特别复杂性，决定了对共谋控诉不能适用英、美国内法习以为常的严格标准；共谋罪极为特别，非常难解，法庭完全有理由开辟新天地，惩罚国际性的共谋犯罪。[1]

---

[1] Bradley F. Smith, *Reaching Judgment at Nuremberg*, Basic, Inc., Publishers New York 1977, p. 128.

帕克还从意义更为深远的方面支持共谋指控。第一，它对国际法的发展具有重大意义。如果抛弃了涉及侵略战争的共同计划—共谋，那么，正处于控制战争进程中的缓慢而蹒跚的步伐就会中途停止；如果不能用法律惩罚战争策划者，那么，通过诸如《凯洛格—白里安公约》等手段试图阻止战争的努力就会徒劳无功。第二，它直接影响到犯罪组织案。一方面，如果舍弃了共谋指控，认定组织的犯罪性就会失去合法的依据，因为这样的判决必须以组织"构成了共谋罪"为基础。另一方面，如果法庭抛弃了共谋罪，而仍然保留组织控诉，那么，这些组织的个人成员将丧失他们最好的法律防御手段。因为，根据共谋规则的定义，成员资格的获得必须是自愿的，并且成员知情所属组织的犯罪意图，这是提供给犯罪组织成员个人的最有力的保护伞。基于此，应该保留共谋指控，用以起诉组织，同时保护无辜的个人免受不当的刑罚。

帕克为保留共谋而进行的辩护最为复杂，而最打动人心和影响深远的辩护则来自伯基特。伯基特告诉其同事说，审判的主要意义在于证明一个共同计划或共谋是存在的，如果抛弃了这条罪行，就会丧失起诉案的精神，审判的价值也将付之东流，结果必然造成一个"国家的灾难"，因为即令没有了共谋，一些个人还可以因其他罪行而被判定有罪，但是纳粹政权将被宣告无罪，如果是这样，那么以痛苦和牺牲换来的盟国胜利将要失去所有的意义。[1]

很显然，在法官们情绪如此激烈、分歧如此深刻的情况下，法庭迫切需要达成一个妥协方案。如果严格遵循宪章的规定，维护共谋者就将在决战中通过投票胜出。四名法官的意见分裂为两组，劳伦斯和尼基钦科维护共谋罪，德瓦布尔和比德尔主张至少予以苛刻限制，尽管这可能给判罪制造一些难题。宪章第4条规定，对于判决和处刑之外的任何问题，在票数相等时，庭长的投票具有决定性作用。但是如果双方互不妥协，一定要把共谋争议进

---

[1] Bradley F. Smith, *Reaching Judgment at Nuremberg*, Basic, Inc., Publishers New York 1977, p. 129.

行到底，这意味着它必将涉及至关重要的判决和处刑问题，那么，总共谋最终必须以三对一的投票才能得以维持。反对方明智地预见了这个兆头，即辩论从一开始就需要主动作出妥协。而在对立一方，若干法官也清醒地认识到，欲获得这一基础问题的胜利，也要付出极大的代价。双方都应该做出一定程度的妥协。

帕克率先表示愿意作出让步，他向同事们倡议：达成一个一般谅解比任何个人的意见占上风都更为重要。在讨论过程中，主张保留共谋的其他人也同样表示，他们打算限制或舍弃全部指控中的某些要素。三名西方候补法官准备抛弃控诉所宣称的为了实行战争罪和危害人类罪的复合共谋罪：在这一点上，帕克同意德瓦布尔的观点，即起诉书中的这些指控缺少法定基础，宪章第 6 条中没有相关内容规定；法尔科认为，它们有法律上的根据，然而由于控方不能成功地加以证实，所以应该予以放弃；伯基特也愿意放弃总共谋的这两个方面，虽然他没有明确指出它们的缺陷在于法律方面，还是在于证据方面。

由于德瓦布尔、比德尔和三名西方候补法官都倾向于把共谋锁定在破坏和平罪上，制订一个一般的妥协方案变得更容易了。

六

支持共谋指控的法庭工作人员，也全面展开论证，为妥协方案的达成进一步创造条件。

两个美国法律助手，费舍尔和斯图尔特，在德瓦布尔发表意见之前，于五六月份撰写了备忘录，讨论共谋问题。他们二人都坚定认为，一个侵略战争的共谋确曾存在。值得注意的是，二人也都不接受控方的论点，即进行战争罪和危害人类罪的共谋曾经存在。费舍尔和斯图尔特也都认为，应该把共谋控诉限制在破坏和平罪范围内。

在一份备忘录中,斯图尔特试图解决这样一个棘手问题:侵略战争的共谋形成于什么时候?控方的观点是,它应该追溯到1920年代早期纳粹党的成立。斯图尔特不同意这个看法。他认为,共谋不是开始于希特勒公开宣布重整军备之时(1935年),就是开始于纳粹军队违反《凡尔赛条约》开进莱茵非军事区之时(1936年),但无论如何,一个铁定的事实是:截至1937年11月5日,"有证据显示一个协议制定出来了",当时,希特勒在所谓"霍斯巴赫会议"上,向其助手们宣布他决定以武力征服奥地利和捷克斯洛伐克。证明这个协议存在的证据就是"霍斯巴赫记录"。

在1946年五六月份产生的众多备忘录中,费舍尔也谈到了侵略战争和共谋问题,其中两个备忘录涉及迫害犹太人问题,而且否定了控方的主张:纳粹实施的反犹方案,目的是为了消灭侵略战争计划的本国反对势力。费舍尔认为,反犹方案产生于希特勒个人的狂想,出于一种盲目的不理智的仇恨,与侵略战争的准备毫无关联。在评价重整军备计划的经济措施时,费舍尔也发现,由于控方的证据着重于说明德国人"如何"而不是"为什么"重整军备,所以很难分派刑事责任,或证实共谋的存在。

总之,费舍尔总结说,没有令人信服的证据表明1920年代存在纳粹的共谋。1933年1月,希特勒当上德国总理时,也不是恰当的共谋的起始点,因为当时首批主要的内阁成员还不是纳粹党人。1933年中期有可能存在共谋,但问题是,几乎没有直接的同时代的证据证明希特勒政府在这个阶段以"一个计划或共谋"为基础进行活动。至于1930年代以前的任何时候是否存在侵略战争的策划,费舍尔倾向于搁置这个问题。他和斯图尔特一样,认为在1933年或1936年这种共谋是否存在,仍是一个悬而未决的问题;但毫无疑问的是,在1937年11月5日,即霍斯巴赫会议召开的日期,一个共谋确实存在了。

6月间,费舍尔又起草了一份长达40页的备忘录,主题为"发动侵略战争的共谋"。在这份文件中,他更加彻底而系统地研究了这个问题,并得出了更为明确的结论。经过再次仔细地审查控方的证据后，费舍尔展现出一幅予人印象深刻的全景式图画，内容涉及纳粹政权重要的推进领土扩张的外交、经济和军事状况。

费舍尔首先提出了他的论点：到1933年晚期，一个犯罪的侵略计划存在了，从那时起，纳粹政府和党的领导人都应该知道他们是侵略计划的参与者。因为，到了1933年末或1934年初，德国境内开始清洗和镇压反对势力，联合政府时期终结，继续留在希特勒政权中的人肯定清楚他们将不得不支持纳粹的计划，包括它的扩张主义计划。

费舍尔唯恐这一连串辩论包含了太多的推定而不足以令人信服，又进一步提出了他认为更有力的论证来支持其观点，即一个侵略战争计划存在于1930年代中期。到了1936年，纳粹分子撕毁《凡尔赛条约》限制重整军备的条款，重新武装占领莱茵地区。由于《凡尔赛条约》除领土限制之外并无其他内容，自此以后，当希特勒宣扬"要把德国从《凡尔赛条约》的束缚中解放出来"的时候，任何有理性的人都应该推知，纳粹政权要以武力夺取德国于一战后被迫割让给邻国的领土。德国疯狂扩充军备与其外交行动相辅相成，这一压倒一切的事实证明，到了1936年，一个侵略战争计划实际上已经存在了。

这些直接处理共谋问题的备忘录都送给了伯基特，供他起草判决书之用。伯基特没有径直驳回共谋指控，而是以时间先后为顺序，客观描述1930年代德国外交和军事的事态发展，由此给人一种印象，即这些情形都是一个连贯的系统或计划的组成部分；在历史的每一个发展阶段，策划和准备工作，都是通过极其系统的方式进行的。

与此同时，伯基特还结合了他关于起诉书第一条（共同计划或共谋罪）与第二条（破坏和平罪）罪状的讨论。他认为，第一条罪状控诉各被告参与犯了破坏和平罪的共谋或共同计划，第二条控诉各被告犯了破坏和平罪的特定罪行，即对许多其他国家策划、准备、发动和进行侵略战争的罪行，这两条可以进行合并，即把存在共同计划的问题和侵略战争的问题融合在一起。

共谋指控由此被限制在破坏和平罪的范围内，而涉及战争罪和危害人类罪的共谋指控则被完全抛弃了。换言之，虽然起诉书的第一条不仅控告了侵略战争的共谋，而且也控告了战争罪和危害人类罪的共谋，但伯基特起草的判决书只打算考虑准备、发动和进行侵略战争的共同计划，而不打算考虑各被告参与犯有战争罪和危害人类罪的共谋。

在其手稿中，伯基特还添加了"法庭参考意见"作为备选建议，这些内容非常宝贵，表明了他对共谋问题的看法。按照伯基特的看法，是否有必要确定侵略战争的共谋开始于何时，或者，指出共谋确切存在的日期是否满足需要，这是法庭面临的关键性问题。伯基特明显偏爱后者，而且当他讨论上述两种选项时，他主张都使用同一时间，即1937年晚期，霍斯巴赫会议召开之后。

不过，如果法庭采纳了这一建议，那么它遇到的唯一难题，关系到危害人类罪。因为宪章声明，危害人类罪只有与其他罪行相连时才可能发生，还由于破坏和平罪和战争罪不可能在战争之前发生，所以，任何1939年之前的违反人道的罪行必须依赖共谋。但即便有这些顾虑，伯基特仍偏向于把1937年作为共谋存在的确切时期，他在草稿涉及迫害犹太人的一段话中解释道，纵然这个做法把1937年前的反犹活动排除在法庭的管辖范围之外，但由于纳粹分子在1938年11月对犹太人所采取的暴虐措施，以及此后实施的犹太人大屠杀都形成最高纪录，这样，他们在战前对国内犹太人的迫害虽然残酷，但与之相比，都显得无关紧要了。

因此，早在德瓦布尔对共谋提出质疑之前，伯基特已经建议法庭应该把共谋指控聚焦于侵略战争，而且应该把时间限定为1937—1945年。他还劝法庭以"特定的犯罪计划"作为共谋判决的基础，而不要依据从"一个整体的纳粹计划"得来的推断。由此可见，伯基特提出的所有这些条件是对共谋进行了纯粹的限制性解释。[1]

---

[1] Bradley F. Smith, *Reaching Judgment at Nuremberg*, Basic, Inc., Publishers New York 1977, p. 133.

通过这些详细的讨论，法庭发生的许多争议越辩越明了。几乎每一个法庭圈子里的西方人都不认同美国政府的设想，即存在一个纳粹分子的总共谋；苏联法官则认为这个问题无关紧要。只有个别法官及其助手试图推翻控方全部的共谋构思，即令大部分想要保留它的人也决意从形式和时间两方面予以限制。美国政府本希望借助共谋将纳粹系统一网打尽，然而在法庭的审议过程中，这个设想严重地打了折扣。法庭只愿意在以下两个选择中进行取舍：要么全盘抛弃共谋，要么苛刻地予以限制。

主张全盘抛弃共谋的德瓦布尔没能赢得两名法官支持他的意见，因而，对共谋形态进行修改，即予以严格限制，也就势在必行。费舍尔、斯图尔特和伯基特的文本则给妥协方案提供了备选的样板：共谋将被锁定于破坏和平罪，而为实施战争罪和危害人类罪的共谋控诉则将被排除。另外，应为共谋设定确切的日期。从早先对此问题的处理方案来看，这个日期很可能被定在1936年至1939年之间，而一旦这个时期中的某一点，例如霍斯巴赫会议，被法庭接受，那么可以预料的是，法庭将听从伯基特的提议，把焦点定在"特定的犯罪计划"上，而不是集中于纳粹分子的总计划。因为，到了1930年代中期，纳粹计划的孕育时期早已结束，而侵占奥地利（1938年3月）、捷克斯洛伐克（1939年3月）和波兰（1939年1月）的军事行动恰恰发生在这一阶段。

从一开始就倾向作出妥协的比德尔采取主动，试图寻找一个可以被所有人接受的方案。7月10日，他写了一封长信给已经回国的韦克斯勒，概述了眼前的情形，并描述了德瓦布尔对全部共谋案的批评；在强调他深受德瓦布尔的论点影响之后，比德尔征询韦克斯勒的个人意见。

在接下来的一个月，当法庭忙于讨论判决书的一般规定时，韦克斯勒苦苦思索共谋问题，比德尔则耐心等待答复。到8月19日，比德尔显然收到了韦克斯勒的回信，当天他加入共谋问题的论战，并向其他法官提议，达成妥协方案的时机到了。比德尔同意，为了能够触及诸如沙赫特这样的被告，应该保留全部共谋罪行的若干部分；不过，他也主张应该毫不惋惜地丢弃为实施战争罪和危害人类罪的共谋指控。比德尔坚信，通过强调策划是发动战争的应有部分，通过把共谋问题集中于一系列具体的纳粹侵略战争计划，而非一个含糊而抽象的总共谋，这可能会满足每一个法官最迫切的要求。对这个建议进行激烈讨论之后，法庭授权比德尔制订一个妥协方案。

9月4日，比德尔提交了韦克斯勒准备好的草案。该草案经过初步表决后，比德尔、劳伦斯和德瓦布尔以三票对尼基钦科的一票胜出，法庭由此作出决定，放弃共谋实施战争罪和危害人类罪的控告。尽管尼基钦科坚决反对把任何涉及一个纳粹总共谋不可能存在的意见写入草案，而与之相反的是，德瓦布尔主张妥协方案应该包含一个明确的声明，说明法庭否认一个总共谋的存在，在这次会议上，比德尔-韦克斯勒方案还是获得了暂时的批准。接下来的两三天，比德尔进一步润色方案，并添加了一段话，措辞灵活圆滑，最终使妥协方案获得了意见截然相反的苏、法两国法官的认可。

七

在判决书的最后文本中，比德尔-韦克斯勒方案只有短短三页，放在这份文件的中间，标题为"关于共同计划或共谋的法律"。它尽管简短，却意义重大。比德尔和韦克斯勒力图通过精巧的设计，把第一条和第二条罪状作为确定无误的罪行予以保留，同时在判决中把关于它们的争论融合在一起，以此安抚德瓦布尔和尼基钦科。

该文起首一句说："策划和准备工作是进行战争的基本前提"；接着论述道，由于起诉书第一条罪状控告制定共同计划或共谋有罪，而第二条控告策划和进行战争有罪，因此宜于进行合并。此外，控方自己也通过采用相同的证据，已经把这两点混合在一起了。这的确是实情，并非仅仅因为英国起诉团盛传美国人越俎代庖，侵占了英国负责的起诉案。美国起诉团曾经挑走了最精华的文件档案，英国人被迫尽力使其负责的关于第二条罪状的陈述适合美国人的起诉规划，其结果必然造成二者外观的相同。比德尔和韦克斯勒由此推断，"因为它们性质相同"，可以将之并在一起进行讨论。[1] 通过这样的处理，他们二人成功地回避了最初的争论，即一个纳粹的总共谋事实上是否存在过。

安抚或至少挫败了德瓦布尔和尼基钦科后，比德尔和韦克斯勒继续处理控方的论点：控方在起诉书中提出，纳粹党所从事的"共同计划或共谋"时间长达25年之久，自1919年该党成立时起，直到1945年战争结束为止；他们承认，《国际军事法庭宪章》没有清楚地界定"共谋"的概念，但他们认为，一个共同计划或共谋一定会在纳粹党的犯罪意图中清晰地表现出来，并且距离其决策和行动的时间也一定不会太久。在此，他们又小心翼翼地从苏、法两国法官的立场中间穿了过去；他们声称，无须决定是否存在一个总的共谋，因为早在1937年11月5日（即霍斯巴赫会议召开之时）前，进行战争的计划就已经制订了。不过，即便承认军国主义是纳粹政策的一个重要组成部分，比德尔-韦克斯勒也不愿接受总共谋观念，他们最终更多地偏向德瓦布尔一边，而不是尼基钦科；在一个隐藏在段落里的总结性的文句中，他们声称，"有确凿证据证明，与其说有一个包括全部这类计划的单独的共谋，不如说是有很多个别的（战争）计划。"[2]

这样，对于最重要的观点，德瓦布尔基本上获得了最后的胜利。法庭宣布，因为没有获得《国际军事法庭宪章》的授权，它将不考虑涉及战争罪和危害人类罪的共谋控告；此外，保留下来的涉及侵略战争的共谋——共同计划，与英、美及大陆国家现行的适用于同谋者和从犯的法律，很难区别开来。

对前文所述德瓦布尔的观点，即这类共同计划与希特勒独裁的"领袖原

---

[1] 参见〔民主德国〕P. A. 施泰尼格尔（编）：《纽伦堡审判》（上卷），王昭仁等译，商务印书馆1985年版，第189页。
[2] 同上书，第190—191页。

则"无法共存,比德尔和韦克斯勒不予接受。他们总结道,德瓦布尔所言的参与者之间要有"一定程度的平等",不能作为适当的标准,来判断一个共同计划是否存在。希特勒绝不可能独自一人进行任何侵略战争,他必须取得政治家、军事领袖、外交官和实业家的合作,一旦这些人知道他的目的而保证与他合作时,他们就自动地成为他提出的犯罪计划的同谋者。可以推测,根据比德尔-韦克斯特方案,每一个了解特定的侵略战争计划并继续为纳粹政权服务的人都因此要承担刑事责任。只不过,唯一的限制是,必须将参与共谋—共同计划的责任应用于破坏和平罪。[1]

关于共谋的妥协方案解决了法庭面临的大部分难题,也得到了广大法律界的认同。当法庭于1946年9月30日宣读判决书后,辩护律师认为法庭对共谋问题的处理采取了"中间路线",对这样的判决结果他们基本上表示满意。在随后的法律和大众评论中,判决书的共谋规定很少引起人们的兴趣,也很少激发批评或谈论。比德尔和韦克斯勒如此成功地平息了争议,以至于判决书中的那几段话的重要性反而没引起公众的注意力。

共谋判决中清晰阐述的要素奠定了几乎涉及每个个人被告和组织的判决构架的基础。根据被告在多大程度上协作发展了随后生效的侵略战争计划,来认定他们策划和准备侵略战争的犯罪性。这意味着进攻奥地利、捷克斯洛伐克和波兰的军事行动计划,以及随后的对中立国的各种入侵计划,是唯一可能导致定罪的"共同计划"。

妥协方案唯一的漏洞在于如下一句话:知道希特勒的侵略目的后,还继续与之合作的被告负有责任。[2] 这给法庭提供了依据,只要一个人知道了侵略计划,即便他本人并没有直接参与计划的准备,此后他仍继续在任何重要职位上为纳粹政权服务,法庭即可宣告他犯罪。纵然这句话与大多法律体系

---

[1] Bradley F. Smith, *Reaching Judgment at Nuremberg*, Basic, Inc., Publishers New York 1977, p. 136.
[2] 参见〔民主德国〕P. A. 施泰尼格尔(编):《纽伦堡审判》(上卷),王昭仁等译,商务印书馆1985年版,第191页。

中涉及同谋者的规定无甚区别，但由于纽伦堡诉案的复杂性，它仍可能招致有争议的判决。涉嫌的罪行为数众多，加上刑事责任期间漫长（1937—1945年），造成"知道"与"合作"之间的关系极为脆弱。如果法官们能尽量避开这些错综复杂的麻烦，那么针对其判决的批评就会减少很多，而这节判决书中的"合作"一词正是几乎每一个有问题的纽伦堡判决和定刑的根源所在。[1]

然而，在这枚硬币的另一面，判决书关于共谋的规定更多地保护了被告，而非仅仅置被告于判罪的危险中。共谋控告一旦被限定在为1938年及随后年度做准备的特定活动的范围内，法庭也被迫严格限制危害人类罪的范围。《国际军事法庭宪章》要求危害人类罪应与其他可判罪的罪行相联系，这意味着1937年之前的行为不予追究。奴役和屠杀捷克人、奥地利人和波兰人的特定计划，是侵略这些国家的准备工作的构成部分，但由于法庭缺乏证据证明这些特定计划的存在（只有日期标明为1939年9月1日之后的证据证实了奴役、大屠杀等的特定准备），所以，根据第四条罪状（危害人类罪）控告的被告，实际上没有一人为1939年前实施的行为承担责任。通过这种裁决的联合，对于战争爆发前在德国境内实施的行为，以及在不知晓希特勒的犯罪目的的情况下采取的外交和军事行动，所有被告都不承担刑事责任（在该法庭管辖范围内）。

由此，法庭一举淘汰了控方至少三分之一的证据，并且使被告如沙赫特、巴本等人免受严厉惩罚的威胁；它也标志着美国陆军部为战争罪行控诉而设计的宏伟方案的终结——法庭不仅抛弃了总体的纳粹共谋概念，而且也彻底拒绝了伯奈斯试图通过共谋控诉把战前迫害行为与战时暴行连接起来的基本设想。

在美国的起诉方案中，共谋原本是最重要最核心的部分。它的出发点是设置一个万无一失的安全网，试图覆盖从1919年纳粹党成立到1945年纳粹

---

[1] Bradley F. Smith, *Reaching Judgment at Nuremberg*, Basic, Inc., Publishers New York 1977, p. 137.

政权崩溃的整个期间,普及被控的 24 名首要战犯及六个犯罪组织,以达到彻底打击和消灭纳粹主义的目的。共谋案的难点在于证明共谋性协议或计划的存在。由于控方把纳粹主义视作一个整体,那么,在它看来,每个具体的被告和组织都是这架机器上的有机环节,每个具体的为了实施破坏和平罪、战争罪和危害人类罪的计划,都不过是整个纳粹主义的总计划的构成部分。纳粹分子实施了上述三项罪行已是铁定的事实,这些罪行肯定是在明确的计划的指导下进行的。所以,只要能够证明纳粹犯罪的意图就可证明纳粹主义总共谋的存在。

在共谋案上,导致控诉与判决形成巨大反差的根源在于如何证实共谋的存在。由于控方的总共谋指控既存在法律上的难点,即宪章第六条没有明确规定关于战争罪和危害人类罪的共谋,同时,控方又缺乏确切的证据证实总共谋的存在,所以,导致法庭不得不从时间和范围两方面严格限制共谋指控。结果,控方苦心孤诣设计的宏观上的共谋(即总共谋),被迫缩小为较为清晰和具体的共谋,即策划和侵略战争的共谋,并与破坏和平罪合并在一起。

违反国际法的罪行是人实施的,而不是抽象的实体,只有通过惩处犯有此类罪行的个人,才能使国际法的规定发挥效能。*

——《国际军事法庭判决书》

---

* 〔民主德国〕P. A. 施泰尼格尔(编):《纽伦堡审判》(上卷),王昭仁等译,商务印书馆1985年版,第118页。

七 判决中的一般规定和犯罪组织

一

1946年6月到9月，法庭争论共谋问题的同时，也处理了一系列稍小的争议，这些争议涉及对《苏德互不侵犯协定》的处理、犯罪组织问题等，有关这些争议一点点地达成共识，最后这一系列谅解涵盖了共谋妥协方案，并形成了最终的判决。

从6月27日到8月8日，法庭继续讨论伯基特起草的判决书导论，以及关于侵略战争部分的初稿和修改稿。这些会议尽管是秘密举行的，其氛围却相对公开，法律助手们可以来去无碍。然而，8月8日，法庭决定加强审议的防卫措施，于是只有法官和两名翻译才能进入审议室。在接下来的秘密会议中，形成了关于共谋和犯罪组织的主要裁决，对个人被告的判决和量刑也确定下来了。

面对许多主要问题，法官们不得不逐个解决。在有些情形下，一个问题的解决方案否决了另一个早就达成一致的答案。概述纳粹运动背景和第三帝国历史的那部分内容尤其棘手，对于哪些方面应该强调，哪些情节应该放进去，法官们难以形成统一意见。例如，劳伦斯想侧重于纳粹政权的兴起，而比德尔认为这并不重要，重点应该放在该政权的压迫性措施上；伯基特坚持1934年6月发生的"大清洗"应该占有相当分量，尼基钦科却勉力压缩了这段话，并主张"国会纵火案"[1]和因而发生的纳粹对共产党及工会的镇压应该引起更多关注。这些争议引发了广泛的讨论和草案的一再修改。更甚者，随着诸如共谋这样的基础性问题得以解决，随着个人判决的确定，很多工作不得不着手重做。比如，起初的草稿很重视《我的奋斗》一书，从中摘录了很多段落，用以说明希特勒渴望发动一场扩张主义战争的早期征兆；而随着总共谋控告的被弃，很多引语也随之遭到删减。

这类争论基本上不涉及政治，不过也有一些争议直接招致严重的政治和意识形态问题。比如，在审议之初，尼基钦科劝其他法官说，在判决书的历史事件的概述中，实业界和纳粹外交部门所发挥的作用应该占有重要位置；然而，以比德尔为首的西方法官辩解说，早在纳粹政权初期，希特勒就破坏了上述两个集团权力的独立性，并因此立即否决了这个提议。西方人显然认为，纳粹分子的极权统治既违背了民主政治的分权原则，也背离了资本主义市场经济的基本原则。这样，实业界和纳粹外交部门就处于附庸地位，而无独立地位也就无独立责任，所以尼基钦科的建议，无疑不合西方人的传统观念。而在审议后期的一个场合，德瓦布尔想在判决书中插入一节内容，涉及德国游击队员的作战方法，意在设置背景，便于更好地说明纳粹分子实施镇压手段的野蛮性；而这激怒了尼基钦科，因为苏联也大量存在这种违背战争规则的作战方式。他设法赢得西方法官的支持，最终迫使德瓦布尔放弃其想法。

但是，总体而论，在关于判决书的历史概述部分的讨论中，浮现出来的

---

[1] 1933 年 2 月 27 日夜，德国柏林的国会大厦被焚，这是建立纳粹党独裁政权的关键性事件。普遍认为，这一事件是由新成立的纳粹政府策划的，目的在于转移舆论，陷害政敌，并行使非常时期的权力。1932 年 11 月德国举行选举后，希特勒出任总理，但是纳粹党在选举中并未获得压倒多数的票数。于是，他取得内阁同意在 1933 年 3 月 5 日进行新的选举。与此同时，宣传部长约瑟夫·戈培尔策划纵火阴谋，而后，又将纵火的罪责推向共产党人身上。纵火案后，希特勒发出所谓"保卫人民、保卫国家"的命令，开始独裁统治。虽然在后来的选举中纳粹党仍未获得绝对多数，但他们却强迫国会在 1933 年 3 月 23 日通过一项《授权法》，将国会的全部立法权力交给帝国内阁，从而批准希特勒的独裁制度。

政治争议为数不多，这部分所涉及的是战争罪和危害人类罪。伯基特在其初期的一份草稿中建议，应该最充分地论述战争罪行，因为这是所有国家人民都最关切的部分。然而，他的意见没被采纳，如同纽伦堡法庭通常所做的那样，重点放在了侵略战争问题上，而这也是招致激烈纷争之地。涉及侵略战争的激烈争论主要围绕以下四个焦点展开：其一，《苏德互不侵犯协定》；其二，挪威事件；其三，希腊事件；最后，德国涉嫌入侵美国问题。

二

判决书的第三部分占用了很长篇幅来论述侵略战争，导论首先介绍纳粹侵占奥地利和捷克斯洛伐克，同时陈述侵略战争的证据，尤其是1937年和1939年希特勒召开会议的记录；接下来的分论部分描述起诉书控告的特定的侵略性进攻，以1939年9月纳粹进攻波兰为开端，以1941年德国侵略美国的单独控告为终点。

在审议过程中，如同法庭遭遇的共谋问题一样，关于侵略战争的导论部分也经过了反复修改，而且最后的修改本去掉了很多感情色彩，比先前的文本增添了描述性。尽管在共谋争议中，德瓦布尔主张裁掉涉及1939年后发生的侵略进攻的相关论述，因为一旦战争爆发这实际上是不可避免的，然而其他法官拒绝了这个建议。这样，在判决书的最后文本中，每个侵略事项都占据至少一页的篇幅。尽管如此，应该给每个事件分配多大篇幅？如何最好地处理它们？有关这些问题的争论和修改简直没完没了，而其中最麻烦的是如何对待苏联在1939年德国进攻波兰前夕的行为。

当时，由于斯大林在《苏德互不侵犯协定》上签字，希特勒才肆无忌惮地入侵波兰。如果把该协定中的秘密条款公布为证据，即便是摘要的形式，也难免使人得出这样的结论，即斯大林和站在被告席上的一些首要战犯一样,在了解纳粹侵略计划之后,继续与希特勒"合作"。[1] 如果对如罗森堡这类被告的这种行为应判处监禁或死刑,那么,法庭又该如何评价苏联的行为?而令事情变得愈加复杂的是,1941年德国侵略苏联时,借口斯大林意图撕毁《苏德互不侵犯协定》,并准备发动对德国的进攻,他们不得已才先发制人。于是,法庭处理涉嫌对波兰和苏联的侵略时,《苏德互不侵犯协定》是一个关键的证据,这个暗礁似乎怎么也绕不过去。

美国法官的法律助手费舍尔,率先着手解决这个难题。在判决书第一稿动手准备之前,费舍尔就撰写了一份备忘录,其中几乎只字不提《苏德互不侵犯协定》,当他处理1941年纳粹侵略苏联问题时,他直截了当地断言,没有证据证明苏联准备进攻德国,而且所有迹象都表明苏联人小心谨慎地遵守了协定的条款;并对斯大林在历史紧急关头仍然信守和希特勒达成的协定而予以高度赞美。然而,由于苏联人没有准备进攻德国,由于他们遵守了一个事先没被确认的协定,就给予这样高的评价,这多少有点儿肉麻。

这在一定程度上迷惑了人们的视线,要不是这些,展示出来的纳粹恶行如此令人费解,如此充满矛盾,理应在审议步骤一开始就引起法庭的高度重视。然而,费舍尔的文本令人惊讶地维持了很长时间——伯基特采纳了这个文本,并几乎逐字逐句地录入判决书的头三稿;而且,假如不是因为第三稿中的一段话,它还会圆满进入判决书的最后定稿。那段话关系到1939年纳粹入侵波兰的历史背景,它引用了希特勒在1939年8月22日对其将军们的讲话。在该引语中,纳粹元首声称,《苏德互不侵犯协定》注定了波兰的厄运,它在外交上已经陷于孤立无援的境地。

讨论第三稿时,苏联法官自然竭尽全力地进行斗争,要求删除希特勒的这段话。8月8日,尼基钦科和沃尔奇科夫辩解说,这些话完全是对事实的歪曲,应该删掉。起初,他们没有说服其他法官,但尼基钦科再接再厉,最

---

[1] Bradley F. Smith, *Reaching Judgment at Nuremberg*, Basic, Inc., Publishers New York 1977, p. 147.

终去掉了那段"讨厌"的话。伯基特只好以一个苍白无力的句子取代原文：1939年8月，被告里宾特洛甫奉命去莫斯科同苏联商订互不侵犯条约。在1941年德国侵略苏联的那节内容中，也加进了一个介绍性的句子，仅仅提到1939年8月23日德国和苏联签订了互不侵犯条约。由此，判决书的定稿通过彻底地绕过《苏德互不侵犯协定》，来处理苏联在协定上签字的棘手问题。同样，它也跳过了事后的协定履行的相关问题，以及把德国进攻当作预防性战争的观点。然而，判决书却在无意中授人以柄，让人因而相信辩方的观点，即苏联准备在1941年攻击德国，尽管这论点缺乏任何有说服力的证据。

因为要竭力回避《苏德互不侵犯协定》的麻烦，判决书中出现了一些脱节的段落，这也构成了法庭最不光彩的政治性事件之一。不过，法庭对德国进攻挪威的处理，无论是在尴尬程度上，还是在政治的自私自利方面，也都与前者相去不远。

三

法庭认定德国对中立国挪威发动侵略性进攻有罪的核心困难是，当德国于1940年春发动侵略之时，英国军队正准备登陆挪威。盟军的军事行动在规模上不及德国，而且其目的并非全面征服挪威，这些都属实际情形。然而，能为盟军的军事行动进行的辩解也仅止于此，因为无论如何，这毕竟还是对挪威中立权利的侵犯。

在审判过程中，辩方的证据证实，在挪威作战的德国军队于1940年间截获了盟军的文件，这些文件明确无误地证明：早在德国发动进攻之前，盟军就已经准备在挪威进行军事登陆。控方针锋相对地展示出截获的德国文件，表明纳粹分子是独立地计划其侵略行动的，与英国打算登陆的任何确定信息并无关系。

如果法庭认可该证据和论点有效，它就会认定不管英国做了什么或者准备做什么，这都不影响对德国进攻的定性：它对挪威的军事行动是侵略。然而，如果法庭严格遵照《国际军事法庭宪章》的规定，认为定罪只适用于德国人，惩罚德国领导人的根据合法，同时却对盟军的侵略计划视而不见，那么，这在某种意义上是对法律正当性和一般理性的歪曲，这怎能不授人口实，指责审判不是基于正义而实质上是胜利者的报复？

为了评价法庭对挪威问题的处理，在此有必要先探查一下法庭成员是否清楚了解盟军计划于1940年春登陆挪威这个事件。英国政府曾扣留某些档案材料，以免提交给法庭，其中一些就涉及挪威问题。英国起诉负责人肖克罗斯爵士和马克斯韦尔-法伊夫肯定知道这些事实以及其内在原因；不过，却不能断定，英国法官是否清楚了解其政府的文件策略和挪威事件。然而，我们至少可以推测，作为英国公职人员，英国法官在其职位上完全有机会了解这些信息，他们也应该认识到德国被告的主张具有相当强的杀伤力。[1]

然而，来自其他国家的法庭成员却不大可能了解事情的真相，因此他们没有理由怀疑英国政府，也不会信以为真地接受辩方的论点。事实正是如此。例如，1945年12月，控方展示德国侵略的证据很顺利地打动了比德尔；然而，后来当雷德尔于1946年7月提出关于这个问题的证据时，比德尔却对辩方的证据产生了怀疑。如果考虑到当时英国政府采取的保密措施如浑水一样遮蔽着挪威事件，那么，可以推测的是，至少除英国之外的法官并不暗中了解这个事件的真相。

不过，提交上来的证据中的危险性因素引起了一些法律助手们的警惕。例如，在费舍尔最初准备的关于挪威问题的摘要里，他虽然没有直接提到难题所在，却暗示英国登陆的迫近触发了德国最终入侵的决心。可是，在这一点上，伯基特并没有依照费舍尔的观点，他在判决书的头两稿中坦率地声明：德国人辩称他们用先发制人的军事行动预防英国侵略挪威的论点，是没

---

[1] Bradley F. Smith, *Reaching Judgment at Nuremberg*, Basic, Inc., Publishers New York 1977, p. 149.

有事实根据的。德瓦布尔热烈附和伯基特对这一问题的处理，他主张法庭不要论述英国对挪威的侵略意图。然而，尼基钦科却认为伯基特处理德国行动问题过于偏激，不合理性；在他看来，对挪威的进攻区别于德国最初发动的侵略战争，因为一旦战争爆发，出于需要，军事行动可以不受控制。因而，与其说德国侵略挪威，毋宁说是它基于战争考虑，被迫试图控制欧洲右翼。毫无疑问的是，尼基钦科这番话的真实意图并非要为德国辩护，而是"项庄舞剑，意在沛公"：在德国侵入挪威的几个月前，苏联在斯堪的纳维亚一侧发动了对丹麦的进攻。因此，无怪乎尼基钦科会为德国的同类行为开脱。

在挪威问题上，判决书的最后文本采用了帕克提出来的妥协方案，不过这个方案并不尽如人意。帕克说服英国法官放弃原来的主张，并把一份显示英国政府确实计划登陆挪威的证据摘要写入判决书；接下来，帕克在为法庭撰写的判决书中，推翻了辩方的主要论点，断定没有令人信服的证据证明，德国决定进行侵袭之前了解英国的计划。法庭的最终判决认定，1940年4月德国对挪威发动的军事进攻，纯粹是一个长期的独立计划的直接结果，它在拟订侵袭计划时，并未考虑要预防盟军行将进行的登陆；纵然英国和德国的行为在时间上非常接近，但这只是巧合而已。由此，法庭认为德国登陆挪威既非预防性的，也非报复性的；辩方提出进攻另一国是合理适用国际法自卫权的观点不能成立。

法庭的这些论述本身是合乎理性的，并且通过这些论述，代表法庭讲话的帕克实现了他的两个主要目标：其一，阻止伯基特洗清英国在挪威事件上的污点；其二，仍然将挪威事件定性为纳粹德国的侵略战争。不过，为达到其结果而运用的法律至上的观念，在法律门槛外的人看来，简直是匪夷所思。

所有精细的界说和论述按部就班地进入既定的轨道开始运转，然而，其逻辑结果往往违背设计者的初衷。帕克的作品中仍然潜藏着一个他极不乐意看见的，却很明显的结论：在策划对挪威的侵略战争上，英国和德国一样都是有罪的。纽伦堡体系的捍卫者们日后将大动干戈地为纽伦堡法庭使用的"双重标准"进行辩解,比如,法庭只能处理眼前的讼案,《国际军事法庭宪章》规定的刑事责任只适用于德国人,它对英国政府没有管辖权,等等。所有这些都是实情。但凭良心而论,谁都无法否认这样一个事实:如果法庭纯粹由一个国家的领导人直接负责,不管其用意是多么的好,都难保比得上纽伦堡审判的公正性。

纽伦堡审判结束后,曾是挪威登陆计划制订者之一的温斯顿·丘吉尔,主要因为他在二战中立下的汗马功劳而获得了诺贝尔文学奖;[1] 而另一个挪威计划的制订者,德国海军元帅雷德尔,却主要因为他在挪威行动中所起的作用而被判终生监禁;第三个计划制订者,罗森堡,因其在策划和准备进攻挪威的事件中起了主要作用,并因其后来在俄罗斯占领区的活动,被判处绞刑。纽伦堡法官们力图做到审判和判决符合公正要求,且在法律上能够经得起考验,公平地说,他们基本上都成功地实现了这些目标,但是,可以肯定的一点是,挪威事件却绝非其得意之作。

四

纽伦堡法庭因侵略战争问题而发生的第三个冲突,涉及德国对希腊的入侵,这次情形与上述挪威事件相仿。

1941年4月初,德国武装部队在事先未发出警告的情况下,同时进攻希腊和南斯拉夫。然而,由于此时英国军队已经驻扎希腊,所以,德国攻击希腊能否定性为一例侵略战争令人犹豫不决。1940年晚期,墨索里尼侵入希腊,尽管希腊抗击意大利的行动进展得很顺利,英国还是于3月初派援兵登陆希腊。当纳粹发动对希腊的军事进攻时,希特勒宣布英国试图如一战时那样,

---

[1] 1953年,丘吉尔因其著作《第二次世界大战回忆录》而获诺贝尔文学奖。普遍认为,丘吉尔获该奖项非出于著作本身的考虑,而是富含政治意义的酬劳。

建立反德的巴尔干战线,他仅仅想挫败英国的图谋,这就是他出兵希腊的正当理由。

如同先前处理挪威事件一样,美国法官的法律助手费舍尔毅然决然地回避希腊事件的核心问题,不过他的处理方法给人的感觉是,德国的进攻是对英国登陆做出的反应。伯基特在其早期的判决书草稿中,提出过两种不同的方案来解决这个问题:他的第一稿提到,有证据表明希特勒试图在巴尔干半岛阻断英国的行动,可是他随后绝口不提这一点,只仓促得出结论说德国的进攻纯粹是侵略性的;他的第二稿索性删掉了涉及希腊问题的一些资料。于是,在前稿中英国驻兵希腊问题被当作是德国为侵略而找的借口,虽无足轻重但还被略微提及,而在第二稿中它则被完全摒除了。

当伯基特的第二稿提交给法庭进行讨论时,比德尔建议不要把德国入侵希腊作为侵略战争事件,不过,他的意见没有得到任一法官的全力支持。尼基钦科承认希腊事件令人质疑,可是,他相信德国人的行为更可能是以长期的侵略计划为基础的,而非单纯是对英国登陆做出的反应。帕克和劳伦斯打算接受伯基特草稿中的某些改述,却不愿意把德国进攻希腊从侵略战争行为的清单上撤下来。

最后,判决书的定稿用较长的篇幅描述德国在英国登陆前对入侵希腊的筹划,它勉强谈道:希特勒把英国驻兵希腊作为他发动入侵的借口。然而,即令如此,它立即加了一句限制修饰语,以不言而喻的口气解释说,英国武装部队登陆希腊,目的是为了帮助希腊人反抗意大利人;同时,对建立巴尔干反德战线问题避而不谈,试图以此消除英国登陆事件中的危险因素。[1]

由以上所述可见,法庭通过对相关事实进行过度的限制解释,来阐述希腊事件的起因,这个方法无论在形式的构思上,还是在结果的不公正上,都与挪威事件的处理方法不同。希腊和巴尔干半岛的局势一向错综复杂,因而

---

[1] 参见〔民主德国〕P. A. 施泰尼格尔(编):《纽伦堡审判》(上卷),王昭仁等译,商务印书馆1985年版,第176页。

英国和德国并联发生的行为,与曾经发生在挪威的事件并不一样。最重要的是,没有任何一个被告为其参与制订进攻希腊的计划而被判监禁或绞刑,在此情况下,这个结果是温和、仁慈的。

五

与上述三项你死我活、满含血腥的论争相比,围绕具体的侵略战争控告而发生的最后一项争议,像是一幕轻松上演的滑稽剧。它涉及的是所谓德国对美国的"侵略战争"。

控方在起诉书中控告德国犯了违反和平罪,它曾经煽动日本攻击美国,并在日本于1941年12月7日对珍珠港的美国舰队发动进攻之后的第四天,正式向美国宣战。

当美国起诉团研究这项指控时,早已滴水不漏地回想起,在1941年期间,不管美国政府的出发点如何高尚,为了援助英国,它在未经宣战的情况下发动了对德国的海战,而在1917年至1941年之间,公海上发生的这些事件并没有国际法上的合理根据。很显然,美国在事实上违反了每一项已经确立的中立规则。

在审判过程中,为了指控德国早在珍珠港事件之前就策划侵略美国,美国起诉团使出浑身解数,试图找到支撑其观点的证据。这番煞费苦心的努力用意很明显:通过表明希特勒规划未来的攻击行动而陷美国于危险境地,来为美国援助盟国的行为提供正当理由。[1]

然而,控方的一番努力没有达到预期目的。只有一些低级别的计划文件的片断提到,德国有可能建立大西洋军事基地,以备未来与美国发生冲突之需;然而,这些东西太微不足道,不足以支持一项重大的控诉。控方确实提

---

[1] Bradley F. Smith, *Reaching Judgment at Nuremberg*, Basic, Inc., Publishers New York 1977, p. 153.

出大量文件档案,用以证明德国官员不惮劳烦地劝说日本,要它在1940年至1941年里通过进攻其他国家参加战争。[1] 但是,这些文件却表明,即令从希特勒到里宾特洛甫等德国领导人都急切希望日本先进攻英国在远东的属地,后发动对苏联的进攻,他们却并不在意日本的军事行动可能导致美国卷入全面战争,因为他们并不认为同美国的战争对德国有利,因此,德国对这一事态的反应相当冷淡。还因为英国和苏联在此之前早已对德国开战,希特勒政权对日兜售的这些作战计划(即进攻英、苏)不是侵略战争计划的构成部分。1941年秋,当德国人明确表示赞同日本进攻美国在太平洋的领土时,很明显的是,他们的态度相当勉强。

1946年5月,费舍尔通盘考虑这个问题后得出结论,几乎没有证据证明德国曾经计划直接发动对美国的进攻;他认为,按照指控所言,唯一可以当作论据的是,在1941年秋冬之际,希特勒和里宾特洛甫给了日本行动的全部自由。

伯基特似乎也很难处理这一问题,他在判决书的第一稿中采取权宜之计把它全部跳过去;而在第二稿中,也许考虑到盟国友好的伙伴关系,他竭尽全力为控告提供根据。伯基特同意费舍尔的观点,即缺乏证据证明存在直接的进攻计划,不过他辩解说,德国人曾经讨论过直接对美国发动进攻的可能性,认为这是"未来的事情";他们曾经鼓励日本人的进攻计划,并通过纳粹政府后来站在日本一方而加入战争,可以推断德国曾经参与了日本实施的侵略美国的犯罪行为。

尽管后一个论据颇有创意,但这并未说动比德尔,他在一次审议中要求把它从判决书的最后文本上删掉。法庭采纳了比德尔的意见,结果关于侵略美国的那一分节仍然议而未决;它回顾了纳粹领导人针对美国而采取的主要

---

[1] 虽然1937年7月7日"卢沟桥事变"标志着中日战争的全面爆发,但第三国由于种种原因,往往不把这些冲突看作战争。英、美等西方国家就不承认1937年的中日冲突构成战争。直到1941年12月8日珍珠港事件爆发,西方国家才认为日本卷入了第二次世界大战,英、美等国家才相继对日宣战。

行动，然而对这是否构成一例侵略战争，却未做出任何裁决。相应地，判决书中的这一节标题为"对美国的战争"，而不是像前几节那样标为"对……的入侵"、"入侵……"、"对……的侵略战争"等。[1]

以这个虎头蛇尾的音符为句号，法庭结束了它对破坏和平罪的具体个案的全面考察。不过，仍然需要准备一个综述，以便从国际法上阐释侵略战争的一般性问题。

六

在给法庭的备忘录中，伯基特一方面向其同事建议，务必慎重考虑是否要总结判决书正文的法律根据，因为这很可能授人把柄，招致严厉的批评；另一方面，他又指出，四面八方的律师都会期待法庭针对判决的法律理由做出概括性陈述。三名西方法官在公开的商谈会议上表示，法庭有必要制作一个全面的法律综述。尽管尼基钦科起初提出反对，他后来还是改变看法，转而赞同其他同事的意见。

最后形成的综述一共八页，位于判决书的第四部分，其内容几乎没有惊人之处，因为，它不是法律舞文弄墨的产物，而仅仅是想应对法庭明知肯定会发生的异议。

当时，法律实证主义是西方法律思潮中最负盛名的一个学派。这个学派认为，只有实在法才是法律，而所谓实在法，就是国家确立的法律规范。用法学家朱利叶斯·穆尔（Julius Moor）的话说："法律实证主义认为，法律是在社会发展的历史过程中由统治者制定的。这种观点认为，法律仅仅是统治者所命令的东西，从而基于这种条件，统治者所命令的任何东西也就是法律。"[2] 基于

---

[1] 参见〔民主德国〕P. A. 施泰尼格尔（编）：《纽伦堡审判》（上卷），王昭仁等译，商务印书馆1985年版，第179—180页。
[2] 参见〔美〕E. 博登海默：《法理学：法律哲学与法律方法》，邓正来译，中国政法大学出版社1999年版，第116—117页。

这个观点，被统治者认可的现行的制定法、程序和习惯才是有效的法律，而一般的或普遍的法律原则、概念和理论等应然意义上的东西，则毫无实际的法律效力。

根据这种法律观，法律实证主义者必定会抨击纽伦堡法庭的判决，而矛头所指向的焦点是：法庭审判的依据是什么？侵略战争是否为犯罪？在实施起诉书所控告的行为时，作为个体的政府领导人是否要承担刑事责任？简言之，法庭面对的法律难题是，它要尽力表明，它的审判活动具有可靠的法律依据，并不是追溯既往。

法庭层层深入地为自己的行为展开辩护。它首先阐释了法庭审判权的合法根源。它声称，由于纳粹政府的无条件投降，同盟国获得了在德国境内的最高立法权，它们可以不受任何限制地贯彻自己的意志。《国际军事法庭宪章》就是行使这种权力的一个结果，而纽伦堡国际军事法庭则是宪章的法律产物，并且接受宪章条款的约束。通过这样的论述，法庭暗示，由于这些毋庸置疑的事实，它其实无须为已经先于其而存在的法律情形而煞费苦心了。

然而，法庭成员们深知，上述简单的解释还不足以应对广泛的批评和尖锐的质疑，因而有必要进一步为审判活动提供法律的正当基础。所以，法庭接下来的一步是论述侵略战争的违法性和犯罪性。

它断言，在纳粹策划和发动进攻时，侵略战争事实上已经是违法和犯罪性质的了。虽然如此，法庭避免探讨"侵略"的定义，仅仅声称，由于宪章已经规定："侵略战争"或"违反国际条约的战争"为犯罪行为；因此，讨论相关问题并无绝对的必要。但为了证实破坏和平罪事实上是犯罪，法庭基本上只是归纳了控方曾经运用过的相同的论据，以及大部分相同的事实。

在此基础上，它继控方之后再次强调：国际法并不是国际的立法机构制定的法律，诸如《凯洛格—白里安公约》这样的国家之间的协定，只是规定一般的法律原则，而不能规定行政技术方面的程序。所以，战争法规不仅存在于条约之中，存在于逐渐得到普遍承认的各国的风俗和习惯之中，并且也存在于由法学家所制定的和军事法庭所适用的普遍的法律原则之中。这一法律不是一成不变的，而是通过不断修正，以适应发展着的世界的需要。在多数情况下，条约实际上只不过是把现存的法律原则加以表述，和对这些原则进行更确切的解释而已。[1] 因此，不迟于1930年代，《洛迦诺公约》(1925)和《凯洛格—白里安公约》等国际协定已经规定了侵略战争的违法性。——可以想见的是，法庭对国际法的这般解释，显然不合法律实证主义者的胃口。

如果说法庭的以上所述缺乏创造力，那么，对于违反国际法的人是否应予以审判和惩罚的问题，亦即认定侵略战争的犯罪性问题，它则有所创举。

法庭首先以《海牙陆战规则》(1907)的例子来做类比。海牙公约禁止使用某些方法进行战争，例如抢劫、非人道地对待战俘、使用有毒武器等。早在公约签订之前，这些方法中有许多已经被禁止使用；然而，自1907年以来，违反这些禁令才无可置疑地是犯罪行为，并应作为违反战争法规而受到惩罚。尽管海牙公约没有任何一处指明这样的行为是犯罪的，也没有在任何地方规定刑罚，没有提及应对破坏法律者追究责任和给予惩处的法庭；但是，多年以来，海牙公约的签字国仍然在自己国内的法庭上审判和惩罚公约的违反者。法庭指出，如果海牙公约是有效的法律，那么同样的原则也适用于《凯洛格—白里安公约》以及其他宣布侵略战争为非法的公约。然而，法庭有意无意地回避了这样一个事实，那就是，对于海牙规则，它的每一个缔约国都把相关规定写进了本国的法典，也就是说，把这些国际法规则转化成了本国法律；而对于《凯洛格—白里安公约》，却不存在类似情况。

针对以国家主权理论为抗辩的观点，法庭也进行了反驳。当时，有人主张，国际法涉及主权国家的行动，它并没有规定对个人进行惩处；此外，如果涉及的行为是国家的行为，那么，执行这种国家行为的个人并不负有任何责任，因为这些行为是受国家主权的理论保护的。法庭对这两种借口都予以

---

[1] 参见〔民主德国〕P. A. 施泰尼格尔（编）：《纽伦堡审判》(上卷)，王昭仁等译，商务印书馆1985年版，第186页。

驳斥，它声称，国际法对于个人和对于国家一样，都要使他们承担义务，并对他们具有约束力，这一点早已被人们所承认；违反国际法的罪行是人实施的，而不是抽象的实体，只有通过惩处犯有此类罪行的个人，才能使国际法的规定发挥效能。而且，《国际军事法庭宪章》第七条规定，犯有国际罪行的人不能以官员身份作掩护，不能因官员身份逃避按规定应受惩处的法律审判。宪章的基本精神恰恰在于，个人负有国际责任，而这些国际责任超越了本国要他履行的民族义务；违反战争法规的人，在他根据国家的授权而行动的时候，如果国家授权越出了国际法所规定的限制，不能享受豁免。[1]

总之，法庭对涉及侵略战争的法律和个人责任的论述，以及为支持宪章的规定（即拒绝以上级命令作为完全抗辩理由）而作的论述，都既不是出类拔萃之作，也不具备气势宏大的魄力。八名法官中，只有德瓦布尔算得上是法学理论家，但他对准备这一节内容也并没有很大的兴趣；其他法官更关心实际问题，理论也不是他们的专长。跟往常一样，法庭成员们并不特别想在法律史上博得一席之地，而只是试图顺利地克服重重的法律陷阱，并尽力保持其声誉完好无损。所以，他们对法律的评论虽不精彩，却值得尊敬，这对他们来说已经很难能可贵了。如同尼基钦科一向不厌其烦地强调的那样，他们是"务实的人"，有一大堆问题要解决，根本没时间穷究理论。[2]

七

可以说，共谋问题曾是法官们面临的最基本挑战，侵略的具体实例最令他们烦恼，而一直挥之不去，并让他们自始至终不得安宁的问题，则关乎犯罪组织。

---

[1] 参见〔民主德国〕P. A. 施泰尼格尔（编）：《纽伦堡审判》（上卷），王昭仁等译，商务印书馆1985年版，第188—189页。
[2] Bradley F. Smith, *Reaching Judgment at Nuremberg*, Basic, Inc., Publishers New York 1977, p. 156.

一些法庭成员早在审判开庭之前，就未雨绸缪，开始思考这个问题。在审判过程中，接连不断的新难题反反复复地呈现在法庭面前。直至距离公开宣读判决只有四天时，法庭关于犯罪组织的裁决才最终达成一致意见。

关于组织问题的争论，何以在很长时间里相持不下，法庭结论何以久而未决？其中道理不难理解：这是控方的全新创造，在国际法上毫无先例可言；而在大多数内国法上，即使有先例可以参考，也为数极少。[1] 在审判期间，法庭不是用鸵鸟式的逃避手段，就是用暂时性的解决方案，来处理每一个具体的组织问题。更给这一大堆困难添乱的，是令法庭大为失望的一个事实：无论控方，还是辩方，他们关于组织所作的陈述都收效甚微，无助于解决法庭忧虑的法律问题。

这样，法庭人员不得不自己肩负起解决问题的重担。费舍尔和詹姆斯·罗在其撰写的备忘录中，详细评论了被控的六个组织。从中可以清楚地看出，每个组织各有其独特性，这都会给司法裁决带来困难。其中，冲锋队诉案尤其令人质疑，它缺乏一个合适的被告代表，而且在1934年后它已经失去了政治上的权力和影响。即使负责冲锋队起诉案的美国检察官罗伯特·斯托里上校，也提交了一份书面陈述，说"到1934年底，冲锋队简直是形同虚设"；在法庭的质询下，斯托里尴尬地承认："以我的理解，冲锋队在1934年到达其影响力的巅峰，而在大清洗之后迅速衰落……1934年之后，冲锋队的重要性已经大打折扣。"[2] 如果法庭不确认共谋在1934年之前存在（事实上，它后来果然如此），那么这意味着，纳粹在1934年之前的行为不视为犯罪，宣告冲锋队犯罪就失去了可依赖的基础。

有必要指出的是，法庭没有对冲锋队作犯罪宣告，这是一个意义重大的信号，它说明法庭在对组织和个人被告的处理上具有明显的区别：一些法官

---

1 Bradley F. Smith, *Reaching Judgment at Nuremberg*, Basic, Inc., Publishers New York 1977, p. 156.
2 Ibid., p. 157.

直到很晚近的审议时,才敢想象判决个人被告无罪的可能性,这导致在处理如沙赫特这些人的诉案时,产生了无休无止的麻烦;然而,法庭对组织的处理就没有太多顾虑,当它在共谋问题上达成妥协方案时,至少对冲锋队这个组织的处理就一目了然,对它不作犯罪宣告。因此,一旦大坝决堤,它就按照自己内在的逻辑运行下去,法官们会更容易地想到,非罪判决也可以适用于其他组织,何况每个组织都各有其可减轻罪行的理由和特征。

对于德国内阁,费舍尔认为,这个集团只包括为数很少的一群人,从1933年到1945年总共才48人,而1933年期间的大部分内阁成员并非纳粹党人。如果法庭认定,共谋存在于1933年1月之后,那么宣告德国内阁有罪就有坚实的理由;然而在别的方面却很难判决其有罪,因为在1933年后内阁根本不符合犯罪要求。

在费舍尔看来,即使党卫队案、盖世太保—保安勤务处案,以及纳粹党的"政治领袖集团"案,也并不那么容易对付。例如,尽管党卫队起初是一个完全志愿参加的组织,然而,在二战中,尤其是1940年军事党卫队创建以后,强征入伍的军事党卫队的人数逐渐增加,并约占到总人数的三分之一,而其他人则明显是自愿加入的。另外,人们必然会有疑问:这些军事党卫队的大多数成员,在他们加入该组织时,实际上是否了解它的"犯罪目的"?费舍尔认为,在这种情况下,认定组织的犯罪性非常困难;而对于党卫队,还存在另外一个难题,即确定谁作为它的代表性被告?虽然卡尔滕布龙纳是一名高级党卫队军官,但他同时也是盖世太保—保安勤务处的主要代表性被告。显然,一个人的行为作为宣告两个组织犯罪的环节,总让人感觉有点儿怪异。

在费舍尔看来,对于盖世太保—保安勤务处案,虽然希姆莱的警察帝国内部关系错综复杂,难以确定这个庞大系统的哪些部分应被列入犯罪宣告范围之内,然而,在总体上处理该案却不甚困难。另外,控方曾高度关注盖世太保在被占领区的活动,以至于费舍尔拿不准是否要确立这样一个证据标准:在战时德国加入盖世太保的人,有必要知道他加入了一个"犯罪组织"?

但是，与费舍尔对纳粹党的"政治领袖集团"案产生的疑惑相比，上述所有疑问又都是"小巫见大巫"了。费舍尔提出，首先应该对该组织予以限制。控方曾把这个纳粹党组织描述为一个共谋者的统治集团，它包括下列人员：领袖，全国党部、大区领袖及其办事处成员，县领袖及其办事处成员，地方分部领袖，支部领袖和小组领袖。这个集团估计至少有60万人。不过，费舍尔断定，控方显著地夸大了这个集团的内聚性，这个集团的两个最低等级，即行政区和街区一级，应该被排除在法庭考虑之外。这样，只留下国家的、大区的和县级的纳粹党领袖以及其办事人员，构成该组织的组成部分。

然而，即使对这个限制形态的"领袖集团"，费舍尔对控方提及的它的共谋方面仍有疑惑，所以难以明确赞同控方的诉案。他向美国法官建议说，证明这个组织参与共同计划的证据既贫乏又令人怀疑，对这个组织的判决应该仅仅以其公开的活动为依据。即便如此，几乎没有具体的证据来证实其罪行，而唯一值得法庭考虑的事项，是博尔曼在1944—1945年间利用"领袖集团"，鼓励无须采取警察措施就对盟军飞行员施用私刑。

与费舍尔的重重疑虑形成对照的是，詹姆斯·罗对组织的评论却很少顾虑；在长达40页的备忘录中，他经过仔细考察"参谋总部和国防军最高统帅部"案后提出，控方已经证实了这个组织的犯罪性。他的备忘录没有充分考察以下两个不利于该指控的主要论点：其一，起诉书中列举的132人不是一个具有内聚性的组织；其二，进攻计划的制订并不专属于德国军人。尽管如此，他还是注意到了该集团规模很小：它由大约132名军官组成，这些人自1938年2月希特勒改组国防军之日起，到1945年5月德国投降为止的这段期间里，在军事统治集团中担任一定的职务，他们都是三军总司令部的高级军官。而被控的名单中，仍然活着的只有118人。对这么少的人数，显然可以进行个别审判，而不必动用犯罪组织程序。从而，即使这份对组织进行犯罪宣告支持最得力的备忘录，也不得不承认，客观存在的事实从一开始就对整个犯罪组织审判体系形成了强有力的冲击。

八

1946年9月，当法官们开会商议六个被控组织的结局时，他们不得不寻找方法，一方面处理每个组织内在的复杂情况，另一方面处理对组织控告本身公正性的怀疑问题。

当时虽然并不盛行"集体归罪"的观念，但法官们还是时时警惕这个观念的危险性。在审判过程中，一个解决难题的方法，一度引起了法庭最大程度的关注，这有可能是一条走出荆棘丛的道路，那就是：鉴别出一些隶属的小组织，或成员中的某些等级，把它们排除在总体的犯罪判决之外。然而，这虽不失为权宜之计，但终非解决组织问题的最终途径。因为显而易见的是，诸如党卫队和盖世太保这样的组织不仅系统庞大、内部关系错综复杂，而且其中的很多隶属组织变化无常；对法庭来说，很难根据手中掌握的有限信息，做出卓有成效的总体判决。所以，尽管法庭确实利用它排除了一些隶属组织，但到了判决商议阶段，大多数法官还是认为它并非最佳选择。

为了取代上述以组织的内部结构为标准设定界限的方法，美国法官提议，法庭应该把重心放在时间界限上，以此来确定组织的犯罪性。这个建议很快得到了法、英两国法官的支持，苏联法官对此却不置可否。不过，美国人不慌不忙，既不提议立即以投票来表决这个问题，也不具体说明他们要加以限定的时间到底如何；他们只是接受了法、英法官的支持意向，并静待时机的到来。

在9月的两次内庭会议上，德瓦布尔又提出一个总问题的部分解决方案，这个方案他早在审判一开始就极力提倡过。他请求法庭对组织作出判决，将其适用到四个盟国的占领区法庭，并且如有可能，也对每个类别的组织成员的处罚做出规定。

前文曾经提及，法庭没有接受这个建议，如同杰克逊于七个月前委婉地拒绝了美国陆军部助理部长派特森相同的想法一样。在庭议中，苏联法官与他们在2月会议上的态度一样，仍然坚称占领区的事务是其本国内政，强烈反对以任何形式予以干涉。然而，法国法官退而求其次，又不屈不挠地提出其变通方案，并得到美国法官的支持：他们极力主张，至少应该给占领区法庭提出一些建议。英国人尽管犹豫不决，最终却赞同在该事上应该有所作为。直到9月26日，在最后一次庭议上，关于要采取的这些建议的确切形式才完全确定下来。

然而，无论是设定时间限制，还是给占领区法庭提出建议，仍然只触及该问题的一部分。法官们不得不试图探究该问题的核心所在，而最终完成这一步的是比德尔。

自从乘坐"伊丽莎白号"轮船横穿大西洋时，比德尔就和助手们一起讨论如何处理组织犯罪问题。有必要说明的是，比德尔何以比其他法官更为关心这件事情？前文提到过，早在1945年1月，三名美国内阁成员联名签署了一份文件，向罗斯福总统建议采用以犯罪组织控诉为基础的审判计划，比德尔即是其中建议者之一。然而，比德尔后来坦率地承认，一旦真正着手准备犯罪宣告的事情，他在大西洋航行中就开始感到忐忑不安，并终于发现基于实践考虑的一切，都不是理论上所说的那么简单明了。到1946年9月，他总结说，1945年1月致总统的意见书是"错误的"，法庭应该推翻全部的组织指控。他告诉其同事说，"组织犯罪方案极不正当"，接着主张应该统统抛弃对六个组织的全部控告。但是，没有一个法庭成员支持他的意见。[1]

自从伦敦会议上转变立场之后，尼基钦科一直热烈支持犯罪组织指控的设想，并反对每一项把特定的隶属组织从犯罪宣告中排除出去的建议。出人意料的是劳伦斯的观点，他认为犯罪组织方案基本上是合理的，法官们没必要过分担心占领区当局的法庭将如何行事；在他看来，问题的根本所在仅仅

---

[1] Bradley F. Smith, *Reaching Judgment at Nuremberg*, Basic, Inc., Publishers New York 1977, p. 161.

是程序性的。不过，他也承认某些组织的确存在严重问题，因而他打算彻底免除对一些组织作犯罪宣告，同时对其他组织的判决予以严格限制。

德瓦布尔也愿意作大量排除，并希望对其中一些组织作无罪判决。他指出，把全部组织控诉统统推翻的观点过于极端，法庭可以援用实际可行的条件，作出最迫切需要的规定和限制，以避免诉诸比德尔建议的极端做法。德瓦布尔承认，他曾经激烈反对关于共谋的控告思想，而今却主张对一些组织实行集体归罪，这多少有点儿前后不一，让人感觉虚伪；不过，他绝不可能投票豁免诸如盖世太保和党卫队这样的组织。他坚称，法国每一个村庄的居民都很清楚，党卫队和德国军队组织之间有着根本的区别，如果法庭不宣告如党卫队这样的组织为犯罪，那么，公众舆论将难以理解和接受这样的结局。

抛开其他因素，纯粹就自由主义者的原则而论，比德尔可能站在道义的立场上，而德瓦布尔无疑更贴近1946年欧洲的现实情况。对于比德尔，承认错误，并否定美国政府采取的立场做起来相对简单，这些都触动不了美国审判计划的实质。但是，欧洲人民曾经在物质上和精神上都备受盖世太保和党卫队系统的折磨，因此，一旦犯罪组织诉案被设计出来，他们很难再把它一笔勾销。对美国法官来说，这个诉案是美国人不慎打开的"潘多拉魔盒"；而对历经战争磨难的欧洲法官们来说，它却是伸张正义和平息创伤的有效手段！

时至今日，人们已经很难想象，纳粹分子的这些系统如何彻底而完全地在被占领国家服务，如何肆意践踏每一国居民的尊严，无情地侮辱占领区居民的名誉；即便以今天的眼光来看，这些行为仍然残酷野蛮。这些都给当时的人们留下难以磨灭的痛苦记忆。在欧洲重获自由的最初阶段，人们的生活条件固然没有得到显著的改善，但是他们却打碎了耻辱的枷锁，为其珍视的自尊自重奠定了坚实的基础。因此，德瓦布尔很明白，如果盟国联合成立的法庭不宣告党卫队和盖世太保为犯罪组织，那么它不仅将招致政治上的抗议，而且，很多欧洲人也绝对忍受不了它所制造的心理状况。

比德尔是否理解德瓦布尔这番辩论背后的强烈感情，不得而知。不过，他既明智且富有政治经验,已经认识到他不可能获得胜利的多数票。所以,在他推不翻全部的组织讼案之后,就退而求其次,支持帕克已经准备好的方案。

九

早在 8 月份,帕克就制作了一份备忘录,他建议以一个简单的方法来解决组织问题:法庭只需承认组织的犯罪性与共谋的犯罪性是相一致的,即两者之间的合作在本质上都是为了达到犯罪目的;并启用两个在这类案件中通常适用于被告的保护措施——自愿加入和知情犯罪目的。帕克提议,要宣布一个组织为犯罪组织,法庭所需做的一切就是明确规定犯罪组织的范围,其成员身份应做如下严格限制:其一,知情该组织的犯罪目的;其二,其加入完全出于自愿。在随后的占领区法庭上,如果个人能够证明其成员身份是出于被迫,或者当其加入时对组织的性质并不知情,那么他可以被排除在犯罪组织之外,并可因此免受刑事惩罚。

在其最初的文本中,帕克提议举证责任由被告个人而不是由控方承担,这在实质上削弱了这个方法提供给被告的保护措施的力度。不过,在法庭的内庭会议上,比德尔劝说帕克删去这项规定。因而在其最后的文本中,帕克规定,关于知情犯罪目的和成员身份的自愿性的举证责任就由控方来承担,由此,与那句传统的法律格言形成一致:在被证实有罪以前,应作无罪推定(A person should be considered innocent until proved guilty)。

帕克关于犯罪组织的建议是一个富有天才性的创造。通过提取犯罪组织与共谋的相似性,他一方面把英、美法学家都熟悉的原则设立为解决该问题的前提,另一方面也满足了德瓦布尔的期望,为后来的占领区审判确立限制和防范措施提供了基础。

另外,知情和自愿的成员身份标准还给予法庭便利的手段,借以避免使其判决涉及盖世太保和党卫队的纷乱的隶属组织;法庭所要做的只是给全部组织设定大致的界限,而把内部的技术性问题留给占领区法庭解决。

更为重要的是,帕克的建议使法庭得以维护法律和人道的原则,于平静与无形中消除了犯罪组织控诉潜在的不公正的危险性。法官们想必已经认识到,占领区当局不可能大动干戈地提起两百万至三百万的起诉案,并且对每个案件都不得不从"自愿"和"知情"两个标准,——证明涉嫌被告的犯罪性。

总之,帕克的犯罪组织方案非常机智,它是法庭使用的典型性方法:没有炫耀的光彩,没有大吹大擂的措辞,回避主要争议的锋芒,从侧翼巧妙而灵活地解决难题,以此防止战犯诉案导致严重的审判不公正。[1]

在讨论帕克的建议时,尼基钦科提出了一些反对意见,其他法官也对某些问题予以保留,但在最后一决胜负时,帕克的方案至少赢得了三名西方法官的支持,由此正式获得法庭的认可。

形势变得明朗后,美国法官自然要负责撰写涉及组织的总体判决意见,比德尔由此提议对六个组织进行投票表决。四名法官都一致裁定党卫队、盖世太保和纳粹党的"政治领袖集团"是犯罪组织;而后三名西方法官联合起来,以三比一的多数票否决了苏联法官的反对意见,不对德国内阁、冲锋队以及参谋部和国防军最高统帅部作犯罪宣告。

实际的投票很快结束了,投票并没有详细描述最终的组织判决的很多最重要的特征,这些特征表现在总体判决的用语中,表现在关于每一个特定组织的具体判决中。判决书这部分内容的撰写由比德尔、帕克和美国法官助手负责,他们花费了将近两周时间。其主要命题体现在这样一句话中——组织控诉"是一个涉及面广泛而又新颖的诉讼程序。没有适当的保证条款,运用这一诉讼程序就有可能产生粗暴的不公正"。[2] 判决书强调了犯罪组织和共谋的相似性,而后论述道,决定承担刑事责任的条件是:知情犯罪目的和自愿

---

[1] Bradley F. Smith, *Reaching Judgment at Nuremberg*, Basic, Inc., Publishers New York 1977, p. 164.
[2] 参见〔民主德国〕P. A. 施泰尼格尔(编):《纽伦堡审判》(上卷),王昭仁等译,商务印书馆 1985 年版,第 225 页。

的成员身份。法庭还给三个被宣告为犯罪的组织（盖世太保、党卫队、纳粹党的"政治领袖集团"）设定了确切的限制日期：在1939年9月1日战争爆发之前，个人不因其成员身份而承担刑事责任。

判决谈到了盟国占领当局对犯罪组织采取的措施，并予以相当尖锐的批评。德国管制委员会曾于1945年12月20日通过了第十号法令，想把它统一适用于四国占领区，用以调整组织控诉问题。然而，如同纽伦堡国际军事法庭在其判决中指出的那样，由于第十号法令的规定，"经法庭宣告有罪的某一组织的成员，以后可因其以该组织成员身份所犯的罪行进行判决，并可因此被判处死刑。"[1] 后来，美国占领当局于1946年3月5日通过了《消除纳粹主义法》，将其适用于自己的占领区。这项法令为各种战争罪，包括组织成员的犯罪，设立了详细而更为温和的刑罚。法庭在判决书中向德国管制委员会建议：对第十号法令进行必要的修正，由于从属某一被宣告为犯罪集团或组织的成员而被判处的刑罚，无论如何不应超过《消除纳粹主义法》所规定的刑罚，并且任何人不应受两种法律的惩罚。

1946年9月26日，当美国人准备的判决意见提交讨论时，苏联法官激烈反对其主要规定。他们不愿对占领区法庭施加任何限制，也不愿法庭建议德国管制委员会如何处理自己的事情。尼基钦科尤其反对把1939年9月1日设定为确切的日期界限，并再次要求惩罚纳粹分子在战前德国境内实施的行为。然而，他的努力一无所获，按照一系列常规的三比一的投票表决，美国法官关于犯罪组织的总体方案最终被法庭接受。

十

组织判决的分论部分——论述了每个特定的组织。其中，解释三个组织

---

[1] 参见〔民主德国〕P. A. 施泰尼格尔（编）：《纽伦堡审判》（上卷），王昭仁等译，商务印书馆1985年版，第225页。

未被宣告为犯罪的原因部分并无新奇之处：首先，冲锋队自1934年"清洗"事件发生后，已经失去其政治上的重要价值，控诉因此也没有了充分的根据。用法庭的话说，冲锋队在清洗后已经沦落到无足轻重的纳粹附庸部队的地位。

其次，组成德国内阁的一群人为数很少，无须宣告它为犯罪组织；尤其是，自1930年代中期以后，德国内阁就不再是一个执政的集体，不再作为一个组织进行活动，而仅仅是一群屈从于希特勒极权控制的行政官员，它实际上也丧失了政治上的重要性。

最后，规模小也是参谋总部和国防军最高统帅部未被宣告为犯罪组织的一个原因；但法庭提出的主要原因是，"参谋总部和最高统帅部"只是控方的人为创造，这个组织在起诉书之外并无实际的存在。在法庭看来，无论这些人的行为如何，不能因一个非真实存在的组织的成员身份而让他们承担责任。尽管如此，法庭不失时机地指出，这些人"要对数百万男女老少所蒙受的痛苦和灾难负大部分责任"，并应因其所犯罪行而以个人身份接受法庭审判。[1]

对三个被宣告为犯罪的组织，法庭规定的限制更意味深长，也更为复杂。对于党卫队，法庭指定卡尔滕布龙纳为其代表被告人；接着，法庭以自己设定的标准和界定为基础，以势不可挡的气势论述该组织的犯罪活动。党卫队的罪行罄竹难书；法庭把希姆莱自吹自擂其教导计划的功效的演讲接受为法律证据，这就能轻易地推断，大量党卫队成员了解该组织的犯罪性质。即便如此，在其判决中，法庭除了设定时间限制，即把其犯罪宣告限定在战争期间，还规定了两个重要的限制：党卫队的义务成员以及所谓骑兵党卫队被排除在外。法庭强调，被国家征召参加党卫队而本人无选择余地者，以及无犯罪活动者，均不作为犯罪论处。

法庭对盖世太保——保安勤务处的判决所作限制较少。用同一个人代表两

---

[1] 参见〔民主德国〕P. A. 施泰尼格尔（编）：《纽伦堡审判》（上卷），王昭仁等译，商务印书馆1985年版，第251页。

个组织的情形并没有让法庭感到为难,因此它再次指定卡尔滕布龙纳为代表性被告人。法庭似乎认为,参加盖世太保,而不了解其犯罪目的的可能性极其微弱,因此它根本就没有直接讨论这个问题。它只援用了"仅限于战争期间"的一般标准,以及在任何个人被判定有罪之前证实其知情犯罪目的的必要性。从而,法庭对该组织唯一强调的限制,是对其特定的隶属组织的排除。根据控方的建议,以及法庭自己的裁决,下列人员被排除在犯罪宣告之外:其一,秘密警察所雇用而从事纯办公室事务工作、速记工作、杂役和其他非正式工作的人员;其二,非党卫队成员的党卫队保安勤务处的非正式情报人员,和已被证实为党卫队保安勤务处的防卫人员;其三,边防部队、海关人员和秘密战地警察的成员。

判决书中涉及纳粹党的"政治领袖集团"的段落运用复杂和预示性的叙述,引出法庭对该组织所作的犯罪性宣告。在审判期间,以及在早期阶段的内庭会议中,一些法官认为,控方针对纳粹党低级领袖,即基层领导和小组领导的控诉证据非常薄弱。费舍尔在其5月份的备忘录里表露出的忧虑,法庭看起来也有同感,即除了虐待盟国战俘和有可能鼓励对低空飞行的盟军飞行员动用私刑外,很难把"政治领袖集团"的任何成员与特定的战争罪行连接起来。然而,在审判的最后阶段,控方的确提出了一些零碎的证据,表明"政治领袖集团"参与了迫害犹太人,它曾被利用来防止"最后解决"犹太人问题在德国民众间广泛流传。这个事项,再加上大量的证据表明,"政治领袖集团"在贯彻执行奴役外国劳工方案时发挥了重要作用,使法庭决定对该组织进行犯罪宣告。

不过,控方未能成功地向法庭证明,大批纳粹党领袖应该承担刑事责任。于是,法庭不仅遵照控方在其2月份的发言中所提的建议,把纳粹党低级领袖排除在判决之外,而且还排除了包括基层和街区在内的全部低级统治集团。即便对较高的组织阶层的判决,也只包括全国党部、大区党部和县党部等各级办公室的负责官员,而对属于"政治领袖集团"的其他工作人员和下属工作人员，则不把他们包括在犯罪宣告之列。很显然，在原来的一般性限制（即1939年9月之前的行为不受惩罚，在每个案件中需证明知情该组织的犯罪目的，以及自愿的成员身份）之上，再加上这一系列限制，该判决对"政治领袖集团"的成员就很少造成损害性后果。

十一

上述规定缓和并限制了特定的犯罪组织判决，对此苏联法官并不赞同，这益发增加了他们对全部组织诉案的处理方法的不满。随着审判和内庭讨论的进行，苏联法官发现他们在一些重要的投票中始终处在弱势地位上，越到最后，他们越对整个事态感到愤怒。在最初的冲突中，苏联人并不经常是输家，并且即使在审判的末期，其他法官也在关键的对阵中败北，例如，德瓦布尔对于共谋问题，比德尔对于犯罪组织。

然而，如同这两个事例显示的那样，西方法官纵然在争议中失利，他们仍然能够通过修改和限制自己的方案，说服别人接受自己的论点，并最终赢得胜利；而当苏联法官在决定性的投票中失利时，部分是由于他们不了解西方体制，所以他们往往失去回旋的余地，最后导致真正的失败。尼基钦科竭力对这种情形装出无所谓的态度，但是仍然掩饰不住接踵而来的失败带给他的难堪。另外，苏联法官的处境也很艰难，由于不享有相对独立的司法权，他们还必须尽力使法庭达成的协议能被苏联政府接受，以免四大盟国结成的统一阵线在公众面前破裂。

法庭成员们彼此反复强调进行妥协的极端重要性，防止因某一法官书写公开的反对意见，而招致不愉快的情况发生。有时，个别法庭成员不得不竭力压制着书写反对意见的冲动，使外在的全体一致局面得以维持到审判的最后阶段。这对苏联法官来说，尤其感到困难。这不仅因为他们是最经常的输者；而且因为当西方法官的目标落空时，这仅仅是其个人处理方法上的失败，而对于苏联法官，则意味着他没有达到苏联政府期望的结果。

到了审判最后，尼基钦科承受的压力越来越大，让他几乎喘不过气来，然而即使遭受了组织问题的一连串打击后，他仍然表示他不提出公开的反对意见。但是，法庭对组织问题的裁决刺激了苏联政府，在此情况下，遵从政府指令的尼基钦科尽管羞愧难当，却不得不通知其他法官，他终究要撰写并公开发表反对意见了。[1]

苏联法官总共提出了六点反对意见，其中四点涉及对个人被告的判决，只有两点涉及组织判决。[2] 苏联人批评法庭没有宣告德国内阁、参谋总部和国防军最高统帅部为犯罪组织。对于前者，他们认为，这个机构的成员拥有巨大的权力，他们管辖相应的政府部门，并在各自的职权范围内，参与制订和实现犯罪计划；法庭却以适用于"一般内阁成员"的标准，来衡量凶残的"希特勒内阁"的成员，其结果必然不符合实际情况。

苏联法官更为强烈地反对法庭对参谋部和国防军最高统帅部的判决。他们既驳斥法庭的如下结论：该集团并非一个真实的组织，所指控的罪行是由其代表以个人身份进行的，而不是以犯罪组织成员的身份进行的；也反对判决的言外之意，即在纳粹分子的政策制定与执行中，它并没有作为一个领导机构而发挥作用，它只不过是实现共谋分子意志的简单工具。然而，对于两者中的任一观点，苏联法官只提出了很少的证据和理由予以支持，相反却引用了大量事例，用以表明纳粹军事领导人的侵略欲望和野蛮残酷。

显然，苏联法官并不特别反对法庭得出其结论所依据的方法，以及其结论本身。他们只是感到，不管存在什么样的法律困境，在心理上和政治策略上都有必要宣告德国内阁、参谋部和最高统帅部有罪，就像对待党卫队和盖

---

[1] Bradley F. Smith, *Reaching Judgment at Nuremberg*, Basic, Inc., Publishers New York 1977, p. 169.
[2] 苏联法官公开发表的对于法庭判决的六点不同意见概括如下：(1) 反对宣告被告沙赫特无罪；(2) 反对宣告被告冯·巴本无罪；(3) 反对宣告被告弗里切无罪；(4) 反对判处鲁道夫·赫斯无期徒刑，认为应判处死刑；(5) 反对不宣告德国内阁有罪；(6) 反对不宣告参谋总部和国防军最高统帅部有罪。参见附录五《国际军事法庭苏联法官的不同意见》。

世太保一样。

值得注意的是，至于法庭在判决中对被宣告为犯罪的组织所作的限制，苏联法官并没有提出任何公开的反对意见，他们也不抗议法庭未宣告冲锋队为犯罪组织，尽管尼基钦科投票主张如此宣告。这说明苏联人并不十分关心获得法庭授权，借以对组织成员实施大规模的惩罚，而这正是杰克逊和美国法官曾经深感惊惧的；而在事实上，苏联人也根本没有实行任何全面的组织迫害。很明显，他们想要的只是盟国的一个宣告，借此给最显赫的纳粹头目和组织贴上耻辱的标签，同时使他们为战争以及伴随战争而产生的苦难和破坏承担独有的责任。

由于冲锋队作为纳粹政策的工具已失去重要价值，作为其政治符号也已很少发挥作用，苏联法官也就轻易放过了这个组织，但他们的确希望宣告其他任何组织有罪。

由以上所述可见，苏联法官和西方法官之间存在着很大的分歧，这就不可能产生一个方案，既能消除西方人的法律疑问，与此同时又能满足苏联人普遍的犯罪宣告的需要。美国法官，一定程度上还有法国法官，矢志不移地追求这样一个目标，即竭力想从犯罪组织判决中把那些对单个成员的公民自由构成最大威胁的因素清除掉。虽然任何组织案并不一定带来大规模的迫害，然而，当时无论在东方还是在西方，大报复的气氛已经孕育成熟，假设法庭判决的限制条件稍加放松，很多无辜的人很可能将和有罪者一起受到惩罚。

在此情况下，很难苛责法庭对组织的一般判决和特定判决。当法庭面对复杂而实际的法律难题时，比如上文已经展示过的共谋问题，它能最富有成效地处理好；当它面对抽象的法律理论时，例如它曾处理过的侵略战争犯罪性的一般问题，它就难以挥洒自如了。当其考虑的事项涉及敏感的政治问题时，比如挪威事件和《苏德互不侵犯协定》，其判决有时会产生蛮横的不公正。然而，在不涉及政治的问题上，法庭则能游刃有余地解决大多数的重要难题,并成功地为组织和个人设定标准和规则,尽量保证审判的相对公正性。[1]

伴随着上述工作的完成,法庭解决法律问题的阶段就结束了,它由此进入讨论生死问题的阶段——纽伦堡国际军事法庭决定 22 名被告命运的时刻终于来临了。

---

[1] Bradley F. Smith, *Reaching Judgment at Nuremberg*, Basic, Inc., Publishers New York 1977, p. 170.

假如你要说这些人是无辜的,那就等于说没有发生战争,没有大屠杀,没有滔天罪行!*

——罗伯特·H. 杰克逊

---

* 〔美〕约瑟夫·E. 珀西科:《纽伦堡大审判》,刘巍等译,上海人民出版社2000年版,第370页。

八　对中央高官的审判[1]

——戈林、赫斯、博尔曼、里宾特洛甫、卡尔滕布龙纳、弗里克

赫尔曼·戈林

图10　戈林

希特勒死后，帝国大元帅戈林（见图10）就成为纳粹政权的最佳代表。证据表明，除希特勒外，戈林是纳粹政权中最重要的人物。他在20世纪20年代初就开始追随希特勒，并在第三帝国时期担任了纳粹党和帝国的许多非常重要的职务。他早年曾任冲锋队队长，还促成盖世太保的形成；他是四年计划的主持者，并担任过德国空军总司令。在每一个重要的决策会议上，戈林总坐

---

[1] 法庭对全部22个被告的审判是纽伦堡审判的主体部分。但由于被告众多，案情复杂，按照何种顺序来介绍这些案件的审判情况是一个颇费心神的事情。这里，我们试着依据各被告对纳粹德国的"功用"来进行划分。其实，盟国在确定被告名单时，就试图将纳粹德国各个部门的高级官员一网打尽。于是，被告们分别来自纳粹德国的党界、政界、军界、经济界以及舆论界。可见，指控被告的范围广泛是纽伦堡审判的伟大创举，如果不能说是后无来者，至少也是前无古人的。因此，我们可以按照这个模式，将审判中的22个被告划分为五大类：第一类，纳粹中央高官；第二类，纳粹德国军方代表；第三类，纳粹德国经济界头面人物；第四类，纳粹德国占领区高级官员；第五类，纳粹思想鼓吹者。但考虑到某些被告具有"双重身份"，我们在分类时就会有所侧重。比如，戈林，他曾任空军总司令，也可以将其划入军人系列里；由于他在纳粹系统中地位突出，遂将其列为第一类被告。类似情况还包括弗里克、牛赖特、巴本、席拉赫和罗森堡。在阅读相关章节时，我们希望读者对这种分类上的取舍能够有所了解。

在希特勒的身旁；而希特勒也曾说过，戈林将是其死后的继任者。戈林的权力和影响涉及军事、外交与国内政治、经济等诸多方面，因此他要对纳粹政权的决策和行动承担主要责任。

戈林冷酷、务实，推崇政治实用主义。这集中体现在，随着战争形势对德国愈发不利，其他纳粹领导人还挣扎在新的狂热中，他却退缩到自己的城堡里寻欢度日。当帝国行将崩溃，希特勒隐匿于柏林的地堡中时，戈林便逃到了南方。在那里，他进一步做出了一个错误的决策，即电报希特勒问是否可以接替其职务。当时已忍无可忍的希特勒立即抓住这个报复的机会下令逮捕戈林。于是，在战争结束时，曾无限风光的帝国大元帅遭受到三重侮辱：他同时成为毒品、肥胖症和盖世太保的俘虏。

自被盟军监禁6个月以来，戈林既戒掉了毒瘾又减轻了体重。在无数次的审讯过程中，戈林又大大恢复了其往日的活力和好战性。在1945年10月的第三个星期即将来临之际，尼夫少校和费舍尔正式通知戈林选择辩护律师的程序。戈林对自己的权利十分清楚，并利用这个机会指出《国际军事法庭宪章》中他所认为的不公正之处。一位曾在11月初审问过戈林的英国外务代表称，戈林毫无丧家之犬的模样；相反，他显然善于抓住机会发表自己的主张。在这个英国人看来，戈林是一个不知羞耻、顽固不化的歹徒。

即便如此，被告戈林依旧无法改变自己即将受审的命运。从1944年4月英国准备第一份战犯名单以来，在盟军的每一份名单中，戈林都被列为主要战犯。同时，针对戈林的罪行，四大国准备了非常充分的证据。除非对其每一部分的指控均告失败，否则戈林将在劫难逃。从某种意义上讲，他要为第三帝国所犯下的所有罪行承担责任。而戈林唯一的优势就是他那难以对付的强词夺理，这也许会使检察官们在即将开始的法庭论战中有所顾忌。

至少美国的副检察官多诺万在审判前表示，不愿与戈林直接对抗。由于戈林主动要求与控方接触，多诺万便于11月中旬与戈林及其辩护律师达成了一个试探性的协议：戈林回答控方提供的一个问卷，当双方对内容达成一致时，他就可以在法庭公开作证了。多诺万在 11 月写信给杰克逊，指出他并非在同戈林谈判或交易，但还是承认美国的检察官们已对这样的一个原则达成共识：除非一个被告用书面形式揭发其他被告的罪行，否则不得向该被告提出为控方作证的建议。

此外，多诺万还告知杰克逊，在他与戈林的交谈中，后者已经揭发了其他被告的罪行。虽然多诺万与戈林的交涉还没有发展成辩诉交易，但已经是十分接近了。这位美国副检察官认为，戈林作为纳粹团伙中最后一个心智健全的领导人，其供述将是对德国人民最好的交待。尽管多诺万据理力争，杰克逊并不买账，最终否决了这个计划。因此，在审判即将开始之际，沮丧的多诺万毅然辞职回国。

随着多诺万计划的流产，戈林只得扮演纳粹集团的领袖角色，千方百计地联合其他被告为纳粹政权作最后的辩护。由于正是杰克逊粉碎了自己与控方合作的愿望，戈林准备在交叉盘问中摆开架势与杰克逊决一死战。[1] 杰克逊也清楚戈林乃哗众取宠之辈，如果不对其加以控制，他会在法庭上演一场滑稽闹剧。目前，可供选择的盘问方式有两种。第一种是一连串放步枪子弹，以具体指控击中戈林。另一种是用重炮轰击戈林，以迅雷不及掩耳之势进行盘问，迫使他承认在摧毁德国民主、武装德国作战及策划纳粹侵略中扮演了主要角色。

在法庭上，杰克逊选择了第二种重炮轰击的方式。1946 年 3 月 18 日中午 12 点 10 分，劳伦斯法官问道："首席检察官是否准备进行盘问？"杰克逊带着自信而好斗的神色走向检察官席。他解开晨礼服的纽扣，双手插进身后的衣兜，仔细端详着证人席上的戈林。戈林也盯着杰克逊，好像王牌飞行员在一场混战之前估量敌手。"或许你已意识到，你是唯一幸存下来的可以向我们详细说明纳粹党的真正目标及其领导层内部工作运转情况的被告。"出乎人们的意料，杰克逊的第一个问题竟然如此平淡乏味。

---

[1] Bradley F. Smith, *Reaching Judgment at Nuremberg*, Basic, Inc., Publishers New York 1977, pp. 174-176.

"我完全明白这一点。"戈林道。

杰克逊接着追问："纳粹党图谋推翻魏玛共和国难道不是千真万确吗？"

戈林干脆地答道："这是我坚定的意图。"

杰克逊又问："纳粹党一上台执政，就废除民主政府，难道这也是真的？"

戈林道："我们认为它已无存在的必要。"

杰克逊诘问戈林，"人们未经法庭审判即被投入集中营，难道不是真的吗？"

戈林开始作长篇答复，但杰克逊打断他，想让他在是与不是之间作选择。戈林反击说，他需要作解释；杰克逊把他甩开，他说，这样的详细说明可在随后戈林的律师再次进行直接询问时进行。

劳伦斯在与比德尔耳语过后打断杰克逊的询问，称法庭认为证人在回答该问题时应被允许做他认为正确的解释。杰克逊气得满脸通红。他知道，这一规则有悖于法庭盘问惯例。当戈林被允许在法庭上几乎随心所欲地发表演讲时，这位检察官不耐烦地用钢笔敲着桌子。

戈林看上去颇为自得，他还狡猾地利用了一个优势：在杰克逊提出的那些曲里拐弯的问题和沃尔夫·弗兰克翻译的间隙，戈林有充分的时间打腹稿——在译成德文以前，他已从英文中理解了这些问题！很明显，杰克逊没能运用法庭盘问的经典战术，即用一连串迅速、尖锐的诘问来压迫证人。

在休庭过后，新一轮的战役又打响了。杰克逊开始责问戈林纳粹德国入侵苏联之事。他一贯支持"侵略共谋"的指控。但是，旁观者清，人们认为在戈林案中挑选苏联为例，颇为不当。因为被告可以很有说服力地指出，他反对希特勒入侵苏联。杰克逊继续艰难前行，他给了戈林更多机会表明，倘若有入侵苏联的共谋，那他并不是该共谋的支持者。

整个下午，戈林依旧反应敏捷，表现出惊人的记忆力。而且，由于法庭"姑息"，他可以随心所欲予以发挥。事实也证明，戈林的脑子是令人生畏的工具！相比之下，杰克逊的首日表现令人大失所望。他宣读文件，而没有把握时间提出闪电似的问题击懵证人，乱其方寸。杰克逊一次也没有运用优秀的法庭盘问者所擅长的最致命的策略——将证人诱向事先设好的陷阱，而后以闪电般的答复将他推进去。

显然，在美国最高法院工作四年又在司法部的官僚机构任职多年的杰克逊脱离格斗场的时间太久了，他往日的盘问之才如今已黯然失色。尽管如此，伯基特认为，杰克逊是在障碍重重的情况下开展工作的。劳伦斯作出的不得缩短戈林回答的裁决是蛮横无理的。结果，证人而非检察官或法官控制着法庭。

第二天上午，庭审继续进行。杰克逊援引一个文件，旨在表明戈林策划"解放莱茵河地区"而违反了《凡尔赛条约》。戈林手里有一份同样的文件，他指出杰克逊翻译有误。文件说的不是什么解放，而是万一动员时"清理"莱茵河河道障碍，以利航行。结果，戈林是对的。

杰克逊问，"这些行动难道不是重新武装莱茵地区计划的组成部分吗？"

戈林答曰，"所有的国家都制订应急计划。"

"但是，难道这些计划不是'完全对外国保密'吗？"杰克逊又问。

戈林反唇相讥："我想不起来我事先在报刊上读到过有关美国动员准备的消息！"

杰克逊转向法官席，道："我谨提请本庭注意，证人在盘问中答非所问！……如果我们的问题得不到正面答复，那完全是白费时间……在我看来，证人在被告席上，在证人席上都对本庭采取傲慢而蔑视的态度，他不死不活地对待这一审判。"劳伦斯把头转向比德尔，经过商议后，他支持让戈林有发言权的决定。杰克逊好像要中风。比德尔对劳伦斯说，或许这正是宣布今日休庭的好理由。

休庭后，怒不可遏的杰克逊来找比德尔理论，甚至提出要辞职回国。比德尔解释说，有关戈林的决定不是私人意见，目的只有一个，就是在审判结束时不给戈林以任何托辞；这一目标对所有的人，对法官和检察官都是有利的。[1]

---

[1] 参见〔美〕约瑟夫·E.珀西科：《纽伦堡大审判》，刘巍等译，上海人民出版社2000年版，第279—283页。

第三天,杰克逊不得不又一次面对戈林。在提出了一些小题大做而效果也差强人意的问题后,杰克逊好像一下子找到了感觉。他手里拿着一叠文件,说这是戈林以前担任各种要职时签署的法令。难道戈林未曾签发过犹太人非经政府许可不得出卖企业的命令吗?

戈林回答签发过。

戈林是否还发布过犹太人不得拥有零售商号、出售手工艺品或组织合作社的命令呢?

戈林再次作了肯定的回答。

杰克逊连续发动猛攻:戈林命令犹太人把一切金银珠宝上缴政府,可有此事?下令没收波兰人的财产,可有此事?禁止犹太人对德军造成的损害提出赔偿要求,可有此事?

戈林手抖得厉害,就将两只手握到一起。

随后,杰克逊继续发难,就有关命令海德里希制定"最后"解决犹太人问题的方案[1]、"水晶之夜"[2]事件后召集戈培尔等人和保险业代表共谋对策、掠夺艺术珍品和大规模抢劫苏联粮食[3]等事件对戈林穷追猛打。这回,戈林总算被弄得晕头转向。一连串不容置疑的具体指控揭露出被告是纳粹主义最恶毒

---

[1] 1941年7月31日,戈林发出命令指示希姆莱和海德里希:"在欧洲德国的势力范围内最后解决犹太人问题。"1939年、1940年和1941年的德国法令公报刊载了许多经戈林签署的反犹太人法令。虽然灭绝犹太人原来是由希姆莱负责的,但是戈林对此绝不是不加干预的,他积极参与了迫害犹太人的活动,尽管他在证人席上进行了各种申辩。参见〔民主德国〕P. A. 施泰尼格尔(编):《纽伦堡审判》(上卷),王昭仁等译,商务印书馆1985年版,第255页。

[2] 1938年11月9日,冲锋队和纳粹流氓抢劫和砸毁了815家犹太商店、76座犹太教堂,抓获26000名犹太人,其中36人死亡。在此事件之后,戈林不仅在德国迫害犹太人,而且在被占领国对犹太人进行迫害。参见〔美〕约瑟夫·E. 珀西科:《纽伦堡大审判》,刘巍等译,上海人民出版社2000年版,第286页;〔民主德国〕P. A. 施泰尼格尔(编):《纽伦堡审判》(上卷),王昭仁等译,商务印书馆1985年版,第255页。

[3] 早在对苏战争爆发以前,戈林就拟订了对苏联地区进行掠夺的计划。入侵苏联之前的两个月,希特勒就委任戈林全面负责这个地区的经济管理工作。戈林为执行这项任务设立了一个经济参谋部。他曾以大德意志国元帅的身份发布命令:"元帅的命令及于一切领域,包括粮食和农业在内。"根据戈林下发的《绿皮文件》,设立了"东方经济参谋部"。这个指示规定掠夺和毁灭缺粮地区的所有工业。此外,从余粮地区调出粮食以满足德国的需要。参见〔民主德国〕P. A. 施泰尼格尔(编):《纽伦堡审判》(上卷),王昭仁等译,商务印书馆1985年版,第254—255页。

的反犹设计师之一,粗野鲁莽,贪婪腐化。戈林终于像是站在深渊边缘,踉踉跄跄。

但此后,杰克逊却让戈林溜走了。他开始指控戈林的空军在轰炸华沙期间炸毁美国大使的官邸。在法庭上,同大规模屠杀的恐怖、奴役劳工和丧尽天良的医学实验相比,这一控告显得微不足道,而杰克逊像是在机械地念着已准备好的问题清单。

为了证明这一轰炸指控,杰克逊出示了据说是纳粹空军拍摄的照片,并允许戈林察看。戈林一下子恢复了自信,他曾是一名航空摄影家。他说从摄影角度看,这些照片可能是从教堂尖顶上而不是从飞机上拍摄的。他翻转照片,照片的背面没有日期,没有地点,没有身份证明,没有鉴定,几乎在任何法庭上都是无法接受的证据。

杰克逊转到关于处死盟军飞行员的问题。但是他的盘问平淡乏力,又是在照本宣科。杰克逊与戈林的较量持续了三天,他们最后有气无力的交锋宣告了双方对峙的结束。不论法官的最终判决如何,二人的表现证明:戈林是一个精明的恶棍;杰克逊是受挫的英雄。[1]

下一个出庭盘问戈林的检察官是马克斯韦尔-法伊夫爵士。在出庭前夕,马克斯韦尔-法伊夫就做了精心的准备,尤其是从杰克逊的失利中吸取了足够的教训。因此,他在法庭上很好地把握了制胜的三原则:其一,只问家喻户晓的问题;其二,提问必须方向明确;其三,不理睬对方狡诈的离题,抓住几个要点不放。

事实证明,上述三招儿果然奏效。戈林节节败退,最终只能用空洞乏力的语言加以搪塞。马克斯韦尔-法伊夫不辱使命,为控方挽回了面子。其后,苏联检察官鲁登科和法国检察官尚普捷·德里布相继入庭,于次日完成对戈林的法庭盘问。事后,几位检察官聚集到马克斯韦尔-法伊夫的办公室,对他的表现赞赏有加。马克斯韦尔-法伊夫说:"赫尔曼·戈林是我曾观察过的

---

[1] 参见〔美〕约瑟夫·E.珀西科:《纽伦堡大审判》,刘巍等译,上海人民出版社2000年版,第285—287页。

最难对付的证人。"[1]

然而，戈林在法庭上戏剧性的表演并没有使法官们对他的判决产生任何影响。在辩论中，戈林也许能够打败个别检察官；但他却不得不在法庭所确立的法律原则和概念下俯首称臣。戈林系按所有四项指控被起诉的。法庭的最后裁判指出，戈林在其职业生涯中所犯下的每一罪行都应受到法律的制裁。他参与了每一场侵略战争的策划与实施[2]。他曾协助谋划并参与劫掠艺术品、掠夺被占领土资源以及虐待并杀害俘虏等暴行。戈林甚至签署了仅存的书面命令，赋予海德里希对"犹太问题"进行"最后解决"的职责。

1946年9月2日，法庭以极快的速度结束了对戈林案的第一轮审议。德瓦布尔对第一项指控（共谋罪）的决定有所保留，但9月5日他还是试着接受了比德尔所提出的折中方案。除此之外，法庭一致认为：依据全部四项指控，戈林有罪。到9月10日的第二轮表决时，法官们仍快速地对戈林案达成一致意见。只是德瓦布尔认为，鉴于戈林的最高统帅身份，最好适用枪决。但是，三票对一票的表决结果最终确定适用绞刑。[3]

鲁道夫·赫斯

与戈林相似，赫斯（见图11）早年就加入了纳粹党并在后来出任党和国

---

[1] 参见〔美〕约瑟夫·E.珀西科：《纽伦堡大审判》，刘巍等译，上海人民出版社2000年版，第289—292页。
[2] 戈林是参加1937年11月5日霍斯巴赫会议的五名重要领袖人物之一，并且还参与了其他许多重要会议。在合并奥地利期间，他甚至是主要人物、阴谋活动的头子。在入侵捷克斯洛伐克和吞并波希米亚、摩拉维亚的前夕，戈林在希特勒与哈查总理举行会谈时威胁说，如果哈查不做出让步，他就要轰炸布拉格。在进攻波兰以及整个侵略战争期间，戈林指挥着空军。虽然戈林称，他反对过希特勒进攻挪威和苏联的计划，但是很明显，他的这种举动仅仅是出于战略上的原因；只要希特勒做出决定，他就毫不迟疑地予以实施。此外，戈林还积极参与准备、执行对南斯拉夫和希腊的军事行动。参见〔民主德国〕P. A. 施泰尼格尔（编）：《纽伦堡审判》（上卷），王昭仁等译，商务印书馆1985年版，第252—253页。
[3] Bradley F. Smith, *Reaching Judgment at Nuremberg*, Basic, Inc., Publishers New York 1977, pp. 176–177.

图 11　赫斯

家的高级职务。赫斯于 1920 年加入纳粹党，并且参加了 1923 年 11 月 9 日的慕尼黑暴动。1924 年他与希特勒一起被监禁在兰茨贝格要塞，从此成为希特勒的心腹，这种关系一直延续到赫斯出走英国为止。1933 年 4 月 21 日他被任命为副领袖；1933 年 12 月 1 日，被任命为德国不管部部长；1938 年 2 月 4 日，他被任命为秘密内阁成员；1939 年 8 月 30 日，被任命为德国内阁国防委员会委员。1939 年 9 月，他被希特勒正式指定为继戈林之后的领袖继承人。

与戈林不同的是，赫斯并没有像前者那样急于攫取权力和荣誉；相反，多年来一直在自己的职位上协助希特勒处理纳粹党事务。但是，赫斯的失宠却来得比戈林快。由于战时不被重用以及精神上的不稳定状态，赫斯于 1941 年春季做出了一个震惊世界的举措：为了英、德两国的和平，他飞赴英国。然而，赫斯此行得到的却不是赞扬和表彰。他被英国监禁四年，就连他所敬仰的希特勒也怒斥其为疯子。

赫斯的英国之行显然对其审判产生了影响。在接下来的战争年代，苏联人始终对这一事件极为关注，他们怀疑英德之间存在着阴险的幕后交易。由于德国入侵苏联就发生在赫斯飞抵苏格兰不久，斯大林显然相信赫斯此行是为共同对付苏联而与英国谈判。在 1941 年至 1945 年间，英国政府曾多次竭力对此事加以辩解，但苏联还是在外交上不断给英国施压。因此，对英国而言，解决此事的最佳途径就是将赫斯推上被告席，使之接受盟国的审判。

然而，英国人并没有对赫斯进行战时审判，他们担心纳粹德国会对英国俘虏实施报复。于是，英方在整个战争期间一直忍受着来自苏联的压力和侮辱；一旦挨到了拟定主要战犯名单的时刻（1944年4月），英方就迫不及待地将赫斯列入其中。于是，赫斯的名字便顺理成章地出现在英方提交的10名主要战犯名单中。美国也将其视为16名主要战犯之一，可是考虑到赫斯的精神状态，杰克逊并不大愿意控告他，并就此提出异议。但在苏联的压力下，英国对起诉赫斯的态度显得十分坚决。此外，盟国在11月底召开了关于赫斯精神状态的听证会。在会议上，英国副检察官马克斯韦尔-法伊夫指出：即便赫斯真的患有失忆症，只要他理解诉讼程序，就应当受到盟国的审判。

就审判赫斯一事，法官也不愿与检察官以及公众的观点产生激烈的冲突。尽管精神科医生的检查结果表明该案存在诸多疑虑，法官们最终还是认为赫斯能够接受审判。在审讯过程中，赫斯是否在装病成为法官们争论的焦点。德瓦布尔与比德尔提议应该让赫斯本人向法庭作陈诉，以使法官们更好地把握案情。起初存在分歧的法官们最终被说服了。于是，劳伦斯要求赫斯发言。但赫斯的"供认"却出人意料，他居然承认自己是在装病！其辩护人请求法庭中止审讯，但立即遭到否决。

赫斯就这样被视为同其他被告一样，必须出庭接受审判。实际上，赫斯的失忆症似乎并不像是装出来的；而他的"供认"倒像是在作假。在审判时，检察官们在所有四个罪名上指控赫斯有罪。由于第三、第四项指控的入罪证据较少，他们便将火力集中在第一和第二项指控上。控方指出，赫斯参与了德国入侵奥地利和捷克斯洛伐克前的共谋；他在1939年的一次演讲中，公开称赞希特勒，而批判英国、法国和波兰，以及其发布了批准吞并全部或部分被占领土的命令。显然，这些事实并不能充分说明问题。因此，检察官们的控诉显得底气不足。辩方的情况则更糟：赫斯既没有为自己的辩护作任何准备，又拒绝当庭作证[1]；由于文件证据不足，又缺少证人，其辩护律师只

---

[1] 然而，也有一些律师认为，赫斯拒绝出庭作证乃是一种公然的消极抵抗，这说明他犹如狐狸般的狡猾。因为他的沉默能使其免于遭受类似于戈林在犹太人问题，或任何其他罪行上所受的诘问之苦。参见〔美〕约瑟夫·E. 珀西科：《纽伦堡大审判》，刘巍等译，上海人民出版社2000年版，第296页。

得草草了事。

在9月2日的首轮审议中，所有法庭成员一致认为赫斯在第一、第二项指控上有罪。在第三、第四项指控上，西方的法官有所疑虑。对此，尼基钦科也曾举棋不定，但基本上倾向于认为赫斯有罪。只有苏联的候补法官沃尔奇科夫坚决认为被告在第三、第四项指控上的罪名成立。他甚至将赫斯在《纽伦堡法》上的签字作为赫斯大规模屠杀犹太人的证据。对此，某些法官认为，苏联代表的做法太过火了。

9月10日，法官们对赫斯案进行了最后的审议。法国候补法官法尔科认为，赫斯在四项指控上都有罪，并应被判处终身监禁。然而，德瓦布尔只支持前两项指控，并认为应当判处赫斯约20年监禁。在定罪上，帕克和比德尔的主张与德瓦布尔相同，但在量刑上他们则主张判赫斯无期徒刑。两位苏联法官认为被告在全部四项指控上有罪，应被判处死刑。伯基特当时并不在场。庭长劳伦斯爵士指出，赫斯在所有四项指控上的罪名均告成立，且应适用终身监禁。因此，法庭判决赫斯在第一、第二项指控上有罪。在第三、第四项指控上，德瓦布尔和比德尔的表决牵制了劳伦斯和尼基钦科；依据"两票对两票的平局意味着被告可被宣判无罪"的原则，赫斯的后两项罪名不成立。

由于法官们对量刑问题争执不休，法尔科提出建议：首先对是否执行死刑表决，然后是终身监禁，最后是刑期问题；最先获得三票的刑种得以适用。众人采纳了这一方案。表决开始，死刑很快出局，因为只有尼基钦科一个人投了赞成票。在对终身监禁进行表决时，尼基钦科见风使舵倒向比德尔和劳伦斯一边。于是，最初的僵持局面并没有停留太久，三票对一票的结果使终身监禁得以最终适用。尼基钦科很清楚，如果这时他投了反对票，按上述原则，两票对两票的局面将导致更糟的结果——英美便会在下一轮投票中转而支持法国，这将导致适用20年或30年徒刑。

在量刑上，法官们的表决值得玩味。通过提议，法国候补法官法尔科得到了其预想中的量刑结果，使德瓦布尔主张对赫斯处以更轻刑罚的努力化为泡影。人们并不清楚当时法尔科是否真的会神机妙算，但这至少说明了法官的行为并不仅仅受其所属国家的政策支配。此外，苏联代表对终身监禁刑的表决更是意味深长。苏联人想除掉赫斯，他们始终认为其英伦之行是德国进攻苏联计划的一部分；赫斯也就此成为西方反苏联盟的象征。但在表决中，尼基钦科不仅投了终身监禁的赞成票，而且正是这一票起到了决定性的作用。可见，当尼基钦科遭遇两票对两票的困境而又得不到及时、充分的指示时，他也只能退而求其次了。[1]

在定罪上，由于证据不足，法庭认定赫斯的行为并不构成战争罪和危害人类罪。法官们只支持前两项指控，即被告犯有共谋罪和破坏和平罪。但是，法庭判赫斯犯有破坏和平罪的依据并不充分，其主要理由是：作为希特勒的亲信，赫斯肯定知悉其侵略计划。显然，赫斯是在缺少明确的个人归罪证据的情况下仅凭其职位而被定罪的。美国候补法官曾对这种做法提出质疑，但法庭对该案的判决仍旧以此为基础。这对赫斯来说是不公平的，因为法庭在审判其他被告时几乎都要求个人明确地解释其犯罪目的或计划。只有在赫斯案中（也许还包括弗里克案），法官们仅凭少量的证据以及被告同元首的密切关系完成了对共谋罪的认定。当然，这并不意味着赫斯是清白的。也许在其他法庭，依据不同的法律，就能很容易地定罪；但在纽伦堡，赫斯无疑是双重标准的牺牲品。[2]

法庭对赫斯的判决引起了诸多争议。这种不良影响一直持续至今。三十多年前，当人们在监狱里见到老态龙钟的赫斯时，仍无法确信其精神状态是否正常。遗憾的是，赫斯案已经成为历史，再也无法追回了。

---

[1] 审判后，苏联法官尼基钦科对本案的量刑提出异议。他指出，赫斯事实上是"希特勒最亲密的心腹"，曾被授予极大的权力。他通过列举大量证据来证明这一点。尼基钦科最后得出结论："考虑到赫斯曾是纳粹德国身居第三位的重要政治领袖，并考虑到他在纳粹政权所犯的各种罪行中起了决定性的作用，我认为对他唯一正确的判刑标准是死刑。"参见本书附录五。

[2] Bradley F. Smith, *Reaching Judgment at Nuremberg*, Basic, Inc., Publishers New York 1977, pp. 180-181.

马丁·博尔曼

1941 年前，博尔曼仅是赫斯的下属。在纳粹党内，他因粗鲁的举止而小有名气；但即便在德国，公众对他也了解甚少。随着赫斯飞赴英国，博尔曼出任纳粹党总部主任一职。1943 年 4 月，他又当上了希特勒的秘书。在战争的最后两三年里，博尔曼是希特勒身旁最有权威，可能也是最为残忍的助手。就这样，通过逐步攫取权力，他从最初纳粹党中的无名小卒发展成为后期对希特勒具有重大影响的得力干将。

英美政府对博尔曼的底细了解得一清二楚。英国将他列入主要战犯名单，而美国也于 1945 年夏季掌握了其大量的个人资料。然而，盟军并没有抓获博尔曼，也就很难将其列为被告。但很快就有传闻称，博尔曼可能死在了逃出柏林的路上，也有人说他没死。由于英方和美方关押着数以百计的重要囚犯，并掌握着堆积如山的证据材料，他们并没有将鬼魅般的博尔曼当回事。

相比之下，法国没能提供任何主要战犯，而羁押在苏联的战犯也屈指可数。于是，两国政府便于 1945 年 8 月提出起诉博尔曼的要求。他们认为博尔曼是一个极其重要的人物，并存在着生还的可能。对此，英美两国反应冷淡，而法国和苏联的态度却十分坚决。根据宪章第 16 条的规定，只要有两个主要检察官提出将某个人收入被告名单的要求，那么这个人将自动成为被告。

当法庭于 1945 年 10 月中旬举行第一次会议时，法官们（包括尼基钦科在内）都认为对博尔曼进行缺席审判的前景不容乐观。10 月 17 日，比德尔直截了当地反对缺席审判。就在同一天，检察官们宣称，所掌握的信息表明博尔曼已经死亡。他们建议法庭暂时把博尔曼案搁置起来，到审判开始时再决定是否将此案分离出去。遗憾的是，博尔曼没有在审判时出现，而他的名字又出现在被告名单上；因此，根据宪章第 12 条的授权，法庭决定对博尔曼进行缺席审判。

法庭任命弗雷得里希·伯格德（Friedrich Bergold）博士为博尔曼的辩护律师。伯格德不无道理地抱怨说，缺少被告等于缺少了辩护中的主线，就无法获知有关的基本材料。他所能做的就是试着反驳控方提出的证据，并从其他被告的材料中获取有利的信息。当然，没有人愿意不遗余力地为一个可能并不存在的人辩护。即使在德国，人们也不愿向博尔曼伸出援助之手。其他被告不但不帮忙，还竭力将自身的罪过一股脑儿地推到博尔曼身上。在审判即将结束之时，控方和其他被告联手将博尔曼描绘成一个十恶不赦的魔鬼，甚至与希特勒相比也有过之而无不及。

法官们对伯格德的表现予以认可，称他在困难的条件下仍努力地工作。在审判中，控方出示了大量由博尔曼签署的文件，并指出被告在征服被占领土、迫害犹太人以及虐待奴隶劳工和战俘等事件中扮演了重要角色。[1] 法庭认

---

[1] 博尔曼的罪行主要表现为：第一，被告肆无忌惮地剥削压榨被征服的人民。1942年8月12日，他命令所有纳粹党的机构推行希姆莱的计划，即对被占领区的居民进行强迫迁移并剥夺他们的国籍。入侵苏联三个星期之后，他于1941年7月16日与戈林、罗森堡和凯特尔一道出席了一次在希特勒大本营举行的会议。博尔曼的报告表明，他们对奴役和消灭该地区居民的全盘计划加以讨论并作了补充。1942年5月8日，他与希特勒和罗森堡讨论了强迫荷兰人移居拉脱维亚，以及在苏联进行大屠杀的计划和对东部地区实行经济剥削等问题。此外，他对没收东部地区艺术品和其他贵重财物颇感兴趣。第二，博尔曼不仅在德国，而且在被吞并的和被占领的国家大肆迫害犹太人。他曾参加过许多会议，讨论如何与党卫队和秘密警察相配合，把六万名犹太人从维也纳遣送至波兰。他曾签署了1941年5月31日的命令，该命令宣布纽伦堡法律扩大适用于被合并的东部地区。他在1942年10月9日的一项命令中宣称，在大德意志领土上继续清除犹太人的办法将不再是放逐，而只有在东部地区的特别营中使用"无情的暴力"才能奏效。1943年7月1日他签署了一项命令，宣布犹太人不受法律保护，而把他们置于希姆莱秘密警察的独一无二的裁决之下。第三，博尔曼还向纳粹党的各级领袖下达过一系列关于处置战俘的命令。1941年11月5日，他禁止以适当方式埋葬苏联战俘。1943年1月29日，他向其所属的各级政治领袖转达国防军最高统帅部的命令，该命令公然违背陆战法规，允许对进行抵抗的战俘使用武器，并实行体罚。他于1944年9月30日签署的命令取消了国防军最高统帅部对战俘的裁决，而将其移交给了希姆莱和党卫队。第四，博尔曼负有对盟军飞行员施行私刑的责任。1944年5月30日，他禁止警察干涉对盟军飞行员施行私刑的人员，也不准对他们提出刑事诉讼。戈培尔大造舆论予以配合，煽动德国人民采取类似的行动。也正是在这种情况下，召开了1944年6月6日的会议，讨论使用私刑的规定。最后，博尔曼明显地参加了制定强制劳动的计划。参见〔民主德国〕P. A. 施泰尼格尔（编）：《纽伦堡审判》（上卷），王昭仁等译，商务印书馆1985年版，第322—324页。

为，面对如此充分的入罪证据，即使博尔曼本人到庭参加辩护，也将回天乏术。由于有关战争罪和危害人类罪的事实已经比较清楚，博尔曼案的焦点就落在适用法律的问题上。

在1946年9月2日的第一轮审议中，七名法官认为应当在第一、第三和第四项指控上给博尔曼定罪（他没有受到第二个罪名的指控）。只有比德尔一人表示反对，并指出法庭应当宣布，既然被告已死就不必再认定其是否有罪。但苏联人反对比德尔的提议，认为还没有确凿的证据证明博尔曼已死，法庭不追究刑事责任的做法将是草率的。伯基特称，被告在"逃避法律制裁"，应当给他定罪。帕克则既承认被告已死，又建议应追究其刑事责任。在审议过程中，尼基钦科提出一个附加问题，他认为起诉书中还暗含着对破坏和平罪的控诉，可能由于印刷错误而漏掉了这一指控。显然，尼基钦科想要法庭在全部四项指控上给博尔曼定罪。

9月11日，尼基钦科和比德尔的提议都被法庭否决了。于是，劳伦斯、法尔科和尼基钦科支持全部的三项指控，并主张适用死刑。德瓦布尔、帕克、伯基特再加上最终转变观点的比德尔主张仅在第三和第四项指控上给博尔曼定罪。帕克想要法庭宣布博尔曼已死，但伯基特反对这个建议。比德尔与德瓦布尔则提议法庭应在最后的判决意见中加上一句——被告在逃避法律制裁。

在发表了各自的主张后，四位法官进行了最后的投票。结果表明，在缺席审判的情况下，博尔曼在第三和第四项指控上有罪（法官们在第一项指控上形成了两票对两票的平局，劳伦斯和尼基钦科认为有罪而比德尔和德瓦布尔认为无罪）。法官们一致同意适用绞刑。

总的来说，博尔曼案是法庭审理得最为随意的案子之一。法庭的做法明显是在回避问题，而不是面对挑战。缺席审判的问题从一开始就没有被认真对待。法庭起初驳回了请求分离该案的动议，但在此后的10个月内，该案没有得到足够的重视。最终，法庭极力避免承认一个事实：该案的审理几乎没有经过一个正当的程序。

法庭只能这样向世人宣布：没有确凿的证据证明博尔曼已死；因此，法庭依据《国际军事法庭宪章》有权对被告进行缺席判决，已有的证据足以定罪并判处其死刑。当然，法庭在判决中写道，如果博尔曼还活着，德国管制委员会也可以改变或减轻其刑罚。对于那些反对缺席审判的人们，这些补充说明算是一个安慰吧。[1]

约阿希姆·冯·里宾特洛甫

与戈林和赫斯不同，里宾特洛甫（见图12）并没有早早地加入纳粹组织，只是从20世纪30年代起才开始为希特勒效力。他于1932年加入纳粹党，1933年后成为希特勒的外交顾问，同年又出任纳粹党的外交代表。1936年8月11日，希特勒任命他为驻英国大使。1938年2月4日，他接替牛赖特出任德国外交部部长。

四国政府都将里宾特洛甫视为主要战犯。在审判中，大量的证据表明，里宾特洛甫熟知许多侵略计划，

图12 里宾特洛甫

并对即将遭受侵略的国家进行恐吓。从理论上讲，控方对里宾特洛甫策划整个战争的指控并不十分妥当。但事实表明，他的确参与了一系列准备侵略的

---

[1] Bradley F. Smith, *Reaching Judgment at Nuremberg*, Basic, Inc., Publishers New York 1977, pp. 230-232.

活动。[1] 此外，控方要里宾特洛甫对全部控制、镇压被占领土的体系负责。然而，法庭并不看重这一点。法官们更重视被告对上述活动的积极参与，他所实施的将犹太人驱逐出境的政策，及其在迫害犹太人的行动中所扮演的重要角色。[2]

里宾特洛甫的辩护时而冗长拖沓，时而用只言片语加以搪塞，缺乏有针对性的论述[3]。在法庭上，他本人表现得像一只可怜虫。甚至有人指出，他当时已经完全崩溃了。在大量的证据面前，里宾特洛甫的罪行与法庭的法律规则十分吻合，比如制订明确的战争计划。总之，被告的狡辩无法左右法庭的最终判决。

---

[1] 这主要体现在如下方面：第一，1938年2月12日，里宾特洛甫参加了希特勒与舒施尼格举行的会谈。当原定占领奥地利的计划被付诸实施时，里宾特洛甫正在伦敦；他根据从戈林那里所得到的情况通知英国政府，德国没有向奥地利递交最后通牒，声称对奥地利所做的干涉只是为了防止一场内战。第二，里宾特洛甫参与了制订进攻捷克斯洛伐克的计划。从1938年3月起，他同苏台德德意志党保持密切接触，并且向该党颁发指示；其结果是，苏台德德意志人的问题发展成为性命攸关的问题，即成为德国策划进攻捷克斯洛伐克的借口。慕尼黑协定签订以后，他为进一步占领捷克斯洛伐克的其余部分而使用外交压力。他插手对斯洛伐克人施加影响，以使他们宣告独立。第三，里宾特洛甫在导致进攻波兰的外交事件中起到了特别重要的作用。他参加了1939年8月12日的会谈，这次会谈的目的在于，一旦由于进攻波兰而爆发欧洲大战，要争取意大利的支持。第四，里宾特洛甫事先就得到了关于进攻挪威和丹麦以及袭击荷兰和比利时的通知，并准备好企图为进攻行动进行辩解的外交部官方照会。第五，里宾特洛甫出席了1941年1月20日的会议，希特勒与墨索里尼在这次会议上讨论了进攻希腊的方案。第六，1942年3月27日，他出席了南斯拉夫政变以后举行的会议，拟订了希特勒宣布的意欲消灭南斯拉夫的计划。最后，1941年5月，里宾特洛甫参加了希特勒与安东内斯库就罗马尼亚参加进攻苏联的会谈。1941年7月，他曾迫切劝说日本进攻苏联。参见〔民主德国〕P. A. 施泰尼格尔（编）：《纽伦堡审判》（上卷），王昭仁等译，商务印书馆1985年版，第259—261页。

[2] 法庭认为，里宾特洛甫在希特勒"最后解决"犹太人的问题上起了重要作用。他在1942年9月命令驻各轴心仆从国的外交全权代表加速把犹太人放逐到东方去。1942年6月，德国驻维希大使要求赖伐尔移交五万名犹太人放逐到东方。1943年2月25日，里宾特洛甫在墨索里尼面前埋怨意大利人迟迟不放逐意占区的法国犹太人。1943年4月17日，他参与了希特勒和霍尔蒂关于放逐匈牙利犹太人的会谈；他向霍尔蒂说："犹太人要么必须加以消灭，要么就该关进集中营。"参见〔民主德国〕P. A. 施泰尼格尔（编）：《纽伦堡审判》（上卷），王昭仁等译，商务印书馆1985年版，第261页。

[3] 比如，里宾特洛甫就是这样应付苏联检察官鲁登科的盘问的："你认为攫取捷克是一种侵略行为吗？""我不这么认为。""那波兰呢？""不是。""丹麦？""不是。""挪威呢？""不是。""希腊呢？""苏联呢？""不是。"甚至连戈林都认为里宾特洛甫的回答根本提不起别人的兴趣。参见〔美〕约瑟夫·E. 珀西科：《纽伦堡大审判》，刘巍等译，上海人民出版社2000年版，第307页。

在9月2日的第一轮审议中,德瓦布尔暂时对共谋罪的指控持保留意见,但其他法官都认为对里宾特洛甫的四项指控全部成立。在9月10日的第二轮审议中,七名法官认为里宾特洛甫在全部四项指控上有罪(伯基特法官在记录意见,未参加表决)。在对死刑进行表决时,德瓦布尔投了赞成票,却未具体指明如何执行,而其他六位法官认为应该适用绞刑。因此,法庭在没有严重分歧的情况下非常迅速地做出判决:对里宾特洛甫的四项指控均告成立,适用绞刑。

在20世纪50年代,里宾特洛甫的遗孀曾试图证明该案存在重大争议。但现存的记录表明,法庭的判决是正确的。[1]

恩斯特·卡尔滕布龙纳

与里宾特洛甫相比,卡尔滕布龙纳(见图13)的下场似乎在审判开始之前就已经很清楚了:不论法庭对共谋罪等问题的认定存在多少分歧,作为屠杀犹太人命令的下达者,卡尔滕布龙纳在劫难逃。

卡尔滕布龙纳于1932年加入奥地利纳粹党及党卫队。1935年,他成为奥地利党卫队的领袖。在奥地利并入德国后,他被任命为奥地利公安国务秘书。1942年,海因里希被刺杀,卡尔滕布龙纳不久就成

图13 卡尔滕布龙纳

为其继任者,坐上了帝国中央保安局的头把交椅。他控制着保安勤务处和盖世太保等部门,其中包括由艾希曼实施的"对犹太人问题的最后解决"之分

---

1 Bradley F. Smith, *Reaching Judgment at Nuremberg*, Basic, Inc., Publishers New York 1977, pp. 183-185.

支机构。从 1943 年至纳粹政府倒台，卡尔滕布龙纳在党卫队中一直是希姆莱的得力帮凶。

实际上，卡尔滕布龙纳直到战争的最后时刻才下达大屠杀的命令。但无论在国内还是国外，他似乎与希姆莱同样臭名昭著。1945 年三四月间，希姆莱到瑞典试图与盟军谈判；同时，卡尔滕布龙纳也在瑞士把自己装扮成奥地利反纳粹暴行的领袖，想以此来讨好盟军。然而，盟军并不认为他们是谈判的合适人选。在落到盟军手里后，希姆莱自杀了；卡尔滕布龙纳则终日自叹自怜，宣称自己无罪。在狱中，他不得不度日如年般地等待审判的到来。

卡尔滕布龙纳面对的形势十分严峻。自 1944 年 4 月以来，他的名字出现在盟军的每一份主要战犯名单上。从 1945 年 7 月起，美国起诉团精心准备了许多控诉帝国中央保安局，尤其是卡尔滕布龙纳局长的材料。显然，他无法面对这冷酷的现实。在监禁期间，他心烦意乱，有时竟不禁落泪。1945 年 10 月，他告诉法庭代表自己已很难集中精力。在夜里，卡尔滕布龙纳常常辗转反侧；而他似乎更担心自己将衣衫褴褛地出现在法庭上。

在审判前的第三天，卡尔滕布龙纳突患脑溢血，被保外就医并缺席审判达三周之久。因此，其他二十名被告便轻而易举地将诸多罪行推到缺席者身上，以便洗清他们自己的罪名。在痊愈之后回到法庭时，卡尔滕布龙纳受到了其同伙们的冷落；但盟军却大为欣喜，他们迫切希望这位党卫队、保安勤务处和盖世太保的代表能走上法庭接受审判。保外就医后，卡尔滕布龙纳的神志有所恢复，他决定在辩护中孤注一掷。

卡尔滕布龙纳被指控犯有共谋罪（第一项指控）、战争罪（第三项指控）和危害人类罪（第四项指控）。然而，他没有受到破坏和平罪（第二项指控）的指控。控方找来被告在帝国中央保安局中的死对头，包括沃尔特·斯切朗伯格（Walter Schellenberg）等人的证词来对其加以控诉。然而，这也许更激起了他疯狂复仇的意念。在几乎得不到其律师多少帮助的情况下，卡尔滕布龙纳干脆通过径直否认事实来开脱罪责。在法庭上，他宣称自己不应对盖世太保和保安警察的行动负责；因为这些部门是由希姆莱直接掌管的，而盖世太保的长官则是海因里希·穆勒。他辩称，自己对大部分的暴行一无所知，但在了解情况后，还是为缓和糟糕的局势作出了许多努力。

在大量的入罪证据面前，卡尔滕布龙纳节节败退，黔驴技穷的他便干脆否认曾在那些真实的文件上签过字。这一招儿也起到了某些效果，甚至连伯基特和比德尔也相信指控中的个别细节是虚假的。即便如此，在堆积如山的铁证面前，卡尔滕布龙纳根本没有翻案的可能。

9月2日，法官们对该案进行首轮审议。他们一致认为被告在第三和第四项指控上有罪[1]，但却出人意料地对共谋罪争论不休。比德尔则节外生枝，认为卡尔滕布龙纳在第二项指控上的罪名也有可能成立。通过引用起诉书中对帝国中央保安局作用的界定，比德尔认为其中有可能暗含着对侵略战争的

---

1 法庭认为，被告犯战争罪和危害人类罪的主要体现如下：第一，卡尔滕布龙纳作为德国中央保安局局长有权命令把人送往集中营进行监护。这类命令通常是经他签署发出的。被告了解集中营的情况。他无疑视察过毛特豪森集中营，证人作证说，他目睹各种方法杀人，如绞杀、从后颈射击枪杀和毒气熏杀，并把杀死集中营里的被监禁者作为表演的一部分。被告曾亲自命令在这些集中营里处决被监禁者，他的办公室通常把希姆莱办公室发出的处决命令下达给集中营。第二，被告担任德国中央保安局局长期间，该局遵循执行了战争罪和危害人类罪的广泛计划。虐待和杀害战俘就是这种犯罪的一部分罪行。第三，被告担任德国中央保安局局长期间，占领区的秘密警察和党卫队保安勤务处继续杀害和虐待平民，他们所使用的方法包括刑讯和关进集中营，这些通常是依据被告签署的命令进行的。第四，在奴隶劳工方面，秘密警察负责对奴隶劳工强制施行严厉的劳动纪律。被告为此目的建立了一批劳工训练营。当党卫队采用自己的一套奴隶劳动措施的时候，秘密警察则被利用来把工人送进集中营，以此获得必要的劳工。最后，德国中央保安局在"最后解决"犹太人方面起了带头作用。在德国中央保安局第四处下面设置了一个特别科，负责监督这个计划。在它的领导下，大约有600万犹太人遭到屠杀，其中200万是被特别行动队和保安警察的其他单位屠杀的。被告担任党卫队和警察高级领袖的时候，就知悉有关这些特别行动队的活动；他担任德国中央保安局局长后，上述特别行动队仍继续进行活动。而在集中营里杀害400万犹太人的行为，也是在被告担任德国中央保安局局长期间在该机构的监督之下实施的。由德国中央保安局派出的特别小组，巡视了各占领区和各轴心仆从国家，目的就是为了把犹太人驱赶到上述灭绝机构里去。被告完全了解这些行动。他在1944年6月30日写的一封信中叙述道，为了上述目的把1.2万犹太人押运到了维也纳，并且指示，要对所有不能劳动的犹太人准备进行"特别处置"，即把他们杀掉。参见〔民主德国〕P. A. 施泰尼格尔（编）:《纽伦堡审判》（上卷），王昭仁等译，商务印书馆1985年版，第267—268页。

指控。在法官们就这一不同寻常的解释进行讨论后，比德尔立即放弃了这一主张。于是，比德尔、法尔科和德瓦布尔达成了一致意见：不应该追加第二项指控的罪名[1]，而被告在第一项指控上也无罪。劳伦斯、伯基特、帕克也许还有沃尔奇科夫反对补充第二项指控的做法，但却认为卡尔滕布龙纳在第一项指控上有罪。只有尼基钦科抓住比德尔的提议不放，认为卡尔滕布龙纳在全部四项指控上的罪名成立。

在9月10日的最后审议中，比德尔、法尔科和德瓦布尔仍坚持原来的立场，认为卡尔滕布龙纳仅在第三、四项指控上有罪。帕克后来放弃了自己原有的主张，也加入到了这个阵营里。伯基特仍缺席这一轮的表决，而劳伦斯依旧认为卡尔滕布龙纳在第一、第二和第四项指控上的罪名成立。这次，尼基钦科得到了沃尔奇科夫的支持，认为还应追加第二项指控，进而认定被告在全部四项指控上的罪名成立。

法官们最终一致认定卡尔滕布龙纳在第三和第四项指控上有罪；三票对一票的结果认定他在第二项指控上的罪名不成立；根据平局即无罪的原则，两票对两票的僵持局面（比德尔和德瓦布尔对尼基钦科和劳伦斯）宣告卡尔滕布龙纳在第一项指控上也无罪。在刑罚适用的生死抉择上，法官们达成了一致意见，最终判决适用绞刑。[2]

威廉·弗里克

在纳粹分子中，弗里克（见图14）的经历比较特别，他曾在魏玛共和国

---

[1] 作为奥地利党卫队的领袖，被告参与了纳粹反对舒施尼格政府的阴谋活动。然而，没有任何证据证明被告与在任何其他战线进行的侵略战争计划有牵连。纳粹德国吞并奥地利虽然是侵略行为，但并没有被谴责为一场侵略战争。因此，大多数法官认为，这并不能证明被告直接参与了进行此类战争的任何计划。参见〔民主德国〕P. A. 施泰尼格尔（编）：《纽伦堡审判》（上卷），王昭仁等译，商务印书馆1985年版，第266—267页。
[2] Bradley F. Smith, *Reaching Judgment at Nuremberg*, Basic, Inc., Publishers New York 1977, pp. 186–189.

时期担任政府官员并成为纳粹党的早期支持者。作为巴伐利亚州的官员，弗里克在20世纪20年代早期和中期曾经为希特勒提供了大量的帮助和保护。1929年后，纳粹分子迅速攫取政权，在此过程中，弗里克通过运用自己的行政手腕和在官场中的声望，为纳粹党巩固地方选举立下了汗马功劳。1933年，希特勒当上首相，便立即用内政部长一职犒劳弗里克。

图14 弗里克

在第三帝国初期，弗里克起到了重要作用，他不仅控制着德国大部分的警务力量，还将希特勒的制度加以变革使之融入到原有的魏玛宪政与官僚体制中。不论是取缔工会还是创建集中营，弗里克总能制订出一套方案，并将其合法化。在20世纪30年代，他帮助实施了最为重要的机构变动——任命希姆莱为所有重要警务力量的长官。弗里克后来竭力使外界相信，希姆莱只是其内政部中的一个属下；但到1936年底，希姆莱和海德里希已经组建成了规模庞大的党卫队帝国，并完全摆脱了弗里克的控制。

在二战初期，弗里克还能继续施展他的行政才能，比如帮助建立帝国附属省份的行政机制等。但到1943年，战势已对德国不利，疯狂掠夺国内和占领区的资源便成为希特勒的最大需要，而弗里克惯用的那些行政策略已变得不合时宜。于是，希姆莱接替弗里克出任内政部长，而后者则被派往布拉格担任保护长官。在第三帝国即将寿终正寝之际，弗里克驻守于波希米亚和摩拉维亚，直至被盟军抓获。

实际上，盟军政府早就盯上了弗里克。他的名字出现在所有英美主要战犯名单上。美国起诉团则更急切地想要控诉弗里克，因为他曾帮助纳粹夺权并协助其稳固统治，这恰是证明纳粹共谋存在的关键。于是，大部分的入罪证据集中在被告1933年至1935年的活动上，比如他参与制定的镇压国内反叛力量、迫害犹太人以及限制基督徒礼拜的法案。控方也掌握了被告在布拉格那两年的罪证，但似乎并不大在意它们的作用。

辩方试图将弗里克描述成一个只知道听从命令的官员。他的律师也为降低其在战时活动中的重要作用而颇费心机。无论辩护手法多么高明，弗里克却不大合作。他总是给人一副冷淡的面孔，沉默寡言。尽管弗里克的权力在纳粹政权苟延残喘之际已被架空，但他却是个顽固不化的纳粹分子，希特勒的一个忠实追随者。因此，辩方审慎地做出决定，不让弗里克当庭作证。这样一来，除了赫斯（偶尔出庭）和博尔曼（完全缺席审判）外，弗里克成了唯一没有为自己辩护的被告。

9月2日，法庭对弗里克案进行了首轮审议。英国人和苏联人想在所有四项指控上定弗里克的罪，帕克则倾向于在除第二项指控外的所有指控上定罪。法尔科的观点与帕克基本相同，只是对第二项指控还存在疑问。德瓦布尔则认为弗里克只在第三、第四项指控上有罪。比德尔又一次保持沉默，没有对该案发表任何个人见解。

在9月10日的最后一轮审议中，法尔科以及苏联法官和劳伦斯在定罪量刑上达成一致意见，认为弗里克在所有四项指控上的罪名成立并应被处以绞刑。在投票时，劳伦斯还对弗里克没有为自己辩护的事实发表了尖刻的评论，认为沉默就意味着有罪。这些话显然让那些拥护美国宪法第五修正案的人们感到震惊。比德尔在第二、第三和第四项指控上投了赞成票，并要求适用绞刑。帕克虽然支持全部的四项指控，但他建议适用终身监禁。接下来，帕克还就选择较轻刑罚的动机加以解释，认为弗里克实际上只不过是一个官僚而已。这与劳伦斯的评论同样令人匪夷所思。此外，德瓦布尔已准备好在第三、第四项指控上投赞成票；但在第一、第二项指控以及量刑上，他显得犹豫不决。于是，德瓦布尔选择保留其意见。

德瓦布尔保留了意见，比德尔又坚决反对第一项指控，英国和苏联的法官们便无法得到足够的票数给弗里克定共谋罪[1]。但英、美、苏三方在适用绞刑上的意见却颇为一致。两周以后，即9月26日，法官们对德瓦布尔提出的保留意见又进行了简短的也是最后的评议，但一切都没有改变。[2]因此，法庭判决弗里克在第二、第三和第四项指控上的罪名成立[3]，适用绞刑。

---

1 法庭认为，在入侵奥地利前，弗里克只参与了德国的内务行政。证据不能证实他曾参加过希特勒阐明其侵略意图的任何一次会议。因此，被告不属于共同策划或共谋进行侵略战争的参与者。参见〔民主德国〕P. A. 施泰尼格尔（编）：《纽伦堡审判》（上卷），王昭仁等译，商务印书馆1985年版，第275—276页。

2 Bradley F. Smith, *Reaching Judgment at Nuremberg*, Basic, Inc., Publishers New York 1977, p. 199.

3 关于破坏和平罪的认定，法庭认为主要体现在弗里克的一些职务行为，以及其所签署的一系列与侵略有关的法令。就战争罪和危害人类罪而言，经法庭认定，被告的罪行主要体现在如下三个方面。首先，弗里克一向是猖狂的排犹分子，他起草、签署并执行了多项旨在将犹太人排除出德国的生活和经济领域的法令。他的活动构成了《纽伦堡法》的基础，他还参与了该法律的实施。他对禁止犹太人从事多种职业及没收他们财产等问题负有责任。1943年，当大批犹太人在东部地区遭到屠杀之后，他签署了一项决定性的公告，宣布将犹太人置于"法律保护之外"，并将他们交给秘密警察。这项法令为"最后解决"（犹太人问题）铺平了道路。弗里克还把这项法令推广到德国所吞并的地区和某些被占领区。他在担任波希米亚和摩拉维亚保护长官时，数千名犹太人从捷克斯洛伐克特莱西恩施塔特的犹太人隔离区被解往奥斯威辛，并在那里惨遭屠杀。弗里克还颁布了一项命令，其中包括对犹太人和总督辖区的波兰人使用特别的刑法。其次，作为德国在波希米亚和摩拉维亚的最高长官，弗里克应对1943年8月23日以后在这些地区所采取的镇压措施全面负责，例如对当地居民的恐怖统治、奴隶性劳动以及把犹太人驱赶到集中营加以消灭等。最后，在战争期间，弗里克管辖的私人医院、医院和精神病院使用了"仁慈处死法"。精神不健全者、病人、年老体弱者都成了"无用的饭桶"而有计划地被处死，弗里克对此是知情的。有人曾向他控告这些杀人行为，但他未曾采取任何行动予以制止。据捷克斯洛伐克战犯调查委员会的一份报告估计，大约有27.5万名精神衰弱和年老体虚者遇害，而这些人的健康本来是由他负责的。参见〔民主德国〕P. A. 施泰尼格尔（编）：《纽伦堡审判》（上卷），王昭仁等译，商务印书馆1985年版，第276—278页。

如果没有他们指挥的军事行动，希特勒及其纳粹同伙的侵略欲望只不过是纸上谈兵，不会有所结果。*

——《国际军事法庭判决书》

---

* 参见〔民主德国〕P. A. 施泰尼格尔（编）:《纽伦堡审判》（上卷），王昭仁等译，商务印书馆1985年版，第251页。

九 对军方代表的审判

——凯特尔、约德尔、雷德尔、邓尼茨

威廉·凯特尔

图15 凯特尔

凯特尔（见图15）是一名职业军官，但在1933年前并没有加入纳粹党。直到1935年，他才成为陆军部长沃纳尔·冯·布卢姆伯格（Verner von Blomberg）的参谋长。1938年2月4日，希特勒对军事指挥力量进行重组，凯特尔晋升为国防军最高统帅部部长。身为部长的凯特尔却没有指挥国防军三军的权力，军事大权操纵在希特勒一人手里。因此，凯特尔只不过是希特勒军事参谋中的头目罢了。

在这一职位上，凯特尔既参与了总体战争策划，也在侵略的诸多细节上出谋划策。此外，他还签署了几乎所有构成战争罪和危害人类罪的命令。总之，凯特尔案的事实清楚、证据确凿。面对大量的入罪证据，凯特尔本人也并不予以否认。他辩称，作为一名军人，应当服从上级命令。显然，这注定是徒劳的。《宪章》第8条明文规定，上级命令不能作为辩护的理由。

在法庭审判即将结束时，人们看到的是一个神情沮丧、软弱无力的陆军元帅。在作证以及交叉盘问中,凯特尔承认了自己的弱点[1],这对其最终认罪起到了很大的作用。在交叉盘问中,检察官马克斯韦尔—法伊夫与凯特尔之间的一段问答给人们留下了深刻的印象。检察官问:"你能告诉本庭你所做的有悖于你内心深处良知的三件罪大恶极的事吗?"这是致命的一刀,被告通常回避自认有罪的问题。凯特尔非但不回避,反倒从容作答。他两眼平视前方,开口说,第一件是"那些指导东方战争方式的命令,这些命令违背了公认的战争惯例"[2]。他稍事停顿,清了一下喉咙,"(还有)50名皇家空军飞行员的问题。而且,最糟糕的是'夜雾命令'[3]……我个人认为,把个别人员秘密驱逐出境比判处死刑残忍得多。"[4]

对凯特尔案的审议是最短的一个。9月2日,法官们一致认为,凯特尔的罪名在全部四项指控上均告成立。8天后,法国人对执行死刑的方式持保留意见,其他法官都认为应当适用绞刑。9月12日,经过简短的讨论,法国人提出应适用枪决;比德尔对此也犹豫不决。为了保持刑罚适用的一致性,尼基钦科和劳伦斯坚决主张绞刑,比德尔最终也加入到他们的行列。最后,法庭判决对凯特尔施以绞刑。[5]

审判后,一些评论家发表了见解。有人认为,法庭禁止"遵从上级命

---

[1] 凯特尔懦弱、没有主见,一味遵从上级命令,被人称为走狗、应声虫、马屁精、懦夫、替罪羊、低能儿、传令兵。戈林把他说成是"中士的思想,元帅之躯"。参见〔美〕约瑟夫·E.珀西科:《纽伦堡大审判》,刘巍等译,上海人民出版社2000年版,第310页。
[2] 比如,凯特尔于1942年9月16日发出命令,如果士兵在东方遭到袭击,那么就要杀死50至100名共产党员来抵偿一个德国士兵的生命;他还补充道,东方人的命不分文不值。参见〔民主德国〕P. A.施泰尼格尔(编):《纽伦堡审判》(上卷),王昭仁等译,商务印书馆1985年版,第265页。
[3] 1942年12月7日,凯特尔签署了"夜雾命令",规定:在占领区,平民被控犯有抗拒占领当局的罪行,只有在被判死刑的情况下才应进行审理,不然就应交付秘密警察遣往德国。参见〔民主德国〕P. A.施泰尼格尔(编):《纽伦堡审判》(上卷),王昭仁等译,商务印书馆1985年版,第265页。
[4] 参见〔美〕约瑟夫·E.珀西科:《纽伦堡大审判》,刘巍等译,上海人民出版社2000年版,第312—313页。
[5] Bradley F. Smith, *Reaching Judgment at Nuremberg*, Basic, Inc., Publishers New York 1977, pp. 185-186.

令"的辩护,这种做法既是史无前例的,也是危险的。他们为凯特尔被处以绞刑鸣冤,某些人甚至称他为"杰出的将领"。然而,法庭的判决书为此做出了恰当的解释:"不存在从轻判刑的问题。在既没有军事上的必要又没有正当辩解理由的情况下,一名军人就已自觉地、肆无忌惮地犯下了如此可耻的、牵涉广泛的罪行时,上级命令也不能被视为从轻判刑的理由。"[1]

阿尔弗雷德·约德尔

图16 约德尔

与凯特尔相同,约德尔(见图16)也是一名经验丰富的职业军官。从1935年到1938年,他任最高统帅部国防处处长。在波兰战争前夕,约德尔被重新调回柏林出任最高统帅部作战厅厅长。作为凯特尔的副手,约德尔负责德国入侵波兰后的军事进攻计划。尽管职务上隶属于凯特尔,但约德尔在许多事情上都可直接向希特勒汇报。[2]

公众对约德尔比较陌生,许多早期拟订的英美主要战犯名单上都没有他的名字。英国外交部于1944年4

---

[1] 参见 Bradley F. Smith, *Reaching Judgment at Nuremberg*, Basic, Inc., Publishers New York 1977, p. 185;〔民主德国〕P. A. 施泰尼格尔(编):《纽伦堡审判》(上卷),王昭仁等译,商务印书馆1985年版,第266页。
[2] 约德尔跟凯特尔不一样,敢于直言相谏,而凯特尔甚至在不知道元首说啥以前就不住地点头。约德尔是模范军官,无论面对敌人或是面对妄自尊大的领袖,他都毫无惧色,敢于上刀山下火海。但是,在他身上也显示出德国军国主义者的另一张面孔——一旦命令下达,则不分青红皂白地服从。参见〔美〕约瑟夫·E. 珀西科:《纽伦堡大审判》,刘巍等译,上海人民出版社2000年版,第351—352页。

月首次将其列入战犯名单，但在英美两国于 1945 年 6 月分别拟订的 10 人和 16 人主要战犯名单中却不见约德尔的名字。只是在法国和苏联代表们的要求下，约德尔才被收入 1945 年 8 月最后确定的被告人名单中。

作为一名主要战犯，约德尔的机敏和充满战斗力的辩护很快便给检察官和法官以强烈的印象。1945 年 10 月，尼夫少校告知约德尔有得到律师辩护的权利，但约德尔声明他没有钱。同时，他又提出要求：如果法庭可以提供帮助，他不想选择共产党员以及和平主义者，而是想找一个才智相仿的律师。此外，他还向尼夫表示，由于控方掌握着大量的文件，自己将面临着致命的危险。

在为其指定的律师还没到位时，约德尔便积极地向法庭提出请求；他想要立即查看某些材料，其中包括记载着盟军战时所犯罪行的文件。该请求在检察官中引起了轩然大波。10 月 30 日，杰克逊和马克斯韦尔—法伊夫就此进行紧急磋商，他们认为纳粹战犯在向控方宣战。两位检察官最终达成一致意见，认为处理类似请求的办法是：首先，每位检察官都要尽可能地限制案件中争论点的范围，以防止盟军的行动受到牵连；其次，在此基础上应以"与本案无关"为由驳回类似的请求。

在审判中，控方好像在时刻提防着约德尔。然而，辩方此时也遇到了难题：约德尔和凯特尔的所作所为都使得参谋总部和国防军最高统帅部面临着被认定为犯罪集团的危险。一些辩护律师甚至认为，不妨试着让约德尔和凯特尔在法庭上供认自己的罪行，以达到弃车保帅的目的。当然，这种方案从来没有向他们提及过。一旦提及，很难想象凯特尔到时会作何反应，约德尔却非常有可能不予合作，因为后者想抓住机会为自己"洗清罪名"。

在法庭上，约德尔广博的政治知识以及特有的精明和敏锐甚至赢得了某些法官的钦佩。不管检察官的提问有多刁钻，约德尔总能回答得恰到好处。面对着他签署过的大量命令（包括诸如各种侵略计划以及屠杀苏联共产党俘虏的命令），摆在约德尔面前的辩护之路似乎只剩下一条了：他指出，作为一名军事行动的策划者,他同其他国家的同行们一样只是在履行职责;同时他强调自己仅仅是在遵从命令。他甚至还指责《国际军事法庭宪章》中禁止用上级命令辩护的规定是不公正的。

控方对上述辩护的反击简短而有力。依据《国际军事法庭宪章》,约德尔的大量行为都将被认定为犯罪。在控方看来,约德尔十分积极地实施了这些行为,而他并没有采取实质性措施去避免灾难的发生。显然,在检察官和法官们眼中,约德尔并非一个陷入困境的军事将领,而是一位试图使自己的罪行逃脱法律制裁的政界统帅。

在首轮审议中,德瓦布尔在第二和第三项指控上给被告定罪,而劳伦斯认为其罪名在前三项指控上均告成立。其他法官们则认为,约德尔在全部四项指控上的罪名成立。实际上,除了从挪威撤军时的焦土政策命令外[1],第四项指控(危害人类罪)上的证据并不十分充分。

在1946年9月10日的最后审议中,苏联人支持所有的四项指控,并主张适用死刑。比德尔和劳伦斯的想法与苏联法官不谋而合,但对适用绞刑是否合适仍心存疑虑。然而,法尔科和德瓦布尔也认为应当在所有四项指控上定罪;但对量刑问题,他们显得更加慎重。法尔科称,约德尔的罪过比凯特尔要轻,因此应该留他一条性命,判他终身监禁或有期徒刑;而德瓦布尔则倾向于有期徒刑。伯基特仍旧缺席本轮审议。帕克则附和英国法官在前一轮审议中的观点,认为不应在第四项指控上定罪。法国法官反对适用死刑,比德尔和劳伦斯则对死刑的执行方式犹豫不决,而帕克显然还没考虑这个问题。因此,法官们决定该案在日后再行商讨。

9月12日,一个简短而生死攸关的讨论开始了。法国法官预见到一味反

---

[1] 1944年10月28日,约德尔通过电传打字机命令撤退挪威北部的所有人员并烧毁他们的房屋,以免给苏联人提供任何帮助。约德尔解释说,他当时是反对这样做的,但希特勒已经下达了命令,而命令未被全部执行。挪威政府的一份文件表明,该国北部实际上发生过上述撤退,并有三万间房屋被烧毁。参见〔民主德国〕P. A. 施泰尼格尔(编):《纽伦堡审判》(上卷),王昭仁等译,商务印书馆1985年版,第306页。

对死刑，会促成三比一的结果，这将使其努力化为泡影。于是，他们转而建议用枪决代替绞刑。比德尔支持这个建议，认为对凯特尔适用了绞刑，对约德尔就该枪决。然而，英国和苏联的法官们则坚决要求对这两个被告一律适用绞刑。可见，在适用绞刑和枪决的较量中，双方势均力敌。但没过多久，比德尔就临阵倒戈，投靠到英国和苏联的阵营中。这样一来，约德尔最终也被送上了绞刑架。[1]

埃里希·雷德尔

雷德尔（见图17）从1928年起担任德国海军司令长官，1935年至1943年任海军总司令。1943年1月，雷德尔的职务由邓尼茨接替，但保留了海军总监的职衔。

雷德尔的名字起初并没有被列入英国1944年拟定的两份主要战犯名单上，也没有被收入1945年6月英美起草的主要战犯名单。他甚至躲过了8月中旬控方首次认可的被告大名单。8月底，在苏联和法国的强烈要求下，雷德尔作为主要战犯最终被押送至纽伦堡。

图17　雷德尔

被告在前三个罪名上受到指控，控方将火力集中在他曾参与的侵略战争计划。检察官拿出许多证据证明雷德尔曾下令大规模地违反《凡尔赛条约》

1　Bradley F. Smith, *Reaching Judgment at Nuremberg*, Basic, Inc., Publishers New York 1977, pp. 210-212.

中有关海军武器的条款，其中一些案例甚至发生在希特勒出任元首之前。但控方却很难证明这些行为是出于侵略的目的。这是因为，英德两国于 1935 年签订的协约表明：德国只要在两国协约的范围内扩张海军，即使违反了《凡尔赛条约》，英国政府也能够接受。

控方又在 1938 年至 1939 年的侵略计划上向雷德尔发难，指出戈林和雷德尔是仅有的两个曾参加过霍斯巴赫会议并继续任职的官员。检察官们还出示证据证明被告参加了 1939 年 5 月和 8 月为策划侵略战争而召开的所有重要会议。这位海军司令还曾积极推动（或至少知晓）德国接下来对挪威、丹麦、低地国家、希腊和苏联的侵略。雷德尔辩称，在上述的部分战争中，德国海军的作用十分有限。此外，德国海军对希腊的进攻是针对英国的，因为当时英军已在那里登陆。

接下来，控方实事求是地承认雷德尔曾反对德国进攻苏联，但同时指出那只是出于对军事风险的考虑。在 1940 年至 1941 年间，雷德尔还曾不断地催促德国政府向日本施压，以促使后者打击英国在亚洲的力量。检察官们还强有力地指出：在入侵挪威时，德国海军起到了决定性的作用。[1]雷德尔声称，德军侵略挪威是为了拦截英军。

在共谋罪和违反和平罪的指控上，检察官们不遗余力。相比之下，对战争罪的指控就颇显薄弱。战争伊始，没有武装的英国"雅典娜号"邮轮无缘无故地被击沉。于是，英国人认定该事件的罪魁祸首是德国潜艇。而德方却反唇相讥，声称是丘吉尔首相自己下令摧毁了该邮轮并嫁祸于德国，以此来煽动反德情绪。战争结束时，盟军得到的德国海军纪录表明，确实是一艘德国潜艇击沉

---

[1] 法庭认为，入侵挪威的计划最先是由雷德尔而不是由希特勒提出的。尽管希特勒曾希望斯堪的纳维亚保持中立，然而海军早在 1939 年 10 月份就仔细研究了在那里建立海军基地的好处。海军上将卡尔斯提请雷德尔注意在挪威建立军事基地的有利方面。10 月 10 日，雷德尔向希特勒谈到了这一事件。在他的战争日记中写道：希特勒愿意对此事加以考虑。数月之后，希特勒同雷德尔、吉斯林、凯特尔和约德尔谈话。国防军最高统帅部开始制订计划。海军参谋部与国防军最高统帅部的参谋们共同参加了这一工作。参见〔民主德国〕P. A. 施泰尼格尔（编）：《纽伦堡审判》（上卷），王昭仁等译，商务印书馆 1985 年版，第 295 页。

了英国邮轮。当初德国政府竭力掩饰事实真相的目的，是想以此来谴责英国。

检察官们本想在这起事件上大做文章，但控辩双方的资料都显示出，该事件是由一个违反了上级命令的德国青年海军官兵所为。当然，德国无须对谴责英国的行为负责，但这的确曾迷惑了德国海军的权威。对德国海军而言，这是错误而不是犯罪。总之，"雅典娜号"事件在审判之初显得对雷德尔十分不利，但在最后的判决中并没有起到直接作用。

在无限制潜艇战方面，检察官的控诉险些成为致命的一击。[1]与邓尼茨相同，雷德尔作为司令官要为海军作战方式承担最终的责任。然而，雷德尔的相关辩护似乎没能抓住要领。好在邓尼茨从一开始就认识到这是个生死攸关的问题，于是倾尽全力予以辩护，最终获得了成功。按照法庭的规则，雷德尔在该项指控上也不必承担责任（原因可参见对邓尼茨的审判）。

由于对"雅典娜号"事件和无限制潜艇战的指控都没能得到法庭的认可，检察官们便将主要精力放在其传达的所谓"突击队命令"上。希特勒于1942年秘密签署了该命令，对纳粹的军事和警务部门提出了特别要求：不应将突击队员视为战俘，即使他们在被捕获时身着军服，也应被处死。其实，这条命令的传达也同时涉及约德尔、凯特尔和戈林。但在战争罪的认定上，他们显然还有其他罪过，但对雷德尔来说却是唯一能够被认定的罪行。

控方轻而易举地证明了雷德尔曾传达过这项命令，就连他本人也承认自己并没有阻止希特勒下达该命令。证据表明，德国海军曾多次将俘获的突击队员移交保安勤务处予以处死，海军部门也处死过一次。在海军参谋部的资料中竟有如此无耻的记录："这样做符合元首的特别命令；但这在国际法中还是新的做法，因为士兵是身着军服的。"这说明，海军参谋部明知自己参与了上述罪行。

---

[1] 这是控方对雷德尔提出的最严厉的指控，包括击沉没有武装的商船和中立国的船只。此外，对沉船的遇难者，他们非但不加救助，反而用机枪进行扫射。这些都违背了1936年的《伦敦议定书》。参见〔民主德国〕P. A. 施泰尼格尔（编）：《纽伦堡审判》（上卷），王昭仁等译，商务印书馆1985年版，第296页。

由于法庭不采纳遵从上级命令的辩护，根据上述证据就可以给雷德尔定罪，他至少可以被认定为从犯。但考虑到相关的其他情节，这样的结论似乎存在争议。敌方的过火行为致使另一方采取有针对性的、必要的报复措施，即使这些措施超出了战争法和战争习惯的约束，也不一定就是非法的。秘密处死穿军服的俘虏事件，其性质无疑是恶劣的。但是，相关的历史背景表明，希特勒并不是平白无故地签发了这项命令。

法庭当时没能认识到如下事实：在东方，纳粹实施的大清洗是出于意识形态以及其他一些实际原因；但德国政府对西方战俘的政策与西方诸强的习惯做法较为相近。在西方，诸如虐待战俘、强制劳动等措施的确超出了《日内瓦公约》所许可的范围；但纳粹德国的政策仍然尽量向《日内瓦公约》靠拢。毕竟德国人和西欧诸种族有血缘关系，这与对东方"劣等民族"的仇视形成了鲜明的对比。当然，德国的做法也是出于老谋深算的政治考虑。

希特勒十分清楚针对战俘的复仇战争只会以两败俱伤的结果收场；同时，他也会意识到这将给他本人带来很大的麻烦。如果其极端政策招致盟军政府对德国战俘采取报复行动，将会激怒德国人民。德国公众对在东方被俘或失踪的亲人十分挂念，这已使德国政府在解释其东方的血腥政策时颇感棘手。将苏联人妖魔化的做法在一定程度上缓解了来自国内的压力，但在西方如法炮制这种伎俩的做法则是行不通的。希特勒显然不愿看到德国人民从盲目服从的昏睡状态中觉醒，进而质疑其侵略行为。因此，避免因战俘问题而与西方诸国交恶符合希特勒的自身利益。

然而，盟军的一些行为，尤其是英国突击队的行动方式给自控力本来就不大稳定的希特勒带来巨大压力。这些突击队有时不仅使用"无赖"武器、虐待俘虏，甚至在极端情况下根据上级指示处死战俘。显然，德方设法获得的相关指令和刑具惹恼了希特勒。德国的军事首脑们本打算通过出示这些证据向元首表明其任务的严峻性，但没想到希特勒未予公开警告，就下达了秘密处决的命令。

在纽伦堡法庭上，考虑到"你也一样"的辩护难以被法官采纳，辩方最明智的办法就是尽可能多地阐述历史背景来争取法庭的宽宥。但由于被告们承担着不同的责任（凯特尔和约德尔是该命令的起草者而雷德尔和邓尼茨则是执行者），致使辩护不成体系，因而辩方的证据就被逐个地浪费掉了。因此，法庭没能对下达该命令的背景以及德国的全部战俘政策有一个清楚的认识。这样一来，突击队命令成为在第三项指控上给雷德尔定罪的关键因素。

此外，被告在法庭辩论中的糟糕表现使法官们感到厌烦，这也给最终判决带来某些不良影响。雷德尔是一个既迂腐又好斗的家伙。他不顾庭审人员的反应，拼命地回击控方提出的每一项指控。其第一辩护人则表现得更差，那些无聊的重复几乎使伯基特和比德尔忍无可忍。因此，整个辩护显得冗长、拖沓，既轻重不分又少有亮点。

该案的首轮审议异常迅速。德瓦布尔主张在第二和第三项指控上给雷德尔定罪。比德尔则认为被告在第一和第二项指控上有罪，也许在第三项指控上也有罪。余下的法官认为雷德尔的罪名在全部三项指控上都成立。在量刑问题上，只有两位美国法官简要地交换了意见：帕克反对死刑，比德尔倾向于适用枪决。

1946年9月11日，法官们对雷德尔案进行了最后的表决。德瓦布尔首先指出雷德尔案和邓尼茨案的相似之处。法尔科提到了雷德尔对突击队命令的传达。记录在案的评论就只有这些了。这一回，所有的法官都认为被告在前三项指控上的罪名成立。苏联法官要求适用死刑；劳伦斯和比德尔主张适用终身监禁；德瓦布尔建议20年监禁。像赫斯案一样，法庭又在刑罚适用的问题上陷入了僵局。尽管无人知晓当时发生了什么，但不外乎是尼基钦科让步或德瓦布尔作出妥协。总之，这种情形就是赫斯案的翻版。雷德尔被法官们一致认定在所有三项指控上的罪名成立，并被判处终身监禁。[1]

---

1 Bradley F. Smith, *Reaching Judgment at Nuremberg*, Basic, Inc., Publishers New York 1977, pp. 244-247.

卡尔·邓尼茨

图18 邓尼茨

在所有的19个有罪判决中,邓尼茨(见图18)案是最为费时费力的。此案的审理共进行了四次,1946年9月9日的首次审议就几乎用了整整一天的时间。可见,邓尼茨并非等闲之辈。1935年,邓尼茨任潜艇分舰队司令官,[1]1936年任潜艇舰队司令官,1940年任海军中将。1943年1月30日他接替雷德尔出任德国海军总司令。1945年5月1日,他成为希特勒的接班人,做了短短20天的国家元首。由此可见,邓尼茨不仅是潜艇战的代言人,还是第三帝国第二位也是最后一位元首。

邓尼茨的纽伦堡之路可谓一波三折。他的名字并没有出现在英国1944年的战犯名单上。1945年5月,杰克逊首次提醒英国人应该把邓尼茨列为纽伦堡的被告。但英方于6月拟定的10名主要战犯名单中仍不见邓尼茨的名字;在英国外交部于同月准备的战犯名单中也只是将其列为"可能的候选人"。可见,美国人笃定要将邓尼茨送往纽伦堡,但英国人并不买账。

英美双方的这种僵持局面一直延续到8月中旬开始的四国会谈。其间,英国和美国代表还强调了各自的立场。美国的检察官获得了大量有关德国潜艇计划的资料,他们认为其中包括证明德国海军杀害鱼雷舰上幸存者的有力证据。由于手中握有这些资料,美方坚决要求将邓尼茨列为被告。英方审查

---

1 该舰队是德国海军在1918年建立的第一支潜艇舰队。

了邓尼茨案的相关资料后，更加坚定了不起诉的立场。英国海军部给出的理由是，德国的海军战争在总体上是干净的。实际上，对于公海上违反国际法的行为，西方盟军至少要与邓尼茨承担等量的责任。英方的做法只不过在避免让家丑外扬。在四国会谈中，美国人的决定得到了法国和苏联的大力支持。尽管英国代表竭力阻止将邓尼茨列为被告，但最终还是无法对抗大多数意见。在邓尼茨被确认为被告后，英国海军部的官员仍提醒英方检察官，要随时将审判的进展情况告知他们。

刚到纽伦堡，邓尼茨的表现就非同一般。这位海军司令似乎早就清楚指控中的关键所在，并准备在法庭上耐心、机智地予以还击。当尼夫少校代表法庭探望被告时，邓尼茨提出让德国海军中最有声望的律师奥托·克朗兹布黑勒担任他的辩护人。他向尼夫表示，对其最有力的辩护就是指出在潜艇战问题上盟军与德国一样难辞其咎。此外，他还想要得到与该案件相关的文件材料。针对控方的讯问，他声称在律师到来之前只回答辩护中对其有利的问题。

邓尼茨的律师克朗兹布黑勒的确足智多谋。在辩护中，他与邓尼茨一同构筑了一道坚实的防线。克朗兹布黑勒想出了用惯法来制约控方的高招儿。他认为，国际法中与潜艇有关的规定仍不明确，因此应当追问盟国的海军长官目前通行的惯例和习惯是什么。当然，辩方十分清楚，如果英美海军长官如实作答，他们将不得不承认其潜艇政策至少与德国的一样过火。当法庭收到这一请求时，法官们也清楚其中的玄妙之处。于是，尼基钦科干脆建议予以驳回。法国和英国的法官则显得犹豫不决。由于该请求与美国政府的行为有关，比德尔为此据理力争，认为它是合法的。最终，比德尔凭借个人的威望说服了其他法官。邓尼茨的请求最终得到了法官们的一致认可。这不仅是比德尔个人的胜利，还是邓尼茨案的重大转折。这意味着法庭将不能回避盟军与德国潜艇政策之间的比照。

在法庭辩护中，邓尼茨表现出的激情近乎狂热。显然，他是一个难以对付的、好斗的家伙。美国的法官们并没对他留有多少同情；而英国的助理法官认为，被告有时竟达到了歇斯底里的程度。

在邓尼茨案中，第三项指控是控辩双方竭力争夺的高地，因此在第一、第二项指控上就没有出现多少激烈交火的场面。检察官们在第一项指控上提供的证据并不充分。其实，尽管邓尼茨建立并培训了德国的潜艇部队，但证据并未证实他对策划侵略战争的共谋有所了解，或是曾参与准备和发动了这类战争。邓尼茨是一名单纯履行军事职责的军官，他未曾参加过宣布侵略战争计划的那些最为重要的会议。因此，第一项指控难以成立。

在第二项指控上，控方出示了许多证据证明邓尼茨参加了侵略战争，进而构成破坏和平罪。控方认为，尽管在1941年前邓尼茨并未担任海军总司令，但并不能就此低估被告在侵略战争中的重要作用。显然，潜艇部队是德国海军舰队的主体，而邓尼茨则是这支部队的长官。在战争的头几年，舰队在公海上发动了几次规模不大，但却轰动一时的攻势。盟国和中立国被击沉的几百万吨船只表明，几乎只有德国海军潜艇使敌方遭到了沉重打击。受命指挥这种战争的正是邓尼茨。就与元首的密切关系而言，控方指出，希特勒从1943年1月起，几乎不断地向邓尼茨征询意见；证据表明，他们两人在战争进程中关于海军问题的谈话大约有120次。控方就此强调了邓尼茨成为希特勒接班人的重要性。辩方指出，尽管邓尼茨在最后时刻被任命为帝国元首，但这与其是否有罪似乎没有关系。实际上，邓尼茨极其短暂的元首生涯并没有影响到最后的判决。

此外，当纳粹德国即将战败时，身为总司令的邓尼茨却仍然要求海军继续作战。在他成为元首后，便即刻下令国防军继续在东部地区作战，直到1945年5月9日投降为止。邓尼茨解释说，发出上述命令是为保证德国平民的撤离，并使德国军队有条不紊地从东部地区撤退。[1]

---

[1] 参见〔民主德国〕P. A. 施泰尼格尔（编）：《纽伦堡审判》（上卷），王昭仁等译，商务印书馆1985年版，第288—289页。

上述问题给庭审人员带来了一些麻烦，但与认定第三项指控相比，这些还算不了什么。第三项指控的核心问题无疑是非常复杂的潜艇战。邓尼茨否认自己曾知道德国政府下达了发动违反国际法之潜艇战的总体性决议。对此，控方也未能有效地予以反驳。下面，我们就分别论述德国潜艇战所涉及的每一个方面。

其一，德国不经警告就对敌国商船进行攻击的做法，是否像指控中所认为的那样违反了1930年和1936年的海军协议（the naval understandings of 1930 and 1936）规定。

辩方称，英方武装了他们的商船，派遣了护航舰队，还安装了雷达预警系统，这实际上使商船变成了战舰。此外，德国对敌国商船发动的无限制潜艇战是必要的报复。一旦商船被武装，德国潜艇如果按国际法的规定拦住船只进行检查，将无异于自杀。

实际上，对各国海军而言，拒绝向武装的商船发出警告的做法是种"习惯做法"。苏联的潜艇舰队这么做过，英国和美国也同样如此。辩方还指出，商船一旦被武装就丧失豁免权；这在法律上也站得住脚，因为该理论已被大多数国际法专家所接受。显然，无论事实还是法律都对辩方有利，进而可以认定这是一种合法的报复行为。

其二，德国潜艇曾向中立国的商船发动进攻，其中包含两个方面：德国下达过一揽子命令要求袭击所有无灯夜航的船只；还宣布封锁某些海域并击沉任何在禁航区行驶的船只。

辩方称，无灯夜航的船只非常可疑。控方则认为这种解释颇为虚伪。但是，丘吉尔首相曾经承认英国海军这么做过；而美国也是如此。因此，法庭最终对这个问题的认定对邓尼茨有利。

与之相比，禁航区问题则要复杂得多。一战期间，交战双方都曾划分过禁航区。但在两次世界大战间缔结的海军协议中，并没有特别将此规定为潜艇战一般禁止性规定的合法例外。表面看来，这种疏漏似乎意味着划分禁航区的做法并不能使交战国免除受国际协定的限制。在纽伦堡，这种解释意味着德军在任何海域都无权不经警告就攻击中立国船只。然而，辩方对该问题的解释却截然不同。他们认为，缔约各国并没有明确地在协议中禁止这种行为，因为各国政府都想在是否划分禁航区的问题上有所保留。

其实，中立权、海区划分以及潜艇战问题都与美国政府的行动有关。显然，是华盛顿而不是柏林最先进行了海区划分。起初，美国规定禁止本国船只进入欧洲交战国的海域。1939年10月，美国还号召北美各国政府宣布西半球的某些海域为"安全海区"，以免受军事侵扰。可见，德国划分"无限制攻击"海域的行为只是在延续美国的做法。德国政府宣称，进入某些海域（尤其是不列颠诸岛周围以及北海海域）的所有船只都将不被警告而受到攻击。此后，美国将其军事援助拓展到英国，并帮助派遣巡逻护航舰队。美国还发布了针对德国潜艇的命令，要求舰队在大部分北大西洋海域实施"见到就击沉"的行动。但这与当时中立国的国际通行惯例是完全相悖的。显然，美国政府的做法彻头彻尾地违反了国际法。

在法庭上，邓尼茨直言不讳地表达出自己对美国实施上述行为的态度。他曾建议希特勒采取相应的报复行动。为了尽量避免同美国交恶，内心极度恼怒的希特勒最终还是否决了该提议。因此，如果就相关控诉在德国与美国之间进行比较，可以发现，德国海军司令的责任与美国同行的责任不相上下。

此外，邓尼茨曾命令德国海军在禁航区外的海域尽量避免击沉中立国船只。邓尼茨还申辩道，尽管德军在禁航区外击沉过中立国的船只，但那仅仅是由失误引起的。总之，与盟军在相关问题上的大量错误相比，邓尼茨之言无可挑剔。

其三，对于被潜艇击沉的船只上的幸存者，德国海军曾杀死他们或不去采取相应的援救措施。《伦敦协议》（London agreement）以及其他海战法要求潜艇充分救助遭袭船只上的所有乘客和船员。控方认为邓尼茨从战争开始就奉行不援救的政策，并从未试图遵守过《伦敦协议》。辩方则予以回击，指出德国潜艇舰队曾努力恪守条约的规定,但英方的一系列行为迫使德方逐步放弃对条约的履行。比如,英国武装了商船,德国潜艇便无法开展救援工作。

控方又向法庭提交了两份证据,想以此来证明邓尼茨的不援救政策是出于公然的敌意。第一份证据表明,希特勒曾在接见日本大使时声称不救助的做法是一项既定政策。第二份证据是邓尼茨在战争初期签署过的一个特别法令,要求不得救助幸存者。辩方称,希特勒确有此言,但那只不过是想在外国人面前炫耀其严酷的态度,而与德军在公海中的实际做法没有任何关联。第二份证据显然对邓尼茨更加不利,但辩方指出该命令并非一个普遍有效的指令,那只是1939年至1940年间特殊条件下的产物。当时德国仅有的一些潜艇在近敌国海岸工作,实施救援措施无异于自杀。邓尼茨又进一步指出,后来当战争转移到公海领域时,该项命令就被废除了。因此,不营救政策只是个特例。

至此,邓尼茨还远未摆脱所有的责任。辩方在"救助幸存者"问题上面临更大的挑战。在接下去的六年海战期间,邓尼茨还下达了其他敏感的指令,要求只从沉船中营救船长和工程师。控方称,如果德国人能够救助这些人,那么留下其他人的做法就相当于谋杀。辩方对此坚决予以反击,指出潜艇上没有足够的空间容纳所有的幸存者。

接下来,控方向邓尼茨发起了最为致命的一击:他们向法庭出示了被告于1942年签发的一项与幸存者问题有关的命令。这个所谓"拉科尼亚"(Laconia)命令用苛刻的口吻要求潜艇部队采取严酷和果断的措施,决不能由于营救幸存者而使潜艇陷于危险的境地。控方称,这才是邓尼茨的真面目,一个狂热的、无情的纳粹爪牙,一个残酷地处死幸存者的刽子手。控方提供的证人是一个负责向船员们传达该命令的军官。他所理解的"拉科尼亚"命令的意图就是杀死幸存者。他还指示出发的船员执行这一命令。而另外一位年轻的值勤军官也以书面陈述的形式宣称,从邓尼茨本人留给他的印象中可以看出，该命令的意图是鼓励或至少是授权杀害幸存者。最后，控方还出示了记录完整的"埃克案"（Eck case）。在该案中，一艘潜艇在驶过留有幸存者的海域时，故意杀害了他们。

在法庭上，邓尼茨径直否认了"拉科尼亚"命令曾授权杀害幸存者，同时他还将自己不援救的责任归咎于盟军对德国潜艇实施的无限制空中打击行为。辩方指出，德国潜艇指挥官发现已被击沉的那艘英国船上还有意大利战俘，便赶去营救。他不但通知该海域内的所有海军部队尽量为救援提供帮助，还召唤其他潜艇进行支援，将满载幸存者的救生艇拖向岸边。然而，这一切换来的却是盟军解放者号轰炸机群不顾水中遇难者们的安危，向前来救援的德国潜艇狂轰滥炸。

邓尼茨称，当时盟军的所作所为让他忍无可忍，因此下令停止援救。但他同时强调，这仅仅是不再援救，并不是杀死幸存者。邓尼茨认为，那个向船员传达命令的长官误读了该命令。其辩护律师搜集到了所有生还的潜艇舰长的书面陈述，声称他们并没有将这一命令理解为杀害幸存者。而上文提到的那位年轻的值勤军官，后来在法庭上否认了自己先前的证词。这种辩护同时也是为了德国海军潜艇舰队的荣誉而战，因而邓尼茨在审判中能够得到众多属下的支持。

此外，辩方又向法庭提供两份证据，也都强有力地表明邓尼茨并没有下达杀害幸存者的命令。首先，德国外交部于1942年声明，大批装备了鱼雷的敌国商船即将安全返航；其中暗示潜艇部队应该采取更有效的措施将其歼灭。但邓尼茨没有理睬外交部的这一指令，并拒绝下达杀害盟军船员的命令。其次，潜艇舰长海因·埃克为邓尼茨的辩护提供了极大的支持。埃克因杀害沉船的幸存者而受到了其他盟军法庭的审判。要想为自己减轻罪责，埃克只能辩称屠杀是按上级命令进行的。检察官们也引导他这么做，但他拒绝了，并宣称杀害幸存者是自己的主意。尽管这意味着他肯定要被处死，但埃克的立场却异常坚定，埃克既表现出了对德国海军的无比忠诚，也为邓尼茨的辩护提供了巨大支持。纵观邓尼茨在幸存者问题上的辩护，控方对被告曾下达过屠杀命令的控诉是站不住脚的。

就盟军的潜艇政策而言，美国海军司令切斯特·尼米兹以及英国海军部的官员们都以书面陈述的形式承认，他们的海军也发动了无限制潜艇战，也曾不经警告击沉船只并拒绝救助幸存者。尼米兹还直言，从1941年12月爆发太平洋战争起，美国就开始奉行这些政策。但控方认为盟军的举措与德军是否有罪无关。盟军的这两份书面陈述也只被法庭视为了解当时海事法律与实践的资料。即便如此，美国海军发动的潜艇战仍比受到起诉的德国海军更多地违反了国际法。因此，在这种情况下给邓尼茨定罪显然有违英美国家的正义理念。

在第三项指控上，余下的控诉就显得不那么重要了。关于突击队的命令，邓尼茨承认他对此有所了解。但由于该命令并不适用于潜艇战，他并没有将其传达给属下。他还指出，尽管自己从1943年起任海军司令，但他并不清楚一份海军备忘录的存在，也不了解与海军相关的处死突击队员事件。总之，邓尼茨在该事件中的责任十分模糊，而相关的背景情况也同样扑朔迷离。[1]

在使用奴隶劳工问题上，对邓尼茨的控诉要追溯到1943年1月至6月，因为在此之后施佩尔就要为海军建设负责了。邓尼茨曾建议用集中营里的12000名劳工去造船厂劳动。他辩称，当时自己并未就造船一事下达过任何强制命令，他只不过是在开会时提出了一项建议，目的是让负责造船的官员采取某些行动。而他本人并没有为取得这些劳力采取任何步骤，因为这并不属于他的职权范围。邓尼茨声称，他并不知道此事是否付诸实行。

控方接下来又提及"《日内瓦公约》风波"。1945年初，盟军的轰炸引起了德国人民的强烈不满，并使得公共舆论倒向希特勒一方。于是，希特勒想要德国退出《日内瓦公约》。邓尼茨曾针对元首的这一鲁莽想法提出了折中

---

1 Bradley F. Smith, *Reaching Judgment at Nuremberg*, Basic, Inc., Publishers New York 1977, pp. 251-258.

性的建议，即采取"必要的措施"会比公然退出条约取得更好的效果。在法庭上，起诉方坚持认为"必要的措施"不在于声明退出公约，而是干脆要撕毁公约。辩方解释说，希特勒若想撕毁公约只可能出于两个原因：其一，是为了使德军脱离公约的保护，以这种方式阻止部队大批向英国人和美国人投降；其二，是由于盟军的空袭而对盟军俘虏采取报复行动。邓尼茨辩称，他所说的"措施"是整顿德军纪律的措施，是为了阻止他们投降，并不涉及对付盟军的措施。况且这只不过是一项建议，无论是对盟军或是对德国人，此类措施在任何情况下都未付诸实施。虽然邓尼茨对"必要的措施"的解释很有可能是虚假的，但不管怎样德国并没有退出《日内瓦公约》。[1]

1946年9月9日，法官们开始对邓尼茨案进行审议。只有尼基钦科和沃尔奇科夫全盘否定了辩方的言论，进而认定被告在全部三项指控上的罪名成立。苏联法官们认为划分海区的做法违反了国际法；如果法庭认定邓尼茨无罪，就等于宣称发动潜艇战是合法的、正确的。由于证据复杂且法律规定不明确，两名法国法官为化解定罪上的分歧而煞费苦心。法尔科想在第二和第三项指控上给被告定罪。第二项指控成立是因为德军入侵挪威；而第三项指控成立部分是由于潜艇战，但主要还是其他战争罪行。

法尔科承认尼米兹的书面陈述"简化"了许多法律问题，但他仍认为对拉科尼亚命令的认定是有歧义的。此外，被告还试图将沉船事件的责任归咎于某些海域中的水雷，这也是为其定罪的原因。在法尔科看来，邓尼茨的罪过主要在于他对突击队命令的处理、对集中营劳工的使用，以及与希特勒一同出席会议并讨论对丹麦"暴动"者的报复。

一向多疑的德瓦布尔声称，不应在第一和第二项指控上认定邓尼茨有罪，因为进攻挪威时被告还不是一个重量级人物。在潜艇战问题上，德瓦布尔列举出许多有利于被告的因素。他认为邓尼茨的指令很可疑，但并不存在

---

[1] 参见〔民主德国〕P. A. 施泰尼格尔（编）：《纽伦堡审判》（上卷），王昭仁等译，商务印书馆1985年版，第292—293页。

要求杀死幸存者的特殊命令。此外，针对潜艇战要受到国际法约束以及英国的封锁并不违反国际协定的观点，这位法国法官提出了强烈的质疑。可见，德瓦布尔在很多问题上都倾向于辩方，但他最终还是认定被告在第三项指控上的罪名成立，并建议适用宽和的刑罚。

在审议进行过半时，比德尔开始发表他那最为轰动的见解。他认为武装的商船就是战舰。进一步而言，如果德国海军发出警报并营救幸存者，那就不是潜艇战了。法庭就此而惩罚邓尼茨的做法将是十分愚蠢的。比德尔还指出，当时英国正在武装商船，而盟军也下达了与邓尼茨同样的潜艇战命令。因此，比德尔认为邓尼茨完全无罪。

9月9日那场激烈的争论表明，法官们在此案中不可能轻松地达成一致意见。第二天，对邓尼茨案的讨论继续进行，但由于分歧过大，审议没能取得什么实质性进展。11日，伯基特出席了审议，法庭最终决定了结此案。比德尔坚定地重申了自己的主张，即邓尼茨不该为潜艇战而被定罪。但他却没能说服其他任何一个法官。

就量刑而言，法尔科的建议为法庭的最终判决定下了基调。他认为邓尼茨应被判处10年监禁，因为他的罪行显然要比雷德尔的轻。其他法官围绕着10年监禁的提议发表了各自的看法。帕克支持该建议，认为邓尼茨不该承担比雷德尔更重的刑罚。当然，比雷德尔刑罚更重的也只有死刑了。尽管他觉得10年监禁有些过轻，但还是可以接受的。劳伦斯也赞成10年监禁，并再次提及邓尼茨的残忍以及划分海区行为的可罚性。然而，英国法官们的态度与英国海军部的早期立场却相去甚远，这更清楚地体现在伯基特的建议中。他认为10年监禁过轻，进而主张适用20年监禁。苏联法官则从开始的"即使最轻的罪行也要予以最重惩罚"的观点转变过来，认可了邓尼茨的刑罚应该比雷德尔轻的主张。在讨论接近尾声时，尼基钦科最终附和了适用10年监禁的提议。德瓦布尔的建议也与大多数相接近，认为5至10年的刑期比较合适。

在定罪问题上语出惊人的比德尔仍反对所有的量刑建议。在讨论中，他似乎在威胁其他法官，称如果他们坚持认为邓尼茨在潜艇战上有罪，他将会把反对意见公布于众。显然，两位美国法官在此案中的立场截然不同。帕克主张定邓尼茨的罪，而比德尔却认定为无罪。帕克断言，他始终不相信美国政府曾参与过那可恶的潜艇战。他认为，法庭对击沉中立国船只行为的惩罚是最重要的。但他又不情愿地接受了应避免提及袭击武装商船的建议。而这种让步与比德尔一贯主张邓尼茨在潜艇战上无罪的态度又存在着某些相通之处。作为"收买"比德尔的交换条件，帕克建议让这位美国大法官执笔邓尼茨案的法庭意见书。而其他法官也同意该提议，承诺如果比德尔放弃将异议公之于众的想法，那么该案的最终判决意见将由他来完成。权衡再三后，比德尔表示妥协。显然，双方的这种"交易"令人震惊。于是，有关邓尼茨案无休止的争论最终尘埃落定，法庭认定被告在第二和第三项指控上有罪，并判其10年监禁。

比德尔整整花了两周时间完成了法庭的最终判决意见。9月26日，法庭几乎没有做出任何修改就通过了该意见。这份总结的特点是，篇幅长、不连贯且前后不一致。显然，这是一个持异议的法官设法从自己的立场出发来表述大多数意见的结果。在该总结中，邓尼茨因比较模糊的原因——"他是德国战争的中坚力量"而被认定发动了侵略战争。至于潜艇战，总结中否认他要为袭击武装商船而承担罪责；但认定其海区划分的做法是有罪的，因为该行为违反了《伦敦海军协定》。总结中还特别指出，与幸存者相关的政策和措施比较模糊。比德尔还在该文件中加入了最为敏感的一句话：考虑到英国和美国也实施了潜艇战，法庭对邓尼茨的惩罚并不是以违反与潜艇战有关的国际法为基础的。言外之意是，邓尼茨由于一些"琐事"而被定罪。其中包括对突击队命令的处理，使用集中营劳工造船的建议，以及《日内瓦公约》以外的"必要的措施"。

比德尔使出了浑身解数将上述事件捏合在一起，并将之描绘得尽可能的严重。但是，与其他被定罪的被告所依据的事实相比，这些无关紧要的事件显然被夸大了。可以说，该总结只不过用来为法庭的判决装点门面罢了。大多数法官因为潜艇战而追究邓尼茨的刑事责任，但他们最终竟同意用其他理由来给被告定罪。这正是比德尔的意见书无法让人信服的原因所在。

判决结果表明邓尼茨并没有犯下十恶不赦的罪过，但其狂热的纳粹思想却令人发指。这位海军司令曾于1943年底对希姆莱的残暴大加赞赏。这不禁使人想起劳伦斯的主张：在其残忍、狂热的纳粹思想指导下，邓尼茨实施了潜艇战暴行，他应该为此负责。本案中，任何一种可能的判决结果都难以兼顾理智与情感。在法理上，将邓尼茨无罪释放，而且在国际法中把无限制潜艇战合法化，也是一种可能的出路；而在情感上，想到那些在大洋深处游荡着的冤魂，处死邓尼茨的做法似乎也不太过分。最终，谨慎、稳妥的中庸之道成为法官们判决此案的指导思想。这也许是大多数人能够接受的一种结局吧。[1]

---

1 Bradley F. Smith, *Reaching Judgment at Nuremberg*, Basic, Inc., Publishers New York 1977, pp. 259−265.

工业家们曾密谋把希特勒推上台,密谋重新武装德国,除了发动侵略战争还能有什么目的呢?*

——罗伯特·H. 杰克逊

---

* 参见〔美〕约瑟夫·E. 珀西科:《纽伦堡大审判》,刘巍等译,上海人民出版社2000年版,第336页。

十 对经济界头面人物的审判
——冯克、施佩尔、绍克尔、沙赫特

瓦尔特·冯克

冯克于1931年加入纳粹党,并在第三帝国初期的经济部和宣传部得到中级职务。1938年初,冯克就任经济部长和战争经济全权总代表。1939年1月,他担任帝国银行总裁一职。作为经济部长,冯克比其前任沙赫特更加靠近戈林,而帝国银行在其控制下也不如以往重要和独立。

冯克的作用并不十分突出,但他也算尽职尽责。他参加了1938年至1939年的扩军会议,并在为进攻波兰做物资准备的过程中扮演了重要角色。在进攻开始之前,其他纳粹领导人都对该计划出言谨慎;冯克却于1939年8月25日写信给希特勒,称能够参与进攻波兰的物资支援计划,他感到非常自豪。此外,冯克还伙同罗森堡等人帮助制订侵略苏联的经济计划。[1]在戈林的督导下,冯克积极组织并实施了对被占领土的经济掠夺活动。他对奴隶劳工制度提出了保留意见,但直到最后冯克仍在监督该项目的实施。

控方指出,冯克同党卫队作了一笔交易,将大屠杀中的掠夺品藏在帝国

---

[1] 冯克曾参与制订进攻苏联的经济计划。他的副手每天都就占领苏联领土以后可能出现的经济问题与罗森堡交谈。冯克本人亲自参与了侵苏前在德国印刷卢布钞票的计划,这些钞票将作为占领区的货币在苏联使用。进攻苏联后他发表了一次演说,从经济上阐述了充分榨取"苏联广阔地区"的计划,这些地区将成为欧洲的原料基地。参见〔民主德国〕P. A. 施泰尼格尔(编):《纽伦堡审判》(上卷),王昭仁等译,商务印书馆1985年版,第282页。

银行的保险库中。[1] 检察官出示了一些照片，证明在帝国银行的保险库藏有大量黄金。其帝国银行的下属也证实，他们曾被告知这些来自党卫队的"贮藏物"源于被占领地，但他们不准对此事提任何相关的问题。针对这些证据，冯克辩称，他并不知道党卫队大箱子里的东西为何物。在交叉盘问中，控方又补充证明冯克其实知道这些物品"非同寻常"，他还叮嘱过下属对此要保持沉默。

尽管冯克参与实施了上述种种暴行，人们还很难对这个软弱的、胖乎乎的小个子男人予以多少关注。在其同伙中，冯克显得特别不起眼。只有在走出法庭后，讲些过时的笑话时，他才露出一丝生气。监狱的心理医生在日记中是这样描述前经济部长的，"他神情沮丧，并像以往那样呜咽着。"就连戈林有时也对冯克的微不足道感到厌烦。一次，被告们试着猜测盟军审判的目的，帝国元帅讥讽地问道，"小冯克也配得上来这里（接受审判）吗？"[2]

在审判其他被告时，法官们也注意到，冯克时常像在被告席上睡大觉。然而，正是这种微不足道的样子成了他的救命稻草。许多法官认为他并不是一个特别重要的纳粹分子，甚至看上去不像个恶棍。显然，这些都成为法庭对冯克从轻处罚的因素。

在9月2日的审议中，英国法官、苏联法官以及帕克和法尔科都认为冯克在所有四项指控上的罪名成立。德瓦布尔否定了该案中的第一项指控，但未对其他三项指控表示异议。比德尔也仅仅对第一项指控持有疑虑。9月10日，苏联法官、劳伦斯、法尔科和帕克一致认为被告在所有四项指控上有

---

1 1942年，冯克与希姆莱达成了一项协议，按照协议，德意志国家银行应收进党卫队的一批黄金、珠宝和货币。协议结果，党卫队把在集中营被杀害的遇难者身上搜得的私人财物和贵重物品交给国家银行。国家银行回收了硬币和纸币，把珠宝、钟表和私人物品送进柏林的市营当铺。从眼镜上取下的金子、牙牙和镶牙的金质填充物被送到国家银行的保险库收存。参见〔民主德国〕P. A. 施泰尼格尔（编）：《纽伦堡审判》（上卷），王昭仁等译，商务印书馆1985年版，第283页。
2 Bradley F. Smith, *Reaching Judgment at Nuremberg*, Basic, Inc., Publishers New York 1977, p. 205.

罪。除帕克外，法官们都同意适用绞刑（帕克主张适用终身监禁）。然而，比德尔和德瓦布尔认为，被告只在第二、第三和第四项指控上的罪名成立。比德尔对适用死刑也是犹豫不决。法国法官也不赞同适用死刑，而是支持终身监禁，理由是"冯克并没有参加侵略战争"。但这个令人困惑的评论似乎刺激了尼基钦科。正是这个不起眼的小个子参与了进攻苏联的计划，苏联人民才饱尝战乱和洗劫之苦。于是，苏联法官竭力表明被告在纳粹集团中的重要作用被低估了。然而，他们却孤掌难鸣。法官们未能达成一致意见，冯克案就被暂时搁置起来。

两天后，即9月12日，法庭再次审议冯克案。尽管在定罪上还存在一些明显的分歧，但法庭最后认定被告的罪名仅在第二、第三和第四项指控上成立。在讨论过程中，德瓦布尔和比德尔将原来支持适用死刑的劳伦斯拉拢过来。因此，三票对一票的结果使得苏联法官严惩冯克的愿望化为泡影。法庭最终判定适用终身监禁。

在此案中，法庭的审议顺序似乎也影响到了最终的量刑。冯克在全部四个罪名上受到指控，但却能设法免于一死。对于一个经过首轮审议可能被判处死刑的被告，如果他在后一轮审议中留给法官们的印象要好于先前那些被告的话，就有机会逃脱死刑。冯克便是这类被告的典型代表。综上所述，他的死里逃生也许要归功于如下两个因素：其一，他是第十个被审议的被告，先前的那些战犯似乎比冯克凶残得多；其二，大多数法官将他视为"一个弱小的人"。[1]

阿尔贝特·施佩尔

施佩尔（见图19）出生于中产阶级家庭，大学读的是建筑专业。20世纪

---

[1] Bradley F. Smith, *Reaching Judgment at Nuremberg*, Basic, Inc., Publishers New York 1977, pp. 204–206.

30年代早期，施佩尔就开始追随希特勒，并加入了纳粹党。他曾是希特勒的建筑师。战争初期，大型建筑工程项目不多，施佩尔这个设计师暂时无所事事。弗里茨·托特（Fritz Todt）死后，他于1942年2月15日被任命为托特组织的首脑和德国军备和军需部[1]部长。施佩尔刚一上任就初露锋芒，他对效率低下的纳粹武装机制进行改革，使之成为发动整个战争的机器。但当战争临近失败时，这位武装部部长也回天乏术，变得与希特勒的其他部下一样诚惶诚恐。

图19　施佩尔

施佩尔的功绩与权力足以引起盟军政府的注意。英国于1944年将其列入主要战犯名单，美国也于1945年6月将其收入16人名单。尽管施佩尔受到了全部四个罪名的指控，但检察官和法官们都不大在乎共谋罪和破坏和平罪的指控。他们认为全案的关键在于，施佩尔对战争工厂中劳动力的使用问题。控方努力证明施佩尔曾给绍克尔下达过劳动配额，并清楚这些劳动力将由受强迫的外国劳工充当。同时，控方也试图证明他故意役使集中营的劳动力和战俘劳力，而后者则违反了《日内瓦公约》。

施佩尔强调，为了获得最大的产出，他们给劳工们提供了充足的口粮。但实际上，他对奴隶劳工们恶劣的劳动和生活条件一清二楚。尽管如此，他还不断下达指令，要求增加大量的劳动力。施佩尔甚至最先提出了将懒惰的劳工送入集中营的建议。他还声称自己曾建议将一些主要的工厂建在被占领土上，这样就可以减少将劳工输送到境外的数量。但控方指出，即便如此，这种做法也与通行的战争法相悖。

1　自1943年9月2日起，德国军备和军需部改为军备和战时生产部。

在法庭上，施佩尔花了大量的时间供认自己在役使奴隶劳工问题上所犯下的罪行。但他同时也强调指出，自己曾建议营造"隔离工厂"并为劳工提供充足的食物和栖身之所，这些都应被视为从轻处罚的情节。施佩尔又进一步辩称，为了使自己不必过度依赖希姆莱，他曾试图避免使用过多的集中营劳力。辩方甚至还质问控方，是否已收集到足够的证据证明被告役使战俘劳工的行为违背了《日内瓦公约》。

实际上，施佩尔的大部分辩护都站不住脚。首先，尽管他在行动时显得犹豫不决，但终究还是从希姆莱的集中营里选出了至少三万名劳工；其次，虽然施佩尔曾建议适度对待被役使的劳工，但他无疑对现实中普遍存在的恶劣条件一清二楚；第三，"隔离工厂"制度违背了海牙规则，不能构成有效的抗辩。

就战俘问题而言，施佩尔的辩护也不无道理。由于苏联没有签署《日内瓦公约》，从技术层面上讲，德国人有权支配苏联战俘的劳动力。但法庭认为，即便如此，德国也不应对苏联战俘任意处置，交战国双方仍受战争习惯法的保护。但是，控方犯下了一个致命的错误：在统计被役使的战俘数目上，他们只提供了原始数据，因而并没有给出特别的证据证明大批非苏联籍囚犯也曾被迫在战争工厂中劳动。于是，施佩尔抓住这个漏洞来为自己开脱罪名。这也为法庭最终判决被告在滥用战俘劳工的指控上无罪埋下了伏笔。

显然，施佩尔案的重点并不在于他是否有罪，而在于怎样评估那些能导致从轻处罚的因素。施佩尔并不像大部分的被告那样残酷。他也曾用集中营来威胁那些不守"纪律"的劳工，这可以算是个例外。从第三帝国必胜的迷梦中惊醒后，施佩尔称他冒着巨大风险捣毁了希特勒焦土政策的阴谋。他还闪烁其词地告诉法庭，在战争行将结束的日子里他曾计划刺杀希特勒。[1]

---

[1] 施佩尔在法庭上解释说，据他所知，在帝国总理府花园里有一口用于地堡下元首地堡通风的换气井。在地面井口上，盖着一块铁栅栏，掩藏在灌木丛中。1945年2月，他悄悄地对手下的军需部头目迪特尔·施塔尔说，只有一个办法可以结束战争。他要施塔尔弄到毒气，打算把毒气往通风系统灌。3月，当施佩尔重返现场时，发现那里已竖起了一根12英尺高的烟囱，用来保护换气井。从此，他便放弃了谋杀希特勒的念头。参见〔美〕约瑟夫·E.珀西科：《纽伦堡大审判》，刘巍等译，上海人民出版社2000年版，第358页。

受过良好教育的施佩尔在审判中表现得游刃有余,并尽力迎合法庭的道德标准。在法庭上,施佩尔对自己的罪行深刻悔过,并向众人表明整日饱受良心的谴责。比德尔就被他的真诚打动了。在后来的审议中,帕克也表明施佩尔的忏悔给他留下了强烈印象,并主张从轻处罚。同时,帕克也发现检察官杰克逊似乎很尊重施佩尔。

1945年11月17日,就在审判开始之际,施佩尔给杰克逊写了一封信。在信中,他称自己掌握着某些私密性的军事和技术信息。1945年5月10日至25日,当时的施佩尔还是个自由身,他曾向美方提供盟军轰炸德国生产设施效果的有关信息;其中,详细地论证了在短暂的时间里能产生巨大杀伤力的方法。施佩尔认为,这些方法可能在对日本的作战中起到重要作用。

从1945年6月1日至10月底,施佩尔还被监禁在盟军的"垃圾"营中。盟军政府向德国的科学家和工程师们询问了武器装备的最新进展情况。当时,施佩尔也在场。其中的许多人是他以往的合作者。在那封信里,施佩尔称他不仅自愿收集了全部信息,而且还给那些不愿与英美政府合作的同行们做了大量的思想工作。施佩尔在信的结尾加以总结并强调指出,他向英美盟军交出了这些信息,并开导那些同事也这么做以便赎罪。此外,施佩尔表示,为了防止这些情报落到"第三方"手中,他宁愿做出个人牺牲。实际上,施佩尔是想告诉美国的检察官,他不愿在证人席上就这些军事技术细节被苏联人质问。[1]

我们怎样看待这封特殊的信件呢?显然,英美检察官和法官绝对不希望这些技术情报在法庭上曝光,否则将对西方列强非常不利。施佩尔则声称他并不想讨好检察官。难道他是碰巧迎合了愈发具有冷战思维的杰克逊吗?不管怎样,施佩尔以最能打动大多数检察官和法官的方式与第三帝国断绝了关系,进而投入了英美的怀抱。

---

[1] Bradley F. Smith, *Reaching Judgment at Nuremberg*, Basic, Inc., Publishers New York 1977, pp. 218-221.

在第一轮审议中，我们并不清楚有多少法官对他加以照顾。[1] 苏联人想在所有四项指控上定罪。但法国、英国和美国法官只倾向于第三和第四项指控；其中，伯基特和帕克对第一和第二项指控持保留意见。在1946年9月10日的第二轮审议中，苏联法官仍坚持原来的态度；而劳伦斯认为，被告在第二、第三和第四项指控上的罪名成立；其他法官只选择了第三和第四项指控。劳伦斯还是袒护施佩尔的，但其理由显得有些奇特，他认为被告只是接手了一个已经存在的奴隶劳工制度。帕克也同时指出，施佩尔得体的表现应当成为对其从轻处罚的理由。

关于量刑，各种分歧不绝于耳。法国法官、劳伦斯和帕克认为应判施佩尔一定年限的监禁。劳伦斯建议判15年监禁，德瓦布尔表示赞同。但比德尔投票反对，他主张适用死刑，尼基钦科也欣然投票予以支持。这样，法庭裁判陷入了僵局。而赶来的伯基特不但没能解决这个难题，反而提出判施佩尔10年监禁的新主张。这个不相关的提议使法官们愈发感到困惑。于是，他们投票决定延期审理此案。

然而，比德尔的态度似乎在一夜之间就变得不那么强硬了。第二天早上，他表示妥协。一票对三票的结果使苏联法官的主张被淘汰出局，进而认定施佩尔仅仅在第三和第四项指控上有罪。在量刑上，比德尔放弃了他原来所主张的死刑，而劳伦斯和德瓦布尔也接受了一个更长期限的监禁刑。这样，又是一个三票对一票，西方法官在9月11日的上午达成一致意见，判施佩尔20年监禁。[2]

在施佩尔案中，意识形态的观念以及被告的"个人魅力"影响了法官们

---

[1] 法官们认为，施佩尔所建立的"隔离工厂"使许多工人可以留在家乡。在战争最后阶段，他是敢于对希特勒说出"仗已经打输了"这句话的个别人物之一；他还敢于采取措施，防止在占领区以及在德国对生产设备的无谓破坏，而这种做法在当时也是不多见的。应该承认，这些情况可以减轻他的罪责。参见〔民主德国〕P. A. 施泰尼格尔（编）：《纽伦堡审判》（上卷），王昭仁等译，商务印书馆1985年版，第315页。

[2] Bradley F. Smith, *Reaching Judgment at Nuremberg*, Basic, Inc., Publishers New York 1977, pp. 222–223.

的最终判决。在量刑时，大部分法官认为被告的悔过更能说明问题，进而忽视了其大量的罪过。

弗里茨·绍克尔

绍克尔（见图20）是被告中唯一的"劳动者"。1923年，他加入了纳粹党，1927年担任图林根大区领袖，1935年5月出任图林根内政部长和图林根政府首领。1942年3月21日，绍克尔被希特勒任命为劳动力调配全权总代表，主要负责强迫被占区工人到德国做苦力。

绍克尔的行动没能引起战时英美两国的关注，这两个国家的人民并不在他役使的范围内。因此，他的名字只是间或地出现在两国早期的战犯名单上；他甚至根本就没有被列入到英国和美国1945年6月拟定的主要战犯名单中。但是，法国人和苏联人对他恨之入骨。1945年8月，四国就战犯名单进行讨论，法国和苏联的强硬立场使得绍克尔最终被纳入主要战犯名单。

图20 绍克尔

在法庭上，控方指出有500万劳工被强迫送往德国，他们大多在极差的条件下劳作。[1]检察官们认为，这种做法既是非法的也是不人道的。辩方称：

---

[1] 1942年9月30日，希特勒授权绍克尔，他有充分权力在各占领区任命全权代表，并为执行1942年3月21日的命令"采取一切必要的措施"。鉴于通过一系列命令所获得的全权，绍克尔提出了一项动员一切可供德国使用的劳动力计划。这项动员计划的一个重要组成部分，就是凭借暴力有组织地利用被占领区的劳工资源。绍克尔任职后不久，就让各被占领区的行政当局颁布去德国服役的法令。根据这些法令，绍克尔手下的全权代表依仗各被占领区警察当局的支持，把绍克尔命令他们必须完成的那部分劳工数额弄到手，并把他们运往德国。绍克尔利用"一大批男女特务"推行所谓的"自愿"应征，"如同以往招募'水手'一样"。然而，总的来说，除个别情况之外，真正自愿应征的为数甚少。绍克尔在1944年3月1日的自白就证实了这一点。他说："在抵达德国的500万外国劳工中，只有不足20万人是自愿前来的。"参见〔民主德国〕P. A. 施泰尼格尔（编）：《纽伦堡审判》（上卷），王昭仁等译，商务印书馆1985年版，第300—301页。

绍克尔并不掌握该项目的绝对控制权；他本人也不是冷酷无情的，这么做仅仅是为了有效地履行职责；[1]此外，绍克尔也曾对劳工恶劣的工作条件加以改善。但控方驳斥了这些言论，指出被告在1942年至1945年间握有实权；他对工人的悲惨遭遇心知肚明，却仍按部就班地履行职责。总之，绍克尔没有直接参与侵略战争的准备工作，很难在第一和第二项指控上定他的罪；但他在第三和第四项指控上的罪名却极有可能成立。

法官们对绍克尔案的审议进行得异常迅速。在1946年9月2日的首轮审议中，苏联人想在所有四项指控上给绍克尔定罪，伯基特对第三、第四项指控态度坚定，对第一和第二项指控持保留意见。其他五位法官仅在第三和第四项指控上投了赞成票。9月10日，苏联人仍固执己见，劳伦斯支持第二、第三和第四项指控。法国和美国法官则认为被告只在第三和第四项指控上有罪。平局的出现使绍克尔逃脱了前两项指控，但法官一致认定其在后两项指控上有罪，并适用绞刑。[2]

几十年后，反观绍克尔案，也许一丝不安会萦绕在人们心头。在弗里克、罗森堡和弗兰克案中，德瓦布尔都反对适用死刑，但对该案选择绞刑时竟没表现出丝毫的犹豫。绍克尔同时在西方和东方制造了暴行，这无疑使德瓦布尔耿耿于怀。此外，被告的阶级出身以及其本人的性格特点似乎都不合法官们的口味。

在众人眼里，绍克尔明显是一个"粗人"。他在证人席上操着一口蹩脚、粗陋的德语，其律师感到丢尽了颜面。[3]每当被提问时，绍克尔总是难以顺利

---

1 在法庭的判决书中也部分地认可了这一点。"有人曾把当时的恶劣条件向他作了汇报。看来绍克尔的主观意图并不主张采取血腥手段，他也不赞同希姆莱的那种通过劳动把人折磨致死的计划。他的态度反映在下面这项命令之中：'对所有这些人的伙食、住宿和待遇应该是：在花费最低限度的开支下，使他们发出最大的劳动效率。'"参见〔民主德国〕P. A. 施泰尼格尔（编）：《纽伦堡审判》（上卷），王昭仁等译，商务印书馆1985年版，第302页。
2 Bradley F. Smith, *Reaching Judgment at Nuremberg*, Basic, Inc., Publishers New York 1977, pp. 207-208.
3 绍克尔说话时每个字之间总是停一停，呆若木鸡。劳伦斯法官打断证人道："我不会德文，但如果被告在句末而非在每个音节停顿，那就可能有点意义了。"参见〔美〕约瑟夫·E. 珀西科：《纽伦堡大审判》，刘巍等译，上海人民出版社2000年版，第350页。

地回答。他甚至连装相都不会。在一次盘问中，绍克尔竟乖乖地自证其罪。因此，人们不禁要问，希特勒当年怎能将权力和名誉给与这样一个卑微、粗俗、愚笨的家伙呢。

绍克尔的这些弱点显然没能赢得法官们的同情。然而，尼夫在审判之初与绍克尔的交谈中发现，他是唯一一个关心家人比关心自己更多的被告。当审判接近尾声，绍克尔得知自己将被处死时，几乎所有在场的人都听到他痛苦地说，"我从没这么难受过。"于是，他嚎啕大哭。

与冯克相比，难道绍克尔所应承担的责任更大？作为戈林的下属，冯克拥有的权力就不及依附于戈林和希姆莱的绍克尔？也许人们在看过施佩尔案后会更加疑惑不解。施佩尔将劳工配额交给绍克尔，绍克尔就去抓劳工。难道绍克尔比施佩尔更罪孽深重？正如一位记者所指出的那样，在运输劳工的途中，女人生下的婴儿被扔出火车窗外，谁是主要的负责人？是强行征募女人的绍克尔，还是需要她们做工的施佩尔？[1]

这些问题至今还没有答案。但审判的结果是：狡猾的冯克和施佩尔保住了性命，绍克尔却最终走向了死亡的深渊。

雅尔马·沙赫特

除了戈林，沙赫特（见图21）在被告中就是最难对付的一个。一战结束后，作为一名德国民主党党员，沙赫特开始逐步为自己积累政治资本。1923年，他凭借金融上的过人才智成功地抑制了德国的通货膨胀，这为他在世界上赢得了巨大的声誉。

在纳粹政府成立前夕，沙赫特又转投民社党，此举为其接近希特勒创造了有利的条件。后来，经过沙赫特介绍，希特勒得以结交许多德国金融界的

---

[1] 参见：Bradley F. Smith, *Reaching Judgment at Nuremberg*, Basic, Inc., Publishers New York 1977, pp. 208-209；〔美〕约瑟夫·E. 珀西科：《纽伦堡大审判》，刘巍等译，上海人民出版社2000年版，第355页。

图 21　沙赫特

富豪，并获得了巨大的财力支持。正因如此，在纳粹攫取政权两个月后，沙赫特被元首任命为德国中央银行行长；在此后的两年里，他又晋升为德国经济部长，全权掌管纳粹德国的战时经济。经过实施一系列非正统的财政措施，沙赫特为纳粹政府筹集了巨额资金。显然，这些钱用来重新武装德国的军队。

但从 1937 年开始，沙赫特在政治生活中可谓厄运连连。为争夺经济大权，他与戈林明争暗斗。结果，沙赫特甘拜下风。他与希特勒的关系也逐渐恶化，甚至导向激烈的对抗。于是，沙赫特于 1937 年底辞去经济部长和战时经济全权代表的职务。1939 年，他又被赶下德国银行行长的宝座。1943 年，沙赫特被免除一切职位，并于一年后成为集中营里的囚犯。

沙赫特自认为是希特勒压迫政策的受害者，而他本人也曾拥护并资助过反纳粹德国的运动。但在英美两国公众眼中，他既是支持希特勒上台的中坚力量，又是德国重新武装军备的资助者。然而，四国费尽周折最终才确定沙赫特为主要战犯。1944 年，英国陆军部将沙赫特列为主要战犯的候选人，但外交部拟订的同类名单中却没有出现他的名字。一年后，当英美两国开始就主要战犯名单问题进行磋商时，杰克逊在 5 月的首轮会谈中提议将沙赫特视为主要战犯的候选人之一。但英国外交部的官员对此仍有疑虑。他们担心美国将对战前和战时的德国工业头目进行全面的打击。在英国于 6 月中旬制订的名单中，沙赫特的名字出现在主要战犯的候选人部分，以供参考。尽管如此，英国外交部还是敦促本国代表放过沙赫特。他们认为，如果要将德国经济界的权威人士列入名单，入选的应该是绍克尔和冯克，而不是沙赫特。因此，沙赫特并没有出现在英国正式确定的 10 人主要战犯名单中。而在美国 6 月制订的 16 人主要战犯名单里，沙赫特却榜上有名。

与邓尼茨案相似，英方并不想就此向美方妥协。8 月中旬，英方在对该案进行了深入的评估后指出，法庭将很难给这位前经济部长定罪，因此他不该受到起诉。随后，英方在四国会议上提出了反对意见，但很快就遭到了其他三国代表的否决。苏联人显然要起诉沙赫特，这是预料之中的事。但没想到法国人对德国工业头目恨之入骨，他们甚至比美国人和苏联人更极端。因此，沙赫特最终还是被列入了主要战犯名单。

在纽伦堡，沙赫特的表现证明了英方的担心并不是多余的。当尼夫少校代表法庭探视被告时，熟知游戏规则的沙赫特要求给他找一位好律师，并且越快越好。在法庭列出的律师名单中，沙赫特选中了鲁道夫·迪斯（Rudolf Dix）博士。接下来，沙赫特阐明他不会为纳粹政权和其他被告辩护，而只是想为自己开脱罪名。与戈林相同，沙赫特首先想与控方取得联系。

1945 年 11 月 14 日，沙赫特写信给美国助理检察官多诺万将军，表明纽伦堡法庭的设立是他所期望的，它将向全世界揭露希特勒的罪行。在对事实进行了大量的陈述后，沙赫特接着指出自己愿意接受法庭的审判，因为他坚信无论在法律上还是道德上法庭最终都会还他一个清白。他还对多诺万的地位、经历、才学与名望进行了一番令人瞠目的恭维。接下来，沙赫特便转入正题，问多诺万是否愿意察看一份记载着其亲身经历的纳粹暴行概览。

显然，沙赫特希望与控方合作。多诺万不敢大意，他当天就写信给杰克逊，向后者阐明自己对该案的看法。他提醒杰克逊，沙赫特早就想和控方接触。多诺万称，沙赫特的这种做法是合适的，而且控方也该对被告的主动表示有个交待。他还指出，除去一些入罪证据外，对辩方有利的证据很多。其中的一些是尽人皆知的，还有一些则十分微妙，甚至较为敏感。沙赫特曾试图将希特勒的注意力从发动侵略战争转向对殖民地的争夺。在这一努力失败后，他就试着切断财力上的供应。结果，他被踢出纳粹阵营。接下来，他参加反抗运动，直至沦为盖世太保的阶下囚，并最终被投入集中营。

接下来，多诺万又向杰克逊投放了一枚重磅炸弹，告诉这位美国总检察官，1940年至1941年间，沙赫特曾通过美国驻德国大使馆的一等秘书多纳尔德·海特（Donald Heath）与美国国会取得联系。信中写道，海特称美国预先得知的德国要进攻苏联的消息是由沙赫特提供的。如果事实果真如此，这将是头等大事，而控方也可能就此避免在法庭上与沙赫特展开鱼死网破的争斗。因此，多诺万建议杰克逊给沙赫特一个在法庭上作证的机会。他认为，这样做将会对控方大有裨益。尽管此建议并不意味着要沙赫特为控方作证，但二者已没有多大的差别了。

10天后，在一个有关证人事宜的讨论会上，多诺万称他已经通知了沙赫特的律师，告诉他在被告明确下一步打算前不准与其见面。但沙赫特和多诺万都未能就该问题更进一步。两天后，杰克逊火速寄给多诺万一封长信，表明两人在相关问题上的立场和观点针锋相对，而他们的敌对状态也由此从幕后走到了台前。二人争议的核心在于，杰克逊认为该案应该几乎全部采用书面审的形式，而多诺万则希望多用证人作证。争执中潜藏着的问题是，多诺万想利用戈林和沙赫特为控方服务。对此，杰克逊直言他并不相信沙赫特会对控方有多大用处。此外，杰克逊也不欢迎任何鼓励被告与控方进行"谈判"或"交易"的做法。最后，杰克逊写道，他们之间的分歧已达到水火不容的地步，所以他不会在法庭上给多诺万进行质证和交叉盘问的机会。

第二天，多诺万就回信批评了杰克逊主导的控诉模式，其中的大部分指责都言之有理。此外，他还竭力澄清自己同沙赫特和戈林的"谈判"或"交易"。多诺万强调，他已经向杰克逊以及沙赫特的律师表明，被告在想好下一步的行动之前是不可能与控方交涉的。对于杰克逊的其他忧虑，多诺万称之为"堂吉诃德的思维模式"。在信的最后，多诺万重申自己会放弃这个案子，并于不久的将来离开纽伦堡。

在多诺万离开后，沙赫特同控方之间的所有联系似乎都已中断。起初，杰克逊等人对该案还都抱有盲目乐观的态度。但在经历过戈林案交叉盘问的惨败后，控方对沙赫特案更为重视。检察官们为搜集相关的入罪证据煞费苦心。尽管如此，杰克逊还是放心不下。1946年3月29日，他决定去见海特。在与海特交谈后，杰克逊有些心灰意冷。对控方而言，该案的情况比预想中的还要糟。

海特称，1940年当维尔斯还在柏林的时候就与沙赫特达成了一项协议，即后者通过海特将情报传给美国国会。在此后的15个月中，沙赫特与海特平均每个月就要见一次面。海特还说，至少从1939年开始，沙赫特就公开表明自己的反纳粹立场了。沙赫特提供的情报大多是总括性的，但其中也不乏颇具价值的信息。1940年春，他曾及时地向盟军提议，表明遏制意大利的时机已经成熟。就在德国入侵低地国家一周以前，他还传出消息，称一场侵略战即将爆发。尤其是在苏联问题上，沙赫特的情报极其清楚、详尽。在1941年6月6日前后，沙赫特告诉海特，希特勒决定于6月20日左右入侵苏联（实际日期是6月22日）。沙赫特称，该消息并非空穴来风，而是千真万确的。于是，海特立即将该情报传送给美国国会……

其实，美方对这条重要情报的传送与海特的描绘并不完全相符。当时，海特正被调往拉丁美洲任职。由于该信息是其助理发送的，华盛顿得到的也只是一个被"稀释"了的消息。在电报的开头，尽管大使馆的三级秘书布鲁斯特尔·莫里斯（Brewster H. Morris）强调了该情报的重要性，但他并没有提及这是由沙赫特提供的。更糟的是，他同时还加上了自己的主观判断，称难以猜测希特勒这么做的目的。莫里斯还进一步指出，德国在苏联边境做了大量的准备，其目的也许是在向对方施加最后的压力，也许是想要声东击西的把戏。总之，莫里斯的解释降低了该情报的紧迫性和重要性，美国政府很可能因此而未将该情报提供给苏联。这也许正如巴顿将军所说的那样，德国能成功地发动闪电攻势并不是其保密工作滴水不漏，而是由于盟军获得了大量自相矛盾的情报，以至于无法看到时局的真面目。[1]

---

[1] Bradley F. Smith, *Reaching Judgment at Nuremberg*, Basic, Inc., Publishers New York 1977, pp. 270-275.

由此，杰克逊可能会想到，沙赫特并不愿在法庭上公开宣布他那些"出卖"德国人的举动。然而，一旦被逼入绝境，他也许会破釜沉舟。因此，在交叉盘问时，杰克逊与沙赫特都不必一定要将对方置于死地。显然，这种情形对辩方有利。对杰克逊而言，他想要证明被告任经济部长时清楚地知道德国侵略战争的意图。但事实证明，这是一个最为模糊不清的问题。

在法庭上，检察官们并未竭尽全力压迫被告。他们指出，在任经济部长和战争经济全权总代表期间，被告为组织德国的战争经济奔走效劳。他曾起草过国防军与战时工业相结合的详细计划。他格外重视原料短缺一事，并首创了一套物资储备计划和控制外汇制度，以防止德国因外汇储备短缺而被迫从国外进口扩充军备的原料。1935年5月3日，被告向希特勒呈递了一份备忘录，声称迅速而大规模地推行扩充军备的计划是德国的政治目标，其他一切都应从属于这一目标。此外，控方还出示了其他一些有关财经管理方面的证据。检察官们认为，沙赫特是德国重整军备计划中的主角。他所采取的种种措施，对纳粹德国迅速上升为军事强国负有责任。

就此，沙赫特声称，他之所以推行扩充军备计划，是想建设一个强大的、独立的德国，这个德国将奉行一种在平等基础上与其他欧洲国家相互尊重的外交政策。而当他发现纳粹分子扩充军备的目的是为了发动侵略战争时，就试图放慢扩充军备的速度。比如，在1939年1月2日的会议上，他曾急切地向希特勒请求缩减军备开支。由于他坚持原则，以致最后被免去一切重要职务。他甚至还参与了旨在除掉希特勒的计划。施佩尔的证词也证明，沙赫特于1944年6月23日被捕的起因，就是出于希特勒对他的敌视。而造成这种敌视的原因是沙赫特对战争的态度。此外，希特勒还怀疑他参与了炸弹谋刺事件。[1]

控辩双方在法庭上的较量显得波澜不惊，但法官们对该案的审议却充满

---

[1] 参见〔民主德国〕P. A. 施泰尼格尔（编）：《纽伦堡审判》（上卷），王昭仁等译，商务印书馆1985年版，第285—288页。

了分歧和变数。在首轮审议中，持有罪论调的比德尔选择留守后方，他将帕克推到了最前线，目的是让后者为整个审议定下基调。帕克一上来就直奔主题：沙赫特是不是一个清楚自己所作所为的侵略战争共谋的参与者？是，还是不是？显然，这种两分法将中间道路排除在外，而在帕克眼中，其他所有的问题都是无关紧要的。也就是说，要么沙赫特的行为不构成共谋罪，而他为重新武装军备提供帮助也不存在犯罪意图，因此认定其无罪；要么，他就是一个参与共谋者，而该被定罪。在设定了这些极端的选择后，帕克建议他的同行们选择无罪的认定，因为他相信证据已经表明沙赫特并没有参与制定一个具体的、确定的共谋，并且也不清楚这些军备是用来发动侵略战争的。

伯基特对帕克的这种"非黑即白"的套路表示认同。他声称，法庭要么将沙赫特无罪释放，要么就将其严惩。同时，这位英国候补法官承认，沙赫特名义上同希特勒决裂但又公开赞美后者的做法将其搞得一头雾水；但他认为大部分证据都有利于被告，而沙赫特最终加入反抗运动的事实也极具说服力。伯基特要求再给一些时间对证据加以审查，但他指出法庭无法排除合理的怀疑，被告很可能被判无罪。

劳伦斯也赞同无罪判决，但其立场更加坚定。这位英国大法官发表了一些不同寻常的见解。他认为，尽管沙赫特没有参加霍斯巴赫会议，但那次会议的存在说明在1937年11月之前，德国的各界领导人还没有认同希特勒的侵略战争计划。劳伦斯称，当时与会的每一个人都对希特勒进攻奥地利和捷克斯洛伐克的计划感到震惊。他因此得出结论：如果侵略战争的计划在那之前已经存在，就没有必要再召开霍斯巴赫会议了。而接下来弗莱切和布洛姆贝格被免职的事实更让沙赫特看清了形势，他也是从那时起积极地、不间断地参与到反对希特勒的活动中。

在劳伦斯看来，沙赫特与其他被告不同。他不是恶棍，而是一个有道德的银行家。因此，法官们应予以区别对待。此外，劳伦斯还将侵略战争计划与总体的战争共谋混淆起来，这使得其他一些法官难以接受。他用沙赫特的出身和人品来为其辩解的做法也让比德尔，也许还有苏联法官目瞪口呆。尽管劳伦斯犯下了这个可笑的错误，尼基钦科不得不承认这个案子的复杂性，而帕克的观点也令他费解。后来，尼基钦科认同了共谋罪的指控，进而认为被告在第一和第二项指控上有罪。在有罪认定方面，沃尔奇科夫则表现得非常坚定。比德尔却显得十分犹豫。他倾向于伯基特的观点，但需要再对证据加以研究以做出最后的决定。

可见，劳伦斯已决定判被告无罪，而尼基钦科和比德尔则倾向于有罪认定。因此，法国法官的态度就变得非常重要了。德瓦布尔既不同意帕克极端的两分法，也不想宣告任何被告无罪。他认为纳粹分子罪孽深重，法院无论如何都不能认定他们无罪。由于沙赫特曾帮助德国武装军备，他一上台就使制定侵略政策成为可能。尽管沙赫特很早就看出希特勒注定要失败，但在法国被打败后他仍公开与其握手，由此可以认定被告是有罪的。但法律是新的，在适用时就该小心谨慎。德瓦布尔最后得出结论，像沙赫特和巴本这样的被告最好能将其定罪，并从道德层面上出发适用较轻的刑罚。这位法国大法官又补充说，如果出现沙赫特被宣判无罪而凯特尔却被绞死的结局，他会感到十分震惊。

法尔科对本案进行了深入的分析，其有罪认定的立场也更为强硬。法尔科指出，没有人坚定地追求战争，但是被告们为了达到纳粹德国的目的会不择手段，包括发动侵略战争。德国占领奥地利已使希特勒的侵略计划不证自明，但沙赫特仍然向他表示祝贺。此外，被告曾参加反希特勒计划的事实在法尔科眼中几乎不值一提。因此，这位法国候补法官坚定地认为沙赫特有罪，并应承受较重的刑罚。

沙赫特案的首轮审议花费了很多时间，法官们也清楚地了解到他们之间的巨大分歧。1946年9月10日，他们打算用一小段时间来结束该案的审议，但很快就发现这是不可能做到的。两天后，法官们集中精力最终完成了沙赫特案的判决。

帕克与伯基特仍然主张无罪判决。然而，法国法官还是无法接受这种两极化的选择。法尔科与德瓦布尔认为被告在第一和第二项指控上有罪，并应象征性地适用5年监禁。法尔科的理由是，沙赫特知道或应当知道那些侵略战争计划。这位法国候补法官暗示，即使在被告离职后，他仍然了解侵略某些国家（比如波兰）的计划，因此他应当承担责任。德瓦布尔对法尔科的观点加以重复，并强调沙赫特是一个投机分子。他认为，沙赫特丢掉乌纱帽不是出于原则性的问题，而是因为嫉妒戈林并在与后者的斗争中吃了败仗。可见，沙赫特非常狡猾，当他意识到希特勒很有可能失败时便退出了纳粹阵营。

在审议过程中，比德尔经过再三权衡最终得出了被告有罪的结论。他推翻了自己先前对第二项指控的认定，转而指出被告在第一项指控上的罪名成立，理由是被告参与了发动侵略战争的总体共谋。在量刑方面，比德尔选择了终身监禁。显然，比德尔的主张受到了帕克两分法的影响；此外，也可以看到伯基特观点的影子，即如果认定为有罪就要重罚。

尽管尼基钦科还没有发表他最终的见解，但看到比德尔的强硬立场，这位苏联法官喜形于色。在休息时，尼基钦科来到比德尔身旁，问他就目前的形势而言距离定罪所需的三票还有多远。比德尔建议他们两个先在量刑问题上达成联盟，共同提议适用较重的刑罚，这样将有利于中和后面的轻刑主张。就在尼基钦科发言前，德瓦布尔抢先声明他决定将原来支持的5年监禁提高到10年。尼基钦科随后表态，他认为被告在第一和第二项指控上有罪，并应适用终身监禁。沃尔奇科夫重申了这位苏联大法官的主张，却又额外提出一个令人惊诧的建议：沙赫特年事已高，法庭在量刑时应对此加以考虑。

在其他大法官都认为被告有罪的情况下，劳伦斯却不为所动，仍坚持自己无罪判决的立场。他措辞激烈地阐明了当时国际上的强权政治局面。劳伦斯指出，重新武装军队的事实不足以定罪，因为这种做法还存在着其他可能的用处而不仅仅是发动侵略战争。他坦言，在国际谈判中，一国的实力将决定一切。由于德国感到其国际利益受到了侵害，沙赫特的行为也许只是想增强德国在谈判桌上的筹码而已。劳伦斯还间接地指出，包括美国在内的一些国家的确在国际社会的诸多领域中做出了一些对德国不公平的事情。在这种情况下，如果没有确凿的证据证明被告有侵略的意图，法庭就不该作有罪认定。同样，共谋罪的成立也要求有相关的犯罪意图。但在劳伦斯看来，这样的意图根本不存在。

也许劳伦斯的意见带给德瓦布尔些许启发。在量刑上，他又觉得10年过重。为了赢得德瓦布尔关键性的一票，尼基钦科与比德尔被迫将刑期调整到8年，并声称只给被告定共谋罪。此外，就可能的刑期而言，法官们特别强调要除去被告已受监禁的时间。这样计算下来，如果被判有罪，沙赫特的刑期不会多于6年。

然而，法庭在9月12日下午审理过巴本和弗里切案并宣判两人无罪后，沙赫特案又浮出水面，再次成为争议的焦点。在巴本案中，只有德瓦布尔作出了有罪认定，其他法官都认为被告无罪。由此，德瓦布尔也就决定支持弗里切的无罪判决。而这也直接扭转了他对沙赫特案的看法。9月13日早上，劳伦斯找到比德尔，告诉他德瓦布尔要求尽快再次审议沙赫特案，并将最终认定被告无罪。比德尔自然知道两票对两票结果将会意味着什么。他深信，德瓦布尔一定是在劳伦斯的说服下彻底转变了态度。

在重新开始的审议中，德瓦布尔对自己的转变加以解释。他颇有道理地指出，法官们已认定巴本和弗里切无罪，而他认为沙赫特的罪过不及巴本。出于公平起见，沙赫特也该被认定为无罪。这样一来，罪过最轻的三个被告受到了同等对待，也就维系了判决的统一性。此外，可能是在沃尔奇科夫的启发下，德瓦布尔还加上了一个奇怪的解释：沙赫特年事已高，不便承担责任。实际上，沙赫特当时69周岁，但被法官们一致认定有罪的牛赖特却是73岁！

德瓦布尔的解释当场引起了轩然大波。帕克和劳伦斯抑制不住他们激动的心情，声称在此案中能与这样的勇者达成同盟是他们的骄傲，并钦佩这位法国大法官找到了既合法又合理的依据。相反，比德尔批评德瓦布尔感情用事，不用大脑客观分析。同时，他还指责这种做法使得沙赫特的命运由其他被告的判决结果来决定，他为之感到震惊。尼基钦科更是怒不可遏，抨击德瓦布尔没有从证据出发就得出这样一个错误的结论。这位苏联大法官甚至宣称要将自己对本案和其他案件的反对意见以及德瓦布尔的这种做法公之于众。[1]

对尼基钦科的攻势，德瓦布尔奋力还击。他觉得其抉择是正确的，问心无愧。因此，他应该得到公正的对待，而不是被别人肆意攻击。伯基特也十分赞成法国大法官的上述主张，认为异议中不该包含对另一位法官的批评。这种对峙的局面最终由比德尔来缓解。他极力劝阻尼基钦科保持冷静，不要公开自己的异议。比德尔强调，法官们的审议意见应当保持秘密状态，这是十分重要的。除了庭审记录与判决内容外，法官们不该对外界提及任何一次审议。比德尔的发言确实无可挑剔，但他自己却将所有的审议过程记录下来，并在事后予以发表，其中当然也包括沙赫特案在内。尽管人们对比德尔的言行不一大为不解，但法庭的判决却是无法改变的。沙赫特最终被认定为无罪。

相对于纳粹领导集团中那些凶残的屠夫与刽子手，沙赫特的行为显得不具可比性。也正因如此，美国起诉团提供的入罪证据显得相当薄弱。此外，苏联人也同样拿不出确凿的证据将被告绳之以法。情急之下，他们不得不强调沙赫特是一个顽固不化的、邪恶的资本主义代言人；是一个狡猾的、臭名昭著的投机分子。但是，他们忽略了一个事实：在纽伦堡进行的是一次审

---

[1] 苏联法官的反对意见主要体现在证明如下几个方面：第一，沙赫特对纳粹分子夺取政权做了很多贡献；第二，沙赫特同希特勒合作达12年之久；第三，沙赫特为建设希特勒的战争机器创立了经济基础和财政基础；第四，为进行侵略战争，沙赫特做好了德国经济方面的准备工作；最后，沙赫特参与了对犹太人的迫害，并参与了对占领区的掠夺。通过列举相关的证据，苏联法官认为沙赫特在准备和执行总的犯罪计划方面的决定性作用日已被证实无疑。因此得出结论：宣告沙赫特无罪的判决显然是与现有的证据相矛盾的。参见本书附录五。

判,而不是一个随意受公众舆论摆布的裁断。[1]

假设沙赫特被法庭定罪,也许更能迎合当时媒体与大众的心理。然而,这却是狂热主义与盲目复仇的表现。现实告诉我们:沙赫特被一个由敌人主持的法庭宣判无罪,并予以释放。

---

[1] Bradley F. Smith, *Reaching Judgment at Nuremberg*, Basic, Inc., Publishers New York 1977, pp. 276-283.

他们面对本庭的审判记录，正如溅满鲜血的杀手站在被害者的尸首旁。*

——罗伯特·H. 杰克逊

---

* 〔美〕约瑟夫·E. 珀西科：《纽伦堡大审判》，刘巍等译，上海人民出版社2000年版，第369页。

十一 对占领区高级官员的审判

——弗兰克、赛斯-英夸特、牛赖特、巴本

汉斯·弗兰克

弗兰克（见图22）曾担任希特勒的律师。1927年，他加入纳粹党。1930年，弗兰克成为德国国会议员。1933年，他被任命为纳粹党法律事务的全国领袖，并于同年当上了德意志法学院院长。1939年他被派往东方，担任纳粹占领下的波兰总督。在那里，弗兰克实施着残暴的种族主义和经济掠夺政策。

盟国政府起初就清楚地掌握了弗兰克在波兰的任职情况及其所实施的暴行[1]

---

[1] 在任波兰总督期间，弗兰克实施的暴行主要可概括为如下几个方面。第一，1933年10月3日，他声称："（我们）应给予波兰殖民地待遇。波兰人应成为大德意志世界帝国的奴隶。"证据证明，这一占领政策旨在完全摧毁波兰，并残酷地榨取它的人力和经济资源以供德国进行战争之需。任何抵抗都遭到了极为严酷的镇压。第二，弗兰克及其党羽实施的恐怖统治得到了警察即决法庭支持，所采取的措施有：把波兰人编成20人乃至200人一组当众枪杀，还普遍枪杀人质。通过在波兰总督辖区建立奥名昭著的特雷布林卡集中营和迈达内克集中营而推广实施了集中营制度。早在1940年2月6日，弗兰克同一家报纸的记者谈到牛赖特公布处决捷克大学生的布告时，提到了他施行恐怖统治的程度。他讥嘲地声称："如果我下令规定，每枪毙7个波兰人就发布一份布告，那么，整个波兰的森林用来造纸也供不上布告之用。"第三，1940年5月30日，弗兰克在一次警察会议上宣称，为了消灭那些有可能反抗德国统治的波兰人，他要利用在西方的攻势，以便把世界的注意力从波兰引开。根据这些指示，开始了残暴的"A.B.行动"（即特别绥靖行动）。在这个行动的进程中，保安警察和党卫队保安勤务处执行消灭波兰人的活动，而只有部分活动受到了法律诉讼程序的限制。第四，对总督辖区提出的经济要求，远远超过了占领军的需要，而且与这个国家的资源完全不成比例。波兰生产的粮食被大批运往德国，从而使占领区居民的口粮定量下降到了饥馑线以上，而且瘟疫蔓延极广。最后，弗兰克在管辖波兰初期就实行把奴隶劳工押往德国的做法。1940年1月25日，他宣布要把100万名劳工押往德国。1940年5月10日，他建议用警察搜捕的方法以凑集这一定额的需要。1942年8月18日，弗兰克报告说，他已经为德国提供了80万名劳工，而且期望在年底以前能再提供14万名劳工。参见〔民主德国〕P.A.施泰尼格尔（编）：《纽伦堡审判》（上卷），王昭仁等译，商务印书馆1985年版，第272—274页。

（见图23）。据说他将被送往波兰进行处置，其名字就只是间或地出现在主要战犯的名单上。最终，英国于1945年6月中旬将其列入主要战犯名单；美国也如法炮制，把他录入16人名单。

自从被监禁后，弗兰克在精神上就呈现出不稳定的状态，而他在审判中的行为也显然受此影响。在狱中，弗兰克主动将记载着自己在波兰残暴统治的"日记"交给盟军，这些资料显然是反映纳粹暴行的鲜活记录。在审判时，弗兰

图22　弗兰克

克时而为自己的罪行真诚悔过，时而又强词夺理、负隅顽抗。

控方将弗兰克视为策划总体共谋的一员，进而指控他犯有共谋罪（但他没有受到破坏和平罪的指控）。检察官们还不时地强调他在整个纳粹集团中的重要地位。他们也更加重视收集被告在波兰粗暴统治的证据。在被告席上，弗兰克就纳粹清洗犹太人的所有罪行进行忏悔，场面感人[1]；但他同时也试图为自己开脱罪名，声称其本人不是党卫队和盖世太保的首领，而且他也曾试着挽救惨烈的局面。

法官们注意到了弗兰克精神上的怪异表现。他们发现弗兰克在被告席上长时间地陷入忧闷的沉思。伯基特告诉比德尔，弗兰克已经皈依基督教并似

---

[1] 在法庭审判过程中，弗兰克的律师向其发问："你曾参与灭绝犹太人吗？"其实，弗兰克完全可以绕开这个问题。他没有掌管过死亡营。他冒险从波兰返回德国，发表支持法制的演讲。他曾痛恨过希姆莱。奥斯威辛不在他控制下的那部分波兰领土上。他有着为自己的所作所为自我开脱的天赋。"我的回答是，我参与了。"弗兰克声音有点发颤，他接着解释："这是因为，在经历过5个月的审判后，尤其是听了证人霍斯的作证之后，我的良知不允许我把责任统统推到小人物身上。我本人从未设置消灭犹太人的集中营……但是多年来我们向犹太人开战，我们醉心于用最恶毒的语言进行咒骂。我本人的日记可为我作证。因此，我有义务用'是的'来回答你的问题。"他稍事停顿，而后心平气和地说，"千年易逝而德国罪责难洗。"参见〔美〕约瑟夫·E.珀西科：《纽伦堡大审判》，刘巍等译，上海人民出版社2000年版，第327页。

图 23　纳粹在波兰的暴行

乎进行着真诚的悔过。比德尔将之详细地记录在案。但他仍认为弗兰克是个"面目可憎"的家伙。

在首轮审议中，法尔科和尼基钦科比控方走得还远，他们认定弗兰克在全部四项指控上的罪名成立。其他法官则认为，被告在第一、第三和第四项指控上的罪名成立。在最后一轮审议中，苏联人放弃了先前对第二项指控的主张，转而接受多数意见，并建议适用死刑。劳伦斯、法尔科以及美国法官认同第三、第四项指控，但他们同样要求适用绞刑。只有德瓦布尔一人认为被告在第三、第四项指控上有罪，并主张适用终身监禁。然而，法国人的建议再一次没能得到其同行们的认可。法庭最终判定弗兰克仅在第三、第四项指控上有罪，适用绞刑。[1]

阿图尔·赛斯-英夸特

赛斯-英夸特（见图 24）曾是一名奥地利律师，并与纳粹党联系甚密。

---

[1] Bradley F. Smith, *Reaching Judgment at Nuremberg*, Basic, Inc., Publishers New York 1977, pp. 194–196.

1938年，希特勒和戈林利用赛斯-英夸特颠覆了库尔特·舒施尼格（Kurt Schuschnigg）政府，并为奥地利和德国联盟的建立铺平了道路。尽管赛斯-英夸特直至1938年才正式加入纳粹党，但他早就是一名泛日耳曼民族主义者，并力促德国吞并奥地利。

1938年3月15日，赛斯-英夸特成为帝国驻纳粹奥地利的总督，奥地利也就此失去独立而成为第三帝国的附庸。1939年3月，希特勒派赛斯-英夸特到

图24　赛斯-英夸特

普雷斯堡去鼓动斯洛伐克独立，以加速摧毁捷克斯洛伐克的进程。在完成这个任务后，赛斯-英夸特再次发现自己被闲置起来。没过多久，德军侵入波兰，他被派往华沙。作为弗兰克的助手，赛斯-英夸特在那里管理着大片的波兰被占领土。当德国人于1940年攻陷荷兰时，赛斯-英夸特最终找到了他的位置——他被任命为荷兰占领区总督，奉命掠夺被占领土的资源，并拉拢北欧的荷兰人向第三帝国效忠。他一直在这个职位上为纳粹德国卖命，直到第三帝国最终土崩瓦解。

起初，英国政府并没有将赛斯-英夸特列入主要战犯名单。在四个拓展性的战犯名单中，他的名字也仅仅出现在第二个名单的附录中。赛斯-英夸特曾在荷兰任占领区行政首脑，因而被列入这个附录中，成为"有可能"在当地受审的被告之一。美方则希望赛斯-英夸特成为主要被告，其在奥地利的行动似乎与美国人心目中的共谋策划侵略战争罪相吻合。于是，他们便将赛斯-英夸特的名字列入1945年6月的名单中，也正是这份名单将后者带到纽伦堡接受审判。

控方花了大量时间试图证明赛斯-英夸特是一个忠诚的纳粹分子，一个

将奥地利政府转交给希特勒的卖国贼。大量证据表明，赛斯-英夸特在第一项指控上的罪名很有可能成立，但法庭不久就否定了美国准备的总体共谋指控；于是，被告在德奥联盟形成前的行为就难以被定罪了。

检察官们在指控被告于战时波兰特别是荷兰的行动时，充足的证据使一切进展顺利。在那里，赛斯-英夸特犯下了经济掠夺、治安恐怖、强制劳工并驱逐犹太人等罪行。[1] 面对这些入罪证据，赛斯-英夸特辩称：来自柏林的警务力量并不由他控制；此外，他是发自内心地爱护荷兰人民，并尽力减少他们的损失。[2] 显然，赛斯-英夸特的"不如希姆莱那么残忍"的主张算不上是高超的辩护。

在9月2日的第一轮审议中，比德尔在第一和第二项指控上举棋不定，而其他法官认为被告在所有四项指控上有罪。9月10日，法尔科、苏联法官

---

[1] 在担任波兰总督辖区的副总督期间，赛斯-英夸特支持业已生效的严厉的占领措施。1939年11月，他在总督辖区进行巡回视察时说，管理波兰的宗旨，是为德国的利益榨取它的经济资源。赛斯-英夸特也参与了迫害犹太人的活动。他接到过开始执行特别绥靖行动的通知，该行动把大批波兰知识分子列为杀害的对象。赛斯-英夸特在担任德国驻荷兰占领区总督期间，其罪行主要体现在如下四个方面：第一，为镇压一切对德国占领的抵抗，他采取了残酷、恐怖的手段，这就是他亲自称之为"消灭"敌手的计划。他与地方党卫队的高级首脑和警察头目合作，参与枪杀因触犯占领当局而被逮捕的人质。他还把一切涉嫌敌视占领政策的人员送入集中营，其中包括牧师和教师。第二，他在荷兰的经济管理方面毫不尊重《海牙公约》，他认为该公约业已过时。不仅如此，他还采用了一种最大限度地利用荷兰经济潜力的政策，在奉行这种政策时完全不考虑给荷兰居民造成的后果。第三，赛斯-英夸特在就任驻荷兰总督之后，立即开始向德国遣送奴隶劳工。在1942年以前，他还在口头上把去德国服劳役说成是自愿的，而实际上却是凭借强大的经济压力和巨大的政治强迫去的。1942年后，他正式颁布了强制劳役令。在整个占领时期，共有50万人被作为劳工从荷兰送往德国，其中只有微乎其微的一部分人是真正的自愿者。最后，在任荷兰总督之初，他还发布了一系列迫使犹太人经济条件恶化的法令。此后，又发布了几条命令：强令犹太人进行登记、强迫他们迁入犹太人隔离区并佩戴作为犹太标志的大卫星徽、间或把他们逮捕并关入集中营，最后按照海德里希的建议把在荷兰的14万犹太人中的将近12万人集体押往奥斯威辛集中营进行"最后解决"。参见〔民主德国〕P. A. 施泰尼格尔（编）：《纽伦堡审判》（上卷），王昭仁等译，商务印书馆1985年版，第310—311页。
[2] 法庭也认为，尽管党卫队和警察高级领袖归赛斯-英夸特领导，但他们始终可以直接向希姆莱报告，这些全都属实。在某些情况下，他曾反对过某些部门提出的极其严厉的做法，例如他曾有效地阻止军队实施焦土政策，他曾迫使党卫队和警察高级领袖减少枪决人质的数目。这些也都是事实。但是，赛斯-英夸特还是自觉自愿地参与了在占领荷兰期间所犯的战争罪和危害人类罪，这也是事实。参见〔民主德国〕P. A. 施泰尼格尔（编）：《纽伦堡审判》（上卷），王昭仁等译，商务印书馆1985年版，第312页。

以及劳伦斯认定他在全部四项指控上罪名成立，并适用绞刑。帕克主张被告在第一、第三和第四项指控上有罪，适用死刑。只有德瓦布尔和比德尔仅支持第三和第四项指控。但比德尔随后改变了主意，又认可了第二项指控。这样一来，比德尔、劳伦斯和尼基钦科三名正式法官的一致意见足以做出最终的判决，即赛斯-英夸特在第二、第三和第四项指控上的罪名成立，适用死刑。尽管本案在9月26日又经历了一次迅速的审议，但结果却没有出现丝毫的变化。最终，赛斯-英夸特被判处绞刑。

其实，法庭并没有足够的证据证明赛斯-英夸特曾准备或是发动了侵略战争（第二项指控）。但绝大多数法官还是认为被告在第二项指控上的罪名成立。然而，除了普雷斯堡之行可能被认定为一次大型的侵略战争策划外，实际上并不存在其他相关的直接证据。法庭如此认定的玄机可能在于：其一，赛斯-英夸特背负着共谋策划者的恶名；其二，法官们原本打算在第一项指控上对其奥地利的罪行进行清算，但却最终落空；因此，这种做法也许是一种心理补偿。[1]

康斯坦丁·冯·牛赖特

在所有被定罪的个人案件中，牛赖特案可能是最让法官们头痛的一个。牛赖特是一位贵族外交官，于1930年至1932年任德国驻英国大使。1932年6月，巴本内阁曾任命他为外交部部长，在施莱歇尔和希特勒的内阁中他仍留任此职。

牛赖特显然对当时希特勒鲁莽的外交政策感到些许不安。但他是一个彻底的德国民族主义者，不得不迁就纳粹政权在国内外的过火行为，并为维护德国的国际形象卖命。牛赖特出席了1937年11月召开的霍斯巴赫会议，但

---

1 Bradley F. Smith, *Reaching Judgment at Nuremberg*, Basic, Inc., Publishers New York 1977, pp. 213-215.

他声称希特勒的发言使其大为震惊以致心脏病发作。1938年2月,希特勒进行政府结构大调整,牛赖特遂辞去外交部部长一职,由里宾特洛甫接任。

在休养了一年后,牛赖特于1939年3月被任命为德国驻波希米亚和摩拉维亚的保护官。他在这个职位上做了两年。其间,为改变某些特别严酷的政策,他与希特勒和当地党卫队发生过激烈的争执。这些冲突也致使牛赖特一度告病休养。1941年至1943年,名义上还是保护官的牛赖特已不掌握实权。1943年,牛赖特的退休请求得到批准,其职位便由弗里克接替。

牛赖特的名字并没有出现在美国及英国于1945年6月拟订的主要战犯名单上。8月,法国和苏联最终将其确定为纽伦堡的被告。美方认为,在侵略共谋上指控牛赖特并不合适,其外交官生涯也就成为检察官们较难处理的一个因素。10月4日,即审判前的六个星期,美国的一位资深法庭官员甚至提议从被告名单中删去牛赖特的名字。然而,这个建议最终没有被采纳。

控方不仅强调了牛赖特曾追随希特勒的事实,还指出他通过粉饰第三帝国的声誉来消除外界对纳粹活动的恐惧。检察官们还出示了牛赖特在布拉格签署过的诸多法令。此外,他实施的严酷措施也在法庭上被一一列举,尤其是杀害学生人质事件。[1] 尽管证据与指控相吻合,却没能起到多大作用。这是

---

[1] 在波希米亚和摩拉维亚担任保护长官时,牛赖特采用的管理制度与德国当时的制度相似。新闻自由、各种政党和工会均被取缔。所有反对党组织都被宣布为非法。捷克斯洛伐克的工业被纳入建设德国军事生产的轨道,并被用于德国的军备扩充。牛赖特还推行了敌视犹太人的政策和法律。担任政府和经济生活领导职务的犹太人均被清洗。如下四个事件对法庭的判决产生了影响。第一,1939年8月,牛赖特发表了一项声明,他对破坏活动提出警告并宣称:"对一切破坏活动不仅要向个别肇事者追究责任,而且要株连全体捷克人。"第二,1939年9月1日,在战争爆发之际,8000名捷克斯洛伐克的知名人士被保安警察逮捕并受到"保护性"拘留。他们当中许多人由于遭受折磨而死在集中营里。第三,1939年10月和11月,捷克斯洛伐克大学生多次举行游行示威。结果希特勒下令查封所有的大学。1200名学生被监禁,9名游行的领导人被保安警察和党卫队保安勤务处枪杀。最后,1940年8月31日,牛赖特向拉默斯递交了一份由他起草的备忘录,其中谈到了保护国的前景;同时还递交了一份由卡尔·赫尔曼·弗兰克起草而经他同意的备忘录,内容同上。两份备忘录均谈到日耳曼化的问题,并建议多数捷克人在种族方面应被吸收纳入德意志民族。两份备忘录都主张清除反对日耳曼化的捷克斯洛伐克知识分子和其他集团。牛赖特的备忘录建议采取驱逐方式,而弗兰克的备忘录则建议采取驱逐或其他"特别处置"。参见〔民主德国〕P. A. 施泰尼格尔(编):《纽伦堡审判》(上卷),王昭仁等译,商务印书馆1985年版,第317—318页。

因为，控方始终在一些学生的命运上大做文章，而他们给法庭带来的震撼力怎能与其他数以百万的冤魂相比！

辩方强调指出，牛赖特在外交界的名声不错，而且他年事已高。此外，在担任外交部部长和保护官时，牛赖特也曾为抵制极端措施而努力过。总之，牛赖特的辩护将自己的行为披上了一件还算漂亮的外衣。

审判中，牛赖特还给法庭提出了一大难题。在传统国际法上，如果一个国家被"征服"（subjugated）[1]，其主权就可以转移到战胜国手中。在这种情况下，类似于《日内瓦公约》的规则对获胜政府就不再有约束力了。战胜国在很大程度上就可以自行决定统治被征服民众的方式。除去一些边境省份外，德国于二战期间对国外土地的占领并没有引起正式的主权转移。被放逐国外的官员们仍声称自己代表被占领土的合法权力，并斥责德国的占领政权为非法。尽管如此，可能还存在着少数例外，其中就包括1939年被德国占领的捷克省份波希米亚和摩拉维亚。

当时，捷克总统埃米尔·哈沙（Emil Hásha）在柏林被迫签署声明，同意德国的占领并允许建立被保护国[2]。因此，牛赖特认为此举意味着征服的合法化，这两个省份的主权转归第三帝国所有，德国政府也就可以为所欲为了。在寻求解决方案时，盟军政府显现出了畏难情绪，因为他们占领德国的法律依据与上文完全相同。在德国无条件投降后，其主权就转移到了盟军手中，他们也就不再受约束战时行为的海牙规则的限制。这就存在一个危险的可能：如果纽伦堡法庭直接推翻牛赖特关于"征服"的辩护，盟军占领的法

---

[1] 名词形式是 subjugation。在国际法上，由于战败，领土的独立存在遭到破坏，常常为战胜国所兼并。虽然战败国政府已被完全取代，但仍可能存在战争状态，至少在名义上如此。征服可能是暂时的，这是因为战胜国有可能放弃任何兼并的意图。参见〔英〕戴维·M. 沃克:《牛津法律大辞典》，李双元等译，法律出版社2003年版，第1082页。

[2] 在国际关系和宪法上，系指一国与他国的关系。在这种关系下，一国对他国进行实质性控制。从理论上来说，受保护是一种监护形式，应强调保护国有责任促进被保护国社会、经济和政治的发展，并使其获得独立。不过，在特殊情况下，如德国1939年对捷克斯洛伐克的保护，则是兼并的委婉说法。参见〔英〕戴维·M. 沃克:《牛津法律大辞典》，李双元等译，法律出版社2003年版，第915页。

律基础也就不复存在了。

法庭对此沉着应对。首先,哈沙的同意声明是在受到胁迫的状态下做出的,不能作为占领合法化的依据。其次,不管怎样,征服原则不应适用于侵略之情形。再次,德国的"身份"存在矛盾之处。1939年3月,希特勒宣称波希米亚和摩拉维亚已是第三帝国的领土;但他在那里又建立了被保护国,这就意味着波希米亚和摩拉维亚还保留着自己的主权。作为保护国,德国只能在有限的范围内行使权力。所以,1939年3月后,德国在波希米亚和摩拉维亚只是军事占领。最后,捷克斯洛伐克虽然不是《海牙公约》的缔约国(1907年,捷克斯洛伐克还不存在),但包含在该公约中的陆战法规相当于现存的国际法,德国的占领应当受到《海牙公约》的限制。

通过这种迂回的路径,法庭既保证了征服理论没有被破坏,还使牛赖特的行为能够受到《海牙公约》和《国际军事法庭宪章》的惩罚。总之,法庭认为德国并没有合法地征服捷克斯洛伐克,所谓被保护国实际上就是军事占领。因此,德国政府的权力仍受到战争法和战争习惯的约束。[1]

在第一轮审议中,苏联和英国法官以及法尔科认为应在所有四项指控上给牛赖特定罪,而德瓦布尔只认同第二和第三项指控。两名美国法官则显得犹豫不决。比德尔认为第一项指控肯定成立,而其他三项只存成立的可能性。帕克则更为困惑,没有发表任何见解。在1946年9月11日的最后审议中,苏联和英国法官仍坚持原来的立场,德瓦布尔改为支持第一、第二和第三项指控。美国法官这次拿定了主意,认为牛赖特仅仅在第三和第四项指控上的罪名成立,法尔科也表示赞同。

在量刑方面,法官们的态度更是五花八门。像往常一样,苏联人主张适用死刑;劳伦斯则倾向于终身监禁,而伯基特在最初的犹豫之后表示应适用15年监禁。德瓦布尔也认同伯基特的提议,但这次是以后三项指控为基础。

---

[1] Bradley F. Smith, *Reaching Judgment at Nuremberg*, Basic, Inc., Publishers New York 1977, pp. 226–227.

法尔科没有明确具体的刑种,但认为应当判得重一些。比德尔建议适用15年监禁。帕克则将这一刑期缩至5年;他认为,仅因被告参加了霍斯巴赫会议就加重刑罚的做法是不公平的。

可见,法庭对牛赖特的定罪量刑变得十分复杂。法官们一致认定被告在第三项指控上有罪;除比德尔外,其他法官认为被告在第二项指控上有罪;除德瓦布尔外,其他人也肯定了第四项指控。在第一项指控的认定上出现了平局:尼基钦科和劳伦斯投了赞成票,而比德尔和德瓦布尔则投了反对票。此外,在量刑上也形成了僵局。比德尔和德瓦布尔认为应适用15年监禁,劳伦斯主张终身监禁,而尼基钦科则认准了死刑。

显然,法官们有必要达成某种妥协。比德尔或是德瓦布尔提出(也许是他们两个同时提出),如果劳伦斯肯支持15年监禁,他(他们)就在第一项指控上投赞成票。劳伦斯最终接受了这个条件。这样一来,牛赖特在所有四项指控上的罪名均告成立,适用15年监禁。[1]

法庭的判决让一些人感到疑惑不解。对牛赖特而言,在所有四项指控上有罪的结果显得过于严苛;但在量刑方面,除了对年事已高的考虑外,15年监禁又显得相对过轻。也许直到现在,许多人还被蒙在鼓里;他们哪里知道,正是三位法官的交易才导致了这种结果的出现。

弗朗茨·冯·巴本

巴本被人们看作是阴谋家和投机分子。他是一位颇具天赋的外交官,善用刁滑的手段谋取私利并传播德国极端的民族主义。一战期间,他曾是德国驻美国大使馆中的陆军武官。华盛顿当地的媒体与公众很快就将其视为搞阴谋破坏活动的德国间谍。因此,美国政府宣布他为不受欢迎的人。

---

1 Bradley F. Smith, *Reaching Judgment at Nuremberg*, Basic, Inc., Publishers New York 1977, pp. 228–229.

20世纪30年代，巴本再次跃入公众的视线。他参与了"拜占庭阴谋"，导致了魏玛共和国的灭亡。通过竭力巴结兴登堡（Paul von Hindenburg）总统，巴本很快就在新政府中起到了领导作用。他曾于1932年出任德国总理一职。尽管得到了总统的支持，巴本却没能赢得多少民心。下台后，巴本又在1932年底和1933年初的政治阴谋中起到了重要作用，使希特勒登上了总理宝座。作为回报的一部分，希特勒于1933年1月30日任命他为副总理。巴本在副总理的职位上做了一年多。其间，他签署了许多臭名昭著的法令。为了讨好希特勒，他还不时地发表演说宣扬偶像崇拜思想。

巴本自私、狡猾，是一个信奉民族主义的德国贵族。尽管如此，他却不是纳粹分子。他曾天真地认为，其他政治力量通过谈判可以对纳粹党形成牵制。但他后来发现希特勒的权力欲望很难被遏制。1934年6月16日，巴本在马尔堡做过一次演讲，表示反对民社党压制新闻自由和教会的企图。他批评了当时的恐怖统治，还指出150%的民社党人都把"朝气与残暴"混为一谈。1934年6月30日，即在"罗姆清洗"之后，巴本被党卫队逮捕。他办公室的人员也被逮捕，其两名助手被杀害，其中之一就是帮助他起草马尔堡演讲稿的人。[1]

希特勒最终插手此事，将巴本保释出来。希特勒仍将他放在原来副总理的位置上。但老练的巴本很快就辞去这一敏感的职务，并接受了去奥地利做大使的差事。于是，巴本在维也纳当了近四年的大使。其间，他竭力巩固当地纳粹党的地位，以促使德国吞并奥地利。1938年，德奥合并，巴本终于如愿以偿。1939年，巴本被派往土耳其出任大使。此后他一直留守在那里，直到1944年8月土耳其与德国断交。在这五年里，巴本挖空心思使土耳其保持中立。德国驻土耳其大使馆也就此成为他搞阴谋破坏活动的老巢。

1945年4月，英美联军将巴本抓获，后者成为第一批落入盟军手中的

---

[1] 参见〔民主德国〕P. A. 施泰尼格尔（编）：《纽伦堡审判》（上卷），王昭仁等译，商务印书馆1985年版，第307页。

纳粹头目之一。在讯问中，巴本和盟军玩起了猫抓老鼠的游戏。他已得知自己很有可能被认定为战犯，便声称也许能帮盟军促成德国投降。但前提条件是，对方必须给他一个明确的"身份"。然而，美方认为德国的正式投降指日可待，就没理睬巴本的这个把戏。

围绕着是否将巴本列为主要战犯的问题，各方态度不一。英国陆军部早在1944年4月就将其列入战犯名单，英国外交部却没有得出同样的结论。巴本被捕获一个月后，多诺万将军曾提议将他视为可能的被告，但没得到多少响应。在英美两国随后提交的主要战犯名单中，都没有巴本的名字。然而，在法国和苏联的强烈要求下，巴本得以最终出现在纽伦堡法庭的被告席上。

在得知"身份"已被确定后，老谋深算的巴本便想方设法为自己开脱罪名。1945年10月，在同尼夫的交谈中，巴本毫无惧色。他要求与沙赫特见面，并认为这位前经济部长对辩护律师的选择可能会有高见。此外，巴本也想得到具体的证人和辩护资料的信息，他甚至想找一个秘书做助手。巴本的准备工作做得还算细致，但在审判初始阶段，他受到了控方的严峻挑战。

在证明纳粹共谋时，巴本成为美国检察官攻击的靶子。随着审判的进行，尤其在论证过德国吞并奥地利的性质以后，巴本的名字就很少被提及。当审判的重点落在侵略战争与大屠杀的暴行时，就更见不到巴本的身影了。在审判中，巴本尽量隐藏自己，以免被庭审人员注意。但他那位蹩脚的律师埃贡·库巴斯乔克却不给巴本争气，其糟糕的表现简直令法官们无法忍受。

1946年6月19日，比德尔对审理巴本案的全过程加以整理。这位美国大法官注意到，巴本是个典型的贵族，他曾是障碍赛马场上的好手。尽管如此，比德尔还是认为被告油滑得像只狐狸。在审判中，巴本高贵的举止确实为他赢得了某些法官的好感。甚至有人认为，巴本的最后陈述完成得相当漂亮，而他在马尔堡措辞激烈的演讲则更有分量。[1]

---

1 Bradley F. Smith, *Reaching Judgment at Nuremberg*, Basic, Inc., Publishers New York 1977, pp. 285-286.

当法庭对共谋罪进行审议时，比德尔担心狭窄的共谋罪定义将使巴本脱逃。巴本在第一和第二个罪名上受到指控，但控方却很少能拿出有说服力的入罪证据。于是，不论法庭最终怎样适用共谋罪，法官们都很难认定巴本犯有破坏和平罪。而认定共谋罪的关键是：在1932年至1934年以及后来被派驻维也纳期间，巴本是否参与了共谋活动。

第一个问题是，巴本在纳粹夺权过程中是否起到了重要作用。实际上，他应该清楚纳粹党本身意味着什么。巴本曾在"罗姆清洗"后公开向希特勒献媚。显然，这与其马尔堡演讲形成了强烈反差。第二个问题在于，巴本在维也纳的活动是否构成侵略共谋。这很可能成为法庭给巴本定罪的主要依据。如果巴本知道吞并奥地利仅仅是德国更大侵略战争计划的一部分，那么问题将迎刃而解。但遗憾的是，没有证据能够证明这一点。因此，要想认定巴本有罪就必须要证明，在其他方法都行不通的情况下，他是否了解德奥合并将会通过发动侵略战争的方式来实现。显然，这些都将成为法官们在审议中亟待解决的难题。

9月6日，巴本案进入首轮审议阶段。三位英美法官（伯基特缺席）都认定巴本无罪。比德尔认为，德国并不是通过战争吞并奥地利的，也远非侵略行为，所以本案的第二项指控不成立。考虑到法庭将共谋罪限定为具体的战争计划，也不可能在第一项指控上给巴本定罪。帕克赞同比德尔的主张，指出被告在土耳其的行为不构成犯罪。此外，巴本在维也纳玩阴谋耍手段确是事实，但他既没有动用武力，又不曾以武力相威胁，因此不应将上述活动认定为犯罪。劳伦斯基本上重复了帕克的观点，同时也发表了一些独到的见解。他觉得德国吞并奥地利与接下来的一系列战争有"战略上的联系"。但在德奥合并前夕，巴本刚好被解职，所以被告与此事件无关。这种解释显得颇为牵强，但劳伦斯还是认定被告无罪。

与英美法官相比，法国法官就没那么心慈手软了。法尔科与德瓦布尔都认为被告在第一项指控上无罪，但却坚持要在第二项指控上定罪。在法尔科看来，巴本为希特勒夺权立下了汗马功劳，而德奥合并也与其有关，因此他是有罪的。法尔科还将德国吞并奥地利看作是希特勒的首次"侵略行为"。显然，他将"侵略战争"换成"侵略行为"的做法可谓用心良苦。最后，这位法国候补法官强调，对巴本应该适用较轻的刑罚。

德瓦布尔则直言不讳地发表他的主张。他声称，除去法律规则，法庭还应当适用"道德规则"。巴本是个道德败坏的家伙，从华盛顿到维也纳干尽了无耻的勾当，因此应该被认定为有罪。德瓦布尔又对这个令人惊愕的观点加以解释：巴本利用欺骗性的外交手段推动纳粹势力的扩展，在某些重要问题的处理上，他的罪过比沙赫特还大；在扶植希特勒上台的过程中，他比沙赫特的"功劳"还多；20世纪30年代末，当沙赫特退出纳粹阵营时，巴本依旧活跃在政治舞台上。因此，德瓦布尔将巴本视作为侵略战争做准备的帮凶，其在第二项指控上的罪名成立。最后，这位法国大法官还宣称：如果不将道德融入国际法，所有的审判都将是徒劳的。

翌日，首轮审议继续进行。苏联法官发表了看法。尼基钦科基本上赞同法国法官的意见，并建议将重点放在被告在20世纪30年代初的活动上。他指出，纳粹上台就是想要发动侵略战争，这是最大的犯罪，而巴本则是促成这一事件的重要帮凶。沃尔奇科夫也持同样的观点，只不过其发言中充斥了政治宣传口号，而实质性内容却很少。总之，法国和苏联法官都没能拿出任何有力的证据来推翻英美法官的无罪认定。如果没有什么根本上的变化，这种两票对两票的平局将最终宣判巴本无罪。

9月12日，法官们对巴本案进行了最后的审议。他们的基本立场没有任何改变：比德尔和劳伦斯主张巴本无罪，德瓦布尔与尼基钦科认为被告有罪。尽管如此，各位法官在这轮审议中的态度仍值得关注。

法尔科认为被告有罪，并应判处5年监禁。其理由是，此案与沙赫特案相似。此外，巴本不曾完全听命于希特勒，因此应该适用轻刑。德瓦布尔也主张对巴本用较轻的刑罚，但他的论证既没有逻辑又不准确，让人摸不着头脑。为了证明巴本的罪过比沙赫特重，他先是引用了一位西班牙记者对被告在安卡拉任职时的尖刻评论，接下来又随意地谈到被告的政治生涯以及法庭对共谋罪的理解。德瓦布尔还错误地指出被告曾被投入集中营。他又提及沙赫特仅仅是出于一些记录而被认为有罪。显然，这位法国大法官将其注意力主要放在了沙赫特案上，并在反思自己先前的立场。

帕克接上德瓦布尔关于共谋罪的话题，指出如果将共谋罪的定义规定得过于松散，将会是十分危险的。此外，帕克和比德尔都只是重复了他们先前的想法。伯基特这次出席了审议，他认为尽管德国吞并奥地利是侵略行为而不是侵略战争，但没有证据能够证明巴本曾打算动用武力。于是，伯基特、帕克与比德尔一致认定被告无罪。

劳伦斯仍旧认定巴本无罪。他再一次强调指出，没有证据能够证明巴本曾在奥地利策划动用武力。他认为，德奥合并实际上不是一个精心策划的计谋，而是希特勒一时恼怒所带来的结果。劳伦斯敦促他的同行们要从大处着眼，进而认定巴本无罪。因为这将表明：盟国作为胜利者，并不想报复一切。

苏联的法官们则声称，法庭对共谋罪的限定意味着与此相关的全部指控都将成为一纸空文。他们已经知道被告将被认定为无罪，但似乎还想挽回些什么，声称在量刑上将原定的最高刑罚改为10年监禁。尼基钦科认为，巴本比沙赫特更令他感到厌恶，因为后者至少与纳粹彻底决裂过。最后，尼基钦科仍旧公开了其反对意见。[1]

在该案中，所有的法官都不同程度地厌恶巴本，但当他们就此讨论共谋罪的定义时，被告无罪的结论几乎就呼之欲出了。可以说，法庭制定了规

---

[1] 苏联法官列举出诸多证据试图得出如下结论：第一，巴本非常积极地帮助纳粹分子夺取政权；第二，巴本竭尽全力，利用各种关系，藉以建立和巩固了希特勒在德国的恐怖政治制度；第三，巴本积极参与了希特勒分子实现对奥地利的侵略计划，亦即占领奥地利的计划；最后，巴本忠实地为希特勒效劳，直至最后时刻，他用尽外交手腕使纳粹分子的侵略计划得以实现。总之，巴本对希特勒政权犯下的罪行负有重大责任。因此，苏联法官不能同意宣告巴本无罪。参见本书附录五。

则，并如实地适用了这些规则。然而，一些道德说教者还是为本案的判决指出了一些瑕疵：绍克尔后来被绞死而巴本却最终被判无罪；这表明，横行乡里的地痞流氓受到了惩罚，而幕后那个地位尊贵的操纵者却逃脱了法律的制裁。[1]

---

1 Bradley F. Smith, *Reaching Judgment at Nuremberg*, Basic, Inc., Publishers New York 1977, pp. 288-291.

施特赖歇尔，恶毒的大老粗；

席拉赫，年轻人的毒害者；

罗森堡，纳粹思想的高级牧师……*

——罗伯特·H. 杰克逊

---

* 〔美〕约瑟夫·E. 珀西科：《纽伦堡大审判》，刘巍等译，上海人民出版社2000年版，第367页。

十二 对纳粹思想鼓吹者的审判

——施特赖歇尔、席拉赫、罗森堡、弗里切

尤利乌斯·施特赖歇尔

图25 施特赖歇尔

施特赖歇尔（见图25）曾是希特勒最早的政治盟友和忠实的追随者之一。他于1921年加入纳粹党，1925年至1940年任弗兰肯大区领袖。1923年到1945年，他是反犹太周刊《冲锋队员》(*Der Stürmer*)的发行人，在1933年前一直担任该刊主编。

施特赖歇尔出现在被告席上并不是由于其握有的权力，而是因为他臭名昭著。他创办的《冲锋队员》报粗陋至极，即使在纳粹阵营里也无出其右者。就连宣传部的官员们也常常有意地与他划清界限。尽管希特勒偶尔也被施特赖歇尔的粗俗所取悦，却不得不对这个下流胚加以约束。最终，他被撤销《冲锋队员》主编一职。即使被迫处于半退休状态，施特赖歇尔还是不间断地向该报投稿，以发表他那些残忍、荒谬的反犹理论。

起初，施特赖歇尔并没有出现在英国于1944年拟订的任何一份主要战犯名单上。在得知美国已决定控诉共谋行动后，为囊括纳粹政权所有最卑劣的行径，英国才将施特赖歇尔、凯特尔和卡尔滕布龙纳一同列入10人名单。1945年夏，随着大屠杀证据逐步到位，检察官们打算以纳粹分子和反犹情绪激发者的总体行动为由逮捕施特赖歇尔。起诉书拟定于8、9月间，但这个案子的缺口也愈发明显。施特赖歇尔仅仅在共谋罪和危害人类罪上受到指控。

审判时，检察官们将大量的时间浪费在证明施特赖歇尔的臭名声上。由于法庭最终限定了共谋罪的适用，被告在20世纪30年代活动的证据大都没能派上用场。这样一来，指控的关键就在于，当他得知大屠杀已成为纳粹政府的既定政策时，是否还在唆使和煽动灭绝犹太人的行动。控方出示了一些致命的证据表明，施特赖歇尔很清楚战时集中营里所发生的事情，但他仍继续催促大屠杀的实施。然而，辩方却没能齐心协力地去反驳这些证据。其律师汉斯·马克斯（Hans Marx）博士似乎觉得这个任务是无法完成的。在庭审中，施特赖歇尔表现得过于特立独行。从审判开始，他就经常打断或干扰本方的辩护。

在法官们眼中，施特赖歇尔是一个极其令人生厌的家伙；从某种程度上讲，他简直就是个胡言乱语的疯子。施特赖歇尔一出现在证人席上，便可怕地开动起来。当他平缓地结束自己最后的辩护时，法官们惊奇地发觉其神态和言语中竟流露出无比的尊严。

在1946年9月2日和9月10日的审议中，法庭快速地审结了施特赖歇尔案。9月2日，法尔科和苏联人表明他们将在第一和第四项指控上投赞成票。劳伦斯在第一项指控上还拿不定主意，但对第四项指控却坚定不移。余下的法官仅仅在第四项指控上投了赞成票。作为一个特殊的补充，德瓦布尔、比德尔和苏联人还想在起诉书中并没有提及的第三项指控（战争罪）上给施特赖歇尔定罪。9月10日，部分法官在第三项指控上定罪的想法落空了。只有苏联人认为被告在第一项指控上的罪名也成立。[1]最终，法院判决施特赖歇尔

1　Bradley F. Smith, *Reaching Judgment at Nuremberg*, Basic, Inc., Publishers New York 1977, pp. 200−202.

仅在第四项指控上的罪名成立，适用绞刑。[1]

几十年来，一些著名的法学家和史学家已对施特赖歇尔案审判的公正性提出质疑。在纽伦堡审判中，施特赖歇尔是否应该与其他 21 名在政府和政党中身居要职的被告一同接受审判？法官们的定罪是否正确？

他们认为，施特赖歇尔不该出现在纽伦堡的被告席上。这种结果的产生在很大程度上是由于检察官们对大屠杀过程的无知。进一步而言，施特赖歇尔的坏名声也确实影响到了法官的裁判。比德尔曾明确声称，不能仅仅因为被告是个迫害犹太人的小头目或是希特勒的朋友而错误地将他定罪。然而，在此案中，正是这些因素起到了关键作用。

更为重要的是，在战争时期鼓吹反犹理论与东方实际发生的大屠杀之间是否存在显著的联系？许多与大屠杀有关的书都已问世。它们大都着重描写屠杀的秘密性（见图26），或是强调只有极少数的德国人参与到了实际的杀戮之中。直到后来才出现了有关上述问题的严肃争论。有人认为，利用反犹理论给刽子手们洗脑的做法在后来的屠杀中起到了关键的作用。另一部分人则针锋相对地指出，与其他因素相比（包括希特勒疯狂的反犹情绪，刽子手

---

[1] 关于对破坏和平罪的认定，法庭认为没有证据可以说明被告是希特勒的亲信顾问。在被告的经历中，他与策划战争的政策也无密切关系。例如他从未参加过希特勒向手下头目阐明其决策的那些重要会议。虽然他是大区领袖，然而并没有证据证明他知道这些政治计划。因此，证据不能证明被告与共谋活动或与策划和发动侵略战争有关。法庭就本案中被告危害人类罪的认定主要体现在如下方面：第一，发表演讲、撰写文章和鼓吹仇恨犹太人观点达 25 年之久的施特赖歇尔是尽人皆知的"头号反犹煽动家"。在他所发表的演讲和文章中，他以反犹主义的毒素日益污染德国人的思想，并煽动德国人极力去迫害犹太人。1935 年印数达 60 万份的《冲锋队员》，每期都充斥这种令人厌恶的文章。第二，施特赖歇尔是 1933 年 4 月 1 日抵制犹太人运动的头目。他拥护 1935 年颁布的纽伦堡法。他对 1938 年 8 月 10 日在纽伦堡发生的捣毁犹太教堂的事件负有责任。11 月 10 日，他还公开表示支持当时发生的大规模迫害犹太人的活动。第三，被告不只在德国宣扬他的理论。1938 年，他就开始要求消灭犹太人种。1938 年至 1941 年，他在《冲锋队员》上发表的 23 篇形形色色的文章全部鼓吹把犹太人"斩尽杀绝"。第四，在战争初期，战事进展顺利，德国日益获得越来越多的领土，施特赖歇尔变本加厉地煽起德国人民对犹太人的仇恨。案卷中存有 1941 年 8 月至 1944 年 9 月这一时期的《冲锋队员》的文章共 26 篇，其中 12 篇是由被告亲自撰写的。文章明白无误地表示要求灭绝犹太人。最后，在获悉东部占领区大批犹太人遭受屠杀之后，被告还继续撰写并发表杀害犹太人的文章。证据清楚地证明，他曾不断地得知关于"最后解决"犹太人的进展。参见〔民主德国〕P. A. 施泰尼格尔（编）：《纽伦堡审判》（上卷），王昭仁等译，商务印书馆 1985 年版，第 279—280 页。

图 26　用作医学实验的儿童

们施虐狂般的变态人格，以及党卫队绝对服从权威的结构等），这种思想上的熏染只起到次要的作用。此外，其他问题也引起了人们的反思，例如在将犹太人驱逐出境的列车驶向波兰时，为什么大部分的德国民众以及其他国家的多数居民仍袖手旁观。

不论上述争议的结果如何，在施特赖歇尔与鲁道夫·霍斯（Rudolf Hoess）[1]两者的行为间似乎找不到强有力的、清楚的联系。施特赖歇尔的确曾制造了驱逐出境的气氛，但人们却很难将这个思想扭曲的小人物与1941年那场大屠杀的实施者——艾希曼和海德里希相提并论。

---

[1] 奥斯维辛集中营指挥官，纽伦堡审判中的证人。霍斯在口供中解释说，他对特雷布林卡集中营的行动印象不深。那里的指挥官用一氧化气体花了6个月时间才消灭8万人。霍斯另有高招。他在奥斯维辛的一名看守不小心喝了一丁点儿洗衣房用的齐克隆B，这是一种化学消毒剂，结果当场魂归西天。霍斯和他的部门推断，足够多的用量应能杀死人。他用齐克隆B对锁在屋子里的苏联战俘做实验，果然有效。这种东西从房间天花板上的一个孔里落下，立即与空气中的氧发生反应，在3到15分钟内毒死被害者。霍斯的奥斯维辛胜过特雷布林卡10倍。他修建的毒气室可同时容纳2000名囚犯，而特雷布林卡的只装得下200人。他的两座大型火葬场，配备有四台烘焦炭的两用炉灶。霍斯证实，有了这些设备，"有可能在24小时内处理掉10000人"。但是，只有一次达到了这一高峰。那是1944年的事，"当时火车延误造成5辆运输车都在一天到达"。参见〔美〕约瑟夫·E.珀西科：《纽伦堡大审判》，刘巍等译，上海人民出版社2000年版，第321页。

今天，人们也许不必为施特赖歇尔这类人的命运而感伤。可是，我们仍有理由相信，如果法庭能将更多的时间花在对本案证据的分析与研究上，结果也许会大不相同。在某种程度上，纽伦堡也是大屠杀悲剧的可怜象征：霍斯在审判中扮演证人，而施特赖歇尔却被送上了绞刑架。[1]

巴尔杜尔·冯·席拉赫

图27 席拉赫

席拉赫（见图27）于1925年加入纳粹党，那时他还是个学生。1929年，他成为民族社会主义学生联合会领袖。1931年，席拉赫担任纳粹党全国青年领袖。在希特勒上台后，席拉赫就被任命为德国全国青年领袖。在这个职位上，他的主要任务是打击并铲除所有的独立青年团，尽可能多地将德国青年招入纳粹青年团以及相关组织，向他们灌输纳粹思想并进行军事预备训练。[2] 1940年，德国已有97%的适龄青年成为青年团团员。

1　Bradley F. Smith, *Reaching Judgment at Nuremberg*, Basic, Inc., Publishers New York 1977, pp. 202–203.
2　席拉赫利用希特勒青年团，以"民族社会主义精神"教育青年，使他们服从一套严密的纳粹宣传纲领。他把希特勒青年团变成向纳粹组织输送后备力量的源泉。1938年10月，他与希姆莱达成协议；根据这项协议，凡符合党卫队要求的希特勒青年团成员，都应被看作是党卫队主要后备力量的源泉。此外，席拉赫利用希特勒青年团进行军事预备训练，建立了特种部队，主要目的是为各军事部门培养专门人才。1939年8月11日，他与凯特尔达成协议；根据该协议，希特勒青年团宣布，它同意使军训活动适应国防军的要求；国防军宣布，准备每年为希特勒青年团训练三万名教官。希特勒青年团极其推崇军事精神，它的训练纲领强调重新取得殖民地的重要性、取得生存空间的必要性和德国青年为希特勒捐躯的崇高天职。参见〔民主德国〕P. A. 施泰尼格尔（编）：《纽伦堡审判》（上卷），王昭仁等译，商务印书馆1985年版，第297—298页。

战争打响后，青年工作就变得不如以往那么重要了。在与纳粹领导人的交往过程中，席拉赫也遇到了许多麻烦。于是，他不再积极地管理青年运动事务，转而出任维也纳大区领袖，直到纳粹在奥地利彻底垮台。在维也纳的五年中，他实施了和占领区地方长官们性质相同的暴行：驱逐犹太人并管理奴隶劳工体系。

英国政府早就注意到了席拉赫，他已出现在1944年英方拟订的两份主要战犯名单中。在1945年6月，英国检察团将主要战犯的数量缩减至10人，席拉赫便被排除在外。他也不在美国6月底的16人名单上。当看到美方的被告名单时，英方建议将邓尼茨的名字拿下，换上席拉赫。由于检察官们当时正忙于参加四国会谈，这个提议似乎并没有引来多少异议。8月，人们再次将目光转移到被告名单上。法国和苏联要求将席拉赫的名字增补到美国的16人名单中。于是，席拉赫最终成为纽伦堡的被告之一。

在起诉书中，席拉赫受到了第一和第四个罪名的指控（共谋罪和危害人类罪）。控方竭力将席拉赫与希特勒的总体侵略策划联系起来。他们强调，希特勒极其重视对青少年进行纳粹思想的灌输。而席拉赫负责对青年进行思想和军事武装，这与纳粹侵略战争的准备是紧密联系的。一些检察官还出示了希特勒青年团曾参加过战时暴行的证据。但第四项指控上的重要证据却与希特勒青年团无关，其重点是被告在维也纳的活动。就奴隶劳工问题而言，控方指出，席拉赫曾以维也纳大区领袖的身份执行了绍克尔1942年4月6日颁布的命令。该命令规定，对强制劳工的伙食、住宿和使用的原则是：在尽可能小的开支情况下，对他们进行最大的压榨。

由于证据充分，对被告驱逐犹太人的控诉进行得颇为顺利。当席拉赫出任大区领袖时，首批残暴的驱逐已经结束。在这片曾经富庶的土地上，只剩下6万犹太人。1940年10月，席拉赫要求弗兰克将余下的维也纳犹太人带到波兰总督辖区。两个月后，柏林批准了席拉赫的这个请求。席拉赫辩护的关键在于他对这一可怕事件的知悉程度。也就是说，他是否清楚那些被驱逐到波兰的犹太人所处的境遇。如果席拉赫知道他们最终被送入死亡工厂，他无疑将受到法律的惩罚。

控方出示了两份证据证明席拉赫是故意而为。在维也纳驱逐犹太人的最后一段日子里，席拉赫的案头摆放着来自苏联的特别行动队的报告。这些报告制作于他最初下达驱逐命令以后，包含着对大屠杀情况的记录。这一行动一直持续到1942年秋。在此过程中，相关报告被源源不断地送到他的办公室。最后，犹太人被全部杀光，驱逐行动被迫停止。于是，席拉赫公开发表演讲，吹嘘他将成千上万犹太人送到东方犹太人区的做法是对欧洲文明的贡献。

席拉赫的辩护不仅要证明他在担任希特勒青年团领导时的举动并无恶意，而且还得设法否认自己在20世纪30年代所鼓吹的反犹思想与20世纪40年代的维也纳驱犹行动之间存在明显的关系。但他在辩护中的观点含混，情绪也不稳定，使这个目标难以实现。与弗兰克相似，席拉赫在被告席上有时被自证其罪的抑郁情绪所控制着，他确实达到了几近悔罪的程度。[1]可是，一旦涉及具体行为，席拉赫便开始滔滔不绝地为自己开脱罪责。

席拉赫设法否认自己曾对希特勒青年团开展过军事培训，但他却无法改变曾向德国青年灌输纳粹思想的事实。他对在维也纳的辩护也没有多少说服力：他把自己描述成一个对周遭之事几乎一无所知的糊涂长官，不仅对堆积在办公室里的报告闻所未闻，甚至连亲自传送报告的下属都不认识！由此可见，席拉赫的辩护效果并不理想。

对第一项指控而言，席拉赫在意识形态上为战争做准备是问题的关键。席拉赫的重要作用表现为，在青年中煽动战争狂热主义，这明显是为战争做

---

[1] 在法庭上，当被要求对霍斯的证词发表意见时，席拉赫以坚定的口吻说："霍斯只是（大屠杀）执行人，屠杀令是由希特勒下达的。"被告们似乎受到了触动，统统把目光转向证人席。"我将在上帝和德意志民族面前承担我所犯下的罪行。我的罪行是，我为一个多年来我认为是完美无缺的领袖和国家元首……而教育我们的青年……我为一个犯下百万起谋杀罪的人而教育德国青年。"参见〔美〕约瑟夫·E.珀西科：《纽伦堡大审判》，刘巍等译，上海人民出版社2000年版，第348页。

准备。所以，即使席拉赫对具体的侵略计划并不知晓，他在这方面也起到了重要作用。遗憾的是，控方没能将席拉赫的煽动行为与侵略战争特别地联系在一起，而是说成一般的战争。由于国际法确立了自卫战争的合法地位，席拉赫灌输"战争"思想的行为就不大容易被认定为犯罪。这也是法官们对第一项指控犹豫不决的原因。

当然，这是一种较为理性的法律思考。但在法庭上，人们似乎都有一种强烈的想法：纳粹分子一直叫嚣武力扩张，席拉赫则教唆德国青年人穷兵黩武。人们担心德国青年的精神状态将在未来的几十年内给"德国问题"的解决带来巨大麻烦。显然，席拉赫应对此负责。但由于控方的失误，相关的入罪证据并不充分。在希特勒青年团问题上，法官们便难以找到令人满意的解决方案来给席拉赫定罪。于是，他们只能寄希望于第四项指控了。

然而，法官们再次遇到"征服"的难题。德国占领奥地利已被美国等强国视为事实。因此，重新将这一事件认定为"军事占领"而非"征服"的难度很大。但对"征服"的承认将会使法庭遭遇牛赖特案中同样的困境，即席拉赫会在适用危害人类罪的辩护中占得上风。因此，解决问题的唯一出路在于，认定纳粹德国对奥地利的扩张是其实施整个侵略计划的一部分。如果法庭能够坚定这个立场，就有可能将被告的其他行为也一并纳入进来，也就能够在第四项指控上定席拉赫的罪。换句话说，一旦德国占领奥地利被确认为是实施侵略计划的一部分，被告在该地区役使奴隶劳工以及驱逐犹太人的行为将与第四项指控的认定相关联。

其实，这个思路并不是最佳的解决方案，但法庭还是视其为唯一可行的方法。法官们本打算对席拉赫予以严惩，但由于共谋罪的定义过于狭窄，使席拉赫在该项指控上无法受到法律的制裁。为了能在第四项指控上认定其罪行，法庭不得不将侵略计划与危害人类罪联系起来。但是，这显然造成了诸多判决结果间的不一致。

在本案中，德国占领奥地利被认定是实施侵略计划的一部分，但作为与该事件关系最为密切的直接参与者，赛斯–英夸特和巴本却没有就此承担任何责任。赛斯–英跨特因其在荷兰的行动被认定为有罪，判处死刑；而他在奥地利的所作所为竟几乎被法庭所忽略。更耐人寻味的是，在巴本案中，检察官认为德国对奥地利的占领是为实施进一步的侵略计划做准备，但法庭认定没有证据能够证明他是这一计划的参与者。于是，巴本被法庭无罪释放。而对席拉赫来说，对德国占领奥地利是侵略计划之一部分的认定，却成为给其定罪的先决条件！[1]

由于案情较为复杂，法庭最终确定于 1946 年 9 月 9 日开始审议该案，这比其他案件的审议时间晚了一周。法国和美国法官建议在第四项而不是第一项指控上给席拉赫定罪。然而，劳伦斯和苏联法官则主张被告的罪名在这两项指控上都成立。尼基钦科认为，驱逐犹太人的行为是连接危害人类罪和共谋罪的关键。

两天后，法庭对席拉赫案进行了最后的审议。苏联法官和劳伦斯仍主张在第一和第四项指控上定罪，并适用死刑。劳伦斯还就此发表了其带有种族中心主义色彩的见解。这位英国大法官声称，席拉赫在海德里希遭暗杀后就立即对英国的一个城镇实施了报复性的轰炸[2]，这本身说明其罪孽深重。伯基特认为，培训党卫队青年及发表驱逐犹太人演讲等事件将在定罪上对席拉赫造成非常不利的影响；但他还是建议适用 20 年监禁。

法尔科也一改自己在第一次审议中的立场，主张这位德国前青年领导人在第一和第四项指控上有罪，并建议对被告适用终身监禁或死刑。同往常一样，德瓦布尔总是显得比他的副手更多虑。他提醒人们应当换位思考，将自己放在被告的位置上设身处地地分析，这样才会更公平。因此，为稳妥起见，德

---

[1] Bradley F. Smith, *Reaching Judgment at Nuremberg*, Basic, Inc., Publishers New York 1977, pp. 237–238.
[2] 1942 年夏，席拉赫曾打电话给博尔曼，建议轰炸英国的一个文化中心，以作为对暗杀海德里希的报复措施。参见〔民主德国〕P. A. 施泰尼格尔（编）：《纽伦堡审判》（上卷），王昭仁等译，商务印书馆 1985 年版，第 300 页。

瓦布尔建议只在第四项指控上给席拉赫定罪，并适用 20 年监禁或终身监禁。

帕克也赞同这位法国大法官的主张。但比德尔显得比大多数法官更多疑。这位美国大法官在第一轮审议中没有对定罪量刑问题发表任何见解。他此时指出，人们可以不考虑席拉赫在青年团的活动，但其作为大区首领所犯下的罪行足以在第四项指控上定罪。

投票的结果是，全体法官认定席拉赫在第四项指控上有罪。就第一项指控而言，劳伦斯和尼基钦科投了赞成票，而德瓦布尔和比德尔投了反对票。于是，平局的结果宣告席拉赫在第一项指控上无罪。关于量刑的问题，比德尔和德瓦布尔显然采纳了伯基特的建议，认为应适用 20 年监禁，而尼基钦科和劳伦斯则主张适用死刑。为了打破僵局，比德尔和德瓦布尔似乎最终说服了劳伦斯。于是，三位西方法官又站在了一起。三票对一票，法庭判席拉赫20 年监禁。

有学者认为，席拉赫最终得以免于一死是出于以下几个原因。首先，法官们认为，与其他一些被告的滔天罪行相比，席拉赫的罪过并非十恶不赦。正是这种比较在量刑中起到了决定性的作用。其次，检察官们的指控显得支离破碎，致使控诉的火力不够集中。最后，席拉赫那不连贯的从政经历也不大符合法庭相关罪名的定义。

然而，本案的审理还存在着一些值得商榷的地方。席拉赫当初被列为主要战犯，有很大一部分原因是他在青年团的活动。但法庭却在"征服"的问题上展开了激烈的讨论，最后竟以其作为大区领袖的行动为由予以定罪。证据表明，与其他纳粹地方头目相比，席拉赫并不像他们那样冷酷无情。所有法庭人员，包括检察官在内，也都不认为席拉赫是纳粹二级组织领导中的典型代表。因此，席拉赫不应被当作"主要"战犯来加以审判。可以说，在数以百计的同等层次的战犯中，席拉赫仅仅是一个碰巧被选中，而不得不遭受20 年牢狱之苦的"倒霉蛋儿"。[1]

---

[1] Bradley F. Smith, *Reaching Judgment at Nuremberg*, Basic, Inc., Publishers New York 1977, pp. 238-240.

阿尔弗雷德·罗森堡

图28　罗森堡

罗森堡（见图28）系巴尔干裔德国人，曾是俄国沙皇统治下的臣民。罗森堡毕业于莫斯科大学，但第一次世界大战的爆发及随后革命与内战的动荡迫使他离开俄国。到慕尼黑后，他立即加入到极右政治集团，并因其反共和反犹的理论而名声大噪。与施特赖歇尔相似，罗森堡在希特勒掌权之前也是较有名气的巴伐利亚右派分子之一。但他此前却不曾是一个重要的政治人物，只是在20世纪20年代时迅速靠近希特勒，成为纳粹党主要报纸——《民族观察家报》（*Völkischer Beobachter*）的编辑。因此，他常常将自己装扮成纳粹运动的"哲学家"。

罗森堡曾出版过一些令人生厌的理论作品来宣扬纳粹的种族论。一些纳粹思想的鼓吹者也将它们标榜为大智之作。但在被纳为公开出版物之前，这些书的销售惨淡。有关证据表明，这些作品没有对希特勒等人的思想产生过重要影响。此外，希特勒周围的那帮实干家们还耻笑他为喜欢做白日梦的人。甚至就连希特勒本人也从未把罗森堡的那套哲学理论当回事儿。希特勒称，他从未读过罗森堡的那本发行量达上百万册的《20世纪的神话》（*Der Mythus des 20. Jahrhunderts*）。

罗森堡试图表现出自己具有一个政治领导人的务实精神，以便跻身于那些趾高气昂的实干家行列。然而，将自己定格为哲学家的罗森堡却没能讨到希特勒的欢心。在希特勒出任元首后，他被任命管理有关名义上的外交政策与教育监管事务[1]，但实际上并不握有实权。在二战的第一阶段，罗森堡曾被暂时委以重任，负责希特勒、德国海军将领以及卖国贼之间的联络工作，这为德国入侵挪威提供了便利。在与低地国家以及同法国的战役中，他负责掠夺这些国家的文化遗产。在进攻苏联后，即1941年7月17日，这位布尔什维克主义威胁论的鼓吹者被任命为德国东部占领区部长，负责筹措与指导该地区的内政事务。

希特勒曾签发命令，授予罗森堡全权负责统治苏联被占领土的权力。但实际上，其大部分的职权被一些难对付的实干家所操纵，如罗森堡名义上的代理人艾利希·科克（Erich Koch）和海因里希·卢兹（Heinrich Lohse）。此外，驻俄军队以及希姆莱的党卫队和保安机构也几乎全部在罗森堡的控制之外。这是希特勒惯用的伎俩，通过分权与竞争来确保自己最高统治者的地位。罗森堡发觉，没有希特勒的大力支持便无法成功地挫败自己的政治劲敌，但他又苦于无力证明自身具有元首心目中的领导才干。直到最后，罗森堡才勉强得到重用。但没过多久，他便走到了纽伦堡的被告席上。

作为纳粹党的哲学家，罗森堡的理论作品是否对纳粹分子攫取政权具有重大意义？其与教育相关的作品是否在蛊惑德国青年穷兵黩武方面发挥了重大作用？控辩双方就这些问题展开了激烈的辩论。但法庭却不认为上述问题有多重要。

此外，英国和美国的检察官还就被告在德国入侵挪威中的作用向其发动了猛烈的攻势。他们认为，罗森堡是知情者和积极参与者。相比之下，辩护方的反击软弱无力。实际上，罗森堡在德国入侵苏联时所扮演的角色更为重要。在举证时，美国和苏联的检察官展开了激烈的较量，双方都想在出示入罪证据的数量上超过对方。美方揭露了许多被告试图隐藏的文件，这些文件向人们展示了苏联被占区系统的大量骇人听闻的细节（见图29）。苏联人也

---

[1] 1933年4月，罗森堡被任命为纳粹党的全国领袖和外交事务局局长。1934年1月，希特勒任命他为民社党全部文化和世界观教导事务特别代表。

图 29　被绞死的苏联平民

不甘示弱，他们对纳粹占领系统的每一个方面都进行了大量的描述。

显然，控方的火力十足，而此时罗森堡的辩护也出人意料地顽强。辩方出示了重要的证据证明：罗森堡曾实施过较温和的政策，也曾对地方首领、党卫队和警察的极端行为加以控制。而最重要的是，他并非这一切暴行的始作俑者。

罗森堡受到了所有四个罪名的指控。在1946年9月2日的第一轮审议中，劳伦斯、尼基钦科、沃尔奇科夫和法尔科认为，被告在所有四项指控上有罪。德瓦布尔仅在第三、第四项指控上投了赞成票，而帕克和比德尔没有参加此轮投票。9月10日，第二轮审议开始。然而，法官们的分歧却越来越大。苏联人和劳伦斯坚持原来的主张，并主张适用绞刑。法尔科仍然认为罗森堡在所有四项指控上的罪名成立，但在适用绞刑还是终身监禁方面举棋不定。最后，法尔科选择了终身监禁，并指出这一决定源于被告所表现出的人道主义。德瓦布尔改变了主意，转而认定罗森堡在全部四项指控上都有罪，但他仍然认为应当适用终身监禁。由于德瓦布尔以及两位候补法官支持终身监禁，而苏联人和劳伦斯要求执行死刑。这样一来，决定权就落到比德尔手中。

比德尔对罗森堡在第三和第四项指控上有罪的观点坚定不移，也倾向于认为他在第一和第二项指控上的罪名成立，适用绞刑。可是，比德尔又有些犹豫不决，并要求保留其观点。一夜之后，比德尔重回法庭。他并没有作进一步的解释，而是直接声称赞同"多数意见"：罗森堡在所有四项指控上的罪名成立[1]并适用死刑。在正式法官中只有德瓦布尔仍旧坚持认为应当适用终身监禁。最终，法庭以三票对一票的表决结果将罗森堡送上绞刑架。

在本案中，罗森堡将大量的时间花费在"哲学家"的辩护上。事实证明，这毫无必要。他应当找来更多证据以减轻其在挪威的作用，以及证明他在东方的影响并不突出。正所谓当局者迷，罗森堡最终输掉了性命。但是，当我们检查审议记录时就会发现：在被绞死的 12 名被告中，罗森堡是距逃脱死刑最近的一个。[2]

汉斯·弗里切

在 22 个被告中，弗里切（见图 30）是最不该被视为主要战犯的一个。他是人所共知的广播评论员，每周都在他本人主持的"汉斯·弗里切播音"中进行一次时事评述。他于 1932 年 9 月开始做广播讲话；同年，他任德国政府设立的广播机构的负责人。希特勒上台后，弗里切来到戈培尔领导的宣传部工作。1933 年 12 月，他担任宣传部国内新闻司司长。1942 年 10 月，弗里

---

[1] 在破坏和平罪的认定上，法庭主要依据如下：首先，身为纳粹党外交事务局的负责人，罗森堡领导着一个组织机构，该组织的特务遍及全世界，从事种种阴谋活动。其次，罗森堡与雷德尔一同制定了进攻挪威的计划。最后，罗森堡要对策划和实施东部占领区政策负重大责任。在战争罪和危害人类罪的认定上，法庭认为：首先，在欧洲所有遭受袭击的国家，罗森堡应该对有组织掠夺公私财物的体制负责。其次，在任东部占领区部长期间，罗森堡曾参与草拟有关日耳曼化、剥削和奴役劳工的政策。最后，罗森堡完全了解有关对东方各国人民所施行的残暴处置和恐怖活动。参见〔民主德国〕P. A. 施泰尼格尔（编）：《纽伦堡审判》（上卷），王昭仁等译，商务印书馆 1985 年版，第 269—271 页。

[2] Bradley F. Smith, *Reaching Judgment at Nuremberg*, Basic, Inc., Publishers New York 1977, pp. 190-194.

图30 弗里切

切晋升为该部部务委员。经过在东线一个宣传连的短期任职后，他最终于1942年11月担任宣传部广播司司长和大德意志广播电台政治组织全权委员。

弗里切在宣传部得到了提拔，他却从未握有制定政策的权力。弗里切与戈培尔的关系密切，但他仅仅是后者的得力属下而已。甚至在他们之间，还有戈培尔的代言人——德国新闻发布官奥托·迪特里希（Otto Dietrich）这个级别的人物。因此，弗里切在宣传部中只是一个三级官员。此外，弗里切也从未在纳粹党中受到过重用。他甚至在法庭上宣称，自己从未和希特勒说过话。

在1945年前，弗里切的名字没有出现在任何一个西方盟军拟订的战犯名单上。在英美两国于6月进行的磋商中，也没有人将他视为被告的候选人。英国外交部于6月中旬制订了德国官员一览表，但仍不见弗里切的名字。8月，美国起诉团列出了100名纳粹高层领导名单，囊括了所有可能被指控的人，其中包括死去的戈培尔，以及迪特里希，但弗里切依旧"落榜"。

最终，苏联人将弗里切送上了纽伦堡法庭。他们强烈要求提交几名苏军捕获到的战犯。人们可以想象，当苏方提交雷德尔和弗里切两人时，英美阵营该有多么震惊。颇有名气的雷德尔做被告还在情理之中，但几乎没人听说过弗里切。显然，出于对盟军内部合作的考虑，西方代表最后作出让步，于8月底将弗里切列为被告。

在随后的两三个月里，检察官们不得不火速准备对弗里切的指控材料。其间，他们发现了一个惊人的事实：迪特里希居然还活着，且正被西方盟军关押！控方将在法庭上竭力证明弗里切有罪，而向他传达命令的上级官员却没有受到指控,真是荒谬至极!即便如此,检察官们仍硬着头皮起诉,认为被告在第一、第三和第四项指控上有罪。控方的确"勇气可嘉"。

面对检察官们的共谋罪指控,辩方称,弗里切从未受到足够的重视,也没有出席过策划侵略战争的会议。在宣传部中,除了偶尔就具体问题与戈培尔和迪特里希发生小规模的争执外,弗里切只是在执行上级下达的命令。对于战争罪和危害人类罪的指控,关键在于被告的广播是否对纳粹实施暴行起到了煽风点火的作用。控方指出,弗里切在广播中蓄意歪曲事实,煽动德国人犯下这两项罪行。弗里切曾在广播中断然声称战争应归罪于犹太人。但辩方立即予以回击,指出弗里切的这些话未曾要求迫害或灭绝犹太人。此外,也没有证据可以证明他曾得知在东部地区灭绝犹太人的做法。[1]

弗里切案的首轮审议于1946年9月10日开始。两名法国法官最先发表见解。他们都认为弗里切在第三和第四项指控上有罪。法尔科称,弗里切煽动了侵略战争的情绪,因此可以被认定为实施战争罪和危害人类罪的从犯。德瓦布尔承认弗里切在被告中是罪行最轻的一个,但却强调广播宣传的重要作用;再加上弗里切发表了许多过激言论,这些足以给被告定罪。

苏联法官也都主张被告有罪。尼基钦科对纳粹的政治舆论宣传深恶痛绝。他就此发表了长篇大论,声称如果没有像弗里切这样的人为纳粹卖命,就不会发生一幕幕的暴行。因此,尼基钦科认定弗里切在全部三项指控上的罪名成立。沃尔奇科夫声称,弗里切利用媒体散布荒谬的种族优越论,大肆诋毁和中伤苏联人民。他指出,种族优越论是致使一千多万人惨遭杀害的元凶。

可以看出,苏联人的强硬立场不仅仅是出于他们抓获了弗里切以及厌恶西方的个人权利和正当程序观念,纳粹分子对苏联人民犯下的滔天罪行,显然使两位苏联法官感到了自身所承载的巨大责任和压力。相比之下,西方的法官们可以相对较为轻松地谈论正当程序以及给与弗里切公正审判的必要

---

[1] 参见〔民主德国〕P. A. 施泰尼格尔(编):《纽伦堡审判》(上卷),王昭仁等译,商务印书馆1985年版,第320—321页。

性。因为,没有一个西方国家(包括法国在内)曾像苏联那样饱受纳粹分子的疯狂蹂躏。在这种情况下,令人关注的并不是苏联法官在定罪上的强硬立场,而是他们能够继续理智地与西方法官合作。

帕克首先提议判被告无罪。他指出,弗里切只不过是个小人物,甚至于希特勒根本就不认识他。至于弗里切成为被告,他所能理解的唯一原因是,这位宣传部广播司司长成了戈培尔的替罪羊。帕克称,弗里切并没有煽动任何犯罪。除非是一种煽动犯罪的行为,任何人不应因其所说的话和所写的文字而被追究刑事责任。他进一步强调,言论自由是最为重要的。比德尔非常支持帕克的主张。美方的见解也显然对其他一些法官产生了影响。劳伦斯坦言,美国法官无罪判决的主张给了他一些启发。因此,他要重新考虑在第一项指控上的定罪问题。然而,劳伦斯仍然认为被告在第三和第四项指控上有罪:弗里切鼓动德国人民要战斗到底,他肯定清楚德国以及其他国家当时所处的境地。

9月11日,第二轮审议开始了。法官们分成了两派:一派强调言论自由,另一派主张因煽动行为而定罪。法尔科明显属于后一派别,认为本案根本不涉及言论自由的问题,而是法庭给由政治宣传引发的战争定罪。因此,弗里切有罪,并应当象征性地被判2至5年监禁。伯基特也随声附和,他要求在全部三项指控上给被告定罪。沃尔奇科夫则声称,宣判被告无罪将使德国人民对言论自由产生误解,他也同样赞成对被告适用轻刑。但尼基钦科却觉得两年监禁太短,应判被告10年监禁。这位苏联大法官指出,美国人在本案中对言论自由的理解正好是颠倒的:弗里切的所作所为恰恰是在压制言论自由,所以有罪。

对方的攻势凌厉,而美国法官仍据理力争,坚持主张无罪判决。帕克做了一个比喻,称法庭给弗里切定罪就像用大炮打蚊子。德瓦布尔则宣称自己改变了主意,转而支持无罪判决。他认为没有必要为实施很轻的刑罚而给被告定罪。劳伦斯还没有彻底拿定主意,仍在进行思想斗争。他强调了该案的重要性，表示还不大甘心就此放过一个为战争做舆论宣传的被告。

9月12日，法庭对弗里切案进行了第三轮审议。一开始，德瓦布尔就找到比德尔，称自己又在动摇并很可能给被告定罪。法尔科与尼基钦科仍强烈要求定被告的罪；帕克和比德尔则是无罪认定的急先锋。双方势均力敌。法尔科与尼基钦科强调，由于法庭将给纳粹政府定罪，弗里切为这个罪恶政府卖命就是有罪的。但比德尔着重指出，没有证据能够证明弗里切的宣传与纳粹暴行之间有联系。其实，这一点在施特赖歇尔案中也应被考虑到。帕克则预言，如果弗里切被判有罪，全世界的人都将无法理解。劳伦斯称，弗里切的一些证词是不正确的，但他却没有指明其中的错误所在，更没有就被告是否有罪表明自己的态度。德瓦布尔仍摇摆不定。他最后建议把弗里切案的最终审议放在巴本案审结之后。如果巴本被认定为无罪，他就不再想定弗里切的罪了。于是，弗里切案的最终判决被推迟。

9月12日下午，在巴本已被认定为无罪后，法官们开始了弗里切案的最后一轮审议。这次审议进行得非常迅速，由于三位西方大法官直接在无罪认定上投了赞成票，弗里切最终被判无罪。但法官们还是就相关问题进行了争论。劳伦斯首先为其态度的转变做出解释。他指出，仅仅认定巴本一人无罪是不合适的。尼基钦科立即还以颜色，认为弗里切并非出于自身的原因而被判无罪。伯基特则试图为劳伦斯打圆场，指出这两个案子并非被联系在一起，但宣判这二人无罪能收到良好的政治效果。

然而，尼基钦科的怒气并没有消减。他表明将对本案提出异议[1]，但并不打算公开发表，而是想在主体判决公布后将异议交送德国管制委员会。他告诉其他法官，德国管制委员会有可能建议重新审理那些判决无罪的案子。尼基钦科和德瓦布尔都强烈反对公开发表异议的做法。这位苏联法官指出，他

---

[1] 在苏联法官的反对意见中，尼基钦科首先强调了广播宣传在纳粹德国侵略战争中所发挥的重要作用；其次，他指明弗里切任职的重要地位；最后，他还列举出在德国侵占或侵略捷克斯洛伐克、波兰、南斯拉夫以及苏联前，被告为上述行动所做的积极宣传。因此，尼基钦科认为弗里切有罪。参见本书附录五。

认为，法官们无权将异议作为判决的一部分而予以公开。但此种提法却遭到了帕克和比德尔的否定，他们认为任何法官只要愿意就可以公开发表异议。于是，尼基钦科将苏联法官对本案以及其他一些案件的异议予以公开。但这种做法最终遭到了法官们的谴责。[1]

---

1 Bradley F. Smith, *Reaching Judgment at Nuremberg*, Basic, Inc., Publishers New York 1977, pp. 294−298.

没有谁能像一座孤岛,
在大海里独踞;
每个人都像一块小小的泥土,
连接成整个陆地……

——约翰·唐恩

十三　尾章

法庭宣判与刑罚执行

经过长达10个月的审判，法庭最终于1946年9月30日进行宣判。当天，纽伦堡市部署了最为严密的安全措施。一千多名警察守卫在法庭周围，给即将开始的宣判带来一些紧张的气氛。走进法庭，人们在初次开庭时的兴奋之情已荡然无存，眼前展现的是别样的庄严和肃穆。

法官们依次宣读判决书，审判长劳伦斯排在第一位，接下来是伯基特，然后是法国、美国和苏联的法官。判决书的篇幅较长，法官们花了两天的时间来宣读这份重要的法律文件。为了便于介绍，我们可以将判决书分为七个部分。法官们在第一天共宣读了前六个部分的内容。

第一部分介绍了审判的总体状况。首先声明《国际军事法庭宪章》（以下简称《宪章》）是法庭组建和进行审判的法律依据。接下来简要地介绍了指控、公审以及证人和证据等基本情况。最后，还列举了《宪章》第6条所规定的罪名和罪状，并指出这些规定构成此次审判的法律基础。

第二部分概述了纳粹的"发迹史"。其中包括纳粹党的产生、夺权以及权力的巩固等。此外，在叙述过程中还突出了施特赖歇尔、弗里克、赫斯、戈林、巴本、沙赫特、席拉赫以及罗森堡等被告在各个事件中所起到的重要作用。

第三部分重点介绍了纳粹政府准备、策划与发动侵略战争的各个阶段。首先是侵略战争的准备，包括重整军备的措施与共同的共谋计划两个部分。

判决书中强调了《我的奋斗》一书在德国的重要影响，指出该书从各个方面表露出毫不含糊的侵略立场。希特勒曾召集过的四次秘密会议[1]则被认为是策划侵略的几个重要步骤。此外，判决书对纳粹德国侵占、侵略各国的情况加以简要回顾，包括侵占奥地利、捷克斯洛伐克，侵略波兰，入侵丹麦、挪威、比利时、荷兰和卢森堡，侵略南斯拉夫和苏联。最后还提及了德国对美国宣战的来龙去脉。

第四部分是给策划和发动侵略战争行为定罪的法律依据。判决书首先指出上述侵略战争违反了包括《海牙公约》、《凡尔赛条约》、《凯洛格—白里安公约》以及其他一些相互保证、仲裁和互不侵犯条约等在内的国际条约、国际协定和国际保证。其次，又用较多篇幅在法理上深入论证了"溯及既往"问题和个人责任原则。最后，法庭还按照《国际军事法庭宪章》的规定对指控中的共谋罪做出了限制性的解释。

第五部分涉及战争罪和危害人类罪。其中包括杀害和虐待战俘、平民以及掠夺公私财产、强制劳动政策和迫害犹太人等罪行。判决书不惜笔墨，列举出那些最令人发指的纳粹暴行。同样，法庭也在法理上简要地对《国际军事法庭宪章》中的战争罪和危害人类罪的规定加以解释。

第六部分是对被告组织有罪与否的认定。纳粹党的政治领袖集团、秘密警察和党卫队保安勤务处以及党卫队被认定为有罪。判决书按照"结构和组成部分"、"犯罪的活动"以及"结论"的顺序对这些有罪组织进行了较为系统的分析。冲锋队、德国内阁以及参谋总部和国防军最高统帅部最终被认定为无罪。法官们也在判决书中对这三个组织的无罪认定给出了较为充分的解释。

当听到法官们宣读上述内容时，被告们像被霜打过的茄子，神情沮丧地畏缩在一起（见图31）。他们在审判时的那种大声喧哗和相互打趣的场面早

---

[1] 这几次会议分别于1937年11月5日、1939年5月23日、1939年8月22日以及1939年11月23日举行。

图 31 被告及其下场

已不复存在。此外,听众们大都觉得判决书的这些内容冗长、拖沓。由于部分解释过于专业,他们很难在短时间内弄懂其中的含义。就连在场的律师们也要在理解判决书的内容上下些功夫。否则,他们将无从判断法官们的结论是否彻底解决了所有的法律问题。[1]

第二天,宣判继续进行。上午,四位法官按照起诉的顺序宣读法庭对每位被告的判决。在这一部分,法官们先是对被告的个人经历予以小结,然后用较长篇幅叙述每一项指控,并对相关证据加以评论,最后简要地做出总结并公布定罪结果。

当劳伦斯宣读判决书时,整个法庭异常安静,好像连空气都凝固了似的。戈林低着头坐在那里,将耳机放在右耳旁。"他罪孽深重,不可饶恕……本庭根据起诉书全部四项指控宣判被告戈林有罪。"听到这些,戈林脸上没有露出丝毫的表情,他拿下耳机,碰了碰还在一旁写着什么的赫斯,并告诉后者该轮到他了。赫斯并没在意,而是继续他的"工作"。"没有证据表明赫斯在实施那些受到起诉的行为时是不清醒的……因此赫斯有罪……"

---

[1] Ann Tusa and John Tusa, *The Nuremberg Trial*, Macmillan 1983, p. 468.

看到赫斯没有任何反应，戈林又低声重复了判决结果，但赫斯只是心不在焉地点了点头。

尼基钦科、比德尔和德瓦布尔依次对第一排其余的被告进行宣判。其中，按照起诉书的顺序，从里宾特洛甫到冯克，这8位被告均被判有罪。但是，当听到"本庭根据上述起诉，判决沙赫特无罪……在退庭之后立即将其释放"时，全场愕然。而沙赫特本人更是呆坐在被告席上，一动不动。他凝视着法官们，目光中流露出庄重的神情。施佩尔上前向沙赫特表示祝贺。此时，巴本觉得自己也大有希望，他尽量保持镇静，但这并不容易。

法官们接下来又开始对第二排的被告进行宣判。从邓尼茨到约德尔，他们一连宣判了5位被告有罪。果然，法庭宣判巴本无罪。旁边的许多被告都向他表示祝贺，巴本也激动得同他们一一握手。最终，坐在边上的弗里切也被判无罪，其律师兴奋地向他挥手。这个结果也在弗里切本人的意料之外，他根本就不敢想象作为戈培尔的替代品会被认定为无罪。[1] 在法庭公布了对博尔曼的缺席判决后，上午的宣判全部结束。

10月1日下午，那些有罪的被告依次走进法官室，独自面对其刑罚的宣布。最终共有12名被告被判处绞刑，他们是戈林、里宾特洛甫、凯特尔、卡尔滕布龙纳、罗森堡、弗兰克、弗里克、施特赖歇尔、绍克尔、约德尔、赛斯-英夸特和博尔曼。赫斯、冯克和雷德尔被判处终身监禁，席拉赫和施佩尔同是20年监禁，牛赖特和邓尼茨分别为15年和10年监禁。

1946年10月1日下午，纽伦堡欧洲国际军事法庭宣布闭庭。

在宣判后的记者招待会上，杰克逊声明除对个别被告和组织被判无罪（见图32）感到些许遗憾外，对审判的大部分结果仍表示满意。然而，奥地利人却强烈反对法庭判巴本无罪。他们认为巴本应为德国吞并奥地利负责。奥地利司法部部长认为巴本应被判处死刑，他要求将其连同沙赫特一起引渡到维也纳。此外，一向对纽伦堡审判颇有微词的比利时媒体，此时则大肆攻

---

1 Ann Tusa and John Tusa, *The Nuremberg Trial*, Macmillan 1983, pp. 468-469.

图32 被无罪判决的三被告（从左至右依次是：巴本、沙赫特、弗里切）

击法庭的无罪判决。

  国际舆论中的反对意见似乎还离沙赫特、弗里切和巴本比较遥远，真正令他们提心吊胆的却是等在纽伦堡法庭外的那些德国人。沙赫特和弗里切在宣判后的一个午夜被偷偷地运往各自家里。沙赫特刚到自己在纽伦堡的家门口，就被两名德国警察抓获。后来，他被斯图加特法院判处8年劳役。由于沙赫特上诉成功，他于1948年9月2日被释放，并最终于1950年洗清了全部的罪名（1970年，93岁时去世）。尽管弗里切从狱中出来就躲到了律师家中，但那里还是出现了许多记者。很快，他就被德国当局监禁起来，并于1947年受到某肃清纳粹法庭的审判。直到1950年9月，弗里切才再次被释放出来（1953年，53岁时去世）。

  虽然巴本也获得了自由，他起初却没敢离开监狱半步。他曾写信给英国和法国军方，请求住在他们控制的区域里，但都遭到了拒绝。因此，美方不得不在自己的控制区里收留巴本，但条件是他必须住在纽伦堡。1947年2月1日，巴本受到了德国一个肃清纳粹法庭的审判。同沙赫特一样，他也被判处8年劳役,但其大部分时间是在医院里度过的。在上诉成功后,巴本于1949年1月又重新获得自由(1969年,90岁时去世)。

与上述3位被告的境遇相比,那7名被判监禁的战犯也要承受不同刑期的牢狱之苦。1947年7月,四国政府决定将他们转移到柏林的施潘道(Spandau)监狱。该监狱建于19世纪,当时关押过600名囚犯。纳粹分子也曾经在那里绞死过8个人,而现在轮到这7名德国战犯在此服刑了。四国政府轮流派人看管这些战犯,并在每个月的交接时刻开会讨论有关问题。因此,在冷战前期,施潘道监狱就成为苏联与西方国家在政治上接触的唯一地点。

20年后,上述被监禁的战犯大都相继出狱。牛赖特因健康不佳于1954年获释(出狱时81岁,两年后去世)。雷德尔于1955年获释(出狱时79岁,1960年84岁时去世)。邓尼茨于1956年刑满释放(1981年,89岁时去世)。冯克的身体每况愈下,最终也于1957年离开监狱(两年后,69岁时去世)。席拉赫和施佩尔两人服满20年徒刑,在1966年重新获得自由(席拉赫于1974年67岁时去世,施佩尔于1981年76岁时去世)。最终只有赫斯一人留在监狱里,直到死去(据说于1987年93岁时去世)。在新纳粹分子眼中,赫斯是一个殉道者;对人道主义者而言,他是一个值得同情、怜悯的老头儿;他使西方国家感到不安,但却无法泯灭苏联人对他的无尽仇恨。[1]

不仅那些无罪判决受到了指责,法庭适用死刑的问题也曾引起过争议。早在1946年2月,乌拉圭向联合国提交了一份草案,反对纽伦堡法庭适用死刑。联合国大会的乌克兰代表和来自比利时的大会主席保罗-亨利·斯巴克(Paul-Henri Spaak)猛烈地抨击了该提议。考虑到事态微妙,并可能由此而引发巨大分歧,他们劝说乌拉圭代表撤回这一草案。在判决公布之后,联合国的南美洲代表就死刑问题反应强烈。古巴、哥伦比亚以及其他南美诸国认为被告有罪毋庸置疑,但适用死刑却是不对的。此外,爱尔兰首相甚至在1946

---

1 Ann Tusa and John Tusa, *The Nuremberg Trial*, Macmillan 1983, pp. 477–478.

年 10 月访问英国期间声称，对一些主要战犯适用死刑是"悲剧性的错误"。

最后，人们将改变刑罚的希望全部放在德国管制委员会的决定上。《国际军事法庭宪章》第 29 条规定，"管制委员会得以在任何时候减轻判决或以其他方式修改判决；但不得加重刑罚。"管制委员会也收到了一些被告提交的请愿书。其中，戈林、凯特尔和约德尔都要求施行枪决而不是绞刑。10 月 9 日、10 日，管制委员会就有关问题进行讨论，并驳回了大部分要求仁慈行刑的请求。最终，法庭的判决没有改变，11 名被告将走向绞刑架。然而风云突变，就在 10 月 15 日晚，即执行死刑的前夜，戈林服毒自杀。这位帝国大元帅给管制委员会留下了一段文字。

致盟国管制委员会：

我不会反对你们枪毙我。但是，我不会那么容易让你们用绞刑来处决一位德国的"帝国大元帅"！而且，我认为我没有道义上的义务来服服帖帖地接受敌人对我的惩罚。为了这一原因，我选择了像伟大的汉尼拔将军那样的送命方式。[1]

第二天凌晨，盟军开始执行死刑。里宾特洛甫第一个走上绞刑架。他说："愿仁慈的上帝保佑德国。我最后的愿望是，希望德国作为一个整体将继续存在，东西方之间能达成谅解，愿世界和平。"第二个是凯特尔。他先转向格雷克（Gerecke）牧师，"我向您以及把您派到我身边的人们表示衷心的感谢。"他停顿了一下，又最后说道："愿万能的主宽恕德国人民。在我之前已有两百多万战士为德国献身，现在我也将同我的儿子们在一起了。"随后是卡尔滕布龙纳。曾经哭过的他当时用平缓、温和的语气说："我曾竭尽全力为祖国和人民效劳。我曾按祖国的法律履行我的职责。我为那些罪行感到懊悔，但那不是我的错。祝德国好运。"

---

[1]〔美〕约瑟夫·E. 珀西科：《纽伦堡大审判》，刘巍等译，上海人民出版社 2000 年版，第 422 页。

罗森堡没有留下遗言。弗兰克微笑着步入刑场，快步走到绞刑架前转过身说："我乞求上帝带走我的灵魂，但愿主能宽恕我。我也很感激自己在狱中得到的待遇。"弗里克只是大喊一声："德国万岁！"施特赖歇尔则大声尖叫："嗨，希特勒！我现在就去见上帝。1946年的普珥节[1]。总有一天布尔什维克将会绞死你们的！"绍克尔看起来很愤怒，他大呼道："我无罪，判决是错误的。愿上帝保佑德国再次强大起来。上帝保佑我的家庭。"约德尔只说了声："我的祖国，我向你致敬。"最后出场的赛斯-英夸特，他说道："但愿这一死刑是第二次世界大战上演的最后一幕悲剧，希望战争的教训能换来各国人民的理解与和平。我信任德国。"[2]

为了处理这些战犯的尸体，管制委员会于10月10日就已做出决定：将全部尸体火化，并秘密抛洒骨灰。在执行死刑后的第二天，管制委员会正式宣布：11具尸体（包括戈林的在内）已全部被火化，骨灰也被处理掉了。

纽伦堡审判的历史意义与启示

纽伦堡审判同时承担着结束第二次世界大战和开启战后和平的历史重任，[3]它试图运用法律"把世界的思想引导到巩固和加强国际行为的法律上来，以便使那些掌握着政府大权和人民命运的人较少地动辄进行战争"。[4]这次审判可信地展示了纳粹行为的公共记录，向德国人民昭示了"法治"的美德，使其较少可能再次接受集权主义政权。[5]然而，作为开创国际刑事审判先河的

---

1 一个像施特赖歇尔这样的迫害犹太人者曾于两千年前被处死。
2 Ann Tusa and John Tusa, *The Nuremberg Trial*, Macmillan 1983, pp. 485–486.
3 Elizabeth Borgwardt, "A New Deal for the Nuremberg Trial：The Limits of Law in Generating Human Rights Norms", in：*Law and History Review*（2008），vol. 26, p. 679.
4 〔民主德国〕P. A. 施泰尼格尔（编）：《纽伦堡审判》（上卷），王昭仁等译，商务印书馆1985年版，第15页。
5 〔美〕理查德·A. 波斯纳：《道德和法律理论的疑问》，苏力译，中国政法大学出版社2001年版，第13页。

历史事件,纽伦堡审判是在国际法极不完善的情况下进行的,它始终面临着法律与道义之间的两难困境。

70年来,人们对纽伦堡审判的争议和反思从未停止过。大部分人赞扬它,认为它极大地推动了国际法和国际人权的发展,为国际刑事审判实践打下了坚实的基础。另一些人则指责它,从政治和法律角度对它展开批评和抨击。[1]例如,一些德国法律学者从法律实证主义和国家主义观点出发,对纽伦堡审判适用的实体法和程序法进行了最激烈最广泛的批判,他们认为追求国家利益、安全和权力是民族国家的目的,而不关切国际法、人权以及其他事项的发展。他们谴责英美在军事法庭的构成和审判执行上所持的例外主义(即败者的责任予以追究,胜者的类似行为却一概豁免),而最常见的批判自然集中在纽伦堡审判在法律适用上的溯及既往(前文已有说明,此不赘述)。[2]

极具争议、极易招致批评,这是世界上一切具有开创性和革新性的伟大历史事件所必然会遭遇的命运。但是,人类社会的发展并不会因为批评和抗议声音的存在而畏首缩脚。1946年12月11日,联合国大会发布决议,对纽伦堡法庭的《国际军事法庭宪章》和判决中所体现的诸原则加以确认。这是国际社会对纽伦堡审判的合法性及其贡献的最大肯定,足以平息任何相关的争议。[3]1950年12月12日,联合国大会公布了由国际法委员会提交的《纽伦堡原则》:

原则一

任何人实施了在国际法上构成犯罪的行为,都应为此而承担责任,并受到惩罚。

---

1 Jonathan Turley, "Transformative Justice and the Ethos of Nuremberg", in : *Loyola of Los Angeles Law Review* (2000), vol. 33, pp. 655-676.
2 Kevin R. Chaney, "Pitfalls and Imperatives : Applying the Lessons of Nuremberg to the Yugoslav War Crimes Trials", in : *Dickinson Journal of International Law* (Fall, 1995), vol. 14, pp. 71-73.
3 Philippe Sands (ed.), *From Nuremberg to The Hague*, Cambridge University press 2003, p. 83.

原则二

即使国内法不处罚在国际法上构成犯罪的行为，行为人的国际法责任也不能由此而得以免除。

原则三

个人以国家元首或负有责任的政府官员身份行事，实施了国际法上构成犯罪的行为，其官方地位不得作为免除国际法责任的理由。

原则四

依据政府或上级命令行事者，假如他能够进行道德选择，就不得免除其国际法责任。

原则五

任何因实施了国际法上的罪行而受到起诉的个人，都有权在事实和法律上得到公平的审判。

原则六

国际法上应受处罚的罪行是：

（一）违反和平罪

1. 计划、准备、发起或进行侵略战争或破坏国际条约、协定或承诺的战争；

2. 为完成上述第1项所述任何一种行为而参与的共同策划或共谋。

（二）战争罪

系指违反战争法规或战争习惯的罪行，包括但不限于，屠杀或虐待占领区平民，或以奴隶劳动为目的（或为其他任何某种目的）将平民从占领区（或在占领区内）放逐，屠杀或虐待战俘，屠杀或虐待海上人员，杀害人质，劫掠公私财产，肆意破坏城镇乡村，或无军事之必要而予以摧毁的行为。

（三）危害人类罪

包括在实施违反和平罪或战争罪的过程中，或与违反和平罪或战争罪相关的如下行为：对平民进行的屠杀、灭绝、奴役、放逐或其他非人道行为，或基于政治、种族或宗教的理由而进行的迫害。

原则七

实施上述违反和平罪、战争罪或危害人类罪过程中的共谋行为也是国际法上的罪行。[1]

纽伦堡审判及其确立的基本原则不仅具有持续的历史意义，而且对人类社会的今天和未来具有不同凡响的重要性，尤其是对国际法的发展产生了决定性和持续性的影响。[2] 具体而言，有如下几个方面。

（一）记录历史 警示未来

检察官杰克逊曾非常明确地指出纽伦堡审判的两大任务：其一，核实认定纳粹当局所犯的重大历史罪行的证据；其二，解释并规定新形成的国际法基本规则。杰克逊称："我们必须凭确实可信的证据来确定那些令人难以相信的犯罪事实……对全世界来说，纽伦堡法庭判决的重要性并不在于它怎样忠实地解释过去，它的价值在于如何认真地儆戒未来。"[3]

在此次审判中，法庭总共彻底审查了近10万份文件（其中包括3000多份原始材料）、10万英尺胶片以及2.5万张图片。控辩双方提交了3万份复印资料，打印出的页数多达5000万。整个庭审录像的胶片长达数英里，相

---

[1] 参见：Gabrielle Kirk McDonald & Olivia Swaak-Goldman (ed.), *Substantive and Procedural Aspects of International Criminal Law : the Experience of International and National Courts* (volume Ⅱ, Part 1, Documents and Cases), Kluwer Law International 2000, pp. 191-192；Christine Van den Wyngaert, *International Criminal Law : A Collection of International and European Instruments*, Kluwer Law International 2000, pp. 203-204.

[2] Hans-Peter Kaul, "The Nuremberg Legacy and the International Criminal Court – Lecture in Honor of Whitney R. Harris, Former Nuremberg Prosecutor", *Washington University Global Studies Law Review* (2013), vol. 12, p. 640.

[3] 参见〔民主德国〕P. A. 施泰尼格尔（编）：《纽伦堡审判》（上卷），王昭仁等译，商务印书馆1985年版，第2页。

关的磁带也有 4000 盘。已发表的庭审记录的副本有 17000 页。[1]

大量的控诉材料和堆积如山的证据向人们展现了希特勒政府的种种暴行。因此，该审判毫无疑问已将纳粹德国的罪行载入史册。然而，在审判前，反纳粹联盟国家的某几位领导人曾一度强烈反对以审判的形式清算纳粹罪行。如英国首相丘吉尔曾提出建议，一旦抓住主要战犯就将他们立即处死。他的主张还赢得了当时的美国总统罗斯福的支持。对苏联人而言，他们虽然主张审判，但只是想走个形式，结果当然是可以预知的了。[2]

面对诸多阻力和困难，盟国最终还是拉开了这场世纪审判的序幕。诚然，整个审判并不完美，还存在着一些缺陷。总之，在那样一个仇恨、报复甚嚣尘上的年代，纽伦堡审判毕竟用理性的笔记录下一个疯癫时代的终结。因此，大多数人（包括德国人在内）对审判的过程和结果都感到信服，认为纽伦堡审判实现了正义。这非常有利于铲除战后德国纳粹思想的遗毒。

此外，《国际军事法庭宪章》的第 9 条还规定了有关认定犯罪组织的内容，第 10 条和第 11 条还明确规定了对犯罪组织成员的审判。这些都从制度上为肃清德国战后的纳粹思想提供了可靠的保障。相关的数据统计显示出：战后盟军起诉德国战犯 7 万人，其中 3.6 万人被定罪，大批的胁从者被解职。其结果是，纳粹高官全部被清除出战后的军队和政府部门。

正是由于德国的历史问题得到了较为彻底的清算，才会出现 1970 年 12 月 7 日，联邦德国总理维利·勃兰特（Willy Brandt）访问华沙时，在纳粹受害者纪念碑前突然双膝跪下的感人一幕。在 1985 年纪念二战结束 40 周年之际，联邦德国总统魏茨泽克（Richard von Weizsäcker）明确表示：5 月 8 日是德国的解放日，因为德国人民在这一天从纳粹独裁统治下解放出来。虽然德国人做出的这些深刻反思不可能都是纽伦堡审判的功劳，但 70 年前的那场

---

1 Ann Tusa and John Tusa, *The Nuremberg Trial*, Macmillan 1983, pp. 487–488.
2 Philippe Sands (ed.), *From Nuremberg to The Hague : The Future of International Criminal Justice*, Cambridge University Press (2003), pp. 3–6.

世纪审判无疑在德国人的头脑里留下了深刻的印记。除了思想上的深刻反省外，德国在战争赔偿问题上的态度也很明确，先后向波兰、苏联、捷克斯洛伐克等受害国家以及受害的犹太民族进行了巨额赔偿，共计1000多亿马克。

与德国的深度反思大相径庭的是，日本右翼势力至今仍气焰嚣张。部分日本领导人不顾亚洲诸国的强烈反对坚持参拜靖国神社，右翼分子篡改历史教科书、否认南京大屠杀和随军慰安妇之事实、日本政府拒绝战争赔款……。人们不禁要问，在对待历史问题的态度上，两国的差距为何会如此巨大？其中原因极其复杂，但可以肯定的是，由美国主导的东京审判本身也要承担一定的历史责任。

战后，国际政治风云突变。进行东京审判时，冷战已初露端倪。在审判中，美国极力排挤苏联的影响，麦克·阿瑟将军成为幕后的操纵者。于是，美国实用主义的政治立场极大地影响着审判的进行。这主要体现在远东国际军事法庭的建立基础、法官的代表性、庭审程序的设置、刑罚的执行以及追究战犯的范围等诸多方面。[1]

由于东京审判自身存在诸多缺陷，一些日本人认为该审判是不公正的，是胜利者对战败者的宰割，是复仇的审判。此外，美国在战后不仅保留了日本最高的国家代表——天皇，甚至还容许一些甲级战犯重登政治舞台。[2] 这显然不利于日本公众对历史问题的反省。美国在广岛和长崎投放的原子弹，还给日本民众带来了巨大的身心伤害。于是，一些日本人便顺其自然地将战犯视为受害者，有些人甚至将他们奉为"民族英雄"。这与纳粹残余分子在德

---

[1] 首先，远东国际军事法庭的设立不是以条约为基础的，这给人为控制审判留有很大的余地。其次，在东京审判中，法官们代表各自的国家和政府，具有极强的政治色彩；而纽伦堡审判中的大多数法官保持了个人的独立性，有利于正义的实现。再次，东京审判庭审程序的设置也不合理，这给法官滥用司法裁量权埋下了伏笔。最后，由于美国支持日本天皇对所有战犯的赦免，日本战犯在20世纪50年代全部获得自由。参见：M. Cherif Bassiouni, "From Versaille to Rwanda in Seventy-Five Years: The Need to Establish a Permanent International Criminal Court", in: *Harvard Human Rights Journal*(1997), vol. 10, pp. 32–36.

[2] 比如甲级战犯重光葵（Shigemitsu Mamoru）于1954年12月出任日本外务首相；而另外一名甲级战犯嫌疑人岸信介（Kishi Nobusake）于1956年3月担任日本首相，任职到1960年7月。

国如过街老鼠人人喊打的处境相去甚远。

可见，纽伦堡审判是非常成功的。因为它不仅记录了历史，还有效地警示着未来。前事不忘，后事之师。事实证明，只有牢记历史、深刻反省才能赢得尊重，才会迎来和平、美好的明天。

（二）限制主权 保护人权

民族国家的主权观念发端于1648年的维斯特伐里亚和会。该和会结束了信仰新教和基督教国家间的战争。但不论是教皇还是皇帝都无权对地方君主（local sovereign）行使管辖权。国家间依旧战火频仍，世人饱受摧残。纽伦堡审判前的三百年，是绝对主权观念盛行的时代。面对民族国家及其领导人所发动的侵略战争，人们难以在当时的国际法中找到有效的遏制方法。国家元首可以毫无顾忌地对别国动武，民族国家对人权的侵犯也成为家常便饭，国际秩序混乱不堪。[1]

直至第二次世界大战，德国人民还一度被希特勒的"扩张主权即意味着更多安全"的谬论所蒙蔽。纳粹德国不择手段地侵略扩张，其结果是无数的德国人和其他国家的人民家破人亡、流离失所。一幕幕的历史惨剧警示着人们：绝对主权的滥用将导致绝对的不安全；而从某种程度上讲，限制主权就是保护人权。

如果说近代国际法滥觞于维斯特伐里亚和会，那么纽伦堡审判则成为当代国际法大发展的里程碑。尤其在限制国家主权、保护人权方面，纽伦堡审判所确立的诸原则为现代国际法开拓出一片广阔的天地。

纽伦堡审判体现了限制主权、保护人权的精神，从中可概括出如下原则：首先，审判认定主权国家发动侵略战争是违法的。从此，策划、发动侵略战争不再是国家行使主权的一部分。其次，个人也是国际法的主体。个体的行为没有被国家法所禁止，但却违背了国际法，仍要受到国际法的制裁。

---

[1] Henry T. King, Jr, "The Meaning of Nuremberg", in: *Case Western Reserve Journal of International Law*（1998），vol. 28, pp. 144-148.

因此，在犯下严重的国际罪行后，即使是国家领导人也不应以国家元首为由得到豁免，而是要承担国际法上的责任。最后，依据政府或上级命令行事者，假如能够进行道德选择，就不能免除其国际法上的责任。在纽伦堡审判中，对破坏和平罪和战争罪的认定就充分体现了上述限制国家主权的原则。

国际法对国家主权的限制，就为人权的国际保护提供了前提条件。在纽伦堡审判中，危害人类罪的首次适用就是一个例证。法庭的判决表明，个人在国家主权的控制和保护外还享有人权。这些人权是普遍性的，受到国际法的保护。因此，国家不得以主权为借口侵犯这些权利或庇护那些践踏上述人权的个人。罪行的实施者将受到国际法的惩罚。总之，纽伦堡审判向世人声明：在那些最为严重的国际罪行面前，受害者的人权应当得到国际法的保护，加害者则要承担连主权国家也无法为其开脱的国际法责任。[1]

纽伦堡审判揭开了国家主权的面纱，确立了个人得以在民族国家承认之外还享有普遍性权利的原则。这些原则立即得到了国际社会的广泛认可。1946年12月11日联合国大会第95（2）号决议通过了《纽伦堡原则》。该《原则》以国际法的形式将限制国家主权与人权的国际保护精神体现得淋漓尽致。

此后，在《世界人权宣言》（1948年）、《防止及惩治灭绝种族罪公约》（1948年）、《欧洲人权公约》（1950年）、《公民权利和政治权利国际公约》（1966年）、《经济、社会、文化权利公约》（1966年）、《战争罪及危害人类罪不适用法定时效公约》（1968年）、《美洲人权公约》（1969年）、《关于侦查、逮捕、引渡和惩治战争罪犯和危害人类罪犯的国际合作原则》（1973年）以及《危害人类和平及安全治罪法草案》（1996年）等几十个世界性、区域性的人权宣言和公约中，都闪烁着纽伦堡审判限制国家主权、保护人权的光辉。

就上述意义而言，20世纪40年代的纽伦堡审判具有一定的特殊性。纳粹德国被彻底打败，其主要战犯大都落入盟军手中。这样一来，国际社会便

---

1 Henry T. King, Jr, "The Limitations of Sovereignty from Nuremberg to Sarajevo", in : *Canada-United States Law Journal*（1994），vol. 20, p. 170.

能够及时追究主要战犯的责任，为审判的顺利开展打下了坚实的基础。在当代国际社会，人权与主权之争是一个非常敏感的话题。由于难以逾越主权的壁垒，惩罚滥用主权者的实际操作进展缓慢，许多严重的国际罪行没能得到及时有效的清算。尽管纽伦堡审判意味着绝对主权观念的终结，但国际人权保护的理想状态还远没有到来。

可见，如何在限制主权与保护人权的实践中找到理想的平衡点，成为全人类目前共同面对的一个难题。但至少我们已经认识到：国家主权是人权国际保护机制建立的前提或基础，人权国际保护又可以遏制国家滥用主权。国家主权与人权国际保护均是受限的。前者受国际法的限制，后者则以国际人权法的规定为限。国家主权与人权国际保护的关系，说穿了就是主权与人权的关系，二者之间是一种辩证统一的关系，不是对立关系。[1]

战后重新崛起的德国吸取了二战中的惨痛教训，认识到想要建设一个安全的欧洲就得对国家主权加以限制。德国通过转让部分主权，积极推动欧盟经济、文化与政治的一体化建设，并与其他欧洲国家一同缔造了著名的人权保护机构——欧洲人权法院。这些举措甚至赢得了宿敌法国的友谊和信任。由于欧盟的存在，德、法两国在诸多国际、国内事务上已形成休戚与共的关系。因此，以往两强间在战场上拼得你死我活的情景也许以后再也不会出现了。显然，德、法两国人民已成为"一个和平、繁荣的欧洲"的最大受益者。可以说，欧洲一体化建设的成功虽不具有普适性，但这无疑为世人提供了一个可供参考的有效模式。

（三）创立模范 导引审判

具有里程碑意义的纽伦堡审判为其后的国际刑事审判创立了学习、效仿的模范，并在理论和实践上发挥着引导作用。

在进行纽伦堡审判的过程中，远东国际军事法庭也于 1946 年 5 月 3 日开

---

[1] 朱晓青：《欧洲人权法律保护机制研究》，法律出版社 2003 年版，第 26—27 页。

庭审理日本甲级战犯。尽管东京审判存在着操作上的诸多不足，但远东国际军事法庭在性质、职责及管辖权方面与纽伦堡国际军事法庭基本一致。正如《远东法庭判决书》中所写："有鉴于两个法庭的宪章在一切重要方面完全相同，本法庭宁愿对纽伦堡法庭的意见表示无条件的支持，而不愿用不同的字句重新另写，以免敞开对两个写法不同的意见采取抵触的解释及争辩之门。"[1]

二战结束后，各国有识之士在联合国的带动下开始为筹建一个常设性国际刑事法院而努力。但是，随着冷战序幕的拉开，该计划一度搁浅。

1991年和1994年，前南斯拉夫与卢旺达境内相继爆发了各敌对种族团体间的武装冲突。联合国安理会分别于1993年和1995年成立了两个国际特别刑事法庭——前南斯拉夫国际刑事法庭（ICTY，法庭设在荷兰海牙）与卢旺达国际刑事法庭（ICTR，法庭分两部分，一部分在海牙，另一部分在卢旺达的邻国坦桑尼亚境内）对相关的责任人进行审判。这是继纽伦堡审判结束近50年后，诞生的另外两个国际刑事法庭。

与纽伦堡国际军事法庭相比，这两个法庭的审判在罪名的认定、保障被告的权利以及其他诉讼程序设置等方面有所发展[2]。但在一些基本原则（比如著名的"纽伦堡原则"）上，大都继承了纽伦堡审判的精华。同时，两个法庭的创建者也竭力克服纽伦堡审判的不足。[3] 然而，受制于经济、政治等诸多

---

[1] 王秀梅：《国际刑事法院研究》，中国人民大学出版社2002年版，第28页。
[2] 比如：后两个法庭将"灭绝种族罪"从"危害人类罪"中分离出来，更加突出了"灭绝种族罪"的重要性，而纽伦堡法庭将前罪包含在后罪之中；后两个法庭都没有上诉机构，而纽伦堡法庭却没有；后两个法庭的最高刑是一定年限的监禁刑，而纽伦堡法庭的最高刑是死刑；就监禁刑而言，后两个法庭所适用的刑期也要比纽伦堡法庭的刑期短；在后两个法庭的程序中，被告一定要到庭，不得缺席审判，而纽伦堡法庭允许缺席审判。参见：Henry T. King, Jr., "The Legacy of Nuremberg", in: *Case Western Reserve Journal of International Law* (2002), vol. 34, p. 350.
[3] 比如：有人认为纽伦堡审判是胜利者对战败者的审判，因为全部责任都由战败者承担，进而无法彻底地保证审判的公正性。在对前南被告的审判中，法庭是由安理会授权创建的。然而，安理会却不是以中立的第三方出现的，而是曾深度地介入到冲突之中。此外，法庭的检察官是由安理会选举出来的；而法官虽然是联大选出，但候选名单却是由安理会提交给联大的。因此，有学者认为，由于存在着安理会的影响，海牙法庭也难以保证自身彻底的公正性。参见：Michael P. Scharf, "Have We Really Learned the Lessons of Nuremberg?" in: *Military Law Review* (1995), vol. 149, p. 67.

因素，实际效果并不明显，甚至在审判的效率上还大不如纽伦堡审判。[1] 可见，国际特别刑事法庭在创建和运作上还存在着许多缺陷，它们并不是国际刑事审判机构的理想模式。

20世纪末，在国际社会的共同推动和长期努力下，建立常设国际刑事法院的时机日渐成熟。1998年7月17日，罗马外交官大会最终通过了具有划时代意义的《国际刑事法院规约》（简称《罗马规约》）。2002年7月1日该规约正式生效，标志着国际刑事法院（ICC）的诞生。《罗马规约》吸收、借鉴了许多以往国际刑事审判中确立的原则。作为人类历史上第一次规模空前的国际大审判，纽伦堡审判无疑为国际刑事法院的创建与运作打下了坚实的基础。因此，两个审判机构必然存在诸多相似之处。这主要体现在如下几个方面。

其一，两法庭都规定了战争罪和危害人类罪（《罗马规约》对这两个罪名的定义做出了很大的扩展）。其二，两法庭都向被告提供辩护律师的法律援助，纽伦堡法庭让被告选择辩护律师，费用由法庭承担；国际刑事法院则为那些没有律师的被告指定律师，如果无力支付则免费提供法律援助。其三，两法庭都接受传来证据，这很可能是由于两法庭都不采用陪审团制度的缘故。其四，两法庭都否认被告的官方职务可作为其免责的理由。最后，在对犯罪种类的规定上，两法庭都存在带有争议性的罪名，即纽伦堡审判中的发动侵略战争的共谋罪和国际刑事法院的侵略罪。不论在当时还是现在，这两个罪名都引起了诸多争议。[2]

当然，与纽伦堡国际军事法庭相比，50多年后产生的国际刑事法院自

---

[1] 后两个法庭的审判都曾不同程度地遇到了财政危机，并影响了审判的顺利进行。在政治上，波斯尼亚—塞尔维亚政府不承认法庭的管辖，在调查以及移交被指控人等方面拒绝合作。由于无法使被告到庭，诉讼在初始阶段进行得异常缓慢。此外，卢旺达新政府当时在审判的诸多问题上未能与安理会达成一致。尽管那时在押的犯罪嫌疑人达7.5万，但仍无法进行及时有效的审判。参见：M. Cherif Bassiouni, "From Versailles to Rwanda in : Seventy-Five Years : The Need to Establish a Permanent International Criminal Court", in : *Harvard Human Rights Journal*（1997）, vol. 10, p. 48.

[2] Tonya J. Boller, "The International Criminal Court : Better than Nuremberg?" in : *Indiana International & Comparative Law Review*（2003）, vol. 14, pp. 313-314.

然有其进步之处。比如，所有罪名都事先被规定在《罗马规约》中，这样就可以避免法庭"追溯既往"情况的发生。此外，在诉讼程序的设置以及证据认定的机制上，国际刑事法院显然更胜一筹。然而，这样一个获得了世界大多数国家认可的国际刑事审判机构，却遭到了美国的坚决抵制。令人费解的是，一向高呼保护人权的美国以往曾积极推动各个国际刑事法庭的创建。尤其在纽伦堡审判中，美国代表团更是有过出色的表现。于是，人们有可能产生这样的疑问：难道美国政府认为国际刑事法院还比不上半个世纪前创建的纽伦堡国际军事法庭吗？[1]

问题的关键在于，一旦加入《罗马规约》，国家主权就会受到一定程度的限制。而美国政府对此不肯作出任何让步。显然，美国在人权与主权问题上奉行的是"双重标准"。在纽伦堡审判中，主权受限的国家是德国，这也是盟国政府（包括美国在内）能酣畅淋漓地行使管辖权的重要原因。除去与纽伦堡审判性质相同的东京审判，前南和卢旺达国际刑事法庭管辖权的行使都在很大程度上无法逾越国家主权的壁垒。可见，特定的历史条件使纽伦堡审判具有某些"超前性"。从这个意义上说，纽伦堡审判堪称国际刑法史上的一个"宣言"，即使在今天仍具有导引作用。

（四）制止暴行 共承使命

纽伦堡审判的巨大历史意义毋庸置疑；然而，仅凭审判本身就能给世界带来永久的和平吗？

在冷战期间，大大小小的战争和武装冲突给世界带来的是累累伤痕。1945 年至 1992 年间，全世界经受了 24 次国与国之间的战争，使 662.3 万平民和军人丧生。内战、独立战争以及暴动共计 93 次，死亡 1551.3 万人。朝鲜、越南、柬埔寨、伊朗、伊拉克、中东地区、非洲、拉丁美洲、欧洲、阿富汗等

---

[1] Tonya J. Boller, "The International Criminal Court : Better than Nuremberg?" in : *Indiana International & Comparative Law Review* (2003), vol. 14, p. 314.

地战火频仍，不计其数的无辜平民成为战争及武装冲突的牺牲品。然而，面对这一幕幕惨剧，国际社会却袖手旁观，这不能不说是全人类的悲哀！[1]

那么，冷战结束后的20多年来，情况又如何呢？结果也许更令人失望。由于国际局势正处于单极化向多极化过度的转型期，世界上出现了诸多不安定因素。中东、伊拉克等敏感地区再次成为各种矛盾冲突的焦点。区域性的战争和武装冲突仍持续不断，平民饱受战火蹂躏。那些战争和武装冲突的发动者似乎并不担心自己有一天也会面对"纽伦堡"审判。

难道令"现代人"感到汗颜的仅仅是上文提到的这种局面吗？对于70多年前那几千万无辜的死难者，纽伦堡审判真的对纳粹罪行进行了"及时"的清算吗？其判决结果难道不是"迟来的正义"吗？！二战爆发前，国际社会对纳粹德国扩张和暴政的漠视发人深省。1933年至1938年间，德国纳粹分子攫取政权，不断膨胀扩张的野心，一步步地为实施侵略做各种准备，直至兵不血刃地吞并奥地利和捷克斯洛伐克。他们实施暴政，肆无忌惮地践踏人权，变本加厉地迫害犹太人……。在这整个过程中，那些自认为"文明"、"民主"的西方大国做了些什么？只有漠然和袖手旁观。然而，事实证明，冷漠的代价是何等惨重！[2]

审判是必要的，但却不是最为重要的。任何审判都只是"事后"行为。当无数手无寸铁的平民已惨死在纳粹屠刀下，审判的正义显然来得太迟了。面对那些独裁者的暴行，国际社会应该在第一时间作出反应，伸张正义，尽可能地予以制止，以避免更多悲剧的发生。有鉴于此，某些学者指出，已投入运作的国际刑事法院将会对一些严重的国际罪行起到一定的威慑作用。[3]然而，这一新生事物仍需时间的考验。

---

1 参见〔美〕约瑟夫·E.珀西科：《纽伦堡大审判》，刘巍等译，上海人民出版社2000年版，第446页；Benjamin B. Ferencz, "International Criminal Courts: The Legacy of Nuremberg", in: *Pace International Law Review*(1998), vol. 10, p. 203.
2 Rosalie Silberman Abella, "International Conference: The Instructive Power of Outrage: Remembering Nuremberg", in: *McGill Law Journal*(2000), vol. 46, pp. 118–119.
3 赵秉志编著：《国际刑事法院专论》，人民法院出版社2003年版，第6—7页。

20世纪见证了人类一些最伟大的成就和一些最无节制的破坏。它是一个使许多人的生活质量得到改善的世纪,然而也是一个使地球上很多地方走向衰退的世纪。第一次世界大战早已结束,有600万战士阵亡,4个幅员辽阔的帝国被摧毁。第二次世界大战接踵而来,这场战争中有4600万人丧生。随之而来的是军备竞赛、冷战和核时代。因此,只是记录了20世纪一小段悲剧史的纽伦堡审判,也无须背负太多的历史重担。毕竟,那次审判还是较好地完成了属于它的历史使命。

当新世纪的钟声敲响的那一刻,人类共同迎来了一个新的纪元。但是,面对着在短短一百年中曾饱受战火蹂躏的世界,我们的心情却无法释然。人们应当从历史中吸取教训,在暴行面前同仇敌忾,共同承担起维护世界和平的光荣使命。因为,血淋淋的事实曾多次向我们昭示:冷漠、无动于衷就是助纣为虐,袖手旁观者也是帮凶!这不仅让人想起16世纪英国诗人兼神学家约翰·唐恩的诗句:

  没有谁能像一座孤岛
  在大海里独踞
  每个人都像一块小小的泥土
  连接成整个陆地
  如果有一块泥土被海水冲击
  欧洲就会失去一角
  这如同一座山岬
  也如同你的朋友和你自己
  无论谁死了
  都是自己的一部分在死去
  因为我包含在人类这个概念里
  因此我从不问丧钟为谁而鸣
  它为我,也为你

附 录

一　伦敦协定*

（1945年8月8日）

大不列颠及北爱尔兰联合王国政府、美利坚合众国政府、法兰西共和国临时政府和苏维埃社会主义共和国联盟政府关于对欧洲轴心国首要战犯起诉和惩处的协定。

考虑到联合国历来公布的关于以追究战犯责任为目的的各项声明；

并考虑到1943年10月30日关于德国在被占领的欧洲各国土地上所犯暴行的莫斯科宣言的规定，即凡曾负责或同意进行暴行和犯罪活动的德国军官、士兵和德国民族社会主义工人党党员，都应当被解回到他们犯下可恶罪行所在地的国家，以便依照这些被解放的国家和在各该国建立的自由政府的法律予以判决；

还考虑到莫斯科宣言不应涉及首要战犯的集团，对他们所犯的罪行并不拘于特定的地域性，他们将依照各盟国政府的一项共同决定予以惩处的协议。

大不列颠及北爱尔兰联合王国政府、美利坚合众国政府、法兰西共和国临时政府和苏维埃社会主义共和国联盟政府（在本协定内被称为"签字国"）现经磋商并本着联合国全体会员的利益通过其合法的全权代表缔结如下协定：

---

* 摘自〔民主德国〕P. A. 施泰尼格尔（编）：《纽伦堡审判》（上卷），王昭仁等译，商务印书馆1985年版。同时参见：Gabrielle Kirk McDonald & Olivia Swaak-Goldman（ed.），*Substantive and Procedural Aspects of International Criminal Law：the Experience of International and National Courts*（volume Ⅱ，Part 1，Documents and Cases），Kluwer Law International 2000，并根据后者所载原始文件资料对前者翻译中出现的错误进行了修改。

第一条　依照德国管制委员会的决定应建立国际军事法庭以对战犯进行审判,对其所犯罪行不存在特定的地域性,不论其作为个人或作为组织或作为成员的身份,或两者兼而有之而被起诉者,均具有同等性质。

第二条　本协定所述国际军事法庭的设立、权限和任务均规定于所附的《国际军事法庭宪章》之中,宪章为本协定的基本组成部分。

第三条　各签字国均应采取必要步骤,以对掌握在其手中而应交付国际军事法庭审判的首要战犯进行起诉理由的调查,并为审判做好准备。签字国也应采取一切步骤,对不在各该签字国领土上的首要战犯为国际军事法庭的起诉理由和审判提供调查材料。

第四条　在莫斯科宣言中所规定的关于解送战犯至其犯下罪行所在地的国家的决定不受本协定影响。

第五条　[1]联合国各成员国政府得以通过外交途径向联合王国递交声明参加本协定,联合王国政府向其他签字国和其他已参加本协定的政府通知每一有关此类的参加。

第六条　为审判战犯而已经设置或即将设置在任何一个盟国领土上的或设置在德国的国家法庭或占领区法庭的权限和审判权的规章均不受本协定影响。

第七条　本协定自签字之日起生效,有效期应为一年。任何签字国有权通过外交途径提出废约通知,在此情况下,提出废约通知为期一个月内,本协定当继续保持有效。解约通知对本协定执行过程中业已进行的审理或业已作出的判决均不应产生影响。

签字代表在本协定上签字以资证明。文件一式四份,1945年8月8日签

---

[1] 依照第五条规定,已有19个联合国成员国政府声明参加本协定:希腊、丹麦、南斯拉夫、荷兰、捷克斯洛伐克、波兰、比利时、埃塞俄比亚、澳大利亚、洪都拉斯、挪威、巴拿马、卢森堡、海地、新西兰、印度、委内瑞拉、乌拉圭和巴拉圭。

订于伦敦。每份文件以英文、法文和俄文缮就，每一文本具有同等效力。

大不列颠及北爱尔兰联合王国政府代表

乔伊特（签字）

美利坚合众国政府代表

罗伯特·H. 杰克逊（签字）

法兰西共和国临时政府代表

罗贝尔·法尔科（签字）

苏维埃社会主义共和国联盟政府代表

I.T. 尼基钦科（签字）

阿·瑙·特莱宁（签字）

二　国际军事法庭宪章[*]

一、国际军事法庭的设立

第一条　为贯彻执行大不列颠及北爱尔兰联合王国政府、美利坚合众国政府、法兰西共和国临时政府和苏维埃社会主义共和国联盟政府在1945年8月8日缔结的协定应设立国际军事法庭（在本宪章中简称为"法庭"），以对欧洲轴心国的首要战犯进行公正而迅速的判决和惩处。

第二条　法庭由四名法官和四名助理法官组成，签字国各应任命一名法官和一名助理法官。助理法官应尽可能参加法庭的全部庭训。在法庭的某一法官因病或他所提出的其他无法执行其职务的情况下，由其助理法官代理之。

第三条　起诉当局、被告人或其辩护律师均不得对法庭、法官或助理法官申请回避。

各签字国出于健康方面的考虑以及其他具有充分理由的原因可以更换其法官或助理法官；但在审判过程中，法官仅能由其助理法官代替之。

第四条

（一）法庭进行审理和判决时，四名法官务须全体出席，或由助理法官代替缺席的法官出席。

---

[*]　摘自〔民主德国〕P. A. 施泰尼格尔（编）：《纽伦堡审判》（上卷），王昭仁等译，商务印书馆1985年版。同时参见：Gabrielle Kirk McDonald & Olivia Swaak-Goldman（ed.），*Substantive and Procedural Aspects of International Criminal Law：the Experience of International and National Courts*（volume Ⅱ，Part 1，Documents and Cases），Kluwer Law International 2000，并根据后者所载原始文件资料对前者翻译中出现的错误进行了修改。

（二）在审判开始前由法官推选庭长一人。庭长在审判期间履行其职务，如果未获至少三票同意的票数当另行决定。在连续进行审判时，庭长之职原则上轮流担任之。但庭训在四个签字国之一的范围中进行时，有关签字国的代表当担任庭长之职。

（三）除上述情况外，法庭以多数票作出决定。在票数相等时，庭长的投票具有决定性作用；对于判决和处刑必需具有至少三名法官的多数票。

第五条 在需要的情况下以及根据需判决案件的数量可以设立若干法庭；各法庭的设立、任务和审理应完全一致，并以本宪章的条款为基础。

二、权限和一般准则

第六条 依照本宪章第一条所称的协定以惩处欧洲轴心国首要战犯为目的而设立的法庭有权对为欧洲轴心国的利益而犯有下列罪行的所有人员进行审判和惩处，而不论其为个人或为某一组织或集团的成员。

对下列表现为犯罪的各种行为，或其中的任何一种行为，法庭均有权进行审判和惩处。犯有此类罪行者均应负个人责任：

（一）破坏和平罪：系指策划、准备、发动或进行侵略战争或违反国际条约、协定或保证的战争，或为实现上述行为而参与共同计划或共谋。

（二）战争罪：系指违反战争法规或战争习惯的罪行。这种违反行为包括（但并不限于）：屠杀或虐待占领区平民，或以奴隶劳动为目的，或为其他任何某种目的而将平民从被占领区或在被占领区内放逐，屠杀或虐待战俘或海上人员，杀害人质，掠夺公私财产，恣意破坏城镇乡村，或任何非属军事必要而进行的破坏。

（三）危害人类罪：系指在战争爆发以前或在战争期间对平民进行的屠杀、灭绝、奴役、放逐或其他非人道行为，[1] 或借口政治、种族或宗教的理由

---

[1] 此处所用逗号见 1945 年 10 月 6 日记录稿，以代替原英文本和法文本所使用的分号。

而犯的属于法庭有权受理的业已构成犯罪或与犯罪有关的迫害行为，不管该行为是否触犯进行此类活动的所在国的法律。

凡参与拟订或执行旨在犯有上述罪行之一的共同计划或共谋的领导者、组织者、发起者和同谋者，他们对为执行此类计划而犯罪的任何个人的一切行为均负有责任。

第七条 被告的官方职务，不论其为国家首脑或为政府某一部门的负责官员，均不应被作为免刑或减刑的理由。

第八条 被告遵照其政府或上级官员的命令行事的事实不能作为免刑的理由，但如按法庭的观点该行动具有充分根据者，可考虑作为减刑的理由。

第九条 在对任何集团或组织的个别成员进行审判时，法庭可以（在被告被判决与各该集团或组织的任何行为有联系的情况下）宣告被告所属的集团和组织为犯罪组织。

法庭在接受起诉以后，以其认为适当的形式宣布起诉当局准备提出申请，并根据本条款第一节条文予以公布。在此类情况下，该组织的任何成员均有权向法庭提出申请，听取有关该组织的犯罪性质的问题。法庭拥有核准或驳回此项申请之权。申请如被核准，法庭可规定申请人应以何种方式代理申请和听取陈述。

第十条 如某一集团或组织被法庭宣布为犯罪组织，任何签字国的国家主管当局均有权将从属某一此类犯罪组织的人员交付其国家法庭、军事法庭或占领区法庭提出诉讼。在此类情况下，该集团或组织的犯罪性质应该被认为已经证实，而不应有所异议。

第十一条 任何被法庭判决的个人均可因其作为某一犯罪集团或组织的成员犯有另一罪行而受到本宪章第十条所称的某一国家法庭、军事法庭或占领区法庭的起诉，上述法庭可以在被告判决的情况下对被告补充判刑，并且不受法庭由于被告参与上述集团或组织的犯罪活动而判处的刑罚的限制。

第十二条 法庭拥有对犯有本宪章第六条所列的某一罪行而被起诉的个

人执行缺席审判权,在被告未能出庭或出庭出于其他司法权益的原因而认为必需的情况下,可对被告缺席审理。

第十三条 法庭可为其本身审讯手续提出规则。这些规则不应与本宪章的规定相矛盾。

三、调查战争罪行和对首要战犯起诉的委员会

第十四条 每一签字国任命一名调查战争罪行和对首要战犯起诉的总检察官。

四名总检察官为如下目的组成一个委员会:

(一)为每一名总检察官及其助手制订一项工作计划;

(二)最后决定何人应被视为首要战犯,应被提出起诉;

(三)决定起诉和递交给法庭的文件;

(四)提出起诉和补充文件;

(五)起草本宪章第十三条所规定的审讯规则,并向法庭提出其草案。法庭有权经过修改或不经修改接受被建议的审讯规则或否定之。

委员会以多数票决定所有上述诸问题,并任命一名主席。委员会在举行相应会议时,应维护轮流主持会议的原则。

在何人应被判决为战犯,或某人因何种罪行应被判决的问题上出现表决票数相等的情况时,提出某人应被判决或对某人提出某种控告的一方之提议具有决定性作用。

第十五条 各总检察官不论在独立工作中,或是在相互共同合作中,均应履行如下各项任务:

(一)审查、搜集以及在主要审理工作开始之前或在主要审理工作进行过程中向法庭提交所有必要的证明材料;

(二)准备起诉,并依据本宪章第十四条第三款的规定,将起诉提交委员会批准;

（三）对所有必要的证人和被告取得初步一致意见；

（四）在法庭上以起诉当局的身份进行工作；

（五）为履行某种任务指派代表；

（六）采取其他一切总检察官认为对审判的准备和进行有必要的步骤。处于某一签字国掌握之中的任何证人或被告，没有该签字国的同意，均不得撤销其支配权。

四、对被告的公正审判

第十六条 为维护被告的权利应采取如下办法：

（一）起诉应包括所有构成控告事实的细节。起诉以及所有与之有关文件的副本应在审判开始前适当时间以被告所能理解的语言交付给被告。

（二）被告在预审过程中或在正式审理过程中应有权对向他提出的任何控告发表与之相关的申述。

（三）对被告的预审和正式审理应以被告懂得的一种语言或译成被告懂得的一种语言进行之。

（四）被告有权亲自为其本人辩护或放弃为其本人辩护。

（五）被告有权亲自准备或通过其辩护律师准备为其本人辩护的证明材料，并在盘问中听取起诉当局所传唤的任何证人的证词。

五、法庭的权利和审判程序

第十七条 法庭有权：

（一）为正式审讯传唤证人，要求证人出席并作证，向证人提出问题；

（二）对被告进行审问；

（三）要求提出文件或其他证明材料；

（四）要求证人宣誓；

（五）委派代表执行法庭所赋予的任务，包括根据委托而对证据进行调查。

第十八条　法庭有责任：

（一）严格把审判限于起诉书提出的起诉理由的迅速审理方面；

（二）采取严格措施以避免任何足以造成不必要拖延的行为，并驳回任何无关紧要的问题和申明；

（三）对行为不检追究责任而处以适当惩罚，包括剥夺被告或其辩护人的个别诉讼活动或继续进行的全部诉讼活动；但不应由此而妨碍对指控进行的适当辩论。

第十九条　法庭不受证据范围的约束，法庭应在广大范围里采取迅速而不徒具形式的办法，并认可对法庭具有证明价值的任何证明材料。

第二十条　法庭可以在证据提出之前要求报告证明材料的性质，以便判断该材料的重要性。

第二十一条　法庭不必对众所周知的事实要求提出证据，而应根据职权了解此类事实真相；有关此点包括政府的公开文件与联合国的报告，也包括各盟国为调查战争罪行而设置的委员会的活动和文件以及联合国任何成员国的军事法庭或其他法庭的记录和判决。

第二十二条　法庭的常设地点为柏林。法官和总检察官的第一次会议在柏林举行，具体地点由德国管制委员会制定。

第一次审判在纽伦堡举行，以后继续进行审判的地点由法庭决定之。

第二十三条　总检察官之一人或数人得以在审判时代表起诉。总检察官的各项任务可以由其本人或由其授予全权的一人或数人行使之。

被告的辩护可以由按被告本人申请的人员担任之，该人员有权作为法律辩护人出席其本国法庭，或由其他任何经法庭特别指定担任辩护的人员出庭辩护。

第二十四条　审理应按如下程序进行：

（一）宣读起诉书。

（二）法庭询问每一被告本人是否承认有罪或否认有罪。

（三）起诉当局提出初步说明。

（四）法庭询问起诉当局和辩护方面，是否希望向法庭提供证据和提供何种证据，并裁定任何证据的可接受性。

（五）听取起诉当局的作证；在此以后听取辩护方面的作证；然后调查为法庭所接受而由起诉当局或辩护方面提出的反证。

（六）法庭可以在任何时候向证人或被告提出问题。

（七）起诉当局和辩护人应对任何作证的证人和被告严加诘询，并有权听取对证人和被告的盘问。

（八）然后由辩护方面发言。

（九）起诉当局在辩护人之后发言。

（十）被告作最后发言。

（十一）法庭宣告判决和刑罚。

第二十五条 所有官方文件必须提供英文、法文和俄文的文本以及被告使用语言的文本，审讯必须以上述语言进行之。在法庭认为有需要顾及法庭审判和公共舆论权益的情况下，审讯记录一般应译成法庭在开庭国家的该国文字。

六、判决和刑罚

第二十六条 法庭关于宣判被告有罪或无罪的判决应包括判决所依据的理由。判决为最终的和无可争辩的。

第二十七条 法庭有权对被认为有罪的被告宣判死刑或其他与之相适应的刑罚。

第二十八条 为对任何强制执行的刑罚的补充，法庭可没收被判罪者全部掠夺而得的财产，并规定交给德国管制委员会。

第二十九条 判决书按德国管制委员会的规章执行之。管制委员会得以在任何时候减轻判决或以其他方式修改判决；但不得加重刑罚。

如果德国管制委员会在被告宣判以后获得新的证据材料，并认为该材料足以构成新的起诉根据时，管制委员会应向依据本宪章第十四条所设置的委员会报告上述情况，俾使该委员会得以采取与法庭审判权益相一致的步骤。

七、经费

第三十条 法庭以及审理的经费由各签字国承担，并且从德国管制委员会提供的经费基金中支付。

三 起诉书（摘录）*

起诉理由

一、美利坚合众国、法兰西共和国、大不列颠及北爱尔兰联合王国和苏维埃社会主义共和国联盟依法任命签字人——罗伯特·H.杰克逊、弗朗索瓦·德芒东、哈特利·肖克罗斯和罗·A.鲁登科——各为其本国政府的代表，以对首要战犯的指控进行调查，并对他们的指控进行起诉。

为履行1945年8月8日《伦敦协定》和该协定所附的法庭宪章，上述政府指控下列人员犯有破坏和平罪、战争罪和危害人类罪，正如法庭宪章为这些罪行所规定的定义，就如下申述的意义而言，指控他们作为个人，以及作为下面提到的各集团和组织的成员，为犯上述诸罪而进行了共同策划和共谋，并根据下面所引证的各点相应地对他们提出起诉。

被指控和被起诉的人员为：赫尔曼·威廉·戈林、鲁道夫·赫斯、约阿希姆·冯·里宾特洛甫、罗伯特·莱伊、威廉·凯特尔、恩斯特·卡尔滕布龙纳、阿尔弗雷德·罗森堡、汉斯·弗兰克、威廉·弗里克、尤利乌斯·施特赖歇尔、瓦尔特·冯克、雅尔马·沙赫特、古斯塔夫·克虏伯·冯·博伦·哈尔巴赫、卡尔·邓尼茨、埃里希·雷德尔、巴尔杜尔·冯·席拉赫、弗里茨·绍克尔、阿尔弗雷德·约德尔、马丁·博尔曼、弗朗茨·冯·巴

---

* 摘自〔民主德国〕P. A.施泰尼格尔（编）：《纽伦堡审判》（上卷），王昭仁等译，商务印书馆1985年版。

本、阿图尔·赛斯-英夸特、阿尔贝特·施佩尔、康斯坦丁·冯·牛赖特和汉斯·弗里切。

二、下列（在此期间业已被解散的）各集团和组织，由于为达到其与各该被告——均系各集团和组织的成员——的判罪有关的目的而采取的方法和手段，应宣布为犯罪的集团和组织，它们是：德国内阁、德国民族社会主义工人党政治领袖集团、包括保安勤务处（通常被称为"SD"）在内的德国民族社会主义工人党党卫队（通常被称为"SS"）、秘密警察（通常被称为"盖世太保"）、冲锋队（通常被称为"SA"）以及参谋总部和国防军最高统帅部。上述各集团和组织的性质以及各该集团和组织的归属将在后面的附件B中详加规定。

起诉理由之一

共同策划或密谋

宪章第六条，特别是第六条第一款……

起诉理由之二

破坏和平罪

宪章第六条第一款……

起诉理由之三

战争罪

宪章第六条，特别是第六条第二款……

起诉理由之四

危害人类罪

宪章第六条，特别是第六条第三款……

确定各罪犯的个人责任；列举起诉理由
之一、之二、之三和之四

在每一被告个人名字之下所列的报告包括有起诉当局依照法庭宪章第六条据以确定各罪犯个人责任的犯罪事实。

赫尔曼·戈林（Hermann Goering）

被告戈林在1932年到1945年期间曾为德国民族社会主义工人党党员、冲锋队队长、党卫队将军、德国国会议员和议长、普鲁士内政部长、普鲁士警察总监、普鲁士秘密警察首脑、普鲁士枢密院首席顾问、四年计划的全权代表、德国航空部长、德国国防委员会主席、秘密内阁会议成员、赫尔曼·戈林康采恩的首脑，并曾是希特勒指定的继任人。

被告戈林以如下方式利用上述种种职务、其个人影响及其与领袖的密切关系：他促成了起诉理由之一所列举的纳粹密谋分子的夺取政权，并巩固了纳粹分子对德国的控制，他还策动了起诉理由之一所列举的对战争的军事准备和经济准备；他参与了起诉理由之一和之二所列举的由纳粹密谋分子所发动的侵略战争以及违反国际条约、国际协定和国际保证的战争的策划和准备；他批准、领导并参与了起诉书起诉理由之三所列举的战争罪和起诉书起诉理由之四所列举的危害人类罪，其中包括了对人和财产所犯的许多不同形式的罪行。

约阿希姆·冯·里宾特洛甫（Joachim von Ribbentrop）

被告里宾特洛甫在1932年到1945年期间曾为德国民族社会主义工人党党员、纳粹国会议员、领袖外交顾问、德国民族社会主义工人党对外事务代表、裁军问题的德国特别代表、特别大使、驻伦敦大使、里宾特洛甫办事处的组织者和领导人、德国外交部部长、秘密内阁会议成员、领袖大本营政治参谋部成员，并为党卫队将军。

被告里宾特洛甫利用上述种种职务、其个人影响及其与领袖的亲密关系达到了如下程度：他促成了起诉理由之一所列举的纳粹密谋分子的夺取政权；他还策动了起诉理由之一所列举的战争准备工作；他参与了起诉理由之一和之二所列举的由纳粹密谋分子所发动的侵略战争以及违反国际条约、国际协定和国际保证的战争的策划和准备；他执行了起诉理由之一所列举的与领袖原则相一致的纳粹密谋分子的外交计划或承担了执行上述计划的责任；他批准、领导并参与了起诉理由之三所列举的战争罪和起诉理由之四所列举的危害人类罪，其中包括了对人和财产所犯的许多不同形式的罪行。

鲁道夫·赫斯（Rudolf Hess）

被告赫斯在 1921 年到 1941 年期间曾为德国民族社会主义工人党党员、副领袖、德国不管部部长、德国国会议员、德国国防委员会委员、秘密内阁成员、被指定为继被告戈林之后的领袖继任人、党卫队将军，并为冲锋队将军。

被告赫斯利用上述种种职务、其个人影响及其与领袖极为密切的关系达到了如下程度：他促成了起诉理由之一所列举的纳粹密谋分子的夺取政权，并巩固了纳粹分子对德国的控制，他还策动了起诉理由之一所列举的对战争的军事准备、经济准备和心理准备；他参与了起诉理由之一和之二所列举的侵略战争以及违反国际条约、国际协定和国际保证的战争的政治策划和准备；他参与了起诉理由之一所列举的纳粹密谋分子外交计划的准备和策划；他还批准、领导并参与了起诉理由之三所列举的战争罪和起诉理由之四所列举的危害人类罪，包括了对人和财产所犯的许多不同形式的罪行。

恩斯特·卡尔滕布龙纳（Ernst Kaltenbrunner）

被告卡尔滕布龙纳在 1932 年到 1945 年期间曾为德国民族社会主义工人

党党员、党卫队将军、德国国会议员、警察部队将军,并为维也纳、下奥地利和奥地利的警察局长、德国中央保安局局长、保安警察和保安处首脑。

被告卡尔滕布龙纳利用上述种种职务及其个人影响达到了如下程度:他策动了起诉理由之一所列举的在暴力吞并奥地利之后对奥地利控制的巩固;他批准、领导并参与了起诉理由之三所列举的战争罪和起诉理由之四所列举的危害人类罪,特别是在集中营体系中所显示的危害人类罪。

阿尔弗雷德·罗森堡(Alfred Rosenberg)

被告罗森堡在1920年到1945年期间曾为德国民族社会主义工人党党员、纳粹国会议员、德国民族社会主义工人党世界观和外交政策负责人、纳粹报刊《民族观察家报》和《民族社会主义月刊》的总编、纳粹党外交政策局局长、纳粹党全部文化和世界观教导事务特别代表、东部占领区部长、"罗森堡特别办事处"的组织者、党卫队和冲锋队将军。

被告罗森堡利用上述种种职务、其个人影响及其与领袖的密切关系达到了如下程度:他发展、散布并充实了起诉理由之一所提及的纳粹密谋分子的理论;他促成了起诉理由之一所列举的纳粹密谋分子的夺取政权,并巩固了纳粹分子对德国的控制;他策动了如起诉理由之一所列举的战争的心理准备;他参与了起诉理由之一和之二所列举的侵略战争以及违反国际条约、国际协定和国际保证的战争的政治策划和准备;他批准并领导了起诉理由之三所提及的战争罪和起诉理由之四所提及的危害人类罪,其中包括了对人和财产所犯的许多不同形式的罪行,他还参与了上述各种犯罪活动。

汉斯·弗兰克(Hans Frank)

被告弗兰克在1932年到1945年期间曾为德国民族社会主义工人党党员、党卫队将军、德国国会议员、德国不管部部长、德国司法统一调整全权代表、国际法律协会主席、德国法学院院长、罗兹民政长官以及西普鲁士、波森、罗兹和克拉科夫地区军事管制长官和波兰占领区总督。

被告弗兰克利用上述种种职务、其个人影响及其与领袖的密切关系达到了如下程度：他促成了起诉理由之一所列举的纳粹密谋分子的夺取政权，并巩固了纳粹分子对德国的控制；他批准并领导了起诉理由之三所提及的战争罪和起诉理由之四所提及的危害人类罪，特别是在管辖占领区时所犯的战争罪和危害人类罪，并参与了上述各种犯罪活动。

马丁·博尔曼（Martin Bormann）

被告博尔曼在1925年到1945年期间曾为德国民族社会主义工人党党员、德国国会议员、冲锋队区分部领导成员、"德国民族社会主义工人党救济基金"的创始人兼领导者、纳粹党全国领袖、副领袖办公室主任、党内法庭审判长、领袖秘书、国防委员会委员、人民冲锋队的组织者兼领导人、党卫队将军和冲锋队将军。

被告博尔曼利用上述种种职务、其个人影响及其与领袖的密切关系达到了如下程度：他促成了起诉理由之一所列举的纳粹密谋分子的夺取政权，并巩固了纳粹分子对德国的控制；他策动了起诉理由之一所列举的战争准备；他批准并领导了起诉理由之三所提及的战争罪和起诉理由之四所提及的危害人类罪，其中包括了对人和财产所犯的许多不同形式的罪行，他还参与了上述各种犯罪活动。

威廉·弗里克（Wilhelm Frick）

被告弗里克在1932年到1945年期间曾为德国民族社会主义工人党党员，纳粹党全国领袖，党卫队将军，德国国会议员，德国内政部长，普鲁士内政部长，德国选举事务特别代表，德国行政事务全权总代表，奥地利和德国重新统一中央办公室主任，合并苏台德区、梅梅尔、但泽、东部合并地区、欧本、马勒梅迪和英雷内等地区的中央办公室主任，波希米亚和摩拉维亚保护地区中央办公室主任,下施蒂里亚、上克恩顿、挪威、阿尔萨斯-洛林和其他所有占领区的总督,波希米亚和摩拉维亚的保护长官。

被告弗里克利用上述种种职务、其个人影响及其与领袖的密切关系达到了如此程度:他促成了起诉理由之一所列举的纳粹密谋分子的夺取政权,并巩固了纳粹分子对德国的控制;他参与了起诉理由之一和之二所列举的侵略战争以及违反国际条约、国际协定和国际保证的战争的策划和准备;他批准和领导了起诉理由之三所提及的战争罪和起诉理由之四所提及的危害人类罪,特别是在占领区对人和财产所犯的罪行,他还参与了上述各种犯罪活动。

罗伯特·莱伊(Robert Ley)

被告莱伊在1932年到1945年期间曾为德国民族社会主义工人党党员、纳粹党全国领袖、德国民族社会主义工人党组织负责人、德国国会议员、德国劳工阵线领导人、冲锋队将军,并为外籍工人中央管理局筹组成员。

被告莱伊利用上述种种职务、其个人影响及其与领袖的密切关系达到了如此程度:他促成了起诉理由之一所列举的纳粹分子的夺取政权,并巩固了纳粹分子对德国的控制;他策动了起诉理由之一所列举的战争准备;他批准和领导了起诉理由之三所提及的战争罪和起诉理由之四所提及的危害人类罪,特别是在发动侵略战争中滥用人的劳动所犯的战争罪和危害人类罪,他还参与了上述各种犯罪活动。

弗里茨·绍克尔(Fritz Sauckel)

被告绍克尔在1921年到1945年期间曾为德国民族社会主义工人党党员、纳粹党图林根大区领袖兼地方长官、国会议员、四年计划期间劳动力调配全权总代表、与被告莱伊一起担任管理外籍工人全国办事处主任、党卫队和冲锋队将军。

被告绍克尔利用上述种种职务及其个人影响达到了以下程度：他促成了起诉理由之一所列举的纳粹密谋分子的夺取政权；他参与了正如起诉理由之一和之二所列举的侵略战争以及表现为违反国际条约、国际协定和国际保证的战争的经济准备工作；他批准和领导了起诉理由之三所列举的战争罪和起诉理由之四所列举的危害人类罪，特别是所犯的强迫占领区居民在各被占领的国家和德国当作奴隶劳工从事劳动的战争罪和违反人道原则的罪行，他还参与了上述各种犯罪活动。

阿尔贝特·施佩尔（Albert Speer）

被告施佩尔在1932年到1945年期间曾为德国民族社会主义工人党党员、纳粹党全国领袖、德国国会议员、德国军备和战时生产部部长、托特组织[1]负责人、四年计划全国办事处军备生产全权总代表和军备委员会主席。

被告施佩尔以如下方式利用上述种种职务及其个人影响：他参与了起诉理由之一和之二所列举的纳粹密谋分子发动的侵略战争以及表现为违反国际条约、国际协定和国际保证的战争的军事方面和经济方面的策划和准备；他批准和领导了起诉理由之三所列举的战争罪和起诉理由之四所列举的危害人类罪，特别是在推行侵略战争期间滥用和驱使人力从事强制劳动，他并参与了上述种种犯罪活动。

瓦尔特·冯克（Walter Funk）

被告冯克在1932年到1945年期间曾为德国民族社会主义工人党党员、希特勒的经济顾问、德国国会议员、德国政府新闻发布官、德国国民教育和宣传部国务秘书、德国经济部长、普鲁士经济部长、德意志国家银行总裁、德国国防委员会经济全权总代表兼委员。

---

1 托特组织，系由工程师弗里茨·托特所主持的筑造防御工事、军用公路等战争工程的组织，其主要活动是在占领区筑造诸如大西洋防线和军用公路之类的工程。

被告冯克以如下方式利用其上述种种职位、其个人影响及其与领袖的密切关系：他促成了如起诉理由之一所列举的纳粹密谋分子的夺取政权，并巩固了纳粹分子在德国的权力；他参与了如起诉理由之一和之二所列举的纳粹密谋分子发动的侵略战争以及表现为违反国际条约、国际协定和国际保证的战争的军事方面和经济方面的策划和准备；他批准和领导了起诉理由之三所列举的战争罪和起诉理由之四所列举的危害人类罪，特别是与被占领区的经济掠夺有关的对人和财产所犯的罪行，他还参与了上述种种犯罪活动。

雅尔马·沙赫特（Hjalmar Schacht）

被告沙赫特在1932年到1945年期间曾为德国民族社会主义工人党党员、德国国会议员、德国经济部长、德国不管部部长和德意志国家银行总裁。

被告沙赫特以如下方式利用其上述种种职位、其个人影响及其与领袖的密切关系：他促成了如起诉理由之一所列举的纳粹密谋分子的夺取政权，并巩固了纳粹分子对德国的控制；他推动了起诉理由之一所列举的对战争的准备；他参与了起诉理由之一和之二所列举的侵略战争以及表现为违反国际条约、国际协定和国际保证的战争的军事的和经济的策划和准备。

弗朗茨·冯·巴本（Franz von Papen）

被告巴本在1932年到1945年期间曾为德国民族社会主义工人党党员、德国国会议员、德国总理、副总理、萨尔区特别全权代表、与梵蒂冈罗马教皇的谈判者、驻维也纳大使和驻土耳其大使。

被告巴本利用其上述种种职位、其个人影响及其与领袖的密切关系达到了如此程度：他促成了如起诉理由之一所列举的纳粹密谋分子的夺取政权，并巩固了纳粹分子在德国的权力的活动；他策动了如起诉理由之一所列举的战争准备，并参与了如起诉理由之一和之二所列举的纳粹密谋分子发动的侵略战争以及表现为违反国际条约、国际协定和国际保证的战争的政治策划和准备。

古斯塔夫·克虏伯（Gustav Krupp）

被告克虏伯在1932年到1945年期间曾为弗里德里希·克虏伯股份公司经理，经济计划总委员会委员，德国工业全国联合会主席，德国经济部下属的煤、铁和金属生产组组长。

被告克虏伯利用上述种种职务、其个人影响及其与领袖的关系达到了如此程度：他促成了起诉理由之一所列举的纳粹密谋分子的夺取政权，并加强和巩固了纳粹分子对德国的控制；他推动了如起诉理由之一所列举的战争的准备。他参与了如起诉理由之一和之二所列举的纳粹密谋分子对侵略战争以及对违反国际条约、国际协定和国际保证的战争的军事的和经济的计划和准备；他批准和领导了如起诉理由之三所列举的战争罪和如起诉理由之四所列举的危害人类罪，特别是为进行侵略战争而剥削和滥用人的劳动，他并参与了上述种种犯罪活动。

康斯坦丁·冯·牛赖特（Konstantin von Neurath）

被告牛赖特在1932年到1945年期间曾为纳粹党员、党卫队将军、德国国会议员、德国部长、德国外交部部长、秘密内阁主席、波希米亚和摩拉维亚的保护长官。

被告牛赖特利用其上述种种职位、其个人影响及其与领袖的密切关系达到了如此程度：他促成了如起诉理由之一所列举的纳粹密谋分子的夺取政权，他加强和巩固了如起诉理由之一所列举的发动战争的准备；他参与了如起诉理由之一和之二所列举的纳粹分子进行侵略战争以及进行违反国际条约、国际协定和国际保证的战争的政治策划和准备。他遵循领袖原则负有如起诉理由之一所列举的执行纳粹密谋分子外交计划的责任；他批准和领导了如起诉理由之三所列举的战争罪和如起诉理由之四所列举的危害人类罪，他并参与了上述种种犯罪活动，特别包括在占领区对人和财产所犯的罪行。

巴尔杜尔·冯·席拉赫（Baldur von Schirach）

被告席拉赫在1924年到1945年期间曾为纳粹党员、德国国会议员、冲锋队最高领导指挥部全国青年领袖、纳粹党全国青年教育处处长、全国青年领袖、希特勒青年团负责人、德国国防委员会委员、维也纳总督兼纳粹党大区领袖。

被告席拉赫利用其上述种种职位、其个人影响及其与领袖的密切关系达到了如此程度：他促成了如起诉理由之一所列举的纳粹密谋分子的夺取政权，并巩固了纳粹分子对德国的控制；他加强并巩固了如起诉理由之一所列举的为进行战争和为纳粹所控制的组织的军事化的心理准备和教育准备；他批准和领导了如起诉理由之四所列举的危害人类罪，特别是对犹太人所采取的敌视措施，他并参与了上述种种犯罪活动。

阿图尔·赛斯-英夸特（Seyss-Inquart）

被告赛斯-英夸特在1932年到1945年期间曾为纳粹党员、党卫队将军、奥地利枢密院顾问、奥地利内政部长兼保安部长、奥地利联邦总理、德国内阁成员、德国不管部部长、南波兰民政长官、波兰占领区副总督、荷兰占领区总督。

被告赛斯-英夸特利用上述种种职位及其个人影响达到了如此程度：他促成了如起诉理由之一所列举的纳粹密谋分子对奥地利的占领、合并和控制；他参与了如起诉理由之一和之二所列举的纳粹密谋分子对侵略战争以及对违反国际条约、国际协定和国际保证的战争的政治策划和准备；他批准和领导了如起诉理由之三所列举的战争罪和如起诉理由之四所列举的危害人类罪，包括对人和财产所犯的许多不同形式的罪行，他还参与了上述各种犯罪活动。

尤利乌斯·施特赖歇尔（Julius Streicher）

被告施特赖歇尔在1932年到1945年期间曾为纳粹党员、德国国会议员、冲锋队将军、纳粹党弗兰肯大区领袖、反犹太人报纸《冲锋队员》主编。

被告施特赖歇尔利用上述种种职位、其个人影响及其与领袖的密切关系达到了如此程度：他促成了如起诉理由之一所列举的纳粹密谋分子的夺取政权，并巩固了纳粹分子对德国的控制；他批准和领导了如起诉理由之四所列举的危害人类罪，特别是如起诉理由之一和之四所列举的煽动了对犹太人的迫害，他还参与了上述各种犯罪活动。

威廉·凯特尔（Wilhelm Keitel）

被告凯特尔在1938年到1945年期间曾为德国国防军最高统帅部长官、秘密内阁会议成员、德国国防委员会委员，并为陆军元帅。

被告凯特尔利用上述种种职位、其个人影响及其与领袖的亲密关系达到了如此程度：他促成了如起诉理由之一所列举的发动战争的军事准备。他参与了如起诉理由之一和之二所列举的纳粹密谋分子对侵略战争以及对违反国际条约、国际协定和国际保证的战争的政治策划和准备；如起诉理由之二所列举的，他对执行侵略战争以及对违反国际条约、国际协定和国际保证的战争计划负有责任，并执行了纳粹密谋分子的这一计划；他批准和领导了如起诉理由之三和之四所列举的战争罪和危害人类罪，特别是与战俘和被占领区和平居民的恶劣待遇有关的战争罪和危害人类罪，他还参与了上述各种犯罪活动。

阿尔弗雷德·约德尔（Alfred Jodl）

被告约德尔在1932年到1945年之间曾为国防军作战处中校、上校、国防军最高统帅部作战局局长、陆军少将、国防军参谋总部参谋长、陆军中将。

被告约德尔利用上述种种职位、其个人影响及其与领袖的密切关系达到了如此程度：他促成了如起诉理由之一所列举的纳粹密谋分子的夺权活动，并巩固了纳粹分子对德国的控制；他加强和巩固了如起诉理由之一所列举的战争准备；他参与了如起诉理由之一和之二所列举的纳粹密谋分子对侵略战争以及对违反国际条约、国际协定和国际保证的战争的军事策划和准备；他批准和领导了如起诉理由之三所列举的战争罪和起诉理由之四所列举的危害人类罪，包括对人和财产所犯的许多不同形式的罪行，他还参与了上述各种犯罪活动。

埃里希·雷德尔（Erich Raeder）

被告雷德尔在1928年到1945年期间曾为德国海军总司令、海军上将、海军元帅、德国海军总监和秘密内阁会议成员。

被告雷德尔利用上述种种职位及其个人影响达到了如下程度：他推动了如起诉理由之一所列举的战争准备；他参与了如起诉理由之一和之二所列举的纳粹密谋分子对侵略战争以及违反国际条约、国际协定和国际保证的战争的政治策划和准备。他执行了如起诉理由之一和之二所列举的纳粹密谋分子发动的侵略战争以及对违反国际条约、国际协定和国际保证的战争的计划，并对这一计划的执行负有责任；他批准和领导了如起诉理由之三所列举的战争罪，特别是海战中的战争罪，他还参与了上述各种犯罪活动。

卡尔·邓尼茨（Karl Doenitz）

被告邓尼茨在1932年到1945年期间曾为韦迪根潜艇分舰队司令、潜艇舰队司令、海军中将、海军上将、海军元帅和德国海军总司令、希特勒的顾问，并为希特勒的继任人，任德国政府首脑。

被告邓尼茨利用上述种种职位、其个人影响及其与领袖的密切关系达到了如此程度：他策动了如起诉理由之一所列举的战争准备；他参与了如起诉理由之一和之二所列举的纳粹密谋分子对侵略战争以及对违反国际条约、国际协定和国际保证的战争的军事策划和准备；他批准和领导了如起诉理由之三所列举的战争罪，特别是在海上对人和财产所犯的罪行，他还参与了上述各种犯罪活动。

汉斯·弗里切（Hans Fritzsche）

被告弗里切在1933年到1945年期间曾为纳粹党员、德国官方新闻局总编、广播系统的负责人和德国宣传部新闻司司长、德国宣传部部务委员、纳粹党宣传部广播司司长、大德意志广播电台政治组织全权代表。

被告弗里切利用上述种种职位及其个人影响达到了如此程度：他如起诉理由之一所列举的散布和利用了纳粹密谋分子的基本原则；他曾为纳粹分子所犯的战争罪进行辩护，鼓动和煽动他们去犯如起诉理由之三所列举的战争罪和如起诉理由之四所列举的危害人类罪，特别是鼓动和煽动反犹太人的各种措施以及对占领区进行肆无忌惮的剥削的罪行。

确定各集团和组织的罪行

下列对在起诉书中被提及并应被宣告为犯罪集团和犯罪组织的每个集团和组织所做的说明业已构成起诉当局确定各该集团或组织的犯罪性质的材料。

德国内阁

在起诉中提及的"德国内阁"系由如下人员所构成：

（1）1933年1月30日——亦即在希特勒就任德意志共和国总理之日——以后成立的正式内阁成员。本处所用"正式内阁"一词的意义为：德国部长，亦即中央政府管辖部门的负责首长；德国不管部部长；担任部长职务的国务部长以及其他有资格参加内阁会议的官员。

（2）德国国防委员会委员。

（3）秘密内阁会议成员。

在上述职务中供职的人员作为集团在德国政府系统中享有位于领袖以下的最高立法、执行和管理等方面的政治权力，并且在这些方面发挥了重要的作用。因此上述权力对政府所决定和奉行的政策负有责任，而就这一点而言也涉及犯有在起诉书起诉理由之一、之二、之三和之四中所提及的各项罪行。

德国民族社会主义工人党政治领袖集团

在起诉中提及的"德国民族社会主义工人党政治领袖集团"系由如下人员所构成，按照一般的纳粹用语，这些人员在任何时候都被称为"政治领袖"，而不问其等级和级别如何。

党的各级办事机构，例如纳粹党的全国党部和大区党部的领袖以及纳粹党大区领袖均属政治领袖。

政治领袖本身就是纳粹党内特殊的中坚集团，并以此被授予各种特权。他们均系按照领袖原则组织起来的人员，负有策划和发展纳粹党政策的任务，并负有将该政策灌输给其下属的任务。大区领袖因此而在政治领袖中被称为高级负责人；为贯彻执行党的政策，大区领袖有权在必要的情况下调动使用党的各级组织。

因此，根据在起诉书起诉理由之一中指出的事实，纳粹党乃是在起诉书中所述及的共同策划或密谋的核心。政治领袖本身作为纳粹党内的重要权力因素，并作为一个集团供职于其党内的如上所述的机构而参与了共同策划或密谋，并因此而对起诉书起诉理由之一、之二、之三和之四所提及的各种罪行负有责任。

起诉当局强调保有在公布判决前的任何时候提出申请的权利，即要求下属的级别较低的政治领袖，或者从属于其他类型或其他类别的政治领袖——此种类型或类别应由起诉当局较详细地予以说明——免除接受第一号案件的继续审讯程序，然而并不有碍于对他们进行其他诉讼程序或采取其他措施。

包括保安勤务处（通常被称为"SD"）在内的德国民族社会主义工人党党卫队（通常被称为"SS"）

起诉所提及的"包括保安勤务处（通常被称为'SD'）在内的德国民族社会主义工人党党卫队（通常被称为'SS'）"系由整个党卫队集团及其所有的总部、部门、勤务小组、机构、分支机构、分队、支队和小组所构成，而不问其在何时由上述各部分所组成或上述各部分在何时被编入党卫队，包括普通党卫队、武装党卫队、骷髅党卫队、党卫队警察部队和党卫队全国领袖保安勤务处在内，但不受上述所列名称限制。

党卫队原来系由希特勒作为冲锋队的精锐队伍建于1925年，其目的为对领袖和纳粹党的首脑提供保卫，1934年在党卫队全国领袖海因里希·希姆莱的领导之下，该组织成为纳粹党的一支独立的队伍。党卫队系由志愿人员所组成，其成员均经选择为同意纳粹分子的生物学理论、政治理论和种族理论者，接受过完整的纳粹思想体系的训练，并应宣誓无条件效忠领袖。纳粹密谋分子夺取政权之后，党卫队被改组扩展成为许多部门、总部、分队和支队，并在政府和党的职权范围的许多方面扩充其影响和加强其控制。为了使党卫队和警察共同合作并组成一个镇压反对派的统一的警察暴力机构，党卫队和德国警察的总部和各个单位通过海因里希·希姆莱——党卫队的全国领袖兼德国警察首脑——全都被合并为一体。党卫队的一个部门——党卫队全国领袖保安勤务处——被改组扩充成为一个间谍和反间谍机构，并与秘密警察和刑事警察相联系从事侦破、镇压和肃清被认为反对或可能反对纳粹党、反对领袖、反对有关纳粹党的原则和目标的思想倾向、集团和个人的活动。

党卫队保安勤务处与秘密警察和刑事警察最后被合并成为一个独立的保安部门——德国中央保安局。

党卫队的其他支队被武装为战斗部队并被使用于起诉书起诉理由之一和之二所提及的侵略战争。党卫队通过其所属的其他部门和总部曾控制执掌集中营的管理，并负责监督纳粹的有关种族、生物学和移民理论的实际执行。

党卫队通过其形形色色的任务及活动充当了保证纳粹政权思想体系获得胜利的工具，并充当了在德国和在占领区保卫纳粹政权和扩大纳粹政权的工具。党卫队以上述方式参与了起诉书起诉理由之一、之二、之三和之四所涉及的各种罪行，并对这些罪行负有责任。

秘密警察（通常被称为"盖世太保"）

起诉所提及的秘密警察（通常被称为"盖世太保"）系由在 1933 年 1 月 30 日以后的任何时期内形成的秘密警察的中央总部、各部门、局、分支机构和一切辅助机构以及有关官员所组成，并包括普鲁士秘密警察、德国全国相应的秘密警察机构或政治警察机构及其所属部门在内。

秘密警察系在纳粹密谋分子夺取政权之后首先在普鲁士由被告戈林所建立，之后不久在全德各地建立。这些分散在各地的秘密警察和政治警察均被扩建为集中和统一的机构，它通过中央总部以及在德国和占领区的区分部所构成的网状系统进行活动。无条件接受纳粹世界观为其选择各级官员和代理人的条件；上述人员均系广泛地吸收自党卫队的所属成员，并在党卫队和党卫队保安勤务处的学校中接受培训。秘密警察的活动在于镇压和肃清对纳粹党坚决采取敌视态度或可能采取敌视态度的思想倾向、集团和个人，镇压和肃清反对纳粹领袖及其原则和目标的思想倾向、集团和个人，以及镇压占领区的任何反抗或对德国统治进行反抗的苗头。秘密警察在行使其职务时不受任何法律约束，并可以采取它认为必要的措施以实现其任务。

秘密警察以其目的、活动及所采用的手段参与了起诉书起诉理由之一、之二、之三和之四所列举的罪行，并对这些罪行负有责任。

德国民族社会主义工人党冲锋队（通常被称为"SA"）

起诉书中所称的"德国民族社会主义工人党冲锋队（通常被称为'SA'）"

系纳粹党的一个组织，它直接隶属于领袖，并按照军队模式组建，该组织系由志愿人员组成，发挥党的"政治士兵"的作用。冲锋队是纳粹党所属的最早的一个组织，并为民族社会主义运动最初的卫队。它成立于1921年，是一个志愿参加的士兵组织，被纳粹密谋分子在其夺取政权以前改组扩充成为一支巨大的私人军队，并被利用为制造混乱、对政治上的反对派采取暴力行动，以致把他们消灭。冲锋队被用作为对党员继续进行体质方面、世界观方面和军事方面的教育，并充作国防军的预备队。在起诉书起诉理由之一和之二所提及的侵略战争发动以后，冲锋队不仅充当了进行军事训练的组织，而且也被作为占领区的辅助警察和保安警察的有生力量，看守战俘营和集中营，看管和监督在德国和在占领区被利用从事强制劳动的人员。

冲锋队以其目的、活动及采用的手段参与了起诉书起诉理由之一、之二、之三和之四所列举的罪行，并对这些罪行负有责任。

参谋总部和国防军最高统帅部

起诉书中所提及的"参谋总部和国防军最高统帅部"系由1938年2月到1945年5月这一时期在国防军、陆军、海军和空军担任最高职务的人员所组成。在这一集团中所包括的人员系在下列职务中具有支配地位的个人：

海军总司令

海军作战司令（和从前的参谋长）

陆军总司令

陆军参谋总长

空军总司令

空军参谋总长

国防军最高统帅部长官

国防军最高统帅部参谋长

国防军最高统帅部副参谋长

国防军、海军、陆军、空军总司令衔的战地总司令

以上人员在上述职务中,并作为德国国防军最高级的成员,尤其对如在起诉理由之一和之二中所说明的非法战争的策划和准备负有责任,并对发动和进行这场战争负有责任;他们也对如起诉理由之三和之四所说明的在执行共同的计划或密谋中所犯的战争罪和危害人类罪负有责任。

四 关于22个被告的控诉和判决一览表*

被告	罪状				判决				科刑
	第一条	第二条	第三条	第四条	第一条	第二条	第三条	第四条	
戈林	X	X	X	X	有罪	有罪	有罪	有罪	绞刑
赫斯	X	X	X	X	有罪	有罪	无罪	无罪	终生监禁
里宾特洛甫	X	X	X	X	有罪	有罪	有罪	有罪	绞刑
凯特尔	X	X	X	X	有罪	有罪	有罪	有罪	绞刑
卡尔滕布龙纳	X		X	X	无罪		有罪	有罪	绞刑
罗森堡	X	X	X	X	有罪	有罪	有罪	有罪	绞刑
弗兰克	X		X	X	无罪		有罪	有罪	绞刑
弗里克	X	X	X	X	无罪	有罪	有罪	有罪	绞刑
施特赖歇尔	X			X	无罪			有罪	绞刑
冯克	X	X	X	X	无罪	有罪	有罪	有罪	终生监禁
绍克尔	X	X	X	X	无罪	无罪	有罪	有罪	绞刑
约德尔	X	X	X	X	有罪	有罪	有罪	有罪	绞刑
赛斯-英夸特	X	X	X	X	无罪	有罪	有罪	有罪	绞刑
施佩尔	X	X	X	X	无罪	无罪	有罪	有罪	20年监禁
牛赖特	X	X	X	X	有罪	有罪	有罪	有罪	15年监禁
博尔曼（缺席）	X		X	X	无罪		有罪	有罪	绞刑
席拉赫	X			X	无罪			有罪	20年监禁
雷德尔	X	X	X		有罪	有罪	有罪		终生监禁
邓尼茨	X	X	X		无罪	有罪	有罪		10年监禁

* 译自 Bradley F. Smith, *Reaching Judgment at Nuremberg*, Basic, Inc., Publishers New York 1977.

被告	罪状				判决				科刑
	第一条	第二条	第三条	第四条	第一条	第二条	第三条	第四条	
沙赫特	X	X			无罪	无罪			
巴本	X	X			无罪	无罪			
弗里切	X		X	X	无罪		无罪	无罪	
总计	22	16	18	18	8	12	16	16	有罪
					14	4	2	2	无罪

说明：X 代表犯罪指控

五 国际军事法庭苏联法官的不同意见*

对于被告沙赫特、冯·巴本、弗里切和赫斯以及被告组织德国内阁、参谋总部和国防军最高统帅部的判决的不同意见：

法庭作出了如下判决：

1. 宣告被告雅尔马·沙赫特、弗朗茨·冯·巴本和汉斯·弗里切无罪；
2. 判处被告鲁道夫·赫斯终身监禁；
3. 不宣告德国内阁、参谋总部和国防军最高统帅部等组织为有罪。

我不能同意法庭对上述部分的判决，因为它不符合事实真相，并且是以不正确的结论为根据的。

（一）宣告被告沙赫特无罪没有根据

法庭收到的关于沙赫特的证据证实如下事实：

1. 沙赫特自1930年12月起同戈林建立了关系，自1931年初起同希特勒建立了关系。以后，他同纳粹党的领导以及同德国工业界和财政界的首要代表人物建立了关系。此外，上述事实尚为证人泽韦林的证词所证实（1946年5月23日下午开庭记录和纽伦堡文件US-615）。

2. 1932年7月，沙赫特要求弗朗茨·冯·巴本辞去德国总理的职务，把这个职位转让给希特勒。这一事实在预审时曾经冯·巴本的供词证实，沙

---
* 摘自〔民主德国〕P. A. 施泰尼格尔（编）：《纽伦堡审判》（上卷），王昭仁等译，商务印书馆1985年版。

赫特在本法庭上也已供认不讳（1946年5月2日下午开庭记录）。

3. 1932年11月，沙赫特与纠集德国工业家签名的事件有关。他的目的在于劝说他们出面拥护任命希特勒为德国总理。1932年11月12日，沙赫特写信给希特勒说："……事态的发展只能有一个结果，即由您出任总理，我对此毫不怀疑。我们从经济界征得了一批拥护您担任总理的签名，看来我们的努力似乎并不是完全无望的……"（纽伦堡文件EC-456，US-773，3901-PS，US-837）。

4. 1933年2月，沙赫特组织了纳粹党所推行的竞选活动经费的筹集工作，而且在希特勒和戈林与工业界人士会谈时要求后者提供三百万马克（纽伦堡文件D-203）。沙赫特在本法庭承认，他本人曾提出把这笔经费提供给民社党领袖的必要性（1946年5月3日下午开庭记录），出席这次会谈的被告冯克和法本化学工业公司前董事之一施尼茨勒也都证实，沙赫特正是为竞选活动筹集经费的发起人（1946年7月4日开庭记录，纽伦堡文件EC-439，US-618）。

5. 如沙赫特本人所承认的那样，他曾利用自己的地位多次在公司讲话中号召在选举中支持纳粹党和希特勒（纽伦堡文件US-615，616，1946年5月2日下午开庭记录）。

1932年8月29日，沙赫特写信给希特勒说："不论在最近期间工作会把我导向何处，即使有朝一日您可能看到我被囚要塞，您永远可以把我当作您的可靠助手。"（纽伦堡文件EC-457，US-619）

因此，沙赫特自觉并有意支持了纳粹党，而且积极帮助纳粹分子在德国夺取政权。

在他被任命为战争经济全权总代表以前，沙赫特在纳粹分子夺取政权之后立即就开始领导德国的军备计划和军备生产。

1. 1933年，沙赫特被任命为德意志国家银行总裁（纽伦堡文件3021-PS，US-11），正如他本人在1938年3月21日向国家银行职员的讲话中所说的那样，德意志国家银行在他的领导之下，"一直是民族社会主义党的一个机构"（1946年5月3日下午开庭记录）。

2. 1934年8月，沙赫特被任命为德国经济部长（纽伦堡文件3021-PS，US-11）。他的部"接受任务，为战争做好经济准备工作"（纽伦堡文件EC-128，US-623）。通过一项特别指令，沙赫特作为经济部长在经济方面获得了无限权力（1934年德国法令公报，第一部分，第565页）。

3. 沙赫特在1934年依据他取得的上述权力，开始执行他所制订的"新计划"（1934年德国法令公报，第一部分，第826页），正如沙赫特本人在1938年11月29日的讲话中强调指出的，该计划在实施扩充军备的过程中起了作用（纽伦堡文件EC-611，US-622）。

4. 为了尽可能有效地执行"新计划"，沙赫特利用已经成为暴政的受害者或被迫外迁的纳粹政权政治敌人的财产（1939年5月3日沙赫特致希特勒的备忘录，纽伦堡文件1668-PS，US-37），为了取得扩充军备所需的原料和外汇，沙赫特使用了欺骗性的阴谋和威胁手段（德意志国家银行副总裁普尔宣誓作证，纽伦堡文件EC-437，US-624）。

5. 在沙赫特到德意志国家银行任职的最初时日里，他就（在1933年10月27日、1934年3月23日、1935年2月19日）发布了一系列命令，这些命令使他有可能实现他所制订的为扩充军备筹集经费的庞大计划，如他供认所称，他在这个计划的帮助下"为扩充军备的筹集经费找到了道路"。

1935年3月4日，当他在莱比锡的讲话中对过去的经济活动和财政活动进行总结之后，沙赫特宣称："……我所说的一切和所做的一切都曾经领袖的完全同意，凡是未经领袖批准的事情，我在将来是决不会说，也决不会做的。"（1946年5月3日下午开庭记录）

沙赫特担任战争经济全权总代表以后，就把全德国的经济统一掌握在他本人的手中，并由于他的努力，希特勒的战争机器的建立得到了保证。

1. 1935年5月21日任命沙赫特为战争经济全权总代表的秘密法令中说："战争经济全权总代表的任务是把一切经济力量都用于为战争服务。"他负责在德国经济部和德意志国家银行的范围里为战争筹集经费（纽伦堡文件2261-PS，US-24）。

2. 沙赫特通过"梅福"期票的办法为德国的军备筹集了经费，（发行）此类期票是一种空前的国家冒险欺骗行动，它的顺利支付取决于希特勒德国侵略计划的实现。正是由于这个原因，沙赫特把"梅福"期票兑现的期限定在1942年，并且在1938年11月29日的讲话中强调指出了德意志国家银行的"大胆信贷政策"同希特勒一伙外交政策目标之间的关系（纽伦堡文件EC-611，US-622）。

3. 沙赫特充分利用他的全部权力，制订并实现了广泛的经济动员计划，这个计划使得希特勒一伙法西斯头目得以在他们认为有利的任何时间发动侵略战争。特别从沙赫特的副手沃尔塔特关于"战争经济全权代表所执行的动员准备工作"的报告中可以看出，沙赫特把在战时利用德国经济的制度，从工业、原料来源和劳动力的使用，一直到八千万份食品定量供应证的分发都作了详尽的规定（纽伦堡文件EC-258，US-625）。希特勒在1937年11月5日会议上的讲话中曾论述了他的具体侵略计划，前述报告是在希特勒讲话一个月之后作的，这一点颇能说明问题（纽伦堡文件386-PS，US-25）。

沙赫特在1937年1月总结他已经完成的工作时写道："我按照如下原则来完成战争经济的准备工作，我们的战争经济组织在和平时期必须达到如此程度，即在非常时期可以直接从这个和平组织转化为战争经济，而无须在战争爆发以后予以实现。"沙赫特在法庭上证实，他曾经执行了这一计划（1946年5月2日下午开庭记录）。

4. 前陆军部长冯·布洛姆贝格作证说："沙赫特完全知道扩充国防军的计划，因为我们每年都把为新的部队编制所支付的经费的情况通知他。"（纽伦堡文件US-838）

1936年8月31日，布洛姆贝格通知沙赫特说："所有空军部队的编制必须在1937年4月1日完成；因此1936年有必要支付巨额经费。"（纽伦文件 1301-PS，US-123）1937 年春，沙赫特曾参加在戈德斯贝格举行的国防经济战争演习（纽伦堡文件 EC-174）。

5. 沙赫特 1935 年 5 月 3 日呈交希特勒的题为《重整军备的经费》的备忘录中写道："如下措施系以此为出发点：按照预定速度和规模执行军备计划是德国的政治任务，因此其他一切都必须从属于这一目标，这一主要目标不能由于对其他问题的疏忽而稍受损害……"（纽伦堡文件 1168-PS，US-37）。

沙赫特在 1938 年 11 月 29 日的讲话中宣称："德国借助于这一信贷政策建立了不逊于其他任何国家的军备，而这种军备又使我们政策的成功成为可能。"（纽伦堡文件 EC-611，US-622）

必须完全排除如下的看法，即沙赫特不知道上述军备是为何种政策服务的假设，大家都曾考虑到这种军备是空前规模的，而且进攻性武器（重型坦克、战斗机等）占有明显的优先地位。

此外，沙赫特完全清楚，没有任何国家有意对德国进行战争，而且也没有任何理由进行这场战争。

1. 沙赫特利用了在他领导之下增长起来的德国军事力量以作为提出领土要求的先决条件，这些要求是与军备的增长相适应的。

沙赫特在法庭供认，他起初仅把自己的要求限于"从前曾经属于德国的殖民地"（1946 年 5 月 3 日上午开庭记录）。

1934 年 9 月，沙赫特在同美国大使多德的谈话中指出，如果可能，他希望不经过战争达到这种吞并，但是如果美国不介入的话，则愿意通过战争来实现这一目的（纽伦堡文件 EC-461，US-58）。

沙赫特在 1935 年曾向美国领事富勒宣布："殖民地对于德国是必要的。如果可能，我们将通过谈判来获得殖民地；但是，如果通过谈判达不到这个目的，我们将夺取殖民地。"（纽伦堡文件 EC-450，US-629）

沙赫特曾在法庭上供认对捷克斯洛伐克实行的军事压迫"在某些方面是他的工作的结果"（1946 年 5 月 3 日上午开庭记录）。

2. 沙赫特本人曾参与掠夺遭受希特勒侵袭而沦为受害者的那些国家的公私地物。沙赫特曾经参加的在1938年3月11日举行的战争经济参谋部会议的记录载称,与会者都被告知希特勒关于进驻奥地利的最后指示。此外,会议记录还载有:"由于沙赫特的建议……所有一切都按照2先令=1马克的折合率折成德国马克进行支付。"(纽伦堡文件EC-421,US-645)

沙赫特在法庭上供认,在占领捷克斯洛伐克以后,他本人领导了接管捷克斯洛伐克国家银行(1946年5月3日上午开庭纪录)。

3. 1940年初,沙赫特向希特勒提出,愿意为希特勒效劳,通过同美利坚合众国的谈判以促成美国停止援助英国。沙赫特曾将此事告知戈林(纽伦堡文件3700-PS,US-780)。

4. 在同法国签订停战协定以后,沙赫特认为有义务向希特勒公开祝贺,虽然他比任何人更清楚该停战协定的侵略性(德国纪录影片—纽伦堡文件US-635)。

5. 沙赫特在1940年10月17日致冯克的信中建议对占领区更有效地搜括。沙赫特以其本人的主动性进行了这一活动(纽伦堡文件EC-504,US-830)。

沙赫特参与了对犹太人的迫害:

1. 沙赫特在法庭上曾经供认,他"原则上一直同意"对犹太人进行迫害的政策(1946年5月2日下午开庭记录),虽然如沙赫特所宣称,"在某种程度上"这涉及良心的问题,但是这个问题在他和纳粹分子之间"并没有严重到足以担受破裂风险的地步"(同上记录,纽伦堡文件US-616)。

2. 沙赫特以经济部长的身份签署了一系列法令,依照这些法令的规定,对德国犹太人的财产进行了明目张胆地掠夺(纽伦堡文件US-832和US-616)。沙赫特在法庭上证实,他曾签署过一系列旨在反对犹太人的法令(1946年5月2日上午开庭记录)。

提供给法庭的有关沙赫特在1937年11月辞去经济部长和战争经济全

权总代表的职务、1939年1月20日辞去德意志国家银行总裁的职务以及在1943年1月辞去不管部部长的职务的原因证实了如下问题：

1. 没有任何理由证明沙赫特不同意为侵略战争进行经济方面的准备工作。

沙赫特在辞去经济部长和战争经济全权总代表的职务以前三个星期写信给戈林，信上说："……我对您的经济政策所持的不同意见是否正确，我也可以置之不论。"（纽伦堡文件EC-497，US-775）

戈林在复信中说："……您在四年计划开始之际允诺给我以最忠实的支持和合作，在（我们之间）出现了最初的不同意见并且在详尽的讨论中扫除了这些分歧之后，您仍一再重申这一诺言，我对此深表欢迎……"（纽伦堡文件EC-493，US-642）

沙赫特在法庭上供认，他同戈林只是"在问题进行的方式方法上有不一致之处"（1946年5月3日上午开庭记录）。

戈林在预审时供认，沙赫特之离开德意志国家银行"同重整军备的计划无关"（纽伦堡文件US-648）。

德意志国家银行副总裁普尔证实，沙赫特离开德意志国家银行可以解释为"他想更多地从危险的形势中脱身"，沙赫特由于他本人的欺诈性的财政措施而陷于这种危险的处境（纽伦堡文件EC-438，US-646）。

沙赫特反对希特勒一伙的集体恐怖活动并不是他离职的理由。

为被告减轻罪责的证人吉泽维乌斯作证说，他曾经常把戈林所建立的秘密警察的犯罪行为报告沙赫特，而沙赫特一直到1936年年底为止仍然希冀获得戈林的支持（1946年4月26日上午开庭记录）。

沙赫特在1935年12月24日致布洛姆贝格的信中建议秘密警察应该"明显地减少非法性"，因为公开的恐怖活动"有碍于我们重整军备的任务"（1946年5月2日下午开庭记录）。

1937年1月30日，沙赫特被希特勒授予（民社）党的金质勋章（纽伦堡文件EC-500，1946年5月2日下午开庭记录）。

正如一份德国的官方出版物说："他能更好地对党有所帮助，好像他就是正式党员。"（纽伦堡文件 EC-460，US-617）

直到 1943 年，由于沙赫特比其他德国人较早地看到了希特勒政权的必然崩溃，他才同反对派集团取得了联系，但是他并没有采取行动来推翻这个政权。因此，希特勒在知悉沙赫特的这些关系之后，没有将他处死，这件事并非偶然。

因此无可争辩地证实了如下各点：

（1）沙赫特对纳粹分子夺取政权作了很多贡献；

（2）沙赫特同希特勒合作达十二年之久；

（3）沙赫特为建设希特勒的战争机器创立了经济基础和财政基础；

（4）沙赫特为进行侵略战争，做好了德国经济方面的准备工作；

（5）沙赫特参与了对犹太人的迫害，并参与了对被德国所占领的地区的掠夺。

沙赫特在准备和执行总的犯罪计划方面所起的决定性作用已被证实无疑。因此，宣告沙赫特无罪的判决显然是与现有的证据相矛盾的。

（二）宣告被告冯·巴本无罪没有根据

对于巴本为希特勒就任德国总理之职开辟了道路以及对于他积极帮助纳粹分子取得政权的事实，在判决中并未提出异议。

有关上述问题，巴本在 1933 年 11 月 2 日的讲话中曾经说道："正如我在当时担任总理的职务时，我就曾赞成为这个年轻的、战斗的自由运动取得政权铺平道路；正如我在 1 月 30 日由于宽宏大量的命运而作出决定，把我们总理兼领袖的双手放在敬爱的元帅的手中那样，我现在再次感到有责任告诉德国国民以及对我怀有信任的所有的人：仁慈的上帝造福德国，在这灾难深重的时日，他赐给了德国一位领袖。"（纽伦堡文件 3375-PS）

巴本取消了布吕宁解散党卫队和冲锋队的命令，并且由此而使得纳粹分子有可能去实现集体恐怖活动（纽伦堡文件 A-631）。

被告通过使用毫不掩饰的暴力推翻了布劳恩-泽韦林的社会民主党政府。（泽韦林的证词，1946 年 6 月 14 日下午开庭记录）。

1933 年 1 月 4 日，巴本曾与希特勒、赫斯和希姆莱举行会谈（纽伦堡文件 D-632）。

巴本曾经参与把按照纳粹分子的观点认为不可靠的所有公务人员从国家机关中清洗出去的行动，1933 年 3 月 21 日，他签署了关于设置特种政治法庭的命令；此外，他还签署了特赦在"民族社会主义革命"时期犯有刑事罪行的罪犯的命令；他也参加了制定《保障党和国家统一法》等。

此后，巴本忠实地为希特勒政权效劳。在 1934 年的暴动之后，巴本曾命令他的同僚奇尔希基向秘密警察报到，虽然他事先就知道，奇尔希基将会遭到怎样的命运（纽伦堡文件 D-684）。

巴本为这一血腥罪行保守秘密作出了贡献（纽伦堡文件 D-717，D-718）。

被告在帮助希特勒实现占领奥地利的计划方面起了非常巨大的作用。在道尔富斯被暗杀之后三个星期，希特勒于 1934 年 7 月 26 日通知巴本，任命他为驻维也纳公使，并且特别在任命书中写道："自从我们在内阁合作以来，您一向并将继续得到我完全无限的信任。"（纽伦堡文件 2799-PS）

在这个问题上，我们不能忽视美国大使梅塞史密斯关于巴本言论的证词，巴本说过："取得对奥地利的监督是第一步"，而他——巴本——之所以驻节奥地利，是为了"削弱奥地利政府"（纽伦堡文件 1760-PS，US-57）。被告是希特勒在执行占领奥地利计划中的主要顾问。正是他提出了某些策略方面的建议，这些策略一方面麻痹了舆论的警惕性，另一方面则使德国取得了去完成战争准备的可能性。

从巴本递交给奥地利部长贝格尔-瓦尔登内格的声明来看（纽伦堡文件 1760-PS），从纳粹党大区领袖赖纳 1939 年 7 月 6 日的报告来看（纽伦堡文件812-PS，US-61），从巴本在1936年8月21日呈交希特勒的报告来看（纽伦堡文件D-706），从巴本在1936年9月1日呈送希特勒的报告（纽伦堡文件2246-PS，US-67）以及一系列被提出作为证据的其他文件来看，可以确切地得出结论：巴本参加了这场赌博，直到向德国国防军发出命令，要他们做好准备向奥地利进军（纽伦堡文件C-175，US-69）。他曾经参与希特勒和舒施尼格在1938年2月12日举行的会谈（纽伦堡文件C-175，US-69）。

巴本在致希特勒的信件中积极建议给予奥地利的纳粹组织"自由同盟"以财政支持，以供"继续对犹太人进行斗争之用"（纽伦堡文件2830-PS）。

纳粹分子占领奥地利以及巴本参与这一侵略行动的事实是无可争辩的。希特勒在占领奥地利之后，曾授予巴本以纳粹党的金质奖章（纽伦堡文件D-632）。

在评价巴本担任德国驻土耳其大使职务的活动时，不能忽略他以外交官身份进行的煽动性活动。

当时，驻土耳其大使的职位对于实现希特勒的侵略计划具有重要意义。纳粹官方的传记作者曾以如下语句叙述巴本："（占领奥地利）之后不久，领袖又需要他（巴本）效劳，旋于1939年4月18日任命他为德国驻安哥拉大使。"（纽伦堡文件D-632）

上述证据明确得出如下结论：

（1）巴本非常积极地帮助纳粹分子夺取政权；

（2）巴本竭尽全力，利用各种关系，藉以建立和巩固了希特勒在德国的恐怖政治制度；

（3）巴本积极参与了希特勒分子实现对奥地利的侵略计划，亦即占领奥地利的计划；

（4）巴本忠实为希特勒效劳，直至最后时刻，他用其所能和外交手腕使得纳粹分子的侵略计划得以实现。

因此，被告冯·巴本对希特勒政权犯下的罪行负有很大的责任。

根据这些理由，我不能同意宣告被告冯·巴本为无罪。

（三）宣告被告汉斯·弗里切无罪没有根据

宣告被告汉斯·弗里切无罪出于如下理由，即所谓弗里切在民族社会主义的德国并未达到使他对希特勒政权的犯罪行为负责的职位，而他的直接活动是在另一方面，但不是犯罪行为。他在判决书中被描绘成为执行戈培尔、里宾特洛甫和德国新闻发布官迪特里希指示的第二流角色。

判决忽略了，一直到1942年为止，正是弗里切实际上领导着德国的新闻工作，并像他本人所陈述的那样，他在1942年以后成为"德国广播的总指挥官"（1946年1月23日上午开庭记录）。

为了正确说明被告弗里切的作用，完全有必要记住：希特勒及其最亲密的助手（例如戈林）一般地说都把宣传工作，尤其把广播宣传工作，看成是进行侵略战争最重要的和最根本的因素之一。在希特勒德国，在进行侵略活动的准备工作方面，以及在为民族社会主义犯罪计划制造顺从的舆论方面，宣传是极为重要的工具。

这一非常庞大而又极其集中的宣传机器就是为实现上述目标服务的。借助于警察制度和书报检查制度，言论自由和出版自由完全被取消了。

希特勒一伙进行宣传活动的主要手段在于以谎言歪曲事实。希特勒在《我的奋斗》一书中说得极为露骨："借助于巧妙而持续地利用宣传，甚至能够使一个民族把天堂看成地狱，反之，也能够使他们把最苦的生活看成天堂。"

散布挑衅性的谎言以及对公众进行持续的欺骗，对于希特勒政权实现其企图是必要的，对于武器生产和拟订军事计划同样是必要的。如果没有以彻底取消出版自由和言论自由为基础的宣传，德国纳粹党徒也就无法实现其侵略计划，也就不可能发生大规模的战争罪行和违反人道的罪行。报纸和广播电台是希特勒国家宣传系统中最重要的工具。被告戈林在法庭的供词中表明，要成功地发动战争必须具备三个基本因素，他强调指出，这些因素是：

（1）武装部队的军事能力；

（2）经济战争；

（3）宣传。

他同时供称："宣传具有重大的意义，特别是在广播中进行的宣传，德国从它本身经验的基础上认识到了这一点，而且比其他任何人认识得更为深刻。"（1946年3月15日下午开庭记录）

在这种客观事实面前，不能设想德国的最高领导层有可能让一名不重要的人物来担任广播司司长的职务，让他有权管理所有广播公司的业务，并且让他负责指导这些公司开展宣传活动。

判决的观点既与业经提出的证据相矛盾，也与事实真相相违背。从1942年到1945年，弗里切不仅是德国宣传部广播司的司长，而且也是大德意志广播事业政治组织的全权代表。

上述情况已被弗里切本人的供词所证实（纽伦堡文件3469-PS，US-721）。所以，弗里切绝非像判决书所说的那样，仅仅是"德国宣传部所属的十二个司的司长之一"，而且他也不仅是在战争的最后阶段才担任负责德国广播业务的人物。弗里切直到1945年为止，也就是一直到德国战败和投降时为止，一直保持着德国广播事业政治领导的职务。因此，弗里切在战争时期对德国广播的虚假谎言和挑衅性活动负有责任。

作为"德国新闻"司的司长，弗里切负责主管总数达二千三百家德国报纸的活动。他建立并完善了情报司的基础，并且使纳粹政府为此目的把拨给报纸的补助金提高了十倍（从四十万马克增加到四百万马克）。弗里切还不断积极参与宣传活动，贯彻执行了对捷克斯洛伐克和波兰发动进攻的准备工作（1946年1月23日上午开庭记录）。

在发动对南斯拉夫的进攻以前，弗里切也进行了类似的为侵略行为做准备的积极的宣传活动，被告本人对此业已供认不讳（1946年1月23日记录）。在向苏联发动进攻以前，弗里切在罗森堡那里召开的一次会议上事先得悉了进攻的计划（纽伦堡文件 1039-PS，US-146，罗森堡向希特勒呈交的有关东欧问题暂行方案的书面报告）。弗里切领导了德国的新闻宣传工作，对德国向法国、英国、挪威、苏联、美国和其他国家发动的侵略战争进行虚假的报道。

主张弗里切并不知悉希特勒一伙在占领区中所犯的战争罪行和违反人道的罪行的说法是不正确的。根据弗里切在法庭的供词显然可见，早在 1942 年 5 月，当他在第六军宣传连进行活动时，他就已经知悉希特勒的命令，即有关杀害苏联政治工作人员和苏联知识分子的所谓《政治委员法令》（1946 年 6 月 27 日下午开庭记录）。早在战争开始之初，弗里切就已经了解到德国纳粹分子要在欧洲消灭犹太人的计划，这一点也是毋庸置疑的。弗里切在解释希特勒所说的话"（一场战争的）结果将是犹太种族在欧洲的消灭"时宣称：正如领袖对于一场欧洲战争所预言的那样，欧洲犹太人的命运将沦于非常难堪的地步（1946 年 1 月 23 日上午开庭记录）。此外还经确证，被告曾长期宣传人类仇恨的种族理论，并且把居住在遭受侵略的国家中的民族称为"劣等人"（1946 年 6 月 27 日下午和 1946 年 6 月 28 日上午开庭记录）。

当纳粹德国的命运已经决定的时候，弗里切还曾积极支持被告马丁·博尔曼和其他法西斯分子，这些希特勒分子在当时建立了纳粹党的地下的恐怖组织，即所谓的"狼形人"组织。1945 年 4 月 7 日，弗里切在广播讲话中鼓动德国的平民百姓积极参加这个希特勒分子的地下恐怖组织。他宣称："如果平民百姓在不久以前被占领的地区参加战斗，任何人都不会因此而感到惊讶；到目前为止，这种不寻常的现象完全出自生活的本能，并在没有任何准备的情况下产生的，我们把这种现象称之为'狼形人'现象。"（纽伦堡文件 USSR-496）

弗里切在广播讲话中赞成使用新的恐怖手段进行战争，特别是德方所使用的"V"火箭。当他获悉有关使用生物战争手段的建议时，他立即为了实现这一建议而将此转告国防军最高统帅部（纽伦堡文件 USSR-484，在 1946

年 6 月 28 日下午开庭时提出的证据）。

我认为弗里切的罪责业经完全证实。他的活动对于侵略战争的准备和执行、对于希特勒政权所犯的其他罪行都具有根本的意义。

（四）关于被告鲁道夫·赫斯的判刑标准

法庭的判决正确而充分地表明了被告鲁道夫·赫斯在希特勒的党和政府的领导体系中占有的特殊地位。

他事实上是"希特勒最亲密的心腹"。

赫斯曾被授予极大的权力。

与此有关，只须引证希特勒任命赫斯为他副手的指令就已足够。该指令称："兹任命赫斯为我的副职，并授予他以我的名义对所有涉及党的领导问题作出决定的全权。"（1946 年 2 月 7 日下午开庭记录）

但是，赫斯的权限远非限于党的领导方面。

在德国民社党的官方出版物《1941 年民族社会主义年鉴》中载有：

"副领袖除了被指派负责党的领导任务以外，还负有在国家领域里的广泛权限。这些权限是：

（1）参与国家立法和邦立法工作，包括有关领袖指令的准备工作。副领袖在上述方面作为民族社会主义的监护人使党的观念发挥作用；

（2）副领袖有权批准对官员和劳工领袖的任命；

（3）保证党对地区社团自治的影响。"（纽伦堡文件 US-225，3163-PS）

赫斯是希特勒侵略政策的坚定支持者。他所犯的破坏和平罪业已在法庭的判决中得到充分的估计。应当认为赫斯在飞往英国时所负的使命是这些罪行中的最后一次罪行，该使命的目的在于希望同英国达成暂时的和平，以期易于实现对苏联的进攻。

这次使命的失败导致赫斯的被隔离，因此，他没有直接参与策划和进行希特勒政权在这以后的犯罪活动。但是，毫无疑问，赫斯为这些罪行的准备工作做了一切他能决定的事。

在希姆莱之外，赫斯曾以纳粹分子党卫队组织和警察组织创始人的身份进行活动，这些组织在后来犯下了最残暴的违反人道的罪行。被告曾明白无误地指出党卫队单位在占领区所执行的特别任务。

在建立武装党卫队的时候，赫斯曾通过党的总部发布一项命令，他在该命令中责成希特勒党的各级组织承担义务，采取一切可能的办法促使民社党党员编入党卫队部队。他曾以如下几句话概括了武装党卫队在当时所负的任务："由于民社党党员所组成的武装党卫队部队在种族问题和民族问题方面受过民族社会主义的高度训练，所以他们较之其他武装部队更适于胜任在东方占领区中需要解决的特殊任务。"（纽伦堡文件 GB-267，3245-PS）

早在1934年，被告以创始人的面目出现，建议授予"党卫队全国领袖保安勤务处"以特别全权，并以此方法使它成为纳粹德国占有支配地位的力量。

1934年6月9日，赫斯发布一项指令，依照这项指令"党卫队全国领袖保安勤务处"被宣布为"民社党唯一的政治情报组织和防卫组织，是民社党的组成部分和直接领导的部队"（纽伦堡文件 3385-PS，GB-257）。因此，被告直接参与创建了特别警察机构的制度，并参与巩固这一制度，上述警察机构是为在占领区进行犯罪活动而准备的。赫斯一直是"主宰种族"人类仇恨理论始终如一的信徒。赫斯在1937年1月16日的一次讲话中谈到德意志民族的教育时指出："他们必须受到这样的教育，即把德意志人的地位放在高于外国人的地位之上，而无须考虑地位和出身。"（纽伦堡文件 GB-253，3124-PS）

赫斯在1935年9月15日签署了所谓的《保护德国血统和德国荣誉法》（纽伦堡文件 US-200，3179-PS）。

在这一法律中载有："副领袖有权为执行法律发布必要的法令和政令。"1935年11月14日，赫斯根据德国公民法发布一项指令，根据这项法令，所有的犹太人都丧失了选举权，并不准担任公职（纽伦堡文件 GB-258, 1417-PS）。

1938 年 5 月 20 日，通过赫斯签署的一项指令，纽伦堡法[1]也在奥地利生效（纽伦堡文件 GB-259, 2124-PS）。

1939 年 10 月 12 日，赫斯签署了《关于设置波兰占领区行政机构的指令》（1939 年德国法令公报，第一部分，第 2077 页）。该指令第二条赋予被告弗兰克拥有在波兰独裁的权力。

具有充分说服力的证据证明，被告并不限于颁发这一在波兰占领区实际推行专制统治的一般性指示。如同德国司法部长在 1941 年 4 月 17 日致德国总理府首脑的信中所称，赫斯是为东方占领区的波兰人和犹太人规定的《特别惩处法》的元凶。被告在建立这一"法律"中所起的作用，德国司法部长曾作了如下具有代表性的说明：

"……到目前为止，我遵照副领袖关于波兰人对普通监禁的施行不甚奏效的观点，并以此为出发……"

"在执行这一新的惩处形式时，犯人应该被安置在监狱以外的集中营里，并且应该在集中营里从事沉重的劳动或最艰苦的劳动。"

"副领袖为供讨论而提出的施行笞刑的办法未包括在本草案之内……我不能表示同意这种惩处形式。"

"……强制起诉的程序……被取消了，因为如果波兰人和犹太人可以按此途径而强制向德国检察官提出起诉，这似乎是难以容忍的。波兰人和犹太人也被禁止提出私人起诉和参与共同起诉。"

"……从一开始就已经预见到……在必要时加强特别措施。副领袖在书面指示中所提及的条例……即服务于上述在此期间业已明朗化了的需要。"（纽伦堡文件 GB-268, R-96）

因此，不容怀疑，赫斯同其他首要战犯一起犯了违反人道的罪行。考虑到

---

1 "纽伦堡法"即《保护德国血统和德国荣誉法》。——译者注

赫斯曾是希特勒德国身居第三位的重要政治领袖，并考虑到他在纳粹政权所犯的各种罪行中起了决定性的作用，我认为对他唯一正确的判刑标准是死刑。

（五）对于德国内阁的不正确判决

起诉代表委员会向法庭提出了把纳粹德国的政府宣告为犯罪组织的建议。法庭的判决以缺乏根据为由驳回了起诉代表的建议，希特勒内阁未被宣告为犯罪的组织。我声明不能同意这一判决。法庭曾经承认业已被确认的事实，即希特勒一伙犯了无数令人发指的罪行，这些罪行通常都是蓄意和有组织地进行的，而且都是按照事先拟订的计划和方针进行的（"巴巴罗萨"计划、"夜雾命令"、"弹丸命令"等）。法庭已宣布某些希特勒政权的群众组织为犯罪的组织，这些组织都是纳粹分子为实现其计划而建立的。在这种情况下，拒绝承认希特勒内阁——一个表现为起着领导作用的指挥机构并直接参与制订犯罪计划的政府——为犯罪组织就更加显得没有道理，而且是完全错误的。这个指挥机构的成员拥有巨大的全权，他们管辖相应的政府部门，并在各自的职权范围内参与制订和实现上述计划。

为了证实这方面的问题，兹提出若干事实作为例证：

在纳粹分子夺取政权之后，紧接着于1933年3月24日颁布了《消除人民和国家痛苦法》，它规定了德国国会以外，赋予德国政府以立法权。1933年5月26日，德国政府发布一项关于没收共产党财产的法律；同年7月14日，社会民主党各级组织的财产也被没收。1933年12月1日，德国政府公布了《保障党和国家统一法》。为了继续消除民主政体，德国政府在1934年通过《国家重建法》，废止了中央和地方邦代表的民主选举。德国国会变成了没有意义的机构（1945年11月22日下午开庭记录）。通过1933年4月7日的法律和其他法律，所有政府官员，甚至包括法官在内，凡是被认为有任何反法西斯的思想或是曾经属于左派组织者，也将像犹太人一样被开除职务,他们的位置则被纳粹分子所替代。根据1937年1月26日德国官员法的基本规定:"官员的任命以其与党的内在联系为前提……政府官员应该是以民社党为基础的国家意志的执行者。"(辩护文件第28号)

1934年5月1日,设立了德国科学、教育和国民教育部。该部的任务是以军国主义和种族仇恨的思想以及由荒诞的纳粹思想所拼凑歪曲的概念来教育学生(纽伦堡文件2078-PS)。

自由工会被取消,它的财产被没收,极大部分工会干部被投入监狱。为了镇压反抗,德国政府建立了秘密警察和集中营。成千上万的人只不过是因为有反纳粹主义思想倾向的嫌疑,不经法律程序,也不经具体的起诉,他们就遭受逮捕,并被杀害。

颁布了反犹太人的所谓纽伦堡法。德国内阁成员赫斯和弗里克为补充这一法律发布了补充条令。希特勒政府的活动引起了战争,致使千百万人丧失生命,并给各国人民造成了无可估计的物质损失和难以用语言形容的苦难。

1938年2月4日,希特勒设置了秘密内阁会议。他概括秘密内阁会议的任务如下:"为了使我在领导外交政策方面取得咨询,我指定成立秘密内阁会议。"(1938年德国法令公报,第一部分,第112页,纽伦堡文件2031-PS)

希特勒政府的外交政策是侵略的政策。因此秘密内阁会议的成员应该被宣布为对上述政策负有责任。

在诉讼过程中有人企图把秘密内阁会议说成是在某种程度上根本没有任何活动的虚设机构。然而,这种说法是不能同意的。只须回忆一下罗森堡致希特勒的信件,就可以估量这个秘密内阁会议的意义。罗森堡在其信件中坚决要求达到被任命为秘密内阁会议成员的目的。由希特勒和戈林领导的德国国防委员会在实际准备侵略战争方面具有更为重要的意义。正如大家都知道的,下列人员都是德国国防委员会的委员,他们是:赫斯、弗里克、冯克、凯特尔、雷德尔、拉默斯(纽伦堡文件2194-PS,2018-PS)。

1939年6月23日召开的会议曾对德国国防委员会在战争准备中的意义

和作用作了如下说明:"德国国防委员会是德国在战争准备方面的决策机构。"(纽伦堡文件 3787-PS,US-782)

戈林在当时还曾强调指出:"国防委员会的会议都是为了作出最重要的决定而召开的。"从起诉代表所提供的德国国防委员会会议的原始记录可以清楚地看出,德国国防委员会确实曾经作出过非常重要的决定。从这些记录中还可以看出,除了国防委员会的委员之外,其他部长也参加过战争准备措施的会议。例如,参加 1939 年 6 月 23 日会议的就有下列部长:劳动部长、粮食和农业部长、财政部长和交通部长等等,这次会议的记录也被分送给全体部长(纽伦堡文件 US-782)。

法庭的判决书正确指出,希特勒内阁作为国家领导机构具有若干重要的特点:不举行例行会议,在某种情况下通过拥有特殊独立权力的个别部长颁布法律,希特勒本人拥有特别巨大的个人权力。

这些特点并不是推翻了而是证实了如下结论:希特勒政府不是一般的内阁,而是一个犯罪的组织。

当然,希特勒占有显赫的个人权力,但是这一情况并不能免除德国内阁的责任,这个内阁的成员都是希特勒的忠实信徒,并是他最亲密的居于领导地位的共事者,事实证明,他们全都同意并执行希特勒的政策,一直到他们必须为这些行动担负责任的时候为止。

我认为有充分理由宣告希特勒内阁为犯罪组织。

(六)对于参谋总部和国防军最高统帅部的不正确判决

在判决中不正确地驳回了对参谋总部和国防军最高统帅部的犯罪活动的起诉。放弃宣告参谋总部和国防军最高统帅部为犯罪组织,是与事实真相和在审理过程中所提出的证明文件相矛盾的。

毋庸置疑,纳粹德国国防军的领导集团伙同民社党的机构以及党卫队的组织，是为准备和实现侵略计划和人类仇恨计划的最重要的机构之一。甚至在希特勒一伙专为国防军军官团散发的官方出版物中也完全明确地承认和强调了这一点。在民社党的出版物《军官与政治》中直截了当地承认，纳粹政权受到两根"柱石"的领导和支持，这就是党和国防军。"两者都是同一生存哲学的表现形式……党和国防军有着担负共同责任的不可分解的联系……两者之间的关系休戚与共。"（纽伦堡文件4060-PS，US-928）

民社党的机构、党卫队勤务处和国防军三者之间的有机联系，在军事统治集团的上层——起诉书把它归纳为犯罪组织这一概念，亦即"参谋总部和国防军最高统帅部"——表现得尤其明显。

希特勒德国的军官，只有当他们对纳粹政权表示忠诚，并且决意奉行侵略政策，贯彻执行有关对待战俘和占领区中的平民的犯罪指示，才能隶属于国防军最高统帅部。

国防军的领导并非由达到军事统治集团某种地位的军官所组成。这个领导集团首先是一个严密的组织，它直接接受希特勒领导集团秘密计划的委托。业经提供的文件完全证实，德国的军事头目完全没有辜负这一信任，他们是希特勒计划的忠实追随者和狂热的执行者。

"纳粹德国的第二号人物"戈林担任德国空军总司令；邓尼茨担任海军总司令，后来又被希特勒指定为他的继承人；国防军的总司令部掌握在凯特尔的手中，就是他签署了消灭战俘和占领区平民的绝大部分指示，所有这一切都不是偶然的。

因此，不能把纳粹德国的最高军事领导机构与盟国的最高军事领导机构等同视之。在一个民主国家里，没有一个有自尊心的军事专家会把制订纯粹的军事计划同对平民执行集体报复措施联系在一起，或是同对战俘蓄意采取肆无忌惮的处置或屠杀联系在一起。

纳粹德国参谋总部和国防军最高统帅部的首脑所干的正是这样一些勾当。在法庭的判决中并未否认，而是特别强调了他们所犯的最严重的破坏和平罪、战争罪和危害人类罪的事实。但是却没有从这一事实中得出恰如其分的结论。

判决指出："……他们玷污了荣誉的军职。如果没有他们指挥的军事行动，希特勒及其纳粹同伙的侵略欲望只不过是纸上空谈，不会有所结果……"判决书中还说"……在这些人当中，有许多人嘲弄了服从军事命令的军人宣誓。当服从适用于他们的辩护时，他们就说自己必须服从；而向他们指责希特勒的残暴罪行，并证明他们曾经概括知悉这些罪行时，他们就说曾经拒绝服从。事实上，他们积极参与了所有这些罪行，或者当他们目睹那些比世界迄今所见到的不幸要更为巨大的和更令人义愤的罪行时，他们采取了默然同意的态度。这一点是必须加以指明的。"

判决中的所有这些论点都是正确的，并且有许多可信的证明文件为依据。唯一不可理解的是：为什么"这几百名高级军官"——他们曾使世界和他们自己的国家遭受到了如此之多的苦难——不被宣布为犯罪的组织。

为说明问题起见，有必要指出判决中与事实相矛盾的一些论点：

1. 这些罪行是由参谋总部和国防军最高统帅部的代表以个人身份进行的，而不是以犯罪组织成员的身份进行的；

2. 参谋总部和国防军最高统帅部只不过是密谋分子手中的武器，只不过是实现密谋分子意志的简单工具。

许多证据驳斥了上述结论：

（1）参谋总部和国防军最高统帅部的首要代表人物与一小撮最高级官员一起被密谋分子利用为侵略计划的制订者和执行者，不仅要求他们作为消极的执行者，而且要求他们作为破坏和平与违反人道密谋的积极参加者。

如果没有他们的建议和积极合作，希特勒根本不可能解决上述问题。

在绝大多数情况下，他们的意见具有决定性意义。如果国防军的首脑不给予希特勒以全面的支持，就无法想象希特勒德国的侵略计划如何得以实现。

希特勒对这些军事统帅部的代表人物极少隐瞒他的犯罪计划及其主导动

机。例如，1939年5月29日（当他准备进攻波兰的时候）在德国新的总理府召开的最高级首脑人物的会议上，他就宣称：

"对于我们来说，问题在于把'生存空间'扩大到东方……"

"……因此，不存在放过波兰的问题，我们的决心是：一有合适的时机就进攻波兰。"（纽伦堡文件L-79）

还在占领捷克斯洛伐克以前很久的时候，希特勒在1938年5月30日对军事统帅部的代表发出的指示中就无耻地宣称：

"在军事方面和政治方面，最有利的行动是根据某一意外事端而采取闪电行动，德国将由于这一事端而遭受最难以忍受的挑衅，而且它将至少对一部分世界舆论提供采取军事措施的道义根据。"（纽伦堡文件338-PS）

在侵占南斯拉夫以前，希特勒于1941年3月27日发给最高统帅部的代表的一项指示中说：

"即使南斯拉夫在目前递交效忠声明，仍应把它当作是敌人，因此必须尽快予以摧毁。"（纽伦堡文件1746-PS）

在准备进攻苏联的时候，希特勒曾吸收参谋总部国防军最高统帅部的代表制订与进攻苏联有关的计划和方针，而这些人完全不是以普通军事专家的身份参与其事的。

1941年6月，国防军最高统帅部发布的关于在"巴巴罗萨"地区内进行宣传的方针中说：

"当前进行的宣传应当以分裂苏联为目的。"（纽伦堡文件477-PS）早在1941年5月13日，国防军最高统帅部就已经命令部队，对暂时占领的苏联领土上的和平居民任意采取恐怖手段。

在该项命令中特别指出："只应批准符合领导政治意图的判决。"（纽伦堡文件C-50）

（2）国防军最高统帅部和参谋总部发布了有关对无抵抗能力的和平居民和战俘采取肆无忌惮的最野蛮的指令和命令。

国防军最高统帅部在"关于在巴巴罗萨地区行使军事审判权的指令"中废除了军事法庭的干预，而把任意处置和平居民的权力授予个别军官和士兵。该指令包括如下数点：

"敌方平民的犯罪行为被排除于军事法庭、特别军事法庭以及其他方面的管辖范围之外……"

"……嫌疑分子应立即解送给一名军官。该军官有权决定是否将其枪决……"

"……明确禁止为把嫌疑分子送交法庭而将其扣押看管。"该处还规定了："……如若在对个别问题不容许作出迅速判断的情况下，应……立即采取集体的暴力措施……"

国防军最高统帅部在同一份指令中对德国军队里的战争罪犯预先提供了保证。该指令称："……对于国防军的军官和所属人员对敌方平民采取的行动，即使该行动同时构成军事罪行和违法行为，也无须强制起诉……"

在战争进行期间，德军最高统帅部一贯执行了这一方针，对战俘和被占领区的和平居民加剧了这种暴政。

国防军最高统帅部在1941年9月16日的指令中说：

"同时应该考虑到，在这些有关国家中，人的生命毫无任何价值可言，只有通过非常严厉的手段才能达到恐吓的效果。"（纽伦堡文件389-PS）

1941年7月23日，国防军最高统帅部在发给兵团司令的一份命令中直接指示："司令官为维持其防卫地区的秩序所必须使用的手段，不在于要求增加保安部队，而在于采取相应的严厉措施。"（纽伦堡文件459-PS）

国防军最高统帅部在1941年12月16日的指令中说：

"即使对妇女和儿童……军队也有权力和责任不受限制地采取任何手段，只要此种手段有助于成功……"（纽伦堡文件USSR-16）

以"弹丸命令"为名的命令系属国防军最高统帅部有关战俘处置的残酷指令。按照国际公法一般不能对某些行为判处刑罚，而在此项指令中，例如从（战俘）营中逃走的行为，就被作为对战俘判处死刑的理由。

在另一份众所周知的以"夜雾命令"为名的指令中说：

"……对于这种行为，监禁，即使是终身监禁，都被认为是软弱的表现。只有对罪犯处以死刑，或者采用使罪犯家属和当地居民都不知道犯人命运的措施，才能收到有效而持久的威吓效果……"（纽伦堡文件 L-90，US-503，1946 年 1 月 25 日下午开庭记录）

在法庭审理过程中，曾经提出了广泛执行这一命令的证据。此类罪行的例子之一就是杀害五十名英国空军军官。这一罪行受到了国防军最高统帅部的鼓励，事实俱在，不容怀疑。国防军最高统帅部还曾发布过一个关于消灭"突击队"的命令。这份命令的原件已经呈交法庭（纽伦堡文件 498-PS，US-501）。按照这个命令，盟军"突击队"所属的官兵都应被枪毙，在必须进行审讯的情况下可以例外，但在审讯以后也同样要遭受枪杀。

这个命令曾被陆军总司令部坚决执行。西线德军总司令龙德施泰特曾于 1944 年 6 月报告说，希特勒的"关于处置敌军突击队的命令一直在执行之中……"（纽伦堡文件 531-PS，US-550）。

（3）国防军最高统帅部以及党卫队和警察对被占领区的一切野蛮的警察行动负有责任。

在国防军最高统帅部于 1941 年 3 月 13 日发布的关于特别地区的施行规定中，预先考虑到了要协调陆军总司令部和党卫队全国领袖之间行动的必要性。正如从德国中央保安局第三处处长兼 D 特别行动队队长奥托·奥伦道夫和中央保安局第六处处长瓦尔特·舒伦贝格的供词中所得出的结论，为贯彻执行国防军最高统帅部的指令，在参谋总部和德国中央保安局之间曾达成一项有关建立保密警察和党卫队保安勤务处的"特别行动队"的协议，这些"特别行动队"都被配备给相应的部队。

把下面引用的"A 特别行动队"的报告摘录作为上述联系的证据具有特殊的代表性：

"……有关工作就是在极其紧急的情况下同前线陆军指挥官和后方军区司令官取得个人联系。从一开始就可以强调指出,同国防军的合作一般地说是好的;在个别情况下,例如同赫普纳上将指挥下的第四坦克集团军的关系,是非常密切的,几乎可以说是真挚的……"(纽伦堡文件 L-180)

(4)国防军最高统帅部的代表所进行的活动到处都如同是犯罪集团的成员。

国防军最高统帅部和参谋总部所颁发的各种公然违反国际法和战争惯例的指令完全没有受到参谋总部较高级的军官和个别集团军司令部的谴责。与此相反,这些指示都被不折不扣地贯彻执行,而且还补充了新的更为野蛮的指令。关于这一点,集团军总司令冯·赖希瑙元帅对士兵所作的一次训话具有代表意义:

"在东部地区的士兵不仅是熟谙军事艺术规律的战士,而且也是铁面无私的民族思想的支柱……"

此外,赖希瑙号召消灭犹太人。他写道:

"……因此士兵必须完全理解对犹太劣等人种进行严厉而公正的赎罪的必要性。"(纽伦堡文件 D-441,US-556)

作为例子还可以援引冯·曼施泰因元帅对士兵的一次训话。曼施泰因元帅在这一训令中厚颜无耻地号召"不单单按照欧洲战争惯例的旧有形式……"来进行"这场战争"(纽伦堡文件 4064-PS,US-927)。

在证据调查过程中已经得到充分证实,希特勒德国国防军的参谋总部和最高统帅部是具有高度危险性的犯罪组织。

作为法官,我认为有义务对这些重要问题提出我的不同意见,我不同意法庭对这些重要问题的判决。

国际军事法庭苏联法官

司法少将 I. T. 尼基钦科(签字)

1946 年 10 月 1 日

主要参考文献

一、中文类

1. 〔德〕K. 茨威格特、H. 克茨：《比较法总论》，潘汉典等译，法律出版社 2003 年版。
2. 〔德〕阿尔贝特·施佩尔：《第三帝国内幕》，邓蜀生等译，三联书店 1982 年版。
3. 〔德〕埃里希·卡勒尔：《德意志人》，黄正柏等译，商务印书馆 1999 年版。
4. 〔德〕古斯塔夫·拉德布鲁赫：《法律智慧警句集》，舒国滢译，中国法制出版社 2001 年版。
5. 〔德〕英戈·穆勒：《恐怖的法官——纳粹时期的司法》，王勇译，中国政法大学出版社 2000 年版。
6. 〔法〕雅克·德拉律：《盖世太保史》，黄林发、萧弘译，上海译文出版社 1984 年版。
7. 〔荷〕格劳秀斯：《战争与和平法》，何勤华等译，上海人民出版社 2005 年版。
8. 〔美〕E. 博登海默：《法理学：法律哲学与法律方法》，邓正来译，中国政法大学出版社 1999 年版。
9. 〔美〕爱伦·豪切斯泰勒·斯戴丽、南希·弗兰克：《美国刑事法院诉讼程序》，陈卫东、徐美君译，中国人民大学出版社 2002 年版。
10. 〔美〕汉斯·凯尔森：《国际法原理》，王铁崖译，华夏出版社 1989 年版。
11. 〔美〕克里斯多夫·多德、拉瑞·布鲁姆：《纽伦堡来信：爱与正义的亲密档案》，周楠、李静译，重庆出版社 2013 年版。
12. 〔美〕理查德·A. 波斯纳：《道德和法律理论的疑问》，苏力译，中国政法大学出版社 2001 年版。
13. 〔美〕约瑟夫·E. 珀西科：《纽伦堡大审判》，刘巍等译，上海人民出版社 2000 年版。
14. 〔民主德国〕P.A. 施泰尼格尔（编）：《纽伦堡审判》（上卷），王昭仁等译，商务印书馆 1985 年版。
15. 〔民主德国〕P.A. 施泰尼格尔（编）：《纽伦堡审判》（下卷），石奇康等译，商务印书馆 1988 年版。
16. 〔民主德国〕海因茨·赫内：《党卫队》，江南、杨西译，商务印书馆 1984 年版。
17. 〔英〕阿诺德·托因比、维罗尼卡·M. 托因比（合编）：《希特勒的欧洲》，孙基亚译，上海译文出版社 1980 年版。
18. 〔英〕戴维·M. 沃克：《牛津法律大辞典》，李双元等译，法律出版社 2003 年版。
19. 〔英〕迪克·吉尔里：《希特勒和纳粹主义》，王文科译，上海译文出版社 2003 年版。
20. 〔英〕劳特派特（修订）：《奥本海国际法》上卷"平时法"，王铁崖、陈体强译，商务印书馆 1981 年版。
21. 〔英〕劳特派特（修订）：《奥本海国际法》下卷"争端法、战争法、中立法"，王铁崖、陈体强译，商务印书馆 1981 年版。
22. 《简明不列颠百科全书》，中国大百科全书出版社 1985 年版。
23. 程味秋等（编）：《联合国人权公约和刑事司法文献汇编》，中国法制出版社 2000 年版。
24. 戴维·欧文：《戈林传》，中外名人研究中心翻译部译，上海人民出版社 1992 年版。
25. 高铭暄、王秀梅：《当代国际刑法的新发展》，载《法律科学》2006 年第 2 期。
26. 何勤华（主编）：《外国法制史》，法律出版社 2003 年版。
27. 何勤华等：《纽伦堡审判与现代国际法的发展》，载《江海学刊》2006 年第 4 期。

28. 黎尔平:《纽伦堡审判在当代国际人权保护中的作用》,载《北方法学》2010 年第 1 期。
29. 刘绪贻、李世洞(主编):《美国研究词典》,中国社会科学出版社 2002 年版。
30. 乔仕彤:《自然法复兴与纽伦堡审判》,载《政法论丛》2006 年第 3 期。
31. 王秀梅:《国际刑事法院研究》,中国人民大学出版社 2002 年版。
32. 吴丹梅:《纽伦堡审判与法律价值观冲突》,载《求是学刊》2002 年第 5 期。
33. 薛波(主编):《元照英美法词典》,法律出版社 2003 年版。
34. 张颖军:《从纽伦堡审判到国际刑事法院——国际刑事司法的法人责任研究》,载《武汉大学学报》(哲社版),2008 年第 6 期。
35. 赵秉志(主编):《国际刑事法院专论》,人民法院出版社 2003 年版。
36. 赵秉志、陈弘毅(主编):《国际刑法与国际犯罪专题探索》,中国人民公安大学出版社 2003 年版。
37. 朱淑丽:《纽伦堡审判面临的困境及其解决》,载《华东政法学院学报》2006 年第 3 期。
38. 朱晓青:《欧洲人权法律保护机制研究》,法律出版社 2003 年版。

二、英文类

1. Ann Tusa and John Tusa, *The Nuremberg Trial*, Macmillan 1983.
2. Benjamin B. Ferencz "International Criminal Courts: The Legacy of Nuremberg", in: *Pace International Law Review*(1998), vol. 10.
3. Berta Esperanza Hernandez-Truyol, "Nationalism: Globalized Citizenship: Sovereignty, Security and Soul", *Villanova Law Review*(2005), vol. 50.
4. Bradley F. Smith, *Reaching Judgment at Nuremberg*, Basic, Inc., Publishers New York 1977.
5. Brian R. Gallini, "Nuremberg Lives On: How Justice Jackson's International Experience Continues to Shape Domestic Criminal Procedure", in: *Loyola University Chicago Law Journal*(2014), vol. 46.
6. Charles Carroll, "Nuremberg: Judgment and Challenge the Rediscovery of the Law above the Statutory", in: *USAFA Journal of Legal Studies*(1995/1996), vol. 6.
7. Christine Van den Wyngaert, *International Criminal Law: A Collection of International and European Instruments*, Kluwer Law International 2000.
8. Christopher J. Dodd, "Law, War and Human Rights: International Courts and the Legacy of Nuremberg: Remarks: The Legacy of Nuremberg", in: *Connecticut Journal of International Law*(1997), vol. 12.
9. Diane F. Orentlicher, "The Duty to Prosecute Human Rights Violations of a Prior Regime", *Yale Law Journal*(1991), vol. 100.
10. Elizabeth Borgwardt, "A New Deal for the Nuremberg Trial: The Limits of Law in Generating Human Rights Norms", in: *Law and History Review*(2008), vol. 26.
11. Elizabeth Borgwardt, "A Tribute to Professor Richard M. Buxbaum: Re-examining Nuremberg as a New Deal Institution: Politics, Culture and the Limits of Law in Generating Human Rights Norms", in: *Berkeley Journal of International Law*(2005), vol. 23.
12. Fred L. Morrison, "The Significance of Nuremberg for Modern International Law", in: *Military Law Review*(1995), vol. 149.
13. Gabrielle Kirk McDonald & Olivia Swaak-Goldman(ed.), *Substantive and Procedural Aspects of International Criminal Law: the Experience of International and National Courts*(volume Ⅰ, Commentary), Kluwer Law International 2000.
14. Gabrielle Kirk McDonald & Olivia Swaak-Goldman(ed.), *Substantive and Procedural Aspects of International Criminal Law: the Experience of International and National Courts*(volume Ⅱ,

Part 1, Documents and Cases), Kluwer Law International 2000.
15. Gabrielle Kirk McDonald & Olivia Swaak-Goldman (ed.), *Substantive and Procedural Aspects of International Criminal Law : the Experience of International and National Courts* (volume II, Part 2, Documents and Cases), Kluwer Law International 2000.
16. George P. Fletcher, "Hamdan Confronts the Military Commissions Act of 2006", in : *Columbia Journal of Transnational Law* (2007), vol. 45.
17. Gwynne Skinner, "Nuremberg's Legacy Continues : the Nuremberg Trials' Influence on Human Rights Litigation in U. S. Courts under the Alien Tort Statute", in : *Albany Law Review* (2008), vol. 71.
18. Hans Kelsen, "Will the Judgment in the Nuremberg Trial Constitute a Precedent in International Law?" in : *International Law Quarterly* (1947), vol. 1, No. 2.
19. Hans-Peter Kaul, "The Nuremberg Legacy and the International Criminal Court – Lecture in Honor of Whitney R. Harris, Former Nuremberg Prosecutor", in : *Washington University Global Studies Law Review* (2013), vol. 12.
20. Henry T. King, Jr., "Commentary : The Modern Relevance of the Nuremberg Principles", in : *Boston College Third World Law Journal* (1997), vol. 17.
21. Henry T. King, Jr., "Nuremberg and Sovereignty", in : *Case Western Reserve Journal of International Law* (1996), vol. 28.
22. Henry T. King, Jr., "Robert Jackson's Vision for Justice and Other Reflections of a Nuremberg Prosecutor", in : *Georgetown Law Journal* (2002), vol. 88.
23. Henry T. King, Jr., "The Legacy of Nuremberg", in : *Case Western Reserve Journal of International Law* (2002), vol. 34.
24. Henry T. King, Jr., "The Limitations of Sovereignty from Nuremberg to Sarajevo", in : *Canada-United States Law Journal* (1994), vol. 20.
25. Henry T. King, Jr., "The Meaning of Nuremberg", in : *Case Western Reserve Journal of International Law* (1998), vol. 30.
26. Johan D. van der Vyver, "Treatment of International Human Rights Violations in the United States", in : *Duke Forum for Law & Social Change* (2014), vol. 6.
27. Jonathan A. Bush, "'The Supreme... Crime' and its Origins : the Lost Legislative History of the Crime of Aggressive War", in : *Columbia Law Review* (December, 2002), vol. 102.
28. Jonathan A. Bush, "The Prehistory of Corporations and Conspiracy in International Criminal Law : What Nuremberg Really Said", in : *Columbia Law Review* (2009), vol. 109.
29. Jonathan Turley, "Transformative Justice and the Ethos of Nuremberg", in : *Loyola of Los Angeles Law Review* (2000), vol. 33.
30. Kevin R. Chaney, "Pitfalls and Imperatives : Applying the Lessons of Nuremberg to the Yugoslav War Crimes Trials", in : *Dickinson Journal of International Law* (Fall, 1995), vol. 14.
31. Leila Nadya Sadat, "The Nuremberg Paradox", in : *The American Journal of Comparative Law* (2010), vol. 58.
32. M. Cherif Bassiouni, "From Versailles to Rwanda in : Seventy-Five Years : The Need to Establish a Permanent International Criminal Court", in: *Harvard Human Rights Journal* (1997), vol. 10.
33. M. Cherif Bassiouni, *Crimes Against Humanity In International Criminal Law*, Kluwer Law International 1999.
34. Malham M. Wakin, "Applying Nuremberg Principles to Limited War", in : *USAFA Journal of Legal Studies* (1995/1996), vol. 6.

35. Mark W. Janis, "Law, War and Human Rights: International Courts and the Legacy of Nuremberg: The Utility of International Criminal Courts", in: *Connecticut Journal of International Law*(1997), vol. 12.
36. Melissa Roth, "How the Nuremberg Trials Paved the Way for and Influenced the Post-9/11 Guantanamo Military Commissions", in: *Rutgers Journal of Law and Religion*(2014), vol. 15.
37. Michael P. Scharf, "Have We Really Learned the Lessons of Nuremberg?" in: *Military Law Review*(1995), vol. 149.
38. Patricia M. Wald, "Running the Trial of the Century: The Nuremberg Legacy", in: *Cardozo Law Review*(2006), vol. 27.
39. Philippe Kirsch, "The Principles of Nuremberg in the International Criminal Court", in: *Washington University Global Studies Law Review*(2007), vol. 6.
40. Philippe Sands(ed.), *From Nuremberg to The Hague: The Future of International Criminal Justice*, Cambridge University press 2003.
41. Raha Wala, "From Guantanamo to Nuremberg and Back: an Analysis of Conspiracy to Commit War Crimes under International Humanitarian Law", in: *Georgetown Journal of International Law*(2010), vol. 41.
42. Robert E. Conot, *Justice at Nuremberg*, Harper & Row, Publishers, 1983.
43. Rodger D. Citron, "The Nuremberg Trial and American Jurisprudence: the Decline of Legal Realism, the Revival of Natural Law, and the Development of Legal Process Theory", in: *Michigan State Law Review*(Summer, 2006).
44. Rosalie Silberman Abella, "International Conference: The Instructive Power of Outrage: Remembering Nuremberg", in: *McGill Law Journal*(2000), vol. 46.
45. Steven Fogelson, "The Nuremberg Legacy: an Unfulfilled Promise", in: *Southern California Law Review*(1990), vol. 63.
46. Tonya J. Boller, "The International Criminal Court: Better than Nuremberg?" in: *Indiana International & Comparative Law Review*(2003), vol. 14.
47. William George Eckhardt, "Nuremberg—Fifty Years: Accountability and Responsibility", in: *University of Missouri at Kansas City Law Review*(1996), vol. 65.

图片文献来源

图1 司法大厦外景
　　来源于：Robert E. Conot, *Justice at Nuremberg*, Harper & Row, Publishers, 1983
图2 审判场面
　　来源于：Ann Tusa and John Tusa, *The Nuremberg Trial*, Macmillan 1983
图3 集中营的一个大墓
　　来源于：聂义峰编著：《世纪黑镜头》，当代世界出版社1999年版
图4 默里·伯奈斯
　　来源于：Robert E. Conot, *Justice at Nuremberg*, Harper & Row, Publishers, 1983
图5 美国首席检察官罗伯特·H.杰克逊
　　来源于：Bradley F. Smith, *Beaching Judgment at Nuremberg*, Basic, Inc., Publishers New York 1977
图6 纽伦堡法庭的八名法官
　　来源于：Bradley F. Smith, *Reaching Judgment at Nuremberg*, Basic, Inc., Publishers New York 1977
图7 严密监视下的监狱
　　来源于：Robert E. Conot, *Justice at Nuremberg*, Harper & Row, Publishers, 1983
图8 囚室
　　来源于：Ann Tusa and John Tusa, *The Nuremberg Trial*, Macmillan 1983
图9 部分辩护律师
　　来源于：Bradley F. Smith, *Reaching Judgment at Nuremberg*, Basic, Inc., Publishers New York 1977
图10 戈林
　　来源于：Ann Tusa and John Tusa, *The Nuremberg Trial*, Macmillan 1983
图11 赫斯
　　来源于：〔美〕约瑟夫·E.珀西科：《纽伦堡大审判》，刘巍等译，上海人民出版社2000年版
图12 里宾特洛甫
　　来源于：Ann Tusa and John Tusa, *The Nuremberg Trial*, Macmillan 1983
图13 卡尔滕布龙纳
　　来源于：Ann Tusa and John Tusa, *The Nuremberg Trial*, Macmillan 1983
图14 弗里克
　　来源于：Ann Tusa and John Tusa, *The Nuremberg Trial*, Macmillan 1983

图 15　凯特尔
　　　　来源于：Ann Tusa and John Tusa, *The Nuremberg Trial*, Macmillan 1983
图 16　约德尔
　　　　来源于：Ann Tusa and John Tusa, *The Nuremberg Trial*, Macmillan 1983
图 17　雷德尔
　　　　来源于：〔美〕约瑟夫·E. 珀西科：《纽伦堡大审判》，刘巍等译，上海人民出版社 2000 年版
图 18　邓尼茨
　　　　来源于：〔美〕约瑟夫·E. 珀西科：《纽伦堡大审判》，刘巍等译，上海人民出版社 2000 年版
图 19　施佩尔
　　　　来源于：Ann Tusa and John Tusa, *The Nuremberg Trial*, Macmillan 1983
图 20　绍克尔
　　　　来源于：Ann Tusa and John Tusa, *The Nuremberg Trial*, Macmillan 1983
图 21　沙赫特
　　　　来 源 于：Bradley F.Smith, *Reaching Judgment at Nuremberg*, Basic, Inc., Publisher New York 1977
图 22　弗兰克
　　　　来源于：Ann Tusa and John Tusa, *The Nuremberg Trial*, Macmillan 1983
图 23　纳粹在波兰的暴行
　　　　来源于：阿夏、尚桐编译：《黑镜头》，中国文史出版社 1999 年版
图 24　赛斯-英夸特
　　　　来源于：Ann Tusa and John Tusa, *The Nuremberg Trial*, Macmillan 1983
图 25　施特赖歇尔
　　　　来源于：Bradley F. Smith, *Reaching Judgment at Nuremberg*, Basic, Inc., Publishers New York 1977
图 26　用作医学实验的儿童
　　　　来源于：聂义峰编著：《世纪黑镜头》，当代世界出版社 1999 年版
图 27　席拉赫
　　　　来源于：〔美〕约瑟夫·E. 珀西科：《纽伦堡大审判》，刘巍等译，上海人民出版社 2000 年版
图 28　罗森堡
　　　　来源于：Ann Tusa and John Tusa, *The Nuremberg Trial*, Macmillan 1983
图 29　被绞死的苏联平民
　　　　来源于：聂义峰编著：《世纪黑镜头》，当代世界出版社 1999 年版
图 30　弗里切
　　　　来源于：Robert E. Conot, *Justice at Nuremberg*, Harper & Row, Publishers, 1983
图 31　被告及其下场
　　　　来源于：Robert E. Conot, *Justice at Nuremberg*, Harper & Row, Publishers, 1983
图 32　被无罪判决的三被告
　　　　来源于：Ann Tusa and John Tusa, *The Nuremberg Trial*, Macmillan 1983

主要人物列表

美国

人名	职务
艾德里安·费舍尔（Adrian Fisher）	比德尔的法律助手。
弗朗西斯·比德尔（Francis Biddle）	前美国司法部部长，纽伦堡国际军事法庭（以下简称 IMT）的美国法官。
赫伯特·韦克斯勒（Herbert Wechsler）	前美国司法部副部长，哥伦比亚大学法学院教授，比德尔的首席法律顾问。
亨利·史汀生（Henry Stimson）	美国陆军部部长。
科德尔·赫尔（Cordell Hull）	美国国务卿。
昆西·怀特（Quincy Wright）	芝加哥大学法学院教授，帕克的首席法律顾问。
罗伯特·H. 杰克逊（Robert H. Jackson）	美国首席检察官，美国联邦最高法院助理大法官。
罗伯特·斯图尔特（Robert Stewart）	美国陆军少校，帕克的法律助手。
罗伯特·斯托里（Robert G. Storey）	美国陆军上校，杰克逊领导下的美国审讯小组的负责人，美国检察官。
默里·伯奈斯（Murray C. Bernays）	美国陆军部律师，美国审判计划的最初制订者。
塞缪尔·罗森曼（Sam Rosenman）	罗斯福总统的代言人，美国审判计划的主要推动者。
特尔福德·泰勒（Telford Taylor）	美国将军，最高统帅部案的起诉人，在美国占领区的后继审判中任首席检察官。
威廉·多诺万（William Donovan）	美国将军，战略情报局的创立者和首任局长，在纽伦堡仅充当检察官。
西德尼·奥德曼（Sidney Alderman）	美国副总检察官。
小亨利·摩根索（Henry Morgenthau, Jr.）	美国财政部部长。
约翰·帕克（John Parker）	IMT 的美国候补法官。
詹姆斯·罗（James Rowe）	海军军官，比德尔的法律助手。

英国

人名	职务
安东尼·艾登（Anthony Eden）	英国外交大臣。
戴维德·马克斯韦尔-法伊夫（David Maxwell-Fyfe）爵士	英国战争罪行执行委员会的实际负责人，名义上接受肖克罗斯的领导。
哈特利·肖克罗斯（Hartley Shawcross）爵士	英国总检察长，英国战争罪行执行委员会的首席检察官。
杰弗里·劳伦斯（Geoffrey Lawrence）爵士	IMT 的英国法官，法庭庭长。
诺曼·伯基特（Norman Birkett）爵士	IMT 的英国候补法官。
西蒙（Simon）爵士	英国大法官。

苏联

人名	职务
A. 沃尔奇科夫（A. F. Vochkov）	IMT 的苏联候补法官。
I. T. 尼基钦科（I. T. Nikitchenko）将军	IMT 的苏联法官。
阿·瑙·特莱宁（Trainin）	伦敦谈判的苏联代表。
罗曼·鲁登科（Roman Rudenko）中将	苏联首席检察官。
莫洛托夫（Molotov）	苏联外交部部长。

法国

人名	职务
弗朗索瓦·德芒东（Francois de Menthon）	法国首席检察官。
亨利·多内迪尼·德瓦布尔（Donnedieu de Vabres）	索邦大学法学教授，IMT 的法国法官。
罗贝尔·法尔科（Robert Falco）	IMT 的法国候补法官。

德国（起诉书中的24名首要战犯）

人名	职务
阿尔贝特·施佩尔（Albert Speer）	德国军需生产部部长。
阿尔弗雷德·罗森堡（Alfred Rosenberg）	纳粹运动的宣传家和"哲学家"，纳粹东部占领区部长。
阿尔弗雷德·约德尔（Alfred Jodl）	陆军上将，德国国防军最高统帅部作战局局长。
阿图尔·赛斯-英夸特（Seyss-Inquart）	纳粹荷兰占领区长官。
埃里希·雷德尔（Erich Raeder）	1943年前任德国海军总司令。
巴尔杜尔·冯·席拉赫（Baldur von Schirach）	希特勒青年团的负责人，后来任维也纳总督和纳粹党大区领袖。
恩斯特·卡尔滕布龙纳（Ernst Kaltenbrunner）	帝国中央保安局局长，纳粹安全机构长官，在党卫队中是位于希姆莱之后的第二号人物。
弗朗茨·冯·巴本（Franz von Papen）	希特勒上台前任德国总理，之后任副总理，驻土耳其大使。
弗里茨·绍克尔（Fritz Sauckel）	曾任纳粹党图林根大区领袖，德国劳动力调配全权总代表。
古斯塔夫·克虏伯（Gustav Krupp）	德国军火大王，克虏伯康采恩的总裁，因健康原因，关于他的案件被法庭搁置。
汉斯·弗兰克（Hans Frank）	纳粹占领下的波兰总督。
汉斯·弗里切（Hans Fritzsche）	纳粹宣传部电台行动小组的负责人。
赫尔曼·戈林（Hermann Goering）	帝国大元帅，德国空军总司令，希特勒指定的继任人，后被邓尼茨取代。
卡尔·邓尼茨（Karl Doenitz）	德国潜艇分舰队司令，海军元帅，接替雷德尔，出任德国海军总司令，被希特勒指定为继任人。
康斯坦丁·冯·牛赖特（Konstantin von Neurath）	德国外交部部长，里宾特洛甫的前任，1939年至1941年任波希米亚和摩拉维亚的保护长官。
鲁道夫·赫斯（Rudolf Hess）	帝国副元首，1941年前是排名第三的纳粹领导人。
罗伯特·莱伊（Robert Ley）	德国劳工阵线领导人，纽伦堡审判开始前自杀。
马丁·博尔曼（Martin Bormann）	希特勒的秘书，因下落不明而被缺席审判。

人名	职务
瓦尔特·冯克（Walter Funk）	帝国银行总裁和经济部长。
威廉·弗里克（Wilhelm Frick）	纳粹内政部长，波希米亚和摩拉维亚的保护长官。
威廉·凯特尔（Wilhelm Keitel）	陆军元帅，德国国防军最高统帅部司令。
雅尔马·沙赫特（Hjalmar Schacht）	战前德意志国家银行总裁和经济部长。
尤利乌斯·施特赖歇尔（Julius Streicher）	曾任纽伦堡总督，反犹太报纸《冲锋队员》的主编。
约阿希姆·冯·里宾特洛甫（Joachim von Ribbentrop）	德国外交部部长。

索 引

A

A.沃尔奇科夫 17, 19, 174, 191, 230, 240, 264, 286, 287, 288, 305, 322, 325, 326
阿·瑙·特莱宁 78, 87, 355
阿道夫·艾希曼 162, 237, 313
阿道夫·希特勒 10, 19, 20, 21, 23, 24, 25, 59, 97, 98, 101, 102, 103, 104, 116, 117, 126, 134, 143, 150, 155, 157, 170, 171, 172, 174, 177, 178, 182, 183, 184, 189, 190, 191, 195, 196, 197, 198, 205, 212, 220, 221, 228, 229, 231, 232, 233, 235, 241, 242, 246, 248, 252, 253, 254, 256, 258, 260, 261, 263, 264, 270, 273, 274, 277, 279, 280, 281, 283, 284, 285, 286, 287, 292, 295, 296, 297, 298, 300, 302, 304, 305, 306, 310, 312, 314, 320, 321, 323, 324, 326, 331, 337, 341, 371, 374, 376, 377, 379, 385, 386, 387, 388, 389, 390, 391, 392, 393, 394, 395, 397, 398, 399, 401, 402, 403, 404, 405, 406, 408, 409
阿尔贝特·施佩尔 24, 98, 100, 101, 152, 171, 263, 272, 273, 274, 275, 276, 279, 284, 333, 335, 365, 371, 383
阿尔弗雷德·克房伯 99, 121, 122
阿尔弗雷德·罗森堡 21, 96, 100, 156, 191, 195, 270, 278, 320, 321, 322, 330, 333, 337, 364, 368, 383, 396, 397, 402
阿尔弗雷德·约德尔 14, 23, 25, 26, 98, 99, 100, 130, 156, 248, 249, 250, 253, 255, 333, 336, 337, 364, 375, 383
阿尔及利亚 102

阿图尔·赛斯-英夸特 22, 100, 294, 295, 296, 297, 318, 333, 337, 365, 374, 383
阿希姆·冯·里宾特洛甫 21, 25, 96, 99, 192, 198, 235, 236, 237, 298, 333, 336, 364, 366, 367, 383
埃德温·狄金森 5
埃贡·库巴斯乔克 143, 303
埃里希·雷德尔 23, 26, 91, 97, 99, 100, 103, 152, 156, 193, 195, 251, 252, 253, 254, 255, 256, 265, 324, 333, 335, 364, 376, 383, 402
埃米尔哈沙 299, 300
艾德礼 85, 86
艾德里安·费舍尔 163, 165, 176, 177, 178, 180, 191, 193, 196, 198, 203, 204, 205, 213, 221
艾利希·科克 321
爱德华·科克 160
安德烈·格罗 108
安东尼·艾登 50, 59
奥利弗·温德尔·霍姆斯 160
奥斯威辛 42, 70
奥托·奥伦道夫 408
奥托·迪特里希 324, 325
奥托·克朗兹布黑勒 152, 257
奥托·斯戴默尔 144

B

巴巴罗萨 23, 126, 401, 406, 407
巴顿将军 283
巴尔杜尔·冯·席拉赫 22, 98, 99, 100, 314, 315, 316, 317, 318, 319, 330, 333, 335, 364, 374, 383

索引

巴尔干反德战线 196
《保护德国血统和德国荣誉法》(纽伦堡法) 10, 24, 230, 399, 400, 402
保安勤务处 25, 204, 212, 213, 237, 238, 253, 365, 379, 380, 399
保罗-亨利·斯巴克 335
保罗斯 67
《保障党和国家统一法》 393, 401
贝格尔-瓦尔登内格 393
辩诉交易 222
波茨坦会议 85, 96, 123
波兰战争 248
伯奈斯计划 49, 50, 52, 53, 54, 78
布鲁斯特尔莫里斯 283
布罗姆贝格 103, 246, 285

C

参谋总部 26, 101, 102, 139, 157, 161, 205, 212, 215, 249, 385, 403, 404, 405, 406
冲锋队 24, 26, 46, 49, 97, 100, 109, 139, 142, 143, 156, 157, 203, 212, 216, 220, 365, 366, 367, 368, 369, 370, 374, 381, 393
《冲锋队员》 375
《重整军备的经费》 389

D

大胆信贷政策 388
戴维德·马克斯韦尔-法伊夫 61, 63, 64, 72, 73, 76, 97, 102, 103, 109, 142, 143, 163, 193, 226, 229, 247, 249
弹丸命令 401, 407
党卫队 19, 20, 24, 25, 26, 49, 55, 64, 97, 100, 109, 133, 136, 139, 140, 152, 153, 156, 157, 161, 206, 208, 209, 210, 211, 212, 215, 238, 270, 321, 365, 366, 367, 368, 369, 370, 373, 374, 379, 380, 393, 399, 403, 404, 408
党卫队案 204, 237
道尔富斯 393
德国法令公报 402
德国公民法 399
德国管制委员会 211, 235, 361, 363
德国内阁 26, 139, 157, 212, 215, 365, 377, 385, 401, 403
德国中央保安局 379, 408
迪特里希 395
第二次世界大战 34, 37, 71
第三帝国 220, 221, 270, 274, 295, 298
第一次世界大战 14, 37
东京审判 342, 346, 348
杜鲁门 58, 59, 65, 70, 86, 114, 115
多纳尔德海特 282, 283

E

恩斯特·卡尔滕布龙纳 24, 25, 26, 96, 100, 155, 157, 212, 213, 237, 238, 239, 240, 311, 333, 336, 364, 367, 368, 383

F

法庭盘问 223, 224
《凡尔赛条约》 14, 38, 39, 147, 168, 170, 177, 178, 224, 251, 252, 331
冯·博伦·哈尔巴赫 364
冯·布洛姆贝格 246, 285, 388, 391
冯·赖希瑙 409
冯·曼施泰 409
弗朗茨·冯·巴本 23, 98, 99, 100, 156, 184, 286, 288, 297, 301, 302, 303, 304, 305, 306, 307, 318, 327, 330, 333, 334, 335, 365, 372, 384, 385, 392, 393, 394
弗朗索瓦·德芒东 102, 364
弗朗西斯·比德尔 16, 17, 18, 53, 54, 55, 65, 103, 114, 116, 117, 118, 119, 131, 141, 142, 144, 148, 152, 153, 154, 155, 160, 161, 162, 163, 165, 166, 167, 180, 181, 182, 183, 188, 189, 193, 196, 198, 207, 208, 209, 210, 214, 223, 224, 227, 229, 230, 232, 234, 239, 240, 242, 243, 247, 250, 255, 257, 265, 266, 267, 271, 272, 275, 276, 285, 286, 287, 288, 289, 293, 294, 297, 300, 301, 303, 304, 305, 306, 311, 312, 319, 322, 326, 327, 328, 333
弗雷得里希·伯格德 233
弗里茨·绍克尔 24, 98, 99, 100, 163, 277,

278, 279, 307, 315, 333, 337, 364, 370, 371, 383
弗里茨托特 273
弗里奇 103

G

盖世太保（秘密警察） 20, 25, 26, 49, 64, 97, 100, 130, 133, 139, 140, 142, 157, 204, 206, 208, 209, 210, 211, 213, 215, 220, 237, 238, 239, 281, 365, 379, 380, 391, 393, 402
《公民权利和政治权利国际公约》 344
共谋罪 175, 178, 231, 237, 238, 239, 243, 252, 285, 288, 293, 347
古斯塔夫·克房伯 19, 97, 99, 100, 110, 121, 364, 373
《关于设置波兰占领区行政机构的指令》 400
《关于侦查、逮捕、引渡和惩治战争罪犯和危害人类罪犯的国际合作原则》 344
国防军最高统帅部 26, 101, 102, 157, 163, 205, 212, 215, 246, 365, 375, 381, 385, 403, 404, 405, 406, 407, 408, 409
《国际军事法庭宪章》 87, 88, 92, 106, 114, 117, 120, 126, 135, 139, 141, 145, 166, 168, 173, 174, 182, 184, 193, 195, 200, 202, 221, 235, 246, 250, 300, 330, 331, 338, 341, 354, 356
《国际联盟盟约》 31, 32, 61
《国际刑事法院规约》(《罗马规约》) 4, 347, 348
《国家重建法》 401

H

哈尔科夫 40
哈特利·肖克罗斯 64, 102, 114, 122, 129, 193, 364
《哈瓦那协议》 32
海军协议 259
《海牙公约》 28, 33, 201, 300, 331
海牙规则 31, 201, 274
海牙陆战法规则 27, 201, 300
海因·埃克 262
海因里希 237
海因里希·卢兹 321

海因里希·穆勒 239
海因里希·希姆莱 19, 20, 24, 25, 157, 161, 204, 212, 238, 241, 267, 274, 279, 296, 321, 379, 393, 399
海战法 260
汉瑞·霍普金斯 65
汉斯·弗兰克 22, 96, 100, 155, 278, 292, 293, 294, 295, 315, 316, 333, 364, 368, 369, 383, 400
汉斯·弗里切 25, 28, 30, 97, 99, 100, 174, 288, 323, 324, 325, 326, 327, 333, 334, 365, 377, 384, 385, 395, 396, 397, 398
汉斯·马克斯 311
赫伯特·韦克斯勒 53, 54, 65, 116, 162, 163, 164, 165, 166, 180, 181, 182, 183
赫尔曼·威廉·戈林 20, 21, 26, 72, 96, 99, 130, 144, 146, 154, 155, 157, 220, 221, 222, 223, 224, 225, 226, 227, 235, 252, 253, 270, 271, 279, 280, 281, 282, 287, 330, 332, 333, 336, 337, 364, 366, 367, 380, 383, 385, 386, 390, 391, 395, 402, 403, 404
赫希·劳特派特 5
亨利·多内迪尼·德瓦布尔 17, 64, 120, 135, 140, 141, 147, 162, 167, 168, 169, 170, 171, 172, 173, 174, 175, 176, 179, 180, 181, 182, 189, 190, 194, 202, 206, 208, 214, 227, 229, 230, 231, 234, 237, 240, 242, 243, 250, 255, 264, 265, 272, 278, 286, 287, 288, 289, 294, 297, 300, 301, 304, 305, 306, 311, 318, 319, 322, 325, 326, 327, 333
亨利·摩根索 43, 44, 46, 47, 49, 50, 51, 52, 55
亨利·史汀生 41, 44, 45, 46, 51, 52, 55, 57
胡果·格劳秀斯 36, 37
霍尔巴赫 103, 177, 179
霍尔巴赫记录 103, 104, 177
霍华德·派特森 136, 137, 207
霍斯巴赫会议 103, 180, 252, 285, 297, 301

J

吉泽维乌斯 391
集体归罪 206, 208
集中营 15, 20, 22, 402
交叉盘问 271, 284
焦土政策令 250
杰弗里·劳伦斯 17, 18, 115, 119, 124, 130, 131, 147, 148, 152, 154, 160, 162, 163, 164, 165, 167, 172, 173, 174, 175, 181, 188, 196, 207, 223, 224, 229, 230, 234, 240, 242, 247, 250, 255, 265, 267, 271, 276, 278, 285, 286, 287, 288, 294, 297, 300, 301, 304, 305, 306, 318, 319, 322, 326, 327, 330, 332
《经济、社会、文化权利公约》 344
《军官与政治》 404

K

卡尔·邓尼茨 23, 25, 26, 98, 100, 152, 171, 251, 253, 255, 256, 257, 258, 259, 260, 261, 262, 263, 264, 265, 266, 267, 281, 315, 333, 335, 364, 376, 383, 404
卡萨布兰卡 14
卡提恩 111, 149, 150, 151, 152
《凯洛格-白里安公约》 31, 32, 54, 61, 175, 200, 201, 331
康斯坦丁·冯·牛赖特 22, 98, 99, 100, 103, 110, 235, 297, 298, 299, 300, 301, 333, 335, 317, 365, 373, 383
科德尔·赫尔 44, 51, 55, 57
克房伯康采恩 19
库尔特·舒施尼格 295, 394
魁北克会议 50, 51, 55, 56, 57
昆西·怀特 116, 117, 163, 164

L

"拉克民亚"命令 261, 262, 264
拉默斯 402
莱比锡审判 39
赖纳 393

赖因哈特·海德里希 22, 24, 225, 227, 241, 313, 318
兰茨贝格要塞 228
龙德施泰特 408
卢森堡 331
卢旺达国际刑事法庭 346, 348
卢修斯·克雷 137
鲁道夫·迪斯 281
鲁道夫·赫斯 20, 21, 28, 30, 96, 97, 99, 121, 227, 228, 229, 230, 231, 232, 235, 242, 255, 330, 332, 333, 335, 364, 367, 383, 385, 393, 398, 399, 400, 401, 402
鲁道夫·霍斯 134, 313, 314
伦敦海军协定 266
《伦敦协定》 31, 34, 87, 88, 102, 353, 364
罗贝尔·法尔科 355
罗贝尔·法尔科（罗伯特） 17, 64, 73, 76, 102, 173, 174, 230, 231, 240, 242, 250, 255, 264, 265, 271, 286, 287, 294, 296, 301, 304, 305, 301, 322, 325, 326, 327, 341
罗伯特·H.杰克逊 355, 364
罗伯特·杰克逊 1, 3, 58, 60, 61, 62, 63, 64, 65, 66, 71, 72, 73, 74, 76, 77, 78, 79, 80, 81, 82, 83, 84, 85, 86, 87, 102, 103, 104, 105, 106, 108, 109, 110, 111, 114, 115, 121, 124, 125, 126, 131, 132, 135, 136, 137, 138, 139, 140, 141, 142, 143, 150, 153, 154, 155, 206, 216, 222, 223, 224, 225, 226, 229, 249, 256, 275, 280, 281, 282, 283, 284, 333, 340
罗伯特·莱伊 25, 96, 97, 100, 102, 364, 370
罗伯特·斯图尔特 163, 176, 177, 180, 203
罗伯特·斯托里 62, 104, 109, 162, 203
罗曼·鲁登科 102, 123, 138, 143, 226, 364
罗姆清洗 302, 304
罗姆事件 100
罗森堡特别办事处 368
罗斯福 14, 17, 43, 44, 45, 46, 47, 48, 51, 54, 55, 56, 58, 59, 62, 207
《洛迦诺公约》 201

M

《民族社会主义月刊》 368
马丁·博尔曼 19, 20, 26, 97, 98, 99, 100, 101, 120, 122, 155, 205, 232, 233, 234, 235, 242, 333, 364, 369, 383, 397
马尔梅迪 41, 55
麦克·阿瑟 342
"梅福"期票 388
梅塞史密斯 393
《美洲人权公约》 344
《民族观察家报》 368
摩根索计划 44, 45, 47, 50, 51, 52, 54
莫洛托夫 50, 59, 66, 67
莫斯科三大盟国外交部部长宣言 42
莫斯科宣言 353, 354
墨索里尼 41, 59, 195
默里·伯奈斯 47, 48, 49, 52, 84, 97, 104, 184
慕尼黑暴动 24, 228

N

纳粹党的"政治领袖集团" 204, 210, 211, 213, 214
尼夫 221, 249, 257, 279, 281, 303
尼基钦科 17, 77, 78, 79, 81, 87, 102, 120, 148, 149, 151, 167, 172, 174, 175, 181, 182, 188, 189, 191, 194, 196, 199, 202, 207, 210, 211, 214, 215, 216, 230, 231, 232, 234, 240, 247, 255, 257, 264, 265, 272, 276, 286, 287, 288, 289, 294, 297, 301, 305, 306, 318, 319, 322, 325, 326, 327, 328, 333, 355, 409
纽伦堡 10, 11, 12, 20, 23, 25, 30, 58, 60, 81, 87, 108, 109, 110, 118, 122, 123, 152, 231, 251, 255, 256, 257, 260, 334, 361, 315, 321, 330
纽伦堡国际军事法庭 3, 12, 13, 16, 17, 26, 37, 41, 92, 97, 98, 101, 127, 131, 135, 137, 138, 141, 144, 160, 171, 172, 195, 200, 211, 217, 299, 312, 333, 335, 338, 340, 346, 347, 348
纽伦堡审判 1, 2, 3, 4, 11, 16, 17, 25, 33, 34, 41, 103, 117, 160, 170, 195, 333, 337, 338, 340, 341, 343, 344, 345, 346, 347, 348, 349, 350
纽伦堡文件 385, 386, 387, 388, 389, 390, 391, 392, 393, 394, 397, 398, 399, 400, 402, 403, 404, 406, 407, 408, 409
《纽伦堡原则》 338, 344, 346
挪威事件 216
诺曼·伯基特 17, 114, 115, 130, 131, 135, 147, 152, 154, 164, 165, 166, 167, 173, 175, 176, 178, 179, 180, 188, 190, 192, 194, 196, 198, 199, 224, 230, 234, 237, 239, 240, 250, 255, 265, 276, 278, 285, 286, 289, 293, 300, 304, 319, 326, 327, 330
诺曼底登陆 23, 41
诺维科夫 66

O

欧洲人权法院 345

P

平局无罪 230, 240, 305
破坏和平罪 27, 30, 31, 32, 34, 89, 90, 105, 129, 165, 168, 169, 176, 178, 185, 231, 234, 238, 258, 293, 357, 364, 365, 398, 404
普尔 387, 391

Q

奇尔希基 393
前南斯拉夫国际刑事法庭 346
乔伊特 355
切斯特·尼米兹 263, 264
侵略罪 4
丘吉尔 50, 55, 57, 195, 252, 259, 341

R

日内瓦规则 28
日内瓦公约 27, 33, 37, 254, 263, 264, 266, 273, 274, 299

S

塞缪尔·罗森曼 56，57，58，59，82
赛斯-英夸特 22，100，318，333，337
尚普捷德里布 226
圣詹姆斯宣言 42
施莱歇尔 297
施尼茨勒 386
施潘道监狱 335
《世界人权宣言》 344
水晶之夜 225
斯大林 18，42，55，56，57，65，86，96，150，190，191，228
斯摩棱斯克 111
斯特蒂纽斯 66
四国会谈 256，257
苏德互不侵犯协定（《苏德协定》） 31，107，108，150，151，188，190，191，192，206

T

《特别惩处法》 400
特尔福德·泰勒 108，389
特雷布林 70

W

瓦尔特·冯克 24，98，100，270，271，272，279，333，335，364，371，372，383，390，402
瓦尔特·舒伦贝格 408
危害人类罪（违反人道罪） 4，27，28，29，30，32，34，38，89，90，91，105，129，168，169，176，179，182，184，185，231，234，238，250，317，331，339，340，347，357，364，365，366，367，368，369，370，371，372，373，374，375，376，377，382，395，397，400，405
《危害人类和平及安全治罪法草案》 344
威廉·多诺万 62，72，221，222，281，282
威廉·弗里克 22，96，100，231，240，241，242，243，278，298，330，333，337，364，369，370，383，402
威廉·凯特尔 23，25，26，96，100，156，246，247，248，249，250，251，253，255，286，311，333，336，364，375，383，402，404
威廉·钱勒 53
违反和平罪 252，339，340，395
维利·勃兰特 341
维斯特伐里亚和会 343
魏茨泽克 341
魏玛共和国 223，240，302
《我的奋斗》 168，189，331
沃尔夫·弗兰克 223，278
沃尔塔 388
沃尔特·斯切朗伯格 238
无限制潜水艇站 253，259，263，267
伍德·沃德 111

X

西德尼·奥德曼 62，109，110，130
西蒙 50，57，59
西蒙-摩根索联合计划 50
希特勒青年团 22，315，316，317，319
《消除纳粹主义法》 137，138，211
《消除人民和国家痛苦法》 401
谢尔登·格卢格 4

Y

《1941年民族社会主义年鉴》 398
雅尔马·沙赫特 23，24，25，98，100，154，155，156，180，184，204，279，280，281，282，283，284，285，286，287，288，289，290，303，305，306，330，333，334，364，372，384，385，386，387，388，389，390，391，392
雅尔塔会议 14，52，54，56
雅尔塔宣言 79
夜宿命令 247
夜雾命令 401，408
尤利乌斯·施特赖歇尔 23，24，25，96，100，121，155，310，311，312，313，314，320，327，330，333，337，364，374，375，383
犹太人问题 225，227
远东国际军事法庭 345
《远东法庭判决书》 346
约翰·帕克 17，116，119，135，154，163，165，173，175，176，194，196，209，

210，230，234，240，242，250，255，
265，266，271，272，275，276，285，
286，287，297，300，301，304，306，
319，322，326，327，328

约翰·唐恩 350

约翰·特劳特贝克 111

约瑟夫·戈培尔 19，20，25，51，225，323，
324，325，326，333

Z

詹姆斯·伯恩斯 86

詹姆斯·罗 163，165，203，205

战争法 254

战争罪 4，27，29，32，34，38，89，90，101，
105，129，168，176，179，182，185，
231，234，238，253，331，339，340，
347，357，359，361，364，365，366，
367，368，369，370，371，372，373，
374，375，376，377，382，395，397，405

《战争罪及危害人类罪不适用法定实效公约》
344

《政治委员法令》 397

种族屠杀罪 4

朱利叶斯·穆尔 199

兹提 401

自由同盟 394

最高统帅部国防处 248，249